多棱镜下的
周恩来

主　编　李海文
副主编　白石亮

当代中国出版社
Contemporary China Publishing House

2021年·北京

图书在版编目(CIP)数据

多棱镜下的周恩来 / 李海文主编 . -- 北京：当代中国出版社, 2020.5（2021.5 重印）
ISBN 978-7-5154-0997-9

Ⅰ. ①多… Ⅱ. ①李… Ⅲ. ①周恩来（1898-1976）- 传记 Ⅳ. ① K827=7

中国版本图书馆 CIP 数据核字（2020）第 027097 号

出 版 人	曹宏举
责任编辑	袁又文　李胜佳
责任校对	康　莹
印刷监制	刘艳平
封面设计	孙俪铭
出版发行	当代中国出版社
地　　址	北京市地安门西大街旌勇里 8 号
网　　址	http://www.ddzg.net　邮箱：ddzgcbs@sina.com
邮政编码	100009
编 辑 部	（010）66572264　66572154　66572132　66572180
市 场 部	（010）66572281　66572161　66572157　83221785
印　　刷	北京润田金辉印刷有限公司
开　　本	720 毫米 ×1020 毫米　1/16
印　　张	26.25 印张　1 插页　450 千字
版　　次	2020 年 5 月第 1 版
印　　次	2021 年 5 月第 2 次印刷
定　　价	79.00 元

版权所有，翻版必究；如有印装质量问题，请拨打（010）66572159 联系出版部调换。

前　言

　　2018年是周恩来120周年诞辰。周恩来在生前很少宣传自己，到他逝世时，只出过一本介绍周恩来的书：1959年解放军文艺出版社出版的龙飞虎中将写的《跟随周副主席十一年》一书，记述了作者从1936年到1946年在周恩来身边工作的情况。

　　1976年1月8日，周恩来逝世，亿万群众自发地悼念周恩来。清明节期间，群众纷纷到天安门广场纪念周恩来，并写了大量的诗词。天安门广场成为白花的海洋，诗的海洋。回忆、纪念、研究周恩来与现实斗争紧密相关，是群众与"四人帮"斗争的一个武器。其战斗性之强在历史上是罕见的。

　　周恩来逝世时我正在北京，11日在街头赶上为周恩来送行。看到亿万人民的悲愤和力量。开始搜集周恩来的资料。至今已经坚持了42年。

　　1976年10月党中央一举粉碎了"四人帮"，为周恩来研究创造了条件。1977年1月、1978年1月全国各地的报纸发表了大量回忆周恩来的文章。作者是来自社会各行各业的人士。根据2001年统计，回忆周恩来的文章有7500多篇，研究、回忆书籍有1300多种。①

　　1979年4月，中央顺应群众要求，决定编辑《周恩来选集》上卷。以毛泽东主席著作编辑出版委员会办公室的人员为基础，同时从外面调来一些同志。1980年5月7日，中央办公厅发出《关于收集周恩来同志著作原件的通知》，毛泽东主席著作编辑出版委员会办公室调集大量同志开始

---

① 徐有力、李群主编：《周恩来百年书目图典》，中央文献出版社2005年版。

编辑《周恩来选集》，我很荣幸参加了这个工作，主要是参加前期的篇目讨论及注释工作。历经一年紧张工作，1980年6月24日《周恩来选集》上卷出版。此时，面临一个问题，由什么单位出版？用毛泽东主席著作编辑出版委员会的名义出版《周恩来选集》不合适。此时毛泽东主席著作编辑出版委员会办公室改名为中共中央文献研究室，在这个研究室中，设立了周恩来研究组，下设著作小组和年谱生平小组。我曾任年谱生平小组副组长、组长，周恩来研究组副组长。

在出版《毛泽东选集》之后，中共中央决定编辑出版的第一部领导人著作就是《周恩来选集》。《周恩来选集》的出版和随后编辑出版的刘少奇、邓小平、陈云等选集或文选，证明中国共产党中央是集体领导，毛泽东思想是以毛泽东同志为主要代表的中国共产党人集体智慧的结晶，是一个博大、完整的思想体系。周恩来、刘少奇、朱德、任弼时等许多领导人对其形成和发展都作出了重要贡献。这是中国共产党在粉碎"四人帮"后，重新明确的一个重要认识。

《周恩来选集》印数累计超过335万册。

周恩来著作出版数量之多仅次于毛泽东著作，仅以周恩来研究组著作小组的成果为例：

1984年，《周恩来选集》下卷、《周恩来教育文选》《周恩来统一战线文选》。

1988年，《周恩来书信集》。

1990年，《周恩来外交文选》。

1993年，《周恩来经济文选》。

1996年，《周恩来1946年谈判文选》。

1997年，《周恩来军事文选》（1—4）。

1998年，《周恩来文化文选》《周恩来早期文集》《周恩来邓颖超通信选集》。

1999年，《周恩来论林业》。

2008年，《建国以来周恩来文稿》（1—3）。

2018年，《建国以来周恩来文稿》（4—13）。

周恩来研究组所属的年谱生平小组本着"史料准确，立论公允"的原则，经过10年努力，于1989年出版了《周恩来年谱（1898—1949）》

《周恩来传》(上)。1997年出版《周恩来年谱(1949—1976)》《周恩来传》(下)。我有幸参加了《周恩来年谱(1898—1949)》《周恩来传》(上)的工作,并参加了《周恩来年谱(1949—1976)》《周恩来传》(下)的前期工作。

周恩来出生于城市,从小聪慧出众,受到良好的、完整的现代教育。他勤于写作,留下大量的日记、文章。现在发现的周恩来的文章中最早的是写于1912年10月的一篇作文《东关模范学校第二周年纪念日感言》,收入《奉天教育品展览会国文成绩》一书,后收入上海进步书局出版的《学校国文成绩》和上海大东书局出版的《中学生国文成绩精华》。当时周恩来只有14岁,正在沈阳读小学。

1913年,周恩来进入南开中学。南开中学办有校刊,多次发表他的文章。周恩来勤于写作,留下1918年旅日日记、1920年的《警厅拘留记》《检厅日录》。

从五四运动起,他开始办报,在报纸上发表了大量文章。旅欧时,他在天津《益世报》《少年》《赤光》刊物发表了20多万字的文章。回国后,无论是战争年代还是建设时期,他常常在报刊发表文章,在党内外、政府各部门作报告,国际会议上讲演,宣传、阐述中国共产党和中华人民共和国的政策。

研究历史必须要有史料,没有史料就是无源之水,无本之木。这些公开发表的文章成为研究周恩来和他同代人活动与思想的重要依据和资料,为研究周恩来打下坚实的基础。

周恩来是中国共产党的创始人之一,1921年春加入早期共产党组织,1922年担任旅欧支部负责人,1924年秋回国在广东区委、黄埔军校、潮汕地区担任负责人,从1927年夏起担任政治局委员50年,新中国成立后担任政府总理26年。中央档案馆里保存了大量政治局、中央常委会、中央书记处、国务会议记录、文稿、书信和电报。这些档案在周恩来年谱、传记中第一次得到系统的披露。这在当时是公布中国共产党核心档案数量最大、内容最丰富的出版物,直到毛泽东年谱、传记出版为止。

如前所述,粉碎"四人帮"后,人们可以直抒胸怀,回忆周恩来的文章之多如火山喷发。周恩来研究组重视采访工作,采访了几百人。有同周恩来共过事或在他领导下工作过的聂荣臻、徐向前、杨尚昆、胡乔木、薄一波等党和国家领导人、部长、将军、外交官，还有他身边工作人员、亲属。

国内各部委、各省出版了回忆、研究周恩来的专著。如外交部外交史研究室编，世界知识出版社1993年出版了《周恩来外交活动大事记》。这本书成为研究周恩来外交实践与思想最重要的工具书。周恩来的故乡江苏、浙江研究周恩来的积极性很高，和中央文献研究室联合召开数次学术讨论会，并出版论文集。

周恩来研究涉及的领域是全方位的：一是研究涉及一生的各个时期；二是涉及各个领域；三是实践活动与思想理论结合起来；四是和其他中国共产党领导人比较研究。

周恩来一直是中国共产党外交政策的制定者和执行者，他是同时代中国共产党领导人中出访国家和次数最多的人，在世界影响很大。许多外国人是通过周恩来认识中国，认识中国共产党。周恩来生前接见最多的外宾是日本朋友，周恩来在日本朋友也最多、影响最大。周恩来逝世后，国外很快发表文章、著作。其中影响大的有以下几种：

英国迪克·威尔逊著的《周恩来传》1989年在中国出版印了38万册。

1991年纪念周恩来93周年诞辰和逝世15周年，"纪念周恩来出版发行委员会"出版大型回忆录《日本人心目中的周恩来》，这本书在中国有两个版本，一是中共中央党校出版社出版的《日本人心目中的周恩来》，另一是新华社参考新闻编辑部翻译出版的《日本友人回忆周恩来》。

英国韩素音著的《周恩来与他的世纪》1992年在中国出版。

1999年矢吹晋主编的《周恩来十九岁的东京日记》出版。这本书印了几万册，在日本青少年中影响大。

现在，你手中拿的这本书与上述著作不同，是一部全方位、多角度剖析周恩来的作品，正如题目《多棱镜下的周恩来》所体现的一样，本书从革命生涯、军事行动、外交风云、统一战线、秘密战线等13个方面，先讲史实，再根据史实进行分析，作出画龙点睛的结论，向读者全面展示周总理在各个领域的辉煌成就和高山仰止的人格风范。

这本书的另一个特点，是作者们有的长期在周恩来身边工作，如张作文；有的长期在中央文献研究室工作，如李捷；有的参加过编辑周恩来著作选，如曹应旺、刘春秀。作者均是长期研究中共党史、军事、外交、统一战线、经济、密战、党建等方面的专家，如章百家、甄小英、郝在今、白石亮、陈答才、柳建辉，以及曹冶、伍星夫妇。他们都出版过专著，本书是在此基础上，取其精华，精炼而成。

当年，周恩来研究组的口号是研究周恩来、学习周恩来。希望读者能从此书吸取营养。一本书，最终是在读者那里实现它的价值的。我真诚希望读者能对这本书提出宝贵意见。

李海文

2018年3月5日

目 录
CONTENTS

第一章 坚韧不拔，相忍为党
——革命家周恩来

一、推求比较，才走上职业革命者之路 / 2
二、中共中央工作的实际主持者 / 10
三、相忍为党，顾全大局 / 16
四、帮助确立毛泽东的领导核心地位 / 20

第二章 驰骋疆场，运筹帷幄
——军事家周恩来

一、军事斗争的开创性建树 / 36
二、建设革命军队的方针和原则 / 40
三、先有农村红军，后有城市政权 / 44
四、毛泽东的第一军事助手 / 50
五、加快军队的现代化、正规化建设 / 58

第三章 他属于中国，也属于世界
——周恩来的外交生涯

一、在多重政治文化背景下成长的革命者 / 66
二、红色中国外交的探索者 / 72
三、为新中国外交奠基 / 83

四、寻求和平共处，倡导五项原则 / 89
五、高瞻远瞩，拓展外交天地 / 99

第四章　肝胆相照，团结斗争
——统一战线工作的典范周恩来

一、周恩来与蒋介石 / 114
二、周恩来与班禅 / 127
三、周恩来与溥仪 / 137
四、周恩来与李宗仁 / 142

第五章　刀枪并举，用谍如神
——密战家周恩来

一、"枪杆子"与"刀把子"——弱势生存，必备利器 / 152
二、巅峰对决——系统效能的极端检验 / 156
三、广交朋友——合法而干净的情报收集方式 / 159
四、"国际间谍"——国际密战的人才竞争 / 163
五、明争与暗斗——高明的两手策略 / 166
六、小吃大的秘诀——营造以弱胜强的综合优势 / 170
七、建国大业——从秘密状态走上政治舞台 / 173
八、反恐先驱——现代法治实践 / 176

第六章　重视技术侦察，领导创建二局
——无线电侦察事业的开创者周恩来

一、创建二局如虎添翼 / 182
二、长证路上的灯笼 / 188
三、独特贡献 / 198

第七章　体国经野，辅世长民
——开国总理周恩来

一、把经济建设放在工作首位 / 206

二、筹划四个现代化 / 210

三、躬亲治水 / 222

四、突破科技尖端 / 229

第八章　高山流水，知音知己
——文艺工作领导者周恩来

一、同文艺的不解之缘 / 242

二、高擎抗战文艺大旗 / 245

三、社会主义文艺事业的奠基人之一 / 252

四、文艺界的知己和挚友 / 260

第九章　高山仰止，景行行止
——周恩来的人格风范

一、争做大事，不争当大官 / 274

二、廉洁奉公，鞠躬尽瘁 / 279

三、豁达大度，温厚敦信 / 286

四、克谨守纪，民主平等 / 291

五、自勉自励，生生不已 / 294

第十章　经纬万端，各得其宜
——周恩来的领导艺术

一、照顾大局抓中心 / 300

二、组织严密善决策 / 306

三、知人善任用其长 / 310
四、驾驭复杂关系的大师 / 315

第十一章 疾风劲草，大雪青松
——"文化大革命"中的周恩来

一、"文革"突起，被动卷入 / 320
二、协助毛泽东，机智处理林彪事件 / 327
三、纠"左"的努力与曲折 / 333
四、鞠躬尽瘁，死而后已 / 340

第十二章 革命伴侣，恩爱夫妻
——周恩来的爱情与婚姻

一、因为志趣相投走到一起 / 348
二、幸福美满的婚姻经历血与火的考验 / 351
三、白色恐怖下为革命事业奔波 / 356
四、海棠相伴，谱写感人篇章 / 362
五、相互关爱，夫妻情深 / 375

第十三章 思想深邃，纸满经纶
——周恩来的思想理论贡献

一、周恩来的思想理论建树是毛泽东思想的重要组成部分 / 383
二、在中国共产党思想史上，周恩来首先或较早地提出了关于中国革命的许多重要思想 / 384
三、在中国革命和建设的众多领域，周恩来提出和阐述了许多深刻的思想 / 390
四、周恩来与邓小平理论 / 396

第一章
坚韧不拔,相忍为党
——革命家周恩来

在周恩来长期的革命生涯中，有几个很值得一提但常被人忽视的方面，那就是：最初走上职业革命者道路的复杂过程；担任中央政治局常委长达50年，曾一度担任中共中央工作的实际主持者；在党内斗争中一直坚持相忍为党、顾全大局的原则；为确立毛泽东的领导核心地位做了大量的工作；在毛泽东的威望如日中天时，他提出，"必须全面地学习，从他的历史发展来学习，不要只看今天的成就伟大而不看历史的发展"。这些虽然不能完全反映出周恩来的一生，但却能鲜明地表现出周恩来作为伟大的无产阶级革命家的独特个性。

一、推求比较，才走上职业革命者之路

周恩来生于1898年，他成长的时代，是帝国主义相继侵略中国使中国逐步沦为半封建半殖民地国家的时代。尽管从1840年林则徐起，一代又一代的有志之士奋起抵抗，可是一次又一次地失败了。求生存、救中国成为一代又一代志士仁人为之奋斗、梦寐以求的目标。就在这个时候，十月革命的炮声送来了马克思列宁主义。走俄国人的路，这就是当时中国革命者的结论。

周恩来和他同时代的许多人一样，最初相信教育救国、实业救国，他信仰过军国主义、无生主义、无政府主义，由一个爱国主义者、反对帝国主义的民族主义者，经过几年的"推求比较"，终于确定了信仰马克思列宁主义，确立了社会主义和共产主义理想，选定了做职业革命者的道路。1921年3月他参加了共产主义小组，是中国共产党最早的党员之一，是党的创建者之一。1922年他发起组织旅欧支部，从那时起他就走上职业革命者的道路。

为中华崛起读书

周恩来的祖父，活了近60岁，师爷出身，后晋升为知县。但是，他只和二哥在淮安置办了一所房子，没有地产。周恩来的父亲虽说到绍兴学习了三年的师

爷，但是学得不好，能力差，没有谋到好差事。祖父去世后，家境开始衰败。周恩来有一个伯伯，两个叔叔。伯伯没有儿女。两个叔叔，一个有肺病，生命垂危；一个腿瘸，不能做事。周恩来半岁时，小叔叔贻淦病故，为了安慰新婚的婶母，由祖父母做主，深明大义的父母将他过继给贻淦夫妇，由嗣母陈氏抚养。过继为子，从此他称嗣母为娘，称自己的亲生父母为干爹干娘。陈氏出身于书香门第，知书达理，通晓诗文。她将周恩来视为命根子，精心抚养，精心教育，教周恩来认字、背唐诗，5岁就入私塾上学。嗣母常常给他讲故事、讲历史，周恩来"辄绕膝不去，终日听之不倦"。

在两个母亲的爱护下，周恩来从小就受到很好的教育，好静、喜欢学习，开朗、善解人意。丰厚的母爱，过分的仁慈，使他多了份女性的柔韧，少了男性的粗野。

但是他9岁时两个母亲相继去世，他带着两个弟弟和从淮阴回到淮安的八伯八伯母一起生活。八伯有残疾，周恩来是长孙，便成为家中要紧的男子，从小他就得为家中的事操劳，养成很强的责任心。

12岁时周恩来离开家乡淮安到东北，先后在铁岭、沈阳上学。他后来回顾自己的成长过程时说："12岁的那年，我离家去东北。这是我生活和思想转变的关键。没有这一次的离家，我的一生一定也是无所成就，和在家里的弟兄辈一样，走向悲剧的下场。"当时，东北经济发展很快，已有了铁路和现代工厂。随着经济的发展，东北的文化和思想各个方面也十分活跃，民族矛盾也十分尖锐。1905年，日本、俄国两个帝国主义国家为了争夺在中国的利益，在东北大地上进行了一年零八个月的战争。得胜的是日本，受蹂躏的是中国老百姓。暑假，周恩来随同学到了沈阳南郊沙河南岸的魏家楼子，亲眼目睹了沙俄在村后立下的碑，日本帝国主义在村东头建的塔。这些建筑纪念的是日本、沙俄的战功，却显示了中国的耻辱。

到东北后的所见所闻，使周恩来对民族存亡有了切肤之痛。他关心时事，在沈阳养成读报的习惯，常常看《盛京时报》以及邹容的《革命军》等书籍。

他从《革命军》中明白了，一个男子汉除了要光宗耀祖，对家庭尽责任、尽义务外，还要对国家尽责任、尽义务；他开始考虑一个革命者应有的精神、胸怀、人格及道德。他由爱母亲、爱家庭，升华到爱祖国。他对家庭的责任心升华到对祖国的责任心。

有一天老师在课堂上提问："读书是为了什么？"有的同学回答："帮助父母

记账。"有的说:"为了个人的前途。"而周恩来与众不同,他站起来大声地回答:"为中华之崛起!"

为中华之崛起,这就是他奋斗的志向。这个志向不是天生的,而是经过上述一系列教育才形成的。

当然,如果他的思想仅停留于此不再前进,他可能只是一个普通爱国青年。正巧这时他的伯父周贻赓由沈阳调到天津工作,他随伯父到天津读书,这就给了他一个机遇,使他有机会进一步接触到更先进的思想。

在天津南开中学

天津是北京的门户,是华北工业的发源地和华北经济、文化中心。近代资本主义工业,资产阶级思想、教育都十分发达,可与华东的上海并驾齐驱,这是关外的沈阳所不可比的。而他就读的天津南开中学又是国内第一流的学校,这为他提供了一个新的舞台。

南开中学教学科目,不仅有语文、外语、历史等文科,而且有数学、物理、化学等理科。周恩来正是在这里受到了全面的近代科学教育,这种教育为他一生的发展打下了良好的基础,这在党的高级领导人中是为数不多的。

另外,南开中学的不少课程是请外籍教师用英文讲授,因此周恩来到三年级就可以读英文原著,这为他日后读马克思主义的外文著作创造了良好的条件。所以周恩来较早地接触到马列主义的著作。

当时,南开中学倡导课外活动,鼓励学生组织和社团发展。周恩来从小失去母亲,在伯伯等亲友的帮助下成长。这个经历使他认识到:人立足于世界上,不能像草木禽兽那样只为自己生活,必须依靠公众的扶持,因而"服役之事乃人类所不可免"。于是,16岁的周恩来和同学们发起成立"敬业乐群会",宗旨是:"以智育为主体,而归宿于道德,联同学之感情,补教科之不及。""敬业乐群"这四个字既表达了周恩来对自己责任的认识,也表达了对未来社会的看法。敬业,就是认真负责,兢兢业业地做事;乐群就是为大家服务,团结大家。由于口号明确,组织得好,敬业乐群会很快由20多人发展到280人,占全校学生的1/3。社团的活动锻炼了周恩来的组织能力和社会活动能力。毕业时同学们对他的评价是:"君性温和诚实,最富于感情,挚于友谊,凡朋友及公益事,无不尽力。"

周恩来从小受到良好的家教,到南开中学后他更注重自己的品格道德修养。他在《论名誉》等文章中指出,人的名誉是人生第二生命,但勿"存邀名之心,当以正义以绳其轻重"。他说:"若夫汲汲于名犹汲汲于利之徒,日惟名誉之是谋,不遑计及实事,虚声盗世,眩世眩俗,以淆乱风气者,是又名誉之罪人也。"他是这样说的也是这样做的。他对组织敬业乐群会尽的力最大,可是他不当会长,积极推举别人当,自己只担任智育部长,后来才担任副会长、会长。他一生都是这样,从不计较个人的名利地位,从不争名争利,甘居助手。他的道德修养是有口皆碑、举世公认的,人们称他为"全党楷模",恰如其分。

他在南开中学时还非常关心时事和社会问题。他在作文中写道:"踯躅途中,睹乞丐成群,则思推己及人,视天下饥如己饥、溺如己溺。"几十年后,作家黄宗英向他介绍宝坻县的先进人物邢燕子时,他说:天津是九河之梢,常常发大水,灾民流离失所,流落街头。可见当年老百姓悲惨的生活给周恩来留下了多么深刻的印象。

现实生活逐步使周恩来认识到辛亥革命的不足,他曾在全校的讲演比赛中批评辛亥革命的不彻底性。当时社会上流行实业救国、教育救国,这对他有很大的影响,他认为实业与教育相比,教育是根本的。他看到中国贫弱,认为要学习德意志、日本,实行富国强兵的军国主义和贤人政治。

1917年他从南开中学毕业,临别给同学的赠言是:"愿相会于中华腾飞世界时。"他怀着这样的理想东渡日本,这年他19岁。

如果说他跟着伯父从东北来到天津是被动的,那么这次到日本则是主动的。他要看看日本是如何富强起来的,他要亲自考察一下军国主义、贤人政治为何物。他一向认为学习要"深究而悉讨,慎思而明辨"。临出国前,他以诗言志:"大江歌罢掉头东,邃密群科济世穷,面壁十年图破壁,难酬蹈海亦英雄。"这表达了他追求真理的决心。

面壁十年图破壁

1917年俄国二月革命、十月革命相继爆发,欧洲革命进入高潮,爱尔兰、捷克、匈牙利等国也都爆发了革命。这些革命极大地鼓舞了日本的社会主义者和先进工人、知识分子。他们以共鸣、希望的笔调介绍十月革命,公开地发表于报端和刊物上。

1918年4月23日,周恩来在日记中详细记录了他从《露西亚研究》杂志中看到关于俄国党派的介绍,还记录了列宁的名字。他写道:"过激派的宗旨,最合劳农两派人的心理,所以势力一天比一天大。资产阶级制度,宗教的约束,全部打破了。世界实行社会主义的国家，恐怕要拿俄罗斯做头一个试验场了。"周恩来在日本读了美国记者约翰·里德到苏联采访后写的著名报道《震撼世界的十天》和幸德秋水的《社会主义神髓》、河上肇的《贫乏物语》等介绍十月革命和马克思主义的书籍。他对十月革命、苏维埃、红军、国内战争的了解远远超过国内青年的了解。1918年8月2日，日本帝国主义宣布向西伯利亚进军，武力干涉俄国革命，兵力最多时达7.3万人。日本为了筹集军粮，大量征购粮食，引起粮价暴涨，引发了"米骚动"。暴动从7月23日开始持续到9月17日矿工斗争结束。这次暴动波及日本全国，57天内33个县都发生了暴动。

因放暑假，7月28日周恩来回国，9月6日才回到日本，他虽然没有目睹日本暴动的场面，但波及日本全国的这场暴动深深地震动了他的心，使他更加关注社会问题。从此周恩来开始重新认识日本，重新认识资本主义社会。

周恩来较早接触了马克思主义，可是他为什么没有在日本确定信仰共产主义呢？

他家境贫寒，靠几个叔伯的帮助读完中学。到日本留学，也是靠友人的资助。本想考上官费就可以解决学费和生活费用的问题，但是南开中学是用英文教数理化，他的日文基础差，第一次考试没有录取，心情苦闷。

1918年1月8日，周恩来接到家信得知八伯父故去的消息，心中悲痛，好像没了知觉一样。他还思念母亲，夜里再读母亲的遗诗，眼泪忍不住要流下来。周恩来还思念爷爷、奶奶、母亲，听说他们的棺材暴露在外面，越想越难过，恨不能马上回国，处理好这些事情。思乡之情，长子的责任，再加上独处异国他乡，使周恩来孤寂苦闷，因此他初到日本时相信"无生主义"（佛教名词）。

这时，他重新看了从国内带来的《新青年》，茅塞顿开。他在日记中写道："第一，想要想比现在还新的思想；第二，做要做现在最新的事情；第三，学要学离现在最近的学问。思想要自由，做事要实在，学问要真切。""将从前一切事体都看成了不足重的事，不足取的事，心里头非常的快活。"富有责任心的周恩来，从那时起就把家庭的悲剧和国家的贫弱联系在一起，他知道家庭只是社会的缩影，对家庭的责任心自然转化为对国家、民族、社会的责任心。正是这种责任心，使他从对家庭的思念和悲痛之中解脱出来，精神为之一振。

他喜爱的格言是：与有肝胆人共事，于无字句处读书。到日本之后，他不是死读书、读死书，而是事事都用求学的眼光看，留心日本人的一举一动、一切的行事，以此来了解日本的国情。他亲眼看到军国主义、贤人政治的真实面貌，虽然国家强盛了，但是人民并没有由此过上幸福的、太平的生活，贫富反而更加悬殊，国内矛盾非常激烈。于是他改变了对军国主义的看法，开始摈弃军国主义思想。为了寻找救国的真理，他在日本大量地读书、看报，十分关注有关十月革命的报道、对马列主义学说的介绍，以及对无政府主义、基尔特主义、新村主义的介绍。他还利用一切机会接触社会、接触群众，向到过苏联的日本海员了解海参崴的情况，了解苏维埃的情况。

这时，突然发生的一件事打断了他对新思想的探索。北洋政府和日本政府准备密签军事协定，北洋政府要出卖国家主权，中日联合出兵苏联，镇压革命。事情泄露后，激起广大留日学生的愤恨，以天下为己任的周恩来积极参加了留日学生的爱国组织"新中学会"，他把主要精力投入到反对中日军事协定的斗争。现实的斗争转移了他的视线，使他对信仰问题没有来得及进一步探讨。

有人说他在日本一事无成，其实并非如此。他是没有考上学校，他在日本也没有确定自己的信仰。但是由于东渡前抱着向日本学习的态度，经过一年半的观察，他已看到资本主义社会暴露出来的严重矛盾，对日本社会越来越失望。这个失望不仅是对日本的失望，也是对军国主义的失望，甚至也是对正在崛起的资本主义、帝国主义的失望，这为他日后经过"反复推求比较"，最后确定共产主义的信仰奠定了基础。

我认的主义一定是不变了

周恩来自己说过，他是个"多畏多虑"的人。这与他的家庭环境是分不开的。他出生在一个封建的大家庭，由于母亲早逝，父亲在外做事，不能回家。他带着两个弟弟跟八伯、八伯母生活。封建大家庭的规矩非常多，没有钱吃饭也要应酬，否则就被人挑理，在大家族中难以立足。八伯是个残疾人，不能下地；八伯母作为女人，不能出门理事。应付门面的事就落在10岁孩子的身上。为此，他办事处处小心，因而从小养成多畏多虑、细致入微的办事风格。

环境决定人的性格和思维方式。周恩来的性格和思维方式，对他确定信仰时的影响更为突出。

1919年春天，他从日本回国到天津，不久参加了五四运动，成为天津的学生领袖，主办《天津学生联合会报》，发起组织觉悟社，领导学生示威请愿。1922年，周恩来向友人谈起自己的转变过程时说："思想颤动于狱中，京中的'全武行'与我以不少的启发。"和周恩来同是觉悟社社友的谌小岑曾告诉笔者：1919

年8月，为了营救被捕的学生，天津学生到北京包围了总统府等地，遭到军警的殴打，这就是周恩来所说的"全武行"。第二批学生再次赶到北京，周恩来也参加了，结果又有学生被捕。

"思想颤动于狱中"，是指1920年1月，周恩来等21名战友在天津因抵制日货而被捕。在狱中他们组织起来，一起学习、讨论主义等问题。当时对青年影响较大的一个是无政府主义，一个是马列主义。天津学生联合会的会长马骏介绍了无政府主义，周恩来介绍了马克思主义的唯物史观、阶级斗争、剩余价值。这个活动并不表示周恩来已信仰马克思主义，而是表明他对马克思主义的了解多于国内的青年。

周恩来出狱后，为了寻求真理来到欧洲。欧洲是资本主义的发源地，也是马克思主义的发源地，是当时世界最先进的、最发达的地区。1920年12月中旬，周恩来到达法国马赛，次年2月，到法国中部的布鲁瓦学习法文，同时做社会调查研究，为天津《益世报》写通讯报道。但是他主要关注的还是对主义的选择，并在此确定了对共产主义的信仰。

当时第一次世界大战结束不久，周恩来所到之处映入眼帘的是"生产力之缺乏，经济界之恐慌，生活之窘困"。工人罢工此起彼伏，声势浩大；思想界异常活跃，各种不同的思想纷然杂陈。马列主义与第二国际修正主义的斗争十分激烈，各国共产党纷纷从第二国际的社会党中分裂出来而独立。

现实生活每日每时都影响着年轻的周恩来，但是他对主义的选择采取了慎重的态度。1921年1月，他初到欧洲，给表兄陈式周写信说："至若一定主义，固非今日以弟之浅学所敢认定者也。"后来他回忆这时的心态时说，"谈主义，我便心跳"。他对一切主义都采取"推求比较"的态度。周恩来写信给觉悟社的同志说："我认清共产主义确实比你们晚，一来因为天性富于调和性，二来求真的心又极盛，所以直迟到去年（指1921年）秋后才定妥我的目标。"

他确定信仰社会主义、共产主义与参加勤工俭学的中国学生开展的斗争有关。一场激烈的群众斗争可以迅速地改变人的思想。

周恩来是随勤工俭学学生一起出国的，但是他自己并不是勤工俭学学生。第一，他得到南开学校创办人严修及亲友的资助；第二，出国前他已同天津的《益世报》谈好，为《益世报》写通讯报道，有稿费收入。所以他到法国后没有到工厂做工，而是到法国中部学习法语。但是他以天下为己任，时刻关心着勤工俭学学生的命运。1921年2月，勤工俭学学生的斗争将他召回巴黎。

勤工俭学运动是1912年由蔡元培、李石曾、吴稚辉、汪精卫、张继、吴玉章等人发起的，1915年成立了勤工俭学学会，宗旨是"勤于工作，俭以求学，以进劳动者之智识"，号召青年到法国半工半读，学习西方的民主和科学，他们想用这种办法为中国培养大批人才。经过几年的酝酿、宣传，这项活动得到进步青年的响应，这些青年大都是参加五四运动的热血青年。毛泽东在湖南组织学生们赴法勤工俭学。勤工俭学学生以湖南、四川为最多。1919年3月17日，首批学生离上海西去，到1921年1月20日，最后一批学生到达马赛，前后共20批，有1600余人。周恩来是1920年秋和第15批勤工俭学学生同行。

周恩来到法国之际，法国工厂纷纷倒闭，或只部分开工，大量裁减工人。勤工俭学学生首当其冲。而1920年，又有大批勤工俭学的学生涌进法国，这使学生们寻找工作更加不易。勤工俭学学生是依靠华法教育会的借贷求学，华法教育会财力有限，1921年1月底，宣布脱卸一切经济上的责任。这个决定无异于晴天霹雳，使数百名失业的靠华法教育会借贷的学生断了生计。2月28日，由李维汉、李富春、贺果、张昆弟等组织的世界工学社发起，400名学生到大使馆请愿，要求进入即将开学的里昂大学求学，发给每人每月400法郎的补助，以4年为限。相持大半天，请愿群众被法国警察驱散，但却迫使其延长了发放救济费的时间。

周恩来闻讯赶到巴黎调查这一事件，并于3月21日写出长篇通讯《留法勤工俭学学生之大波澜》。通过调查，周恩来认识了蔡和森、向警予、李维汉、王若飞、李富春、蔡畅、赵世炎、陈毅等。从此他和勤工俭学的学生保持密切的联系，参加了勤工俭学学生的斗争。此时周恩来22岁。

3月，周恩来经觉悟社社友刘清扬的介绍认识了张申府。张申府是北京大学的讲师，曾与陈独秀、李大钊一起在国内筹建共产主义小组。周恩来在张申府、刘清扬的介绍下加入共产主义小组，这个小组是中国共产党8个发起组之一。周恩来是最早的共产党人，是党的创建者之一。他加入组织后，即投身于共产主义运动，首先就是领导勤工俭学学生的拒款斗争。

6月16日，法国报纸登出北洋政府派朱启钤到法国借款的消息，勤工俭学学生首先反对。6月30日，周恩来、赵世炎、袁子贞、李立三、陈毅等300名勤工俭学学生和华工召开拒款大会，举行示威游行，冲进使馆。8月13日，又召开第二次大会，迫使北洋政府不敢在借款协议上签字。

9月，周恩来又参与领导了勤工俭学学生占领里昂大学的斗争。这场斗争虽然最后失败了，陈毅等100多人被驱逐出境，但是这场斗争却锻炼了年轻的周恩来和勤工俭学的学生们。斗争的失败教育了大家：上学都如此困难，实业救国从何谈起，这只是不可实现的幻想。从而使迫切要求进行社会改革，接近马克思主义的人越来越多。

在领导勤工俭学运动的同时，周恩来对英国、法国、德国的工人运动、共产主义运动做了详细的考察，为《益世报》写了20多万字的报道。通过这些调查研究，他更加认识到无产阶级革命的必然性。

经过反复"推求比较"，到1921年秋，周恩来终于确定了自己的信仰。他说："我们当信共产主义的原理和阶级革命与无产阶级专政两大原则，而实行的手段则因时制宜。"

1922年3月初，周恩来来到德国，接到邓颖超的来信，得知觉悟社社友黄爱在湖南领导工人运动惨遭军阀杀害。战友牺牲的消息使他的意志更加坚定，他在回信中写道："我认的主义一定是不变了，并且很坚定地要为它宣传奔走。"

后来，周恩来领导成立了少年共产党。1922年6月，在赵世炎、周恩来、李维汉的主持下，从德国、法国、比利时三国来的青年，在巴黎西郊布伦森林中的空地上开会，23个青年人经过激烈、认真的讨论，决定成立少年共产党，并郑重通过了周恩来起草的组织章程，选出了中央执行委员会。周恩来当选为委员，负责宣传。之后，少年共产党加入中国社会主义青年团，成为中国社会主义青年团旅欧支部。从这时起，周恩来不仅是一个为共产主义奋斗的战士，而且走上了领导岗位，成为一个职业革命家。

从这个支部产生了中国共产党的一大批重要的领导干部，其中有3位元帅：朱德、聂荣臻、陈毅，1位总理和4位副总理：邓小平、李富春、陈毅、聂荣臻。

二、中共中央工作的实际主持者

周恩来生前不许人们宣传他，他很少讲自己的功劳。每当讲历史，他常常是检讨自己的不足和错误。因而许多人不知道，周恩来在第一次大革命失败后，曾经主持中央的工作长达两年之久，而且从1927年7月起，就担任中共中央政治局常委，一直到1976年逝世，长达半个世纪。这在党内仅此一人，他的历史和共产党的历史紧密相关。他的一生经历了两次大的失败，一次是大革命的失败，另一次是被迫放弃中央苏区进行长征。在失败面前他处变不惊，从不气馁。他在党内受过批评，也受过错误的处分。有了错误他勇于作自我批评，主动承担责任；对于误解、错误的批评，他也从不抱怨，他说"干革命不必自我"。他历经千难万险、千锤百炼，成为坚定的无产阶级革命家和中国共产党的领袖之一，成为中共领导集体的重要成员。

"干革命不必自我"

"干革命不必自我"这句话是大革命失败后周恩来对动摇、悲观的叶挺讲的。

1927年大革命失败后，中国一片白色恐怖，到处都在清共，大肆屠杀、逮捕共产党员。从"四一二"到"七一五"事件，在短短的几个月内，共产党失去了立足之地，只能转入地下活动。在白色恐怖压迫下，共产党员由5万人锐减为1万人。蒋介石将共产党打压下去后，很快在南京建立了国民政府。

中国共产党还要不要革命？中国共产党的领导人陈独秀提出：南京国民政府的建立标志资产阶级革命的成功，共产党现在不要革命，等中国的资本主义有了充分的发展之后再进行革命。人们称他的这种观点为"二次革命论"。陈独秀是中国共产党的创始人，一直担任共产党的最高领导人。他的这种理论在党内有一定的影响。

面对失败和险恶的处境，1927年7月中旬，中国共产党决定改组中央领导机关，撤销了原中共领导人陈独秀的职务，成立了由张国焘、周恩来、李维汉、张太雷、李立三组成的临时中央常务委员会。临时中央常务委员会成立后做了三项工作：第一，将处于公开状态的党组织迅速转入地下；第二，派周恩来到南昌领导武装起义；第三，准备召开中央紧急会议，这就是著名的八七会议。这次会议批判了陈独秀的右倾机会主义，确定党的总方针是：实行土地革命和武装反抗国民党。

中国革命到底该如何走的问题，摆在每个共产党员的面前。

土地革命怎么进行？武装斗争怎么进行？这只能在斗争中学习，在实践中摸索。南昌起义打响了武装反抗国民党的第一枪。占领南昌后，按原定计划，周恩来率部队南下广东，占领汕头、潮州，准备在广东建立根据地再次北伐。由于敌强我弱，这个任务没能完成。起义部队一部退到海陆丰，和当地的农军相结合，建立了全国第一个苏维埃政权；另一部由朱德率领，到湖南和毛泽东会师，上了井冈山。

叶挺是北伐的名将，他率独立团从韶关一直打到武汉，所向披靡，人民称他领导的这支部队为"铁军"。打下武昌后,叶挺担任第十一军二十四师师长,而后率部参加领导南昌起义。起义失败后,他率部从汕头撤退到普宁县流沙镇。起义领导人在这里开会总结经验教训。周恩来在会上检讨了失败的原因,然后说,武装人员尽可能收集、整顿,向海陆丰撤退,今后要作长期的打算,非武装人员愿意留就留,不愿意留就分散向海口撤退,已找好当地农民做向导。这时叶挺就提出:"到了今天,只好当流寇,还有什么好说的。"他说"当流寇",就是打游击。他是一个军事家,他考虑问题首先是从敌我双方力量对比的实际情况出发。1927年12月广州起义,中央委派叶挺担任总指挥,因他的名声大,容易暴露,所以在起义的前夜才让他从香港赶到广州。起义开始后叶挺考虑到当时广州敌人空虚,起义是可以的,但是敌强我弱,坚守不容易。所以起义开始后叶挺提出起义部队有组织地撤到农村去,可以和彭湃领导的海陆丰农民运动相结合。因为参加南昌起义的二十四师余部一千多人在海陆丰组成了红二师,一直在农村坚持武装斗争。

可是他的正确意见受到共产国际代表的批评。此人是德国人,叫纽曼,他主张起义后坚守广州,建立苏维埃。纽曼不听叶挺的意见,大骂叶挺动摇,说起义是进攻,要进攻、进攻、进攻!叶挺被扣上右倾机会主义的帽子。

果然广州起义后敌人马上调部队进攻广州。起义的第二天,领导人张太雷牺牲。第三天,起义失败。部队退出广州,其中一部分就撤退到了海陆丰和红二师会合,壮大了当地的革命力量。

起义失败后,叶挺等领导人退到了香港。以中央代表的身份来到香港处理善后事宜的李立三,把广州起义说得一无是处,指责起义失败的主要原因是省委犯了军事投机的错误,在关键时刻动摇,对起义指挥不力。叶挺等许多同志不同意他的意见,李立三火冒三丈,立即宣布给叶挺等人开除党籍、留党察看等处分。叶挺一气之下去了苏联,想讨个公道。没想到又受到冷遇,在莫斯科召开的党的六大根本就没有时间讨论广州起义。叶挺心灰意冷,出走德国。

1928年3月,周恩来受中央委托,前往香港,主持召开广东省委扩大会议,纠正李立三在广州起义善后中的"左"的错误,宣布原来的处分无效。充分肯定起义的历史意义和起义领导人在斗争中表现出来的革命精神,总结了经验教训,指出失败的主要原因是由于敌强我弱,未能争取到农民的支持配合,未能及时撤退到农村去。两个月后,周恩来到苏联出席党的第六次代表大会,他见到叶挺情绪不高,劝说他:"干革命不必自我。"但因为周恩来是大会秘书长,在会上忙于作军事报告和组织报告,没有时间细谈。不久,他听到了叶挺出走的消息,痛惜良久,为战友走入迷途而惋惜,也为中国共产党失去一员战将而痛惜。

六大后周恩来到德国又见到叶挺,发现他对革命事业失去信心,对个人的委屈看得太重,便与他长谈,最后批评他"总不能放弃革命不干,干革命不必自我"。但是叶挺心情很坏,就是听不进去。叶挺滞留在德国,脱离了革命队伍。

经过10年的观察、学习、思考,叶挺对自己在革命失败时、在自己遇到委屈时的抉择后悔不已。抗战爆发后,周恩来到上海与国民党谈判,叶挺见到周恩来的第一句话就是:"我惭愧万分,革命好比爬山,许多同志不怕山高,不怕路难,一直向上走,爬到山顶,而我只爬到半山腰又折回去了!我常常想起你讲的那两句话'总不能放弃革命不干,干革命不必自我'。"

在周恩来的策划下,叶挺担任了新四军军长。新四军由红军长征后,留在长江南北各地坚持武装斗争的游击队组成。蒋介石之所以委任叶挺为新四军的军长,就是看中叶挺是北伐名将,又是脱党分子。他要利用叶挺的名声号召抗战,他要利用叶挺脱党这个事实,离间叶和共产党的关系,将新四军控制在自己的手中。但是叶没有为蒋介石所用,他尊重共产党的领导,利用自己的声望、影响为新四军的生存、发展和扩大做了大量工作。皖南事变后,叶挺被扣,他在狱中一直坚持斗争,决不屈服。1946年3月,他出狱后第一件事就是申请重新加入共产党。根据叶挺的表现,中共中央第二天就批准了叶挺的要求。叶挺用自己的行动实践了周恩来对他的忠告:"干革命不必自我。"

中共中央工作的实际主持者

当周恩来对叶挺说"干革命不必自我"时,是不是周恩来在党内没有受过处分和委屈?不是的。这句话,也是周恩来从自己的经历中得出的,是对自己的要求。

周恩来率领的南昌起义军,在汕头一带遭敌人重兵包围,被打败了。本来周恩来要率部到海陆丰和那里的农民武装会合,但由于他发高烧昏迷不醒,被叶挺、聂荣臻用一条小船护送到香港。重病初愈,他就回到上海参加了中央政治局扩大会议。在这次会上,周恩来当选为临时中央政治局常委。

周恩来当选为常委,不是偶然的,因他早在旅欧时期就很重视武装斗争,在大革命时期他担任广东区委军委书记、黄埔军校政治部主任、国民革命军第一军党代表,领导了两次东征,后领导了上海工人第三次武装起义,夺取上海。大革命失败后他领导的南昌起义,则开启了共产党人独立领导武装斗争的新时期,有了自己的军队。对此,毛泽东和朱德都给予了极高的评价。毛泽东说:"我们党虽然在一九二一年(中国共产党成立)至一九二四年(国民党第一次全国代表大会)的三四年中,不懂得直接准备战争和组织军队的重要性;一九二四年至一九二七年,乃至在其以后的一个时期,对此也还认识不足;但是从一九二四年参加黄埔军事学校开始,已进到了新的阶段,开始懂得军事的重要了。经过援助国民党的广东战争和北伐战争,党已掌握了一部分军队。革命失败,得了惨痛的教训,于是有了南昌起义、秋收起义和广州起义,进入了创造红军的新时期。这个时期是我们党彻底地认识军队的重要性的极端紧要的时期。没有这一时期的红军及其所进行的战争……今天的抗日战争及其长期支持是不能设想的。"朱德说:"大革命时代,许多进行军事运动的同志,当时中央军委的负责人周恩来、聂荣臻、李富春等同志,以及党所举办的秘密军事训练班的同志,对我军的创建是有功劳的。没有他们所进行的军事运动,就不能有独立团,就不能有南昌、秋收、广州、湘南等起义。"

但是周恩来也受到了加入共产党后的第一次处分。虽然南昌起义打响了武装反抗国民党的第一枪,功不可没。但是年轻的共产党没有看到这点,反而实行严厉的惩办政策,追查南昌起义失败的责任,将南昌起义前敌委员会全体成员都给予警告处分。前敌委员会的书记周恩来自然首当其冲,也受了处分。

周恩来面对革命的失败、面对不公正的处分,泰然处之,因为他想的不是个人得失和安危,他想的是革命事业,他干革命完全抛开了自我。他看到了轰轰烈烈的革命在几个月内陡然失败,无数革命者被杀害,党组织被破坏,党员由5万人锐减为1万人,党内争论加剧,抱怨、悲观情绪弥漫。这时,他没有时间考虑自己,他想的是革命如何进行,事业如何发展。

中央政治局扩大会议后,周恩来担任了中央组织局的代主任。组织局相当于现在的书记处,负责中央的日常工作。当时的上海,白色恐怖严重,警车不断呼啸而过,军警常在街上"抄把子"("抄把子"就是随时随地在街上设卡检查行人、搜身、查包),周恩来是著名人物,许多人都认识他。据周恩来的南开同学、后来担任国民党重庆市长、上海市长的吴国桢回忆,他就曾在电车上碰到过周恩来。周恩来虽然化装,他还是从走路的姿势认了出来。当时周恩来十分机智,车一到站,马上跳下车,消失在人群中。为了躲避敌人的追捕,周恩来时而贴个小胡子,穿着西服,化装成日本人;时而穿上长袍马褂化装成商人,活跃在上海、天津、香港等地。

大革命失败后，全国各地举行暴动几百次，由于国民党反动派的残酷镇压，均告失败，不少暴动队伍被迫转移到农村、山区，成立工农红军，建立了若干个根据地。

这个路子对不对？

在此期间，周恩来经常召开政治局会议，研究全国的革命形势、问题，找各地来的领导人谈话。他恳切地说服大家不要急于暴动，要做艰苦细致的群众工作，迅速恢复和建立党组织和工农群众组织。他说：只要有了得力的党组织的领导，割据的暴动局面才可以创立起来。他将各地起义失败后来到上海的同志组织起来，或者派到全国各地去恢复被破坏的党组织，或者送到苏联学习。经过半年的努力，到1928年春，基本上恢复了全国各省的党组织。

在此期间，他把刘伯承、叶剑英、董必武、林伯渠等同志派到苏联学习，学习军事、学习理论、学习无线电通信。他将军事干部派到各地或领导武装暴动，或加强各地的军事领导力量。他同意贺龙不去苏联学习而是回到家乡湘鄂西，开展武装斗争的意见，并派政治素质较强的周逸群做贺龙的副手，并选择忠诚可靠的卢冬生做贺龙的警卫。贺龙、周逸群临行前，周恩来与周逸群谈话，提出"依山建军，再向平原发展"的方针。周恩来还向全国各个根据地宣传、推广朱德、毛泽东领导红军进行工农武装割据的经验。军事斗争是中国共产党当时的中心工作，周恩来为此花费了很多的心血，作出了巨大的贡献。

为了保卫党中央的安全，1927年春，周恩来从上海到武汉后就倡议领导成立了特科。特科下设特务、情报、保安等三个股，重点是情报。他派可靠的同志打入敌人内部，在敌人内部建立关系，使许多同志免遭敌人的捕杀，并营救了许多被捕的同志。1931年4月，政治局委员顾顺章在武汉被捕叛变，向敌人供出政治局同志的住处和党中央的机关，敌人企图将党中央一网打尽。在此危急时刻，由于打入敌人内部的钱壮飞得到了这个情报，抢在敌人的前面派人赶到了上海，向周恩来报告。周恩来沉着冷静、周密审势，果断采取措施，只用了一天的时间，就在陈云、陈赓、李克农、李强协助下迅速转移了负责人和有可能暴露的干部，销毁了大量的文件，使敌人一无所获。而后，周恩来下令停止顾顺章熟悉的工作方法，切断了与顾的一切关系，终于使党组织安然度过了这个险情。

由于周恩来卓越的工作为全党所公认，1928年中共六大选举他为中央政治局常委，并任政治局常委会秘书长兼组织部长。1929年9月，军事部长杨殷牺牲后他又兼军事部长。因当时强调工人成分，六大选出的中共中央总书记向忠发是个工人，但没有文化、没有能力，在工作中不能起到核心领导作用。于是，从1928年六大后到1930年春天，周恩来成为中共中央工作的实际主持者。

在此期间，周恩来不仅领导党的苏区工作、白区工作，而且创建了党的通讯工作。1928年10月，他派张沈川、李强在上海组装无线电发报台，建立训练班，培养无线电发报、收报人员。经过几年的努力，1931年11月中共中央和中央苏区建立了电台联系。派曾希圣、曹祥仁、邹毕兆破译密码。

周恩来还创建了党的机要工作，创造了中国共产党的第一部密码。因为周恩来在党内化名叫伍豪，因而这个密码就称为"豪密"。一开始由周恩来、邓颖超和在苏区的任弼时、陈琮英掌握密码。这个密码大大先进于国民党使用的密码，从而使中共可以破译国民党军队的密码，而国民党却无法破译中共的密码，这就是红军、中国人民解放军连连取胜的原因之一。

经过两年的努力，中国共产党领导的武装力量的发展超过大革命时期的最高水平，到1930年3月，红军已有62700人，枪支38900支，编为13个军，分布在鄂、豫、皖、湘、赣、桂、粤、闽8省127个县，并在豫、苏、皖、赣、浙、闽、桂几省内的162个县开辟了游击区。中国共产党度过了最艰难的一段时期，武装斗争坚持下来了，成为国际共产主义运动中除苏联外唯一有武装的党。中国红军的力量日益受到共产国际的重视，受到斯大林的重视，为世人瞩目。1930年10月，中共中央政治局决定成立苏区中央局，负责指导全国各苏维埃政权与红军的工作，周恩来任书记，项英、毛泽东、任弼时、朱德等人任委员。红军的发展引起敌人的恐慌，1930年12月，蒋介石调集10万大军对江西苏区进行第一次"围剿"。

三、相忍为党，顾全大局

一个伟大的、成功的革命家不仅要带领群众进行对敌斗争并取得胜利，也要正确处理党内斗争、处理党内矛盾，团结全党前进。这就需要革命家有深远的眼光、宽阔的胸怀、高尚的情操和坚韧不拔的毅力。周恩来就是具有这种优秀品质的无产阶级革命家。

主动承担三中全会的责任

熟悉历史的读者都知道，1930年3月周恩来到苏联向共产国际汇报工作，在周恩来离开上海期间由李立三主持中央工作。这期间，国民党内部发生中原大战，蒋介石与冯玉祥、阎锡山开战，无暇顾及其他。红军趁机大发展。李立三认为目前形势是新的革命高潮马上就要到来，他要求以武汉为中心，取得一省、数省首先胜利，进而建立全国政权。在他的这种"左"的思想的指导下，各地红军进攻城市，城市的党组织纷纷组织飞行集会、暴动。革命力量暴露，受到很大损失。李立三的这种错误受到党内同志的抵制，于是他就在党内实行惩办主义，打击了不同意见的同志，如恽代英、何孟雄等。

8月底，周恩来和瞿秋白从苏联回到上海，马上纠正李立三的错误。首先停止了各地的暴动，并在实际工作中停止了李立三的这套错误的做法。然后召开三中全会，从组织上停止了李立三的工作。李立三在会上做了检查，而后离开上海到苏联学习。

但是党内对李立三错误程度的认识不同，产生分歧，一部分受过李立三打击的同志认为三中全会对李的"左"的错误批判得不彻底，有的同志更加激烈，坚决要求召开紧急会议，彻底改组中央，撤销周恩来、瞿秋白等同志的职务，成立临时中央。

1930年12月，共产国际代表米夫来到中国上海。他来了之后不是站在全局的立场，而是站在小宗派的立场，使党内斗争更加激烈。

周恩来、瞿秋白为了避免党内严重的分歧引起党的分裂，主动承担了三中全会的错误的责任，不愿为个人而影响党内的团结，提出退出政治局，辞去中央的领导职务。为了团结，周恩来几次向米夫推荐何孟雄，但是米夫并不想解决中共党内的问题，并不想让中共更团结，他为的是控制中国共产党，要让自己的学生王明上台，所以他不见何孟雄，根本不听这些老同志的意见。而且他也不准周恩来辞职，原因不是别的，正如有人在四中全会上发言所说的那样：周恩来是党内的人才，他的艰苦耐劳的精神，他在军事上、组织上的才能，是否还有第二人呢！会后瞿秋白对他说："你还要背上这个担子。"

王明等从苏联回来的青年留学生，认为李立三犯的是右倾机会主义的错误，提出比李立三更"左"的口号。他们在米夫的支持下，有恃无恐，目无一切，大肆活动，排斥异己，指责何孟雄这些老同志是犯了右倾机会主义的错误，将这些同志排斥在外，打击他们；同时指责三中全会，批判周恩来和瞿秋白犯了调和主义的错误。在米夫的直接干预下，1931年1月7日在上海召开了四中全会，在这次会上，王明上了台，而周恩来和瞿秋白成为批判的对象。

王明在当时是个毛头小伙，他于1925年加入共青团后就到苏联学习，没有经历过大革命考验，没有实际工作经验，在党内没有多少威信。1929年他从苏联学习回来后，害怕艰苦，害怕危险，不肯服从分配；不肯到基层工作，留在中央机关，在党内搞小宗派。一次他在街上不慎被捕，表现动摇，大家对他意见很大。但他是米夫的学生，深受米夫的信任。

后来毛泽东在总结这段历史时说：当时是共产国际东方部领导人和王明合作，批评中国较正确的两位领导同志，说他们是对立三冒险派搞调和主义，硬把这两个人的威信压下去。

中国共产党作为共产国际下属的一个支部，下级服从上级是民主集中制的原则，也是党内铁的纪律。周恩来认为一个领导者"要有高度的纪律性，要有坚韧的奋斗精神"，他处境艰难，仍全力以赴投入工作，维护党的团结和统一。

王明自恃有苏联背景，是百分之百的布尔什维克，对一切有不同意见的同志均采取打击、排斥的态度。认为何孟雄等是右倾机会主义，认为执行过立三路线的同志犯了立三路线的错误，不分青红皂白，乱打一气，造成党内一片混乱。周恩来不顾自己被戴上调和主义的帽子，力主团结广大干部群众，他说："站在派别观点上来解决问题，就一定离开党的利益而只顾到派别的利益，这不是布尔什维克党允许的。"他尽力保护干部，团结干部，减少损失。

维护党的团结和统一

中国共产党成立90多年来有过10次大的党内斗争，如何进行党内斗争呢？笔者也曾同很多老同志进行过探讨。粉碎"四人帮"后，公布了大量的材料，特别是彭德怀惨死在隔离中，邓小平与"四人帮"公开抗争，群众中也有很多议论。

对党内斗争每个人采取的方式不同，这与每个人所处的地位不同，对问题的认识水平不同，也与每个人性格不同有关。纵观中国共产党90多年的历史，对党内斗争采取的方式大致有：毛泽东式的、邓小平式的、彭德怀式的、陈云式的，也有周恩来式的。他们的斗争方式都是后人可以研究的。关于如何进行党内斗争，这是一个非常复杂的问题，就这个题目就可以写一本书。在此只能简单地谈谈周恩来的方式，抛砖引玉。

性格刚烈的人决断力强，但容易走极端。性情温和的人在关键的时刻可能瞻前顾后，但是持重稳妥。性格倔强的人认准的事走到底，但是如果错了也不容易回头，固执己见，失之圆通。性格急躁的人爱表态，态度鲜明，但是容易强加于人，反而欲速则不达。在简单环境中成长的人难以驾驭复杂的事物，而见多识广的人，碰到复杂的事物，则面面俱到，得心应手。因而列宁讲过一个人的优点和缺点是连在一起，密不可分的，这就是特点。

周恩来说自己"天性富于调和性"。富于调和性，既是他的思维方式，也是他为人处世的原则，他为人谦和，从不强加于人。他从小就养成极强的责任心。这些特点就决定，在考虑问题时既考虑到这一方面，又要考虑到另一方面，决不走极端。他从小就处在复杂的环境，越是复杂越能显示他的才华。这在处理党内斗争时表现得更为明显。周恩来历来将斗争严格地分为党内斗争和对敌斗争。他对这两者区分得十分清楚。他认为对敌斗争是革命与反革命的问题。既是敌我的问题他就从不让步，从不动摇。他可以忍受党内的错误处分、误会，但是他不能忍受说他叛变，这是他1975年9月危病中一定要在关于说明"伍豪启事"的报告上签字后才肯进手术室的原因。

他虽然认为党内斗争也是大是大非的问题，但这是同志间错误与正确的问题，是认识问题，是内部问题。既然是认识问题，是内部分歧，是同志之间的争论，就要给人家一个认识的时间，任何一个问题都有一个认识过程。即使错误的东西也有一个形成过程，有一个暴露过程，在它没有形成之前，没有暴露之前，无法认识。除非是圣人，而这种圣人是没有的。因而他对一个错误的路线决不断然下结论，对已犯错误的同志，是争取团结，只要不是坚持不改，就要给一个改正的机会，决不能用残酷斗争，无情打击的办法，将犯错误的同志推到敌人那面去。他反对用对敌斗争的方式来处理党内的斗争。

另外，他认为中国是一个经济文化都十分落后的国家，他说："我们这个落后的中国社会，反映到党内，反映到革命团体里，正确的意见常常不容易被大家立刻认识。这样就要等待、说服，就要经过痛苦的过程。""大多数通过的决定，组织上还要服从。当着群众被蒙蔽的时候，不容易接受真理，等他们慢慢地觉悟起来以后，就会拥护正确的意见。所以正确的意见常常是要经过许多的等待、迂回才能取得胜利，为大家所接受，当然这个等待过程是痛苦的。"他说："领导者在必要时应忘记他所受的侮辱。""领导者切勿轻视自己的作用和影响，要戒慎恐惧地工作。"他是这样说的，也是这样做的。无论自己处境多么困难，他从不放弃工作；无论在党遇到什么失败、危难时，他都苦撑局面，使党渡过了一个又一个难关。

基于这样的看法，基于这样的性格，在党内产生分歧、发生争论时，周恩来往往采取克制态度，采取与人为善的态度，以顾全大局为重，以团结为重；决不采取极端的做法，随便将同志宣布为敌人。当情绪激愤的人们希望他站在自己这边打倒对方时，周恩来往往是讲道理，讲政策，讲历史教训。群众不理解他的这种做法时，指责他为调和主义、折中主义，甚至反对他。他默默忍受，他不做任何解释。可是随着时间的推移，事实证明了他在党内起到的中和作用、稳定作用、团结作用是多么的重要！特别是党内意见纷争、各派意见相持不下时，周恩来的这种做法对维护党内的统一、团结是非常重要的。周恩来在处理和王明路线的斗争中，就是采取这样的立场、方法。在"文化大革命"中周恩来也是采取这样的立场和方法。

从这点来说，周恩来相忍为党，顾全大局的做法，体现了无产阶级革命家正确处理党内斗争的一个重要原则。

四、帮助确立毛泽东的领导核心地位

大革命失败后，中国共产党逐渐形成了由毛泽东、周恩来、刘少奇、朱德、任弼时、邓小平、陈云等组成的领导集体。这个领导集体是以毛泽东为核心的。周恩来主持中央工作时支持毛泽东的工作，当他认识到毛泽东代表中国共产党的正确方向时，就以无产阶级革命家的宽阔胸怀，坚决支持毛泽东担任中央常委，对中国共产党选择自己的革命领袖，确立毛泽东的领导核心地位，起了巨大的作用，而他自己则甘当助手，并且终生不渝。这是周恩来对中国革命的一个重大贡献。

把毛泽东请回来

1927年，毛泽东领导了秋收起义，随后率工农红军上了井冈山，在罗霄山脉中段开辟了井冈山革命根据地，走农村包围城市的道路。周恩来在领导南昌起义失败回到上海中央工作后，派人送信给在赣、湘、粤一带打游击并发动了湘南暴动的朱德，让他到井冈山与毛泽东会合。4月，朱德与毛泽东在井冈山会师，成立了工农红军第四军，朱德任军长，毛泽东任党代表。从此朱、毛不可分，这支部队也被称为朱毛红军。在他们的领导下，井冈山革命根据地是全国众多根据地的佼佼者，因而农村包围城市的道路就被后人称为"井冈山道路"。

军事斗争是共产党当时主要的中心工作，周恩来为此花费了很多心血。他多年从事武装斗争，总结了不少经验教训，因而对毛泽东的经验有较早的认识。六大之后，他从苏联回到中国，即向各个根据地宣传、推广朱德、毛泽东工农武装割据的经验。

1928年秋，周恩来去苏联出席六大，回到国内后，听到朱毛领导的红军把党支部建在连上，十分高兴。因为大革命失败的原因之一，就是共产党没有掌握住武装，在共产党员最多的叶挺独立团，也只是支部建在团上。他起草的中共中央致贺龙的信中，专门介绍了红四军的这个经验。他写道："在朱、毛军队中，党的组织是以连为单位，每连建立一个支部，连以下分小组，连以上有营委、团委等组织。因为每连都有组织，所以在平日及作战时，都有党的指导和帮助。据朱、毛处来人说，这样组织，感觉还好。将来你们部队建党时，这个经验可以备你们参考。"他指示贺龙："此外尚应注意者，是红军中的党组织，仍须保存组织上的秘密性。至于训练问题，党的训练是加强军队纪律的，党的纪律也是帮助军队纪律无障碍地执行的。自然，红军的军事训练不能同于军阀军队的方式，施行强迫的和机械的军事纪律，应在党员以身作则的影响下，得到全体兵士的拥护。正因为这样，党的训练应多带教育性，党的组织要发展党员的自觉性，比较明了的同志应在思想上帮助尚不明了的同志，使一般同志咸能注意自觉地遵守纪律。"

当然，由于交通不便，消息太慢，以及受共产国际影响等原因，周恩来的指示不免也存在错误，也有不符合实际的地方，例如"二月来信"就是如此。

1929年初，湘赣敌人对井冈山发动第三次"围剿"。由于敌强我弱，1月10日，朱毛决定乘敌人还没有合围，留彭德怀坚守，他们率红军从井冈山突围到敌后去。天寒地冻，人烟稀少，红军缺衣少粮，没有根据地的流动作战十分艰难。他们一路上屡遭敌人袭击，几遭险境，连连失利，一直到2月10日，在江西瑞金大柏地才打了一个胜仗。

井冈山失守的消息传到上海，周恩来十分关切。正好这时共产国际主席布哈林来指示，要红军分散活动，说红军集中会被敌人消灭，又会妨害群众利益，并要高级干部离开红军。1929年2月7日，周恩来根据共产国际的这个指示，给朱毛写信，要求朱毛到中央工作。这就是"二月来信"。

当时红军和中央都没有电台，只能靠交通员穿过敌人的封锁线送信，因而信走得十分慢。两个月后，即4月3日这封信才到达朱毛手中。这时，红军已于3月14日占领了闽西长汀。这是红四军第一次占领这样大的城市，筹到大批物资和款项，红军在此进行了整编，每个战士都发了两套军装，全军上下第一次穿上统一的青灰色的军装，第一次每个人发了5块钱，大家上街理发、洗澡，全军焕然一新，兵强马壮。陈毅欣然赋诗："闽赣路千重，春花笑吐红。败军气犹壮，一鼓下汀州。"

周恩来写的语气悲观的"二月来信"，同红四军这时庆祝胜利的欢快气氛十分不协调，因而引起毛泽东的不快，他于5日复信，批评了二月中央来信的悲观情绪。

3月，蒋介石和桂系军阀爆发战争，无力"围剿"红军，给各地的红军制造了发展的机会。周恩来根据形势的变化，4月4日又一次致信朱毛，改变了"二月来信"的看法，说如他俩不能来，中央希望前委派一位得力同志与中央讨论问题。信中针对党内出现的"左"的倾向，正确地指出："军阀战争本身不是革命高潮"，"以为有军阀战争就一定表示着统治阶级将要很迅速地崩溃，这个观点是错误的。"并且提出红军目前的任务是：扩大游击战争的范围，发动农民武装斗争，深入土地革命。

这封信还未送到红军，红四军内部却出了问题。红四军领导内部对建军原则、建军思想、根据地建设是有分歧的，在实际工作中也有一些意见，但是大家顾全大局，没有影响工作。中央为加强力量派了留苏学生刘安恭等人于5月初到红四军工作。刘将苏联党内斗争那套做法搬来，将争论公开化，并划分派别，说朱德拥护中央指示，毛泽东自创体系不服从中央指示。林彪也给毛泽东写信含沙射影攻击朱德。这些挑拨的话加深了意见分歧。前委则没有引导大家进行对外斗争，自己不拿办法，提出"大家努力来争论"。在这种情况下，6月22日在龙岩召开的红四军第七次代表大会经过民主选举，毛泽东落选红四军前委书记。由于朱德善于带兵，经常和士兵一起挑粮，衣着像个伙夫头，深受士兵的爱戴，而毛泽东善于思索决策，计谋多，在干部中威望高，代表大会代表中士兵多于干部，这也是毛泽东落选原因之一。最后陈毅当选为前委书记。7月上旬，毛泽东离开红军，在闽西养病并指导地方工作。这是毛泽东第一次离开红军。

8月中旬，红四军七大消息传到在上海的中央，周恩来对此十分慎重，他在政治局会上说：这是历史上很久以来意见不同的冲突，因他们工作很努力，故未有大的爆发。等陈毅来后，再做答复。他提议将刘安恭调回中央（不久刘作战牺牲）。

8月21日，周恩来起草了中共中央给红四军前委的指示信，指出红四军"七大"的问题："你们第七次代表大会的主要精神是在解决党内纠纷而没有针对目前围攻形势，着重于与敌人的艰苦奋斗——这不能不说是代表大会中的缺点。刘安恭同志企图引起红军党内的派别斗争，前委号召'大家努力来争论'，润之、玉阶同志亦特别重视个人的争论。"因而要求："在大敌当前艰难困苦的环境中，你们应指出红军中党的生活之正确路线，号召全体同志消灭一切纠纷，一致地拥护正确路线，向敌人奋斗。在这种危急时候，谁固执着自己小资产阶级的成见，谁便是破坏这艰难困苦转战千里的革命组织，客观上帮助了敌人……这需要前委同志号召全体同志在中央这一指示的精神之下，整饬自己的队伍，正确自己的路线，肃清一切小资产阶级意识，向着敌人作艰苦的战斗！"

周恩来并指出红军的任务，批评流寇行径："每一个红军士兵都负有向群众宣传的责任；整个红军的游击，更充分负有发动群众实行土地革命建立苏维埃政权的使命。谁忽视了这点，谁便要将红军带向流寇土匪的行径。"肯定加强农民武装："'地方武装与红军武装应同样扩大'，你们这一意见非常正确……有了武装的农民实是扩大红军的前提，你们必须坚决地执行这一路线，应视与群众斗争一样的重要。"

周恩来支持毛泽东的意见："在红军中党的组织原则，尤其是目前环境中之红军的组织原则，必须采取比较集权制，才能行动敏捷，才能便于作战，才能一致地战胜敌人。但这并不是说如此便没有党内民主化了，便不执行'一切工作归支部'的口号了，如此便可以恢复家长制了。"

8月下旬，陈毅到达上海，住进公共租界四马路新苏旅馆，开始写报告，他一共写了7个报告。8月29日，政治局听取了陈毅的汇报，决定由周恩来、李立三、陈毅组成委员会，起草一个决议，周恩来为召集人。周恩来经常到旅馆和陈毅长谈，一谈就是几个小时。他们在里间谈话，陈毅的哥哥在外间下棋掩护。周恩来对陈毅说：要把毛泽东同志请回来。他强调要巩固红四军的团结，维护朱毛的领导。

周恩来讲这个话，既是听取了陈毅汇报，了解了红四军的全面情况，也是由于他对陈毅、毛泽东、朱德十分熟悉。

早在欧洲他就认识陈毅、朱德，他还是朱德的入党介绍人，他们3人一起参加南昌起义。大革命时期，他在广州与毛泽东相识，蒋介石发动"三二〇事件"后，他和毛泽东在李富春的家里商量对策，一致认为应以叶挺独立团为主，联合国民党左派坚决反击，便可以击退蒋介石的进攻。但是他们的意见没有被中央领导陈独秀采纳。不久，周恩来离开黄埔军校和国民革命军第一军，毛泽东离开了国民党中央宣传部到农民运动讲习所担任所长。毛泽东很同意周恩来关于武装斗争的观点，请周恩来到农民运动讲习所讲《农民运动与军事运动》。在朱、毛、陈三人之中，朱德年龄最大，长周12岁，是忠厚的长者，从军多年，当过滇军的高级将领，有丰富的作战经验，特别擅长山地战、游击战，这些经验对于初创的红军非常重要。毛泽东长周5岁，农民出身，从1925年就开始领导农民运动，1927年春写的《湖南农民运动考察报告》，气势磅礴，高屋建瓴，鞭辟入里，深受瞿秋白的推崇。他认为毛泽东政治上强，有领导农民运动的丰富经验。陈毅小周3岁，喜爱文学，为人正直、坦荡，自然在军事上、在政治上都不如前两位。所以周恩来这次与陈毅一见面就说："你能行吗？回去后赶快把毛泽东同志请回来。"

周恩来在和陈毅的多次谈话中，不仅谈到许多具体问题，更重要的是讨论了建立根据地、开展武装斗争、建军原则等许多重大问题，取得了一致的认识。后来陈毅将这两个月的谈话称为"训练班"。根据周恩来的多次谈话，陈毅替中央起草了《中共中央给红军第四军前委的指示信》，史称中央"九月来信"，后收入《周恩来选集》上卷。

指示信涉及九个问题，一、目前军阀混战的形势。二、红军的根本任务与其前途及其战略。三、红军发展方向及其战略。四、红军与群众。五、红军的组织与训练。六、红军给养与经济问题。七、红军中党的工作。八、朱毛问题。九、红军目前的行动问题。

指示信指出："先有农村红军，后有城市政权，这是中国革命的特征，这是中国经济基础的产物。如有人怀疑红军的存在，他就是不懂得中国革命的实际，就是取消观念。"

关于红军的根本任务，指示信规定："一、发动群众斗争，实行土地革命，建立苏维埃政权；二、实行游击战争，武装农民，并扩大本身组织；三、扩大游击区域及政治影响于全国。"

这封信支持毛泽东的观点，指出："党的一切权力集中于前委指导机关，这是正确的，绝不能动摇。不能机械地引用'家长制'这个名词来削弱指导机关的权力，来做极端民主化的掩护。"

指示信提出"纠正一切不正确的倾向"，并具体提出不正确倾向的观念有："红军中右倾思想如取消观念、分家观念、离队观念与缩小团体倾向，极端民主化，红军脱离生产即不能存在等观念。"指出"凡红军一切行动务必要避免单纯的军事行动，要与群众斗争取得密切联系"。

指示信批评前委说："红军是生长在与敌人肉搏中的，它的精神主要的应是对付敌人。前委对于朱、毛两同志问题，没有引导群众注意对外斗争，自己不先提办法，而交下级自由讨论，客观上有放任内部斗争关门闹纠纷的精神。前委自己铸成这个错误，这是第一点。第二，没有从政治上指出正确路线，使同志们得到一个政治领导来判别谁是谁非，只是在组织来回答一些个人问题，这是第二个缺点。第三，这次扩大会及代表大会的办法是削弱了前委的权力，客观上助长极端民主化的发展。第四，对朱、毛问题没有顾及他们在政治上的责任之重要，公开提到群众中，没有指导地任意批评，使朱、毛两同志在群众中的信仰发生影响。再则一般同志对朱、毛的批评大半是一些唯心的推测，没有从政治上去检查他们的错误，这样不但不能解决纠纷，而且只有使纠纷加重。"

指示信对朱、毛亦有批评："朱、毛两同志工作方法的错误。第一，两同志常采取对立的形式去相互争论；第二，两同志常离开政治立场互相怀疑猜测，这是最不好的现象。两同志的工作方法亦常常犯有主观的或不公开的毛病，望两同志及前委要注意纠正这些影响到工作上的严重错误！"提出的解决方案，指示信则是："前委应立即负责挽回上面的一些错误：第一，应该团结全体同志努力向敌人斗争，实现红军所负的任务；第二，前委要加强指导机关的威信，与一切非无产阶级意识作坚决的斗争；第三，前委应纠正朱、毛两同志的错误，要恢复朱、毛两同志在群众中的信仰；第四，朱、毛两同志仍留前委工作。经过前委会议，朱、毛两同志诚恳接受中央指示后，毛同志应仍为前委书记，并须使红军全体同志了解而接受。"在周恩来的干预下，毛泽东将重新回到红四军前委领导岗位。

这封指示信在经过政治局讨论通过后，由陈毅带回苏区传达。10月20日，陈毅回到前委首先见到朱德。11月初，陈毅在前委会议上作了传达，朱德表示坚决拥护中央指示，欢迎毛泽东重回前委工作。早在两个月前，大家感到毛泽东离开后"全军政治上失掉了领导的中心"，已联名写信要求毛泽东回来，朱德对罗荣桓说："朱毛红军，朱离不开毛。"但是毛泽东因为是非没有解决，身体有病在上杭县苏家坡村休养，没有回来。这次陈毅派人将中央的信送给毛泽东，并附上自己的信，再请毛泽东回来工作。

毛泽东看到中央的来信，十分高兴。11月26日毛泽东到长汀和朱德、陈毅会合。28日，他给中共中央写信："四军党内的团结，在中央正确指导之下，完全不成问题。陈毅同志已到，中央的意思已完全达到。"

毛泽东回到前委即着手筹备红四军第九次代表大会，即"古田会议"。会议于1929年12月28日、29日在上杭县古田召开。陈毅在会上传达中央精神，毛泽东根据中央精神和红四军的具体情况作了政治报告，朱德作了军事报告。朱德经过与毛泽东共事近两年，认识到毛泽东的才干，心悦诚服，以后他很少公开讲话，处处维护毛泽东的威信。后来他说，我一生中有两位老师，一位是护国军第一军司令蔡锷，一位是毛泽东。

古田会议经过选举，毛泽东重新当选为前委书记，又回到了红四军领导岗位。

在古田会议决议中毛泽东提及："大会根据中央九月来信的精神，指出四军各种非无产阶级思想的表现、来源及其纠正的办法，号召同志们起来彻底地加以肃清。"由此可见，这封根据周恩来谈话精神由陈毅起草的中央"九月来信"，对结束当时红四军内部存在的争论，统一思想起到了关键作用，并通过古田会议纠正了红四军内部的错误倾向。在红四军七大落选前委书记的毛泽东，通过古田会议又重新回到了这个岗位。

由于周恩来的支持，使毛泽东对革命道路的探索得以进行下去。六大后，毛泽东主张在闽浙赣边界地区创建苏区以影响城市工作，到1930年在全国武装斗争形势越来越好的情况下，他提出实行武装割据是促进全国革命高潮的重要因素。

支持毛泽东担任中央常委军委主席

邓小平指出："我们党的领导集体，是从遵义会议开始形成的，也就是毛刘周朱和任弼时同志，弼时同志去世后，又加了陈云同志。"

为什么说党的领导集体是从遵义会议开始形成的呢？这是因为在遵义会议上毛泽东第一次被选为中共中央政治局常委，从此进入党的核心领导。而周恩来当时担任中共中央政治局常委、红军总政委、中央军委副主席，是三人团团长，在党内地位举足轻重。他的发言对于确立毛泽东在中央的领导地位起了重要作用，由此对中国革命、对中华民族作出了重大贡献，充分地体现了一个革命家的品格、胸怀和素质。过去讲到十年内战时期，往往只讲周恩来的错误缺点，对他在确立毛泽东的领袖地位、开始形成以毛泽东为首党的领导集体的功劳很少提及，这是不全面、不公平的。事实上，周恩来在这个关系中国革命的安危、成败的问题上贡献是巨大的。

1931年9月，王明上台只有几个月就到莫斯科共产国际工作，后来担任了共产国际书记处的书记。王明离开之前，决定由博古负责在上海的党中央工作。博古是团中央的负责人，当时二十几岁，是个青年干部，对党忠诚、勇敢，但是经验不足，对军事斗争更没有经验，因而由德国共产党人李德担任军事顾问，指挥中央苏区的红军。

为了加强苏区的领导，1931年12月，中央常委、中共苏区中央局书记周恩来离开上海到了江西中央苏区，因为中华苏维埃中央政府就设在瑞金，毛泽东是苏维埃中央政府的主席。在苏区的两年内，周恩来经历了打赣州的失利，也经历了打漳州的胜利，他和朱德一起指挥取得了第四次反"围剿"的胜利。

1933年初，中共中央迁到中央苏区，9月，李德也到了中央苏区，他不满意周恩来、朱德的军事思想和指挥方式，将周、朱调回后方瑞金，由他直接指挥前线作战。

李德曾参加过第一次世界大战和十月革命后的俄国国内战争，但是他不懂得中国是和俄国、德国完全不同的国家，中国经济落后，工业不发达，苏区更是贫穷。受生产力发展水平和武器装备的限制，红军只能打运动战、游击战，没有实力打阵地战和敌人硬拼消耗。李德不了解情况却自以为是、狂妄自大，住在"独立房子"里，照着地图指挥作战，连一挺机枪放在什么地方都要干预，不给前线指挥官一点机动灵活的权力。他指挥红军以集中对集中，以堡垒对堡垒，短促突击，两个拳头打人，不以消灭敌人的有生力量为主，而是争一城一地的得失，打所谓"堂堂正正的阵地战"，结果苏区越打越缩小。1934年4月下旬，广昌失守，国民党军队逼进苏区腹地，红军不得不战略转移。7月，中央决定红七军团组织抗日先遣队到闽浙皖赣边界，但是时机过晚，没有能够调动敌人，部队在敌人的围攻下失败了，方志敏等领导人被俘。8月，中央又命令红六军团到湘西和贺龙的红二军团会师，为红军主力西进探路。到此只有一条路可走，就是主力红军做战略大转移。10月，红军被迫离开中央苏区，开始长征。为准备长征，书记处决定由博古、李德、周恩来组成三人团，博古、李德负责政治和军事，周恩来负责督促军事计划的实行。

周恩来对农村包围城市道路的认识，有一个曲折的过程。1933年中共中央迁到江西中央苏区后，他也有过"左"倾机会主义的错误。这次错误导致了中国共产党军事上的第二次失败，不得不撤出中央苏区，进行长征。

为什么中国共产党要经历如此曲折的路，要付出如此大的代价，要作出如此艰辛的努力？这不仅因为敌强我弱，而且还有一个理论认识问题，这就是马克思主义是产生在西方发达资本主义国家的。马克思主义认为工人阶级是资本主义的掘墓人，共产党是工人阶级先进分子的最高组织形式。既然工人阶级在城市，共产党闹革命只能在城市进行，否则无法依靠工人阶级。在俄国，是武装夺取城市，而后由城市到农村。而中国恰恰相反，是先占领农村，在农村建立工农武装割据，走农村包围城市的道路。这条道路是与俄国革命完全不同的。要走这条路必须打破对俄国革命的迷信，对共产国际的迷信。当时中国共产党是共产国际的一个支部，共产国际实行集中领导，有严格的组织、纪律。受组织纪律的束缚，受当时认识水平的限制，要打破对共产国际的迷信是不那么容易的。

红军过了两道封锁线后，11月上旬，蒋介石从战场上发现转移的是红军主力一、三、五、八、九军团，而且察觉红军西进和红六军团会师的战略意图，于是在红军西进的必经之路——湘江布置了30万重兵，以逸待劳；同时在红军的必经之路湘贵边的洪江、芷江、松桃、铜仁、石阡一带集结了20万军队，设了四道防线。

红军在李德指挥下强渡湘江，损失惨重，从离开瑞金时的8.6万多人锐减为3万人。这是大革命失败以来最大的损失。红军向何处去？李德一筹莫展，常常发脾气；博古见红军损失如此惨重，痛心疾首，唉声叹气。周恩来毅然挑起担子，苦撑着局面，决定后方机关进行缩编，将机关直属队的多余人员全部编到作战部队，立即检查、抛弃和销毁不必要的行李和设备，指挥部队轻装西行。

对于如何走出困境，中央内部发生激烈的争论。按照李德的意见，红军应按原计划到湘鄂西去和二、六军团会合。他一意孤行，固执己见。

毛泽东对"左"的领导一直有意见，但是正确的意见不为大家所接受时，他耐心等待和说服，对于大多数人通过的决定，他思想上保留，组织上服从。长征以来，毛泽东和张闻天、王稼祥一起在中央纵队，一路上他一直做张、王的工作，首先做通张闻天的工作，而后做通王稼祥的工作，终于三人取得一致的看法。他们认为第五次反"围剿"的失败是由于军事领导上战略战术的错误造成的，目前红军已失去到湘西的先机，红军不能自投罗网，而应到敌人力量薄弱的贵州去。

在通道会议上，周恩来支持了毛泽东、张闻天、王稼祥的意见，表明他开始摆脱李德、博古的束缚。

但是，会后李德仍坚持自己的意见。部队一边西行，一边整编，将八军团编入五军团,将中央一、二纵队合编,12月17日进入黎平。如果按照李德的意见和二、六军团会师就要北上;如果按照毛、张、王的意见进入贵州,就要西进。在这个关键的时刻,周恩来主持了中共中央政治局会议,讨论红军的战略方针问题。经过讨论,周恩来决定采取毛泽东的意见。会议通过《中央政治局关于战略方针之决定》,决定西进到贵州"以遵义为中心之地区","力争避免大的战斗",并决定到遵义后开会总结讨论第五次反"围剿"以来军事指挥的经验和教训。这就是著名的"黎平转兵"。

李德因病没有出席黎平会议,会后周恩来将会议决议给他看,两人用英文交谈。李德和周恩来发生激烈的争论,并因争论失败而大怒。周恩来对于李德如此霸道和固执己见也十分生气,拍了桌子,震倒了放在桌子上的小马灯。此后周恩来和李德的关系疏远。

红军到遵义后,就按预定计划召开中共中央政治局扩大会议,周恩来派人通知刘少奇等人参加会议。因为是讨论军事问题,各军团负责人也从前线赶来参加会议。

这个会议由党的书记博古主持,他首先作了主报告,将红军的军事失败归于敌人力量强大,主要强调客观原因,没有检查自己的错误。他讲完话后,会场气氛紧张。

然后周恩来作副报告。如果周恩来的发言也同博古一样的话,会议就要僵了,无法开下去。由于周恩来在黎平就对军事上的错误有了认识,所以他在这次发言中明确指出失利的主要原因是军事指挥上的错误,并且主动检查了自己的责任。这是周恩来一贯的作风,他从不推脱责任,特别是在有了错误的时候、在形势危急的关头。同时他又批评了李德、博古的错误,表示完全同意毛泽东、张闻天、王稼祥的意见。他的发言使会议出现了转机。

会议开了三天。会议认为,书记处、政治局对军委领导非常不够,书记处应负更多的责任;军事领导的错误应由李德、博古、周恩来三同志负责,而李、博应负更多的责任。会议最后作出下列决定:

第一,增选毛泽东为中央常委。

第二,指定洛甫(张闻天)起草决议,委托常委审查后,发到支部中去讨论。

第三,常委中再进行适当分工。

第四,取消三人团,撤销博古、李德对军事的领导。仍由最高军事首长朱德、周恩来为军事指挥者,而周是受党内委托在指挥军事上下最后决心的负责者。

会后，中央常委分工以毛泽东为周恩来在军事指挥上的帮助者。

由于周恩来十分尊重毛泽东的意见，所以从那时起就在实际上确定了毛泽东的领导地位。但是，直到1935年10月红军到达陕北后，毛泽东才正式担任中央革命军事委员会主席，周恩来、彭德怀为副主席。从"实际上"确立毛泽东的领导核心地位，到毛泽东"名副其实"地担任领导核心职务，这中间还是有一个过程的，在这个过程中，周恩来也起了很大的作用。在此仅举一个例子。

红军二渡赤水、二进遵义后，3月4日，中央军委主席朱德、副主席周恩来和王稼祥决定："于此次战役特设前敌司令部，委托朱德同志为前敌司令员，毛泽东同志为前敌政治委员。"这个规定只是针对这次战役，战役结束，任命也就结束了。所以3月10日中央在苟坝，对是不是进攻打鼓新场之敌发生分歧，毛泽东主张不打，但他是少数；而多数同志主张打。这时毛泽东提出他可担任这次战役的前敌司令部的政委，遭到书记洛甫的否决。会后毛泽东还是不放心，就在晚上提着小马灯去找周恩来，劝周恩来暂时晚一点发布命令，再想一想。周恩来经过慎重考虑，接受了毛泽东的意见，于是第二天一早召开会议，把大家说服了。这时毛泽东提出建议：不能像过去那么多人指挥作战，建议成立一个几人小组指挥。红军第三次、第四次渡过赤水后，中央的同志认识到毛泽东的建议是正确的，在南下渡乌江之前，于3月下旬成立了新的三人团，团长仍是周恩来，团员是毛泽东、王稼祥。

在周恩来的支持和配合下，毛泽东的地位和作用日益突出。和红四方面军会师后，周恩来因过度劳累而病倒，经历九死一生才好转。在与张国焘分裂红军、分裂党的斗争中，毛泽东起到的决定性的作用，是其他人无法相比的。

10月中旬，红军到达陕北，终于有了落脚点。中央政治局召开了会议，出席的有洛甫、博古、毛泽东、周恩来、王稼祥五人。会议讨论了毛泽东提出的目前行动方针和作战方针，然后毛泽东提出建立西北苏区，领导全国革命，领导的名义问题、领导的成员由中央常委定。9月初，张国焘分裂党和红军后，中央率红一、三军团北上，为了缩小目标，红一、三军团改称为陕甘支队。此时，明确中央领导机构的名称、人员组成十分重要。

随后，召开常委会，有洛甫、博古、周恩来、毛泽东参加，王稼祥、李富春、彭德怀列席。毛泽东提议常委内部分工，军事方面由毛泽东负责，苏维埃工作由博古负责，组织局的工作由周恩来负责。他另外提了一个方案：我做苏维埃的工作，恩来做军事工作，博古做组织局的工作。彭德怀赞同毛泽东的第二方案，同意周恩来做军事工作。周恩来没有同意彭德怀的意见，表示他可做军事后方工作，即组织局的工作。

11月3日，红军到了下寺湾，召开了中央政治局会议，参加会的有洛甫、博古、周恩来、毛泽东、王稼祥、李富春、彭德怀、凯丰、李德、刘少奇、林伯渠、罗迈（李维汉）等。洛甫报告提出：应公开中央直接领导，对外用西北中央局的名义，成立西北中央政府。常委内部分工，军事方面由毛泽东负责，组织局的工作由周恩来负责。王稼祥任政治部主任。他支持毛泽东提出的第一方案。

王稼祥说：我身体不好，需要休息。恩来过去做过军事工作，兴趣较大，红军工作还是很重要，前方可增加个把人，恩来同志可到前方去。在这次会议前召开的常委会，决定红军南下直罗镇消灭敌人，中央带中央机关到后方瓦窑堡，到前方就是指挥红军作战。他支持毛的第一方案，但是主张周也参与军事领导。

毛泽东马上采纳王的建议说：分工方面同意军委7至9人，主席由恩来负责，稼祥应继续干，副主席可由我负责，在后方做。

周恩来早有让贤之意，因而在博古之后发言说：分工上次已决定军事领导，现在不必更换。个人工作，愿做军事工作。在后方我可负担动员工作。不必变更军事上总的领导。支持毛的第一方案。他的话言辞恳切，一言九鼎。虽然毛泽东再一次发言说：军事领导，德怀、恩来，恩来为政委，应信托他们。但是洛甫最后宣布：常委决议，军委主席毛泽东兼政委。大的战略问题军委交中央提出讨论，至于战斗指挥问题，可由他们全权决定。恩来做组织局的工作是适当的，后方军事工作由组织局领导。

会议决定中央军委对外用西北革命军事委员会名义，采纳了周恩来的意见，毛泽东为主席，周恩来、彭德怀为副主席。至此毛泽东成为全党军事指挥的第一把手。而当时军事工作是全党的重心，这就为毛泽东后来成为全党的主席奠定了基础。

毛泽东不是孤立的神

红军长征到陕北后，有了一个相对安定的环境，使毛泽东有条件总结十几年来中国革命的经验教训、著书立说，他写了大量的著作，形成毛泽东思想。毛泽东的历史地位和领袖作用越来越为广大的党员、干部所认识。1943年3月，中央政治局会议选举他为中央政治局主席，中央书记处主席，成为名副其实的党的领袖。他由军委的第一把手，到全党的第一把手，经过了近8年的时间。

1943年6月，周恩来从重庆回到延安。他在欢迎会上的讲话中充分肯定了毛泽东的功劳和领袖作用，他说："我这3年在外，做的事太少了。可是在这3年中间，国际的国内的变化，我们党的进步，却是特别的大，我们在外面也看得格外分明。"他赞扬了3年来取得的成绩，充分肯定了毛泽东的作用："有了毛泽东同志的领导和指示，在这3年来许多紧急时机，许多重要关头上，保证了我们党丝毫没有迷失方向，没有走错了道路。""我们党22年的历史证明：毛泽东同志的意见，是贯穿着整个党的历史，发展成为一条马列主义中国化，也就是中国共产主义的路线！毛泽东的方向，就是中国共产党的方向！"在1945年召开的党的第七次代表大会上，全党提出了这样一个口号："在毛泽东的旗帜下前进！"在毛泽东旗帜下，在毛泽东思想指导下，中国共产党领导全国人民，只用了3年半的时间，就歼灭了国民党800万军队，迎来全国解放的胜利。经过28年的奋斗，中国人民终于推翻了压在人民头上的三座大山——帝国主义、封建主义、官僚买办阶级，建立了中华人民共和国。新中国的建立，结束了战争，控制住了自然灾害，消灭了瘟疫。在短短十几年的时间内，中国建立了一个独立的、比较完整的工业体系和国民经济体系，中国有了自己的原子弹、氢弹、人造卫星。中国从一个任人宰割的弱国成为一个在世界上发挥重要作用的大国。

共产党成为执政党，如何向毛泽东学习呢？如何认识毛泽东，如何宣传毛泽东呢？

周恩来首先回答了这个问题。他针对社会上存在的某些神化毛泽东的现象，首先阐述了毛泽东不是神。1949年5月7日，他在向中华全国青年第一次代表大会所作的《学习毛泽东》的报告中指出："毛泽东是在中国土壤中生长出来的巨大人物。……决不要把毛泽东看成一个偶然的、天生的、神秘的、无法学习的领袖。如果这样，我们承认我们的领袖就成了空谈。既然是谁也不能学习，那么毛泽东不就被大家孤立起来了吗？我们不就把毛泽东当成一个孤立的神了吗？那是封建社会、资产阶级社会所宣传的领袖。"如何学习毛泽东呢？他说："学习毛泽东必须全面地学习，从他的历史发展来学习，不要只看今天的成就伟大而不看历史的发展。"他说毛泽东也是出身封建的家庭，也迷信过，也读古书，研究问题也有过只注重一个方面。他认为毛泽东之所以伟大"在于他能够从迷信中觉悟出来，否定旧的东西；他之所以伟大，更在于他敢于承认旧的过去"。

基于这样的认识，当他和毛泽东的意见相左时，就向毛泽东提出自己的看法。1956年，他向毛泽东提出反冒进的意见，认为在国民经济的发展中要按比例、有计划，计划要留有余地。可惜毛泽东没有采纳，从1958年1月南宁会议开始批判反冒进，认为这是右倾。在一段时间内周恩来没有什么工作可做，他就带领干部劳动，下去调查。1958年他下去调查、亲临第一线的时间长达100多天。当时他虽然处境不佳，但仍针对那时提的吃饭不要钱的口号，反复地算账，算粮食产量，宣传如果一个人一天多吃一两粮，全国一年就要浪费多少亿斤粮食。"大跃进"的后果在1960年显露出来，周恩来夜以继日地工作，提出解决困难的八字方针：调整、巩固、充实、提高。起草了中共中央《关于农村人民公社当前政策问题的紧急指示信》，这个文件坚决纠正"共产风"，强调所有制仍是三级所有，队为基础。在全党的努力下，日益恶化的农村形势得到了扭转。1961年春，周恩来向毛泽东建议取消食堂，这个建议得到朱德等同志的支持，终于在中央工作会议上获得通过。解散食堂使农民的浮肿病大大减少，扼制了非正常死亡的趋势。在他的提议下中央决定压缩城市人口2000万，减少国家的负担。

经过几年的努力，到1964年，我国克服了困难，基本完成了调整国民经济的任务。在第三届全国人民代表大会上，周恩来自豪地向全国人民宣布：国民经济调整任务已基本完成，工农业生产已经全面高涨，整个国民经济已经全面好转，并且将进入一个新的发展时期。要把我国建设成为一个具有现代农业、现代工业、现代国防和现代科学技术的社会主义强国。

周恩来担任新中国的总理长达26年，日理万机，新中国所取得的成就都有他的汗水和心血。在以经济建设为中心的今天，他的功绩更加凸显，而为世人传颂。他多次出访，足迹遍及欧、亚、非三大洲。在世界外交舞台上，他提出的和平共处五项原则已为世界各国所接受，成为20世纪处理国家与国家之间关系的准则，推进了世界和平事业。他支持反对帝国主义的民族解放运动，推进了被压迫民族的独立和解放。他在国内外都享有盛誉。

纵观周恩来的一生，他不仅是当之无愧的革命家，而且是一个伟大的无产阶级革命家。

第二章
驰骋疆场,运筹帷幄
——军事家周恩来

周恩来在长期的革命战争中，在领导国防建设、军队建设中，表现出卓越的军事谋略和指挥才能，是一位杰出的军事家。早在党还处于幼年的时期，周恩来就对军事运动的意义有了比较正确的认识，开始了创建人民武装和开展武装斗争的实践活动，并长期担任中央的军事领导；解放战争中他担任代总参谋长，是毛泽东在军事上的主要助手，与毛泽东共同研究制订战略决策和战役计划、指挥全国各解放区战场、指挥三大战役。他起草和签发了众多的作战文电，撰写了一批军事论著，总结了他在创建人民军队和指导革命战争中积累的丰富经验，成为毛泽东军事思想的重要组成部分。1952年后，周恩来虽然不再主持中央军委日常工作，1954年后不再担任中央军委副主席，但是他长期担任中共中央副主席、国务院总理，仍然分管国防事务，对关系军队建设、国防现代化以及国防尖端技术发展的一系列重大问题，作了许多决策性的指示和部署，在中国革命史和军事史上谱写了光辉壮丽的篇章，为中国的革命和建设事业作出了独特的贡献。

一、军事斗争的开创性建树

大革命时期，我们党还很幼小，在理论上还不够成熟，也缺乏革命斗争的实践经验，对中国革命应该走什么样的道路，应该采取什么样的斗争方式和策略原则等，缺乏统一的认识，处在探索尝试阶段。在这一探索过程的最初阶段，周恩来在军事上的最大贡献就是：为我们党后来独立领导武装斗争准备了干部，积累了建立和领导革命军队的实践经验，初步提出了开展武装斗争的理论原则，特别是创造了革命军队政治工作的一些经验和制度。

组建铁甲车队和叶挺独立团

1927年8月1日，是中国人民解放军的建军纪念日。从这天起，中国共产党开始创建人民军队。实际上在此之前，周恩来早在1924年底和1925年11月就积极倡导成立了两支由共产党员作骨干，受中共广东区委直接领导的革命军队。他创建的第一支革命武装是在1924年底为保卫广东革命政府而成立的"大元帅府铁甲车队"。这支部队的人员是广东区委（周恩来时任区委书记）从各地调来的工人、农民和城市青年。队长、副队长和军事教官徐成章、周士第、赵自选，都是周恩来从黄埔军校选调的。铁甲车队的主要工作和活动，也直接向周恩来请示报告，这实际上是中国共产党领导下的第一支革命武装。它虽然只有150余人，相当一个连队规模，但是在支援农民运动、参加第一次东征、平定刘杨叛乱（1925年，驻广州的军阀杨希闵、刘震寰在英帝国主义支持下，密谋发动的叛乱）和封锁香港、支援省港罢工等斗争中，英勇善战，影响很好。

周恩来在1927年8月1日前组织成立的第二支革命武装，就是驰名中外的国民革命军第四军叶挺独立团。周恩来创建这支部队的直接原因是，1925年11月国民革命军取得了第二次东征的胜利后返回广州的途中，担任东征军总指挥的蒋介石要周恩来把所有在黄埔军校和军队中的共产党员的名单交给他，企图限制共产党人在军队和军校中的活动。周恩来识破了蒋介石的险恶用心，以事关重大需请示党中央为由，严正地拒绝了他的无理要求。同时，周恩来在参与领导两次东征和平息广州商团叛乱，以及从中国近百年反帝反封建斗争的经验教训中，也深感要取得革命的胜利，绝不能把希望完全寄托在资产阶级身上，需要建立一支真正的以共产党员为骨干的由中国共产党直接领导的革命军队，作为国民革命军的核心力量。于是，他和陈延年等人以"大元帅府铁甲车队"为基础组建了国民革命军第四军独立团。这个团的骨干是共产党员和青年团员，由共产党员叶挺担任团长，铁甲车队队长周士第担任参谋长。独立团增加党员，建立了共产党的支部（支部建在团里），团直属队和各营建有党的小组。党支部受广东区委军事部直接领导。周恩来对这支部队十分关心，亲自过问干部的任免和人员补充，并亲自制订干部和士兵的训练计划、编写政治教育提纲，向官兵进行教育。他还经常听取叶挺的汇报。给予具体指导。

1926年5月，独立团担任北伐军的先遣队，从广东肇庆、新会出发经过广州时，周恩来在叶挺的家里召集全团连以上党员干部的会议，向他们分析国内外形势，提出要求。他说："一、加强党的领导，加强政治工作；二、注意发动群众，组织群众；三、注意统一战线工作，很好与友军团结；四、作战要勇敢，要有牺牲精神，要能吃苦耐劳；五、要起先锋作用、模范作用、骨干作用；六、现在有些军都不愿意派部队先出去，只要你们打了胜仗，他们就会跟上来。"独立团支部在行军中休息和宿营时间组织干部、战士学习讨论周恩来的这些要求。他们在北伐中一直充当前锋，长驱直入，博得"铁军"的声誉，这同周恩来的教育是分不开的。所以这个团名义上属国民革命军第四军建制，实际上是由中国共产党直接领导的一支革命武装。

上海第三次工人武装起义的总指挥

如果说，周恩来在黄埔军校由于所担任职务的限制，仅以政治部主任身份参与组织指挥对敌作战，那么他在参与领导上海工人举行第三次武装起义的斗争中，则经受了全面锻炼，进一步展现了他组织指挥作战的才能。1926年10月和1927年春，我们党为利用北伐战争胜利进军的有利形势，先后组织领导上海工人阶级举行了3次武装起义。前两次起义，都因为没有很好发动群众，准备工作不充分，失败了。第二次起义刚刚失败，中共中央和上海区委就着手准备第三次武装起义，中共上海区委军委书记周恩来被指定为这次起义的总指挥。为保证起义取得成功，他认真分析研究了前两次起义失败的教训，他说："全在于没有准备，在于党的领导人在事变中缺乏果断。"因此，在领导部署第三次起义的各项工作时，他紧紧抓住两点：第一，起义前，做好切实周密的准备，亲自抓各项准备工作的落实；第二，正确选择起义时机，在条件成熟时坚决果断地发动起义。

1927年2月23日，中共中央决定成立特委和特别军委，领导武装起义。第二天上午，他出席中共上海区委各部（即各区）书记会议，听取汇报、了解情况，对起义的准备工作，作了周密的具体部署。他提出，第一，建立健全各级领导机构，各区委都要建立军委；第二，加强队伍训练，讲授巷战的打法；第三，加强敌军工作，成立海军委员会，从事策反工作；第四，准备武器，现有的枪支不够，应设法购买并预先做好运输的准备工作；第五，加强情报工作，派人到松江、龙华和南京、无锡了解情况。

当时，如何选择发动起义的时机是成败的关键，周恩来提出：在北伐军攻克松江、苏州后，即可发动起义。因盘踞上海的军阀毕庶澄在上海只有3000人，加上当地警察也只有5000人左右，兵力并不强，同时苏州被北伐军攻克后，毕也不敢固守上海，所以这时发动起义胜利的把握最大。

经过20余天紧张有序的工作，各方面均已准备好。3月20日，北伐军攻克松江，傍晚先头部队推进到了上海南郊的龙华。起义时机已经成熟。21日清晨，周恩来和赵世炎进入总指挥部。中午12时，第三次武装起义的枪声打响，参加起义的工人有80万，工人纠察队员5000人。战斗在南市、闸北、虹口、浦东、沪西、沪东、吴淞7个区同时进行。周恩来有时在指挥部，有时亲临重要作战街区指挥战斗。起义发展十分迅速，到下午4时只有闸北还未攻下。毕庶澄为便于逃跑把部队都撤退到了火车站所在地的闸北区，这里共有敌人20多个据点，火车站、东方图书馆、湖州会馆和三处警察署，是敌人重点防守的地方。周恩来亲自指挥了这里的战斗。东方图书馆是一座四层楼的建筑，在楼里屯集了军用物资，子弹充足，易守难攻，敌人以密集火力顽抗，工人久攻不下，准备爬墙硬冲。周恩来对工人说，这样牺牲太大。他看了周围的地形后决定采用"围而不打"的办法。在它的对面商务印书馆的三楼部署火力监视敌人，先集中力量攻打火车站，如火车站的敌人被我们解决，防守这个孤立据点的敌人就会自动放弃。果然不出所料，纠察队围而不攻，坚持了一天，敌人就投降了。

周恩来又赶到火车站指挥战斗。火车站敌人的守备力量很强，在屋顶有重机枪，铁路上有装甲车和两门迫击炮。为减少伤亡，周恩来组织工人在虬江路和北站间构筑了三道防御工事。这时，吴淞方面报告：毕庶澄部500人左右，于早晨乘一列铁棚车开往吴淞，准备从海上逃跑，到吴淞附近时，发现吴淞已被工人占领，掉头返回上海。周恩来接到这个报告后，立即召集会议研究，他说："不能让这一列车进入上海。如让它进来，第一会冲破我们虬江路防线；第二将增加我们攻击的困难。"他决定在天通庵车站附近组织伏击。并亲自组织工人纠察队到天通庵勘察地形，确定兵力部署。他让铁路扳道工把路轨的道钉拔掉，指挥工人纠察队选择有利地形埋伏在铁路两侧。果然，黄昏前后列车进入埋伏圈，因道钉被拔而翻倒出轨。埋伏的工人立即以密集火力射击。不久，沪东和虹口的工人也赶到，投入战斗。周恩来又指挥一部分学生纠察队，参加战斗，对敌发动政治攻势。战斗到第二天中午胜利结束。

22日黄昏后，北火车站的敌人在炮火掩护下开始突围，工人纠察队被迫后撤。在这千钧一发之际，周恩来亲自组织一支突击队冲上去。会合坚守阵地的纠察队击退敌人，夺回了阵地。次日下午，周恩来又组织沪东、沪西和闸北的纠察队向固守车站的敌人发动猛攻，终于攻下这个最后据点，宣告上海工人第三次武装起义取得了完全胜利。工人阶级靠自己的力量占领了远东最大的城市，这在国际共产主义运动历史上是罕见的。

上海工人第三次武装起义是中国共产党在独立领导武装斗争之前，向封建军阀和帝国主义势力武装抗争的一次成功创举，在中国革命史上写下了光辉的一页。

南昌打响第一枪

上海工人第三次武装起义的成功和北伐战争的胜利，沉重地打击了帝国主义和封建军阀的反动统治。于是，他们联合起来向革命力量进攻。蒋介石为夺取革命政权，加紧了同帝国主义和封建买办阶级的勾结。他最后背叛革命，于1927年4月12日在上海发动了反革命政变，惨绝人寰地屠杀共产党人和革命人民。汪精卫也在7月15日正式宣布和共产党决裂，公开叛变了革命，在武汉地区大肆捕杀共产党人和工农革命群众。轰轰烈烈的第一次大革命失败了，白色恐怖笼罩全国。

于是，中共中央决定在江西南昌举行武装起义，用革命的武装反对反革命的武装。领导起义的中共前敌委员会由周恩来、李立三、恽代英、彭湃组成，周恩来任书记。7月下旬，周恩来秘密从武汉赶赴九江，同先期到达南昌的领导人及叶挺、贺龙、朱德等军事将领会合。

中国共产党独立领导的革命武装，于8月1日晨2时打响了武装反抗国民党反动派的第一枪，揭开了中国共产党独立领导武装斗争的序幕。到清晨6时，城内的敌军被全部肃清，共歼敌3000多人，缴枪5000多支，子弹70多万发，大炮数门。随后，周恩来将起义的部队整编为3个军，由贺龙任二十军军长、叶挺任十一军军长、朱德任九军副军长。部队共18个团又4个营，总兵力3万余人。从此，中国人民有了自己的政权和自己的军队，开始了共产党人独立领导武装斗争的新时期。

朱德后来曾高度评价周恩来在这一时期的军事活动："大革命时代，许多进行军事运动的同志，当时军委的负责人周恩来、聂荣臻、李富春等同志，以及党所举办的秘密军事训练班的同志，对我军的创建是有功劳的。没有他们所进行的军事运动，就不能有独立团，就不能有南昌、秋收、广州、湘南等起义。"

二、建设革命军队的方针和原则

周恩来在黄埔军校担任政治部主任和随校军东征期间，根据马克思主义关于无产阶级革命军队建设的基本原理和列宁创建苏俄红军的经验，结合部队的实际，对革命军队建设的许多重大理论和方针原则，作了创造性的精辟论述和明确规定。南昌起义后，中国共产党开始了独立领导武装斗争的新时期，全国各地爆发了上百次武装暴动，不少暴动失利后，转入农村、山区，陆续建立了一批人民武装。由于这些部队的主要成分是农民和其他小资产阶级，还有一部分是由国民党起义的部队改编的，军事干部又多是出身于旧军队，加上战斗频繁、生活艰苦，非无产阶级思想和旧军队的作风严重腐蚀着这支部队。如何使这样一支军队变成一支真正的人民军队，担负起反帝反封建解放劳苦大众的革命任务，是摆在中国共产党人面前的一个新课题。

南昌起义后，周恩来于1927年11月回到上海，担任中共中央政治局委员、常委、组织局主任，六大之后主持中央的日常工作，1930年夏，他又担任苏区中央局书记。在中央工作期间，他将主要的精力用于领导全国各个苏区的军事工作，他根据各地工农红军建设的实践经验，对领导广东军事斗争的经验加以补充完善，提出了人民军队的一系列方针原则。

革命军队必须为人民利益冲锋陷阵

周恩来早在第一次国内革命战争初期，就反复强调指出，"军士之打仗是为人民而打的"，"革命军队的任务，就是要打倒两大障碍物——国际帝国主义和国内武人政治"。1926年7月，他吸取两次率军东征的经验，把军队的宗旨、任务归纳为：第一，这个军队是工农自己的军队，是实现我们理论主义的先锋；第二，这个军队的宗旨就是为革命而奋斗，为人民谋利益；第三，这个军队就是要在党的指挥之下，遵守严格的纪律。这就从本质上划清了革命军队同旧军队的界限。

第二次国内革命战争时期，他又根据工农红军在建军初期和作战中取得的实践经验和存在的问题，对军队的任务作了全面明确的规定："目前红军的基本任务主要的有以下几项：一、发动群众斗争，实行土地革命，建立苏维埃政权；二、实行游击战争，武装农民扩大本身组织；三、扩大游击区域及政治影响于全国。红军不能实现上面的三个任务，则与普通军队无异。"这是中国共产党人第一次把军队的任务科学地概括为除了打仗，还要做群众工作和帮助群众建立革命政权，进一步阐明了革命军队同旧军队的本质区别。

周恩来的这一思想被毛泽东作为一项重要内容写进了中国共产党红四军第九次代表大会的决议案（《古田会议决议》），成为红军的建军纲领。《古田会议决议》把红军的宗旨、任务规定为："中国的红军是一个执行革命的政治任务的武装集团。特别是现在，红军决不是单纯地打仗的，它除了打仗消灭敌人军事力量之外，还要担负宣传群众、组织群众、武装群众、帮助群众建立革命政权以至于建立共产党的组织等项重大的任务。"这样就把建立新型人民军队的建军原则，从思想上和制度上肯定下来了。它标志着中国红军的马克思列宁主义建军原则和建军路线的形成，并解决了如何把一个以农民、小资产阶级为主要成分的军队，建设成一支无产阶级性质的新型人民军队的重大理论问题。

革命军队必须接受党的领导

为了保持革命军队的无产阶级性质，完成反帝反封建的历史使命，必须把革命武装置于党的绝对领导之下。这是周恩来的又一重要建军思想。从现在能够查到的史料看，他在1925年给黄埔军校讲课时，就提出了党指挥枪的问题。他说："革命军队是党的军队，革命军队的行动要依着党的政策。"当然，他这时所指的"党"，应理解为国民党。因为这时国共两党合作，周恩来是以军校政治部主任的身份出现，又是在公开场合讲话，不可能公开地说把国民革命军置于共产党的领导之下。但他在这里仍然提出了一个十分重要的问题，就是国民革命军的行动不能只受军事首长的指挥，还要接受党的领导。这就为后来解决党对军队的绝对领导原则提供了理论依据和实践经验。所以，中国工农红军创建后，他就明确指出："在红军中党的领导要有最高权威"，这种权威要用集体领导的原则来建立。但党如何实施对军队的领导，各部队在思想认识和领导体制上并未很好解决，有的部队事无巨细都交党委讨论决定。针对这种情况，他在中共中央给红四军前委的指示信中指出："党的一切权力集中于前委指导机关，这是正确的，绝不能动摇。"但"前委对日常行政事务不要去管理，应交由行政机关去办，由政治委员监督，前委应着眼在红军的政治军事经济及群众斗争的领导上"。周恩来在这里突出地强调了：军队是完成党的政治任务的工具；在军队各级必须建立党的组织；党的领导，主要是政治思想的领导和制定对敌斗争的路线、方针、政策。这些思想，不仅对当时如何正确实施党对军队的绝对领导，具有重要的指导意义，而且对今天加强和改善党对军队的领导也具有十分重要的现实意义。

革命军队必须加强思想政治工作

周恩来历来认为，政治工作是革命军队的灵魂，是贯彻党的路线、方针、政策的保证，是完成各项任务的保证，所以他把政治思想工作比作军队的"生命线与灵魂"。他要求在对军队进行军事教育的同时，必须加强政治思想教育，以提高广大指战员的政治觉悟。他的这些思想，是在总结中国革命战争实践经验的过程中不断丰富和发展的。第一次国内革命战争时期，他针对国民革命军大多"系前清遗留而来""不知人民痛苦，不知政治意义"的实际，提出对部队应当"于军事教育外，授以政治教育，告以中国如何受列强压迫，军阀压迫，以及农工商各界之痛苦，告以解除痛苦与压迫的途径，要使每个军官每个兵士均能了解此理"。所以"政治工作就是使军阀军队渐渐觉悟，革命军队确实有革命的观念"，"要使官佐、士兵及一切群众晓得党的理论、主义、政策"。为了使政治思想工作取得良好的效果，他特别强调干部"在军队里做政治工作，要以身作则，严守纪律，常常表示勇敢的态度，比士兵更要勤苦"。他说，这样才能鼓起士兵们作战的勇气，得到人民的支持，巩固革命的基础。

第二次国内革命战争时期，中国共产党开始了独立领导武装斗争和创建人民军队的新时期，革命工作的重心由城市转到农村，条件更艰苦、任务更艰巨了。为适应这种形势变化的需要，周恩来认为更要强调思想政治工作的保证作用。他在中国工农红军第一次全国政治工作会议上提出"政治工作是红军的生命线"，"一切政治工作，要服从整个作战计划"的重要思想，以引起各级指挥员对思想政治工作的重视。

抗日战争爆发后，战胜日本帝国主义是中华民族的共同任务，国共两党实现了第二次合作，为了提高两种不同性质的部队的抗战热情，他又适时地提出了"以革命主义为基础的革命政治工作是一切革命军队的生命线与灵魂！"并针对部队的实际提出了具体措施：第一，军队的政治教育必须与军事教育并重，必须有经常的政治教育时间，必须有革命内容的政治教育材料；第二，反对政治教育的形式主义；第三，努力改善士兵待遇与生活，增强官兵团结，提高士兵的战斗积极性；第四，政治工作人员本身必须在思想上政治上行动上做全体官兵的模范。

革命军队必须紧密地同人民群众团结在一起

周恩来认为广大的工人、农民是破坏旧世界，创造新世界的生力军，革命军只有得到他们的拥护与帮助，才能克服一切困难，消灭敌人，完成自己的历史使命。这一思想在他早期的著述和演讲中就已明确提出，后来他又根据战争和军队建设的实践不断加以完善发展。

在第一次国内革命战争时期，他就鲜明地提出"解除工人、农民痛苦惟一的方法就是工农兵大联合起来，以打倒共同敌人——帝国主义"。因为单靠军队，"力量太小，若无人民援助仍不足以负重大责任。"所以，"人们不要以为反革派的势力很大，反革命派的气焰日长，我们只要下我们团结的决心，我们有工人可以武装，有农民可以自卫，有兵士可以作先驱，有学生可以作宣传，有商人可以作后盾，我们的实力便在此处。"为此他提出："人民应与革命军联合起来，如同兄弟一样互相亲爱，互相提携，将敌人早日打倒。"革命军要有严明的纪律，就是对群众不许蛮横无理，不拉夫，不筹饷；宿营不住民房；付价购物，不用军用票；爱护公物，缴获归公；部队离开驻地时，要把驻地打扫干净，借的东西要还。周恩来的这些论述，实际上已经具有了人民战争思想的雏形。后来，他又针对革命根据地不断扩大和红军在发展中暴露出的问题，要求：红军不但要充分相信和依靠群众，而且还要积极组织群众、武装群众去开展对敌斗争，以取得广大群众的拥护。否则就"失去了红军的阶级基础"。

抗日战争初期，蒋介石顽固奉行单纯依靠军队抗战，拒不发动群众参加抗战的错误路线，对此周恩来又明确提出要实行全民持久抗战的思想。他说只有全体民众起来抗战，才能最后战胜敌人；"不怕战争失利，最怕战争失了人心！失掉民众，这是万劫不复的。"

革命军队必须提高战术技术水平

早在第一次国内革命战争时期，周恩来就提出"为学习争斗，应学习争斗技术"的思想。红军创建后，在1929年2月6日召开的中共中央政治局常委会议上，他根据大多数党员不懂得军事的状况，提出："以实现党员军事化的口号，做整个军事工作的核心，整个军事工作能否做得有力，完全要视党员军事化的程度以为断。"各地党组织应在开展争取工农群众的中心工作的同时，开始实行有系统的军事政治组织和军事技术的工作。同年9月他进一步强调："红军的军事技术要特别注意，决不应附和不爱严格训练与组织的农民意识，红军有好的军事技术，有严格的军事训练，才能加强自己的战斗力。"同时，他还提出了实行军事化的具体办法，多次举办军事训练班，培训红军急需的军事干部。

三、先有农村红军，后有城市政权

周恩来明确提出"先有农村红军，后有城市政权"的革命道路，比较早地阐述了工农武装割据思想和许多关系全局的战略思想及作战原则，为红军的发展壮大、革命根据地的建设和开辟农村包围城市的道路作出了重要贡献。

支持毛泽东的正确意见

1929年12月，具有历史意义的红军第四军第九次党的代表大会在福建省上杭县古田镇召开，会议通过的毛泽东起草的决议案，特别是其中的《纠正党内的错误思想》部分，明确规定了加强红军政治建设、思想建设和组织建设的基本原则，指出了纠正各种错误思想的具体方法，不仅是红四军建设的伟大纲领，也是后来的八路军、新四军和中国人民解放军建设的伟大纲领。

周恩来对《古田会议决议》的产生作出了重大贡献。当时他任中央政治局常委兼军事部长，是中共中央的主要负责人，他在组织上所作的安排和对建军方针原则提出的许多正确意见，促成红四军在1929年底召开了党的第九次代表大会，产生了这个符合马克思主义建军原则和红军实际的决议案。周恩来对《古田会议决议》的形成主要作了三方面的工作：

第一，建议红四军恢复毛泽东前委书记的职务。毛泽东原来是红四军党的前委书记，朱德和陈毅是党的前委委员。在中共红四军第七次代表大会上，由于领导人之间在军队建设等问题上的意见不一致，毛泽东未能在选举中继续当选前委书记，而改由陈毅担任这个职务，朱德仍为前委委员、红四军军长。会后，毛泽东离开红四军，留在闽西养病并指导地方工作。

红四军的建设与发展遇到很大困难。红四军是全国红军中发展最好的一支部队，1929年3月，周恩来曾向贺龙介绍红四军"支部建在连上"的经验。现在红四军出现的问题，也是各地红军在建设和发展中没有解决的一个十分重要的问题。周恩来对如何解决这些问题十分重视，立即提议中央召开一次军事会议，并要求红四军派一得力干部参加会议。

陈毅根据中央的指示代表红四军从闽西到上海向中央汇报了红四军的问题。

周恩来听了陈毅的汇报，建议陈毅支持毛泽东的工作，回去后让毛泽东复职。同时，他还召开中共中央军事会议，作出决议，维护毛泽东和朱德在红四军的领导地位。他在会上宣布了中央决定：毛泽东回红四军继续担任党的前委书记。这种组织人事上的正确安排，为解决红四军的问题提供了最有力的组织保证，对整个红军的建设和发展也是极为重要的。

第二，为古田会议决议案提供了许多正确意见。众所周知，陈毅在上海参加中央军事会议期间，根据周恩来多次谈话，代中央起草了一封给红四军的指示信（即"九月来信"）。这封信经过周恩来审定后于9月28日发出，它的很多观点被毛泽东吸收写进了古田会议决议案。"九月来信"对红四军党内发生的争论问题，都作了明确的回答，为《古田会议决议》的形成奠定了思想基础。

关于中国革命的特点和革命道路，指示信用明确的语言指出："先有农村红军，后有城市政权，这是中国革命的特征，这是中国经济基础的产物。如有人怀疑红军的存在，他就是不懂得中国革命的实际。"周恩来提出这个重要思想不是偶然的，而是总结了他领导南昌起义等众多武装暴动的经验教训，研究中国国情之后郑重提出的。1928年在党的第六次代表大会上，江苏代表认为中央只看上农民，忽视城市工作，是"农民意识影响一切的策略"。浙江代表指责"党有乡村包围城市的暴动策略"。在批评声中，周恩来仍坚持："中国革命发展趋势和反动势力的加强，与中国不能统一，以及革命不平衡性，证明中国革命有割据的可能。在南中国几省目前就应该开始割据局面的准备。"在六大之前，共产国际指责中共单纯进行农民战争。在中央政治局讨论这个文件的会上，周恩来对共产国际的批评提出了不同的意见。他说：中国革命因为农民占了一个重要的因素，所以与俄国不同，由此发生一个不平衡的发展问题。

周恩来不仅在理论上较早认识到工农武装割据的重要意义，而且在实践上也有所作为。

南昌起义后，他要朱德到井冈山和毛泽东会师，以武力造成割据的暴动局面，建立工农兵代表会议——苏维埃政权；他批准贺龙不到苏联学习而回湘鄂西开展武装斗争的请求；他派遣一批军事干部到鄂豫皖、闽西等根据地工作，加强那里的军事领导等等，并在中央充分肯定和支持毛泽东关于"农村包围城市"道路和"工农武装割据"的思想。

后来，周恩来在给红四军的指示信中比较全面地规定了红军的任务："一、发动群众斗争，实行土地革命，建立苏维埃政权；二、实行游击战争，武装农民，并扩大本身组织；三、扩大游击区域及政治影响于全国。"这与后来解放军的"宣传群众、组织群众、帮助群众建立革命政权"三大任务是一致的。

周恩来还在指示信中就党的领导和思想政治工作及红军的发展方向和战略作了明确的指示。

"九月来信"明确提出的这些问题，对统一红四军党内的思想、开好古田会议所起的作用是巨大的。对此，毛泽东也给予了高度的评价。他听到陈毅关于中央精神的传达后，于1929年11月28日致信中央："四军党内的团结，在中央正确指导之下，完全不成问题。"在他起草的决议案中，一开始便说明："大会根据中央九月来信的精神，指出四军党内各种非无产阶级思想的表现、来源及其纠正的方法,号召同志们起来彻底地加以肃清。"

第三,指示各地红军和各地方党组织学习红四军的经验。当时,各地红军缺乏建设经验,各个革命根据地处于分割状态。为了指导红四军的军事斗争,交流各地的斗争经验,在1930年1月,周恩来主持创办了中央军委的机关刊物《军事通讯》,在该刊物的创刊号上全文刊登了陈毅写的《关于红四军历史及其情况的报告》,并加了编者按语:"这是很值得我们宝贵的一个报告,朱毛红军这个'怪物',在我们看了这个报告以后,都可一目了然。朱毛红军在编制、筹款、政治军事训练、官兵平等、开支公开与群众关系等方面的经验,都是在中国'别开生面',在过去所没有看过听过的。要求各地红军、各地方党组织学习红四军的经验。"这对于宣传和推广红四军的建军经验,推动各地红军加强自身建设和根据地的发展是十分重要的。

和朱德一起指挥第四次反"围剿"

1933年春,周恩来和朱德指挥红军第一方面军,粉碎了蒋介石发动的对江西中央革命根据地的第四次"围剿"。这时,毛泽东受到"左"倾错误路线的排挤打击,被迫离开红军。周恩来担任中共苏区中央局书记、中国工农红军总政治委员兼红一方面军总政治委员,他在领导和指挥这次反"围剿"作战中,首创了大兵团伏击歼灭战,取得了以少胜多、以弱胜强的光辉胜利,表现了非凡的军事组织指挥才能。

蒋介石对中央革命根据地的第一、二、三次"围剿",由于毛泽东的正确指挥和红军将士英勇作战,均遭到惨败。第四次"围剿",蒋介石调集了30多个师的兵力,分兵三路,采取长驱直入和分进合击战术,企图将红军围歼于黎川、建宁地区。当时,红一方面军共有3个军团和4个军,约5万多人。

1932年10月宁都会议后,毛泽东离开前方,请假养病。但是这并没有解决在前线的领导人周恩来、朱德、王稼祥和后方中央局领导人关于作战方针等问题的分歧和争论。面对敌人的"围剿",这个争论又变得激烈、尖锐。中共中央和苏区中央局的作战方针是:一方面军应集中全力进攻敌人重兵防守的南丰城,以此打破敌人的"围剿"。

周恩来根据对敌情、地形的了解,深知这个方针既不看敌我态势,又不看地形条件,是一个完全脱离实际不能实现的错误方针。如按这个方针执行,不但打不破敌人的"围剿",还有可能把新开辟的革命根据地完全葬送掉。因为敌我双方力量对比悬殊，而敌人又来势凶猛，如果集中红军主力强攻敌人重兵防守的南丰城，不仅难以打破敌人的"围剿"，还可能被敌人吃掉。那么究竟应当采取一个什么样的作战方针呢？

周恩来的意见是，面对敌人来势凶猛的进攻，应避其锐气，攻其弱敌，在运动中歼灭之。他针对中共中央和苏区中央局多次强令攻击南丰的决定，提出：南丰东临抚河，位于南北狭长的平原中，敌人又有5个团的兵力防守，强攻是不利的。如能在"抚河流域敌之两个较强的'进剿'军还未组织完备之前，我军能在抚河东岸会合十一军求得运动战消灭敌人主力，确比围攻南丰暴露我军企图去打敌增援队为好"，根据敌我态势和地形情况，他提出攻城对我有五个不利：一暴露企图，二易受夹击，三损伤大，四不能筹款，五耗费时日，"在大战前如蒙此不利，而坚城又攻不下，增援军三个师并进又不便打，则不仅未破坏敌人进攻部署，且更便利于敌人进攻。因此在敌部署完毕前，如能在抚河东岸连续求得运动战解决敌人，我都不主张立即过河攻城。""我终觉消灭敌人尤其主力，是取得攻城的先决条件。敌人被消灭，城虽坚，亦无从围我，我可大踏步地直入坚城之背后，否则徒伤主力，攻坚不下正中敌人目前要求"。这些意见充分体现了"一切战略决定都与敌情、地形、任务有关"的作战原则，是打破"围剿"的战略措施。

可是，中共中央和苏区中央局竟置这些正确意见于不顾，还是坚持"先攻南丰"，并催促"立即讨论并电告执行的具体部署"。这样强攻南丰已成为不容讨论而必须执行的硬性命令。周恩来只好报告强攻南丰的作战部署。但他声明，上述部署不是呆板的，敌情地形有变尚须活用。如强袭不成便须转移地区，改攻宜黄、乐安去调动敌人，求得运动战中解决敌人。

战役的发展正如周恩来所预料的，2月12日晚红军发动对南丰的全线进攻，战至次日晨未能突破敌人主阵地，却牺牲了师长彭鳌和两位团长。敌为固守南丰，急令3个纵队迅速增援，三路分进，企图将红军主力合围于南丰城下加以歼灭。

在这一紧要关头，周恩来、朱德当机立断改变原来部署，改强袭南丰为佯攻与监视南丰之敌，其余部队立即撤至有利地区，诱敌深入，待机歼敌。具体部署是：留少量部队继续佯攻南丰；并以一部分兵力伪装主力，向黎川方向转移，将敌第二、三纵队向这一方向吸引，而将主力四五万人秘密撤至南丰西南的东韶、洛口、吴村地区隐蔽集结，待机歼敌。这是决定第四次反"围剿"作战胜败的关键决策。

战役正是这样发展的。赣粤闽边区"剿匪"总司令何应钦误认为红军主力转向黎川地区，命令中路军的第一纵队队长罗卓英指挥五十二师、五十九师由乐安分路向黄陂前进。26日，它的右翼完全暴露在红军面前。周恩来、朱德当即命令红军主力从集结地星夜秘密北上，隐蔽于宜黄南部的黄陂一线山区。这里有一条30多里长的峡谷，是从乐安到宁都的必经之路。敌军由于受红军佯动的迷惑，加上高山大雾和群众封锁消息，始终没有发觉红军主力所在，而是兵分两路，沿着摩罗峰大山的西麓放心大胆地东进。27日下午1时，红军出其不意地突然发起猛攻，经过四五个小时的战斗，全歼敌第五十二师，击毙师长李明。就在红军全歼五十二师时，因大山阻隔，敌五十九师全然不知，仍大摇大摆地东进。一进入红军伏击圈，红军战士如猛虎下山发起攻击，战至28日全歼敌五十九师4个团，生俘师长陈时骥。

黄陂战役一打响，敌人中路军第二、三纵队急忙掉头西援，而红军主力在胜利中于3月2日撤退，回到小布、南团、东韶、水口地区，秘密集结，待机歼敌。

为了迷惑和调动敌人，周恩来又令红军一部分兵力向广昌开进。而敌军在黄陂失利后并不甘心，急于反扑，误认为向广昌开进的部队是红军的主力，决定攻占广昌，诱红军主力决战。于是敌军改变部署，将三路"分进合击"改为"中间突破"，以6个师分成前后两个梯队，用交叉掩护的办法，由宜黄徐徐向南开进。接着又从后梯队抽出一个师加强前梯队。

3月20日，敌人第十一师到达草台冈（草鞋冈）、徐庄时，第五十九师残部在后跟进，而后面的第九师还在东陂与第十一师相距100里。十一师孤军在山路上行进，兵力无法展开，前后又难以呼应。集结在敌军侧翼的红军主力，已秘密埋伏在草台冈周围的高山密林之中。周恩来、朱德抓住战机，于21日拂晓令红军突然向敌十一师出击，将敌十一师和五十九师残部基本歼灭。第二天，又在东陂将敌九师一部歼灭。十一师是国民党中路军总指挥陈诚的主力，战斗力很强。十一师被歼灭，陈诚无力再进攻，于是指挥部队经南丰向抚川退却。

黄陂、草台冈两个胜仗共歼敌3个师，俘敌2.8万人，缴枪万余支，胜利地打破了敌人的"围剿"，创造了红军战争史上前所未有的以大兵团伏击歼敌的范例。

周恩来在指挥这次反"围剿"作战中，充分表现出一个军事家深谋远虑、指挥果断的风度和才能。他坚决抵制和纠正了推行"左"倾路线的中央和苏区中央局要求红军先发制人、攻占敌人重兵设防的坚城南丰的错误命令，依敌情变化，适时作出机动部署，集中兵力，运用机动灵活的战略战术，取得了第四次反"围剿"作战的胜利。

四、毛泽东的第一军事助手

成熟的中共中央第一代领导集体，是1935年遵义会议之后逐步形成的，毛泽东是这个集体的核心，周恩来是重要成员和毛泽东的得力助手。中国人民的朋友埃德加·斯诺曾经形象地说：周恩来谦和的态度掩盖着不屈的意志，他自我隐没的献身精神使得他成为毛泽东不可缺少的助手。周恩来作为毛泽东的助手，曾多方面地协助毛泽东领导全党的工作。特别是在革命战争年代，他曾是毛泽东在军事工作上的第一助手，是中国人民解放军的总参谋长，协助毛泽东筹划、指挥了许多重要的作战行动。正如美国作家索尔兹伯里指出的："遵义会议标志着毛泽东和周恩来的政治大联合，从此以后，他们一辈子保持了这种伙伴关系。""实际上他（周恩来）都充当了毛泽东的参谋长。周、毛这种伙伴关系，也是中国政治中史无前例的。"

事实的确如此，在抗日战争和解放战争期间，一直到1954年，周恩来一直是中央军委副主席。1947年3月，因总参谋长彭德怀在前线指挥西北野战兵团作战，周恩来同毛泽东一起转战陕北，在实际上负总参谋长责任。1947年8月30日，中共中央正式任命周恩来为代总参谋长，主持军委日常工作，一直到1952年。在这期间，周恩来协助毛泽东组织指挥解放战争和抗美援朝战争，并取得辉煌的胜利。

转战陕北

1946年11月，蒋介石置中国共产党和全国人民的强烈反对于不顾，一意孤行，扩大内战，单方面召开"国大"，破坏和平协定，中断了和平商谈的道路，周恩来愤然离开南京，回到延安。1947年3月，蒋介石对解放区的全面进攻失利，改为重点进攻陕北、山东。党中央、毛泽东为了把蒋介石的总预备队胡宗南部吸引在陕甘宁地区，决定撤离延安。中央书记处5位书记分处两地，刘少奇、朱德到华北领导全国土改和建设根据地等工作。毛泽东、周恩来、任弼时留陕北，行使中央、中央军委权力指挥全国革命战争。

3月18日晚，毛泽东、周恩来从容撤离延安，率前委机关转战陕北，在一年零五天的时间里，行程2000多里，先后经延川、清涧、子长、绥德、子洲、靖边、安塞、横山、米脂、葭县、吴堡等12个县，住过37个村庄。这段生活之艰苦、紧张、危险仅次于长征。无论行军、作战多么紧张，每到一地，马上通过电台同全国各地战场联系，周恩来和毛泽东共同商议，起草电文，指挥全国战事。

毛泽东和周恩来率领只有几百人的前委机关和少量军队，拖住了胡宗南的20多万大军。在这期间，西北野战军仅用5个月的时间，连续取得青化砭、蟠龙、羊马河、沙家店战役大捷，粉碎了蒋介石对陕北的重点进攻。

周恩来预言："如果内战继续下去，蒋介石的武力再经过半年到一年的消耗，解放区的武力将有可能与蒋介石的武力渐渐地处于平衡的地位。"战争的发展正像他预计的那样。解放战争经过一年的作战，到1947年10月我军已发展到220万人以上，敌人作战部队下降到256万人。在这一年里，我军还解放收复了石家庄、鞍山、四平、潍县、运城、临汾、洛阳、宝鸡和开封等重要城市。刘邓等三路大军挺进中原，建立了拥有3000万人口的中原解放区。晋察冀和晋冀鲁豫两大解放区连成了一片，其他解放区的面积也都扩大了。1948年3月23日，毛泽东、周恩来、任弼时东渡黄河，经山西到河北阜平西柏坡同刘少奇、朱德领导的中央工委会合，在那里指挥了决定中国命运的三大战役。

战略决战

西柏坡是位于太行山东麓，滹沱河北岸的一个小山村，只有几十户人家。这是党中央进入北平、解放全中国前的最后一个农村指挥所。在这里，周恩来协助毛泽东在一个最小的指挥部里，指挥了一场最大的战略决战。

周恩来、毛泽东到西柏坡后，五大书记会合，但仍是毛泽东、周恩来领导军事工作。周恩来在自己住的厢房内挂了大地图，作战参谋每日在地图上标明战情的变化。周恩来对敌我双方的战争态势、兵力部署、部队特点、战斗力强弱甚至国民党方面指挥官的简历、性格、用兵特点都细心了解。战场上的情况瞬息万变，每发生变化，周恩来总是仔细的核实，切实弄清楚。他的记忆力非凡，责任心很强，参谋上报的数字少了一个团他都能发现。在向毛泽东报告战况并研究确定对策后，多数由毛泽东起草电文，少数由周恩来起草，而所有的军事电文都是由周恩来签发。在情况紧急时，毛泽东起草电文后，先送周恩来，周阅后发往前方，然后再送刘少奇、朱德、任弼时等书记。情况允许时这些电文经周、刘、朱、任阅后发。刘少奇、朱德、任弼时很尊重毛泽东，很少提出意见。

一个正确的战略决策是通过对敌我友和地形、民情等诸多方面情况，进行科学地分析研究基础上作出的。周恩来作为毛泽东的第一军事助手，在这一方面做了大量工作，对战局的发展和应该采取的措施，提出了许多关系全局的重要建议。

1948年9月8日至13日，中共中央为研究制定解放战争第三年的战略方针和各战区的作战任务，在西柏坡召开了政治局会议。周恩来在会上提出了同国民党军队进行战略决战的重要建议，并对发动战略决战应采取的作战方针原则，各战场的协同配合和后勤保障办法等阐述了意见。他说，首先，第三年军事计划是根据头二年的作战经验制订的，这是一个谨慎的估计，很有实现的可能。但是如果在第三、四年给蒋介石的打击很严重，加上财政经济崩溃，内部倾轧，蒋介石可能垮得早些，我们也应有此准备。当然也可能遇到曲折，就是敌人伪装和平求得喘息以备再来。还有一种可能，即美帝出兵，组织日韩参战，时间就长一些。我们要估计到这些，不要因胜利太快而没有准备，也不要因胜利推迟而不耐心。

他提出，"要把战争继续引向国民党统治区"，把战争负担加到敌人身上，"并且应准备若干次带决定性的大会战，在一个地区是最后的决战，而对于全国说又不是。今后应力争在运动中消灭敌人，但攻坚战则可能增多"，使"攻坚与野战互相结合，攻坚敌必增援，造成野战的机会"。各战场的战役上协同配合应加强。后勤供应要加强统一计划与相互配合。其次，在第三年的作战计划中，全国的"重心在中原"，"北线的重心在北宁路，华北要准备一部分粮食及担负运输"。他提出"军事组织逐渐走向正规化、集中化，这就可使第三年战略任务计划实现的更好"。他要求人民解放军统一建制，番号要全国统一排列起来，还必须建立若干正规制度。

他的这些建议，特别是"应准备若干次带决定性的大会战"的建议，受到毛泽东和党中央的高度重视，书记处立即连续召开会议研究打大仗的问题。1948年9月12日，辽沈战役打响。辽沈战役是战略决战的第一仗，对全国局势发展影响极大，周恩来协助毛泽东谋划和指挥这次大决战，对战役发展进程适时地给予有力的指导。

战役发起前，敌人在东北共有44个师55万人。其中，沈阳地区有敌军24个师30万人，长春地区有敌军6个师10万人，义县至秦皇岛一线（重点在锦州、锦西）有敌军14个师15万人。我军共有12个步兵纵队、1个炮兵纵队和17

个独立师60万人，加上机关和地方部队共达百余万人。敌我兵力对比，我军占相当大的优势。

毛泽东、党中央的作战方针是，先置长春、沈阳两敌于不顾，主力南下北宁路，首先歼灭锦榆段之敌，攻占锦州。锦州是东北的咽喉，我军攻占这一战略要点，不仅切断了傅作义、卫立煌两集团之间的联系，便于我军向两翼机动作战，而且把卫立煌集团封闭于东北，形成"关门打狗"之势，并可诱使沈阳之敌出援，造成打运动战的条件。因此，攻克锦州是整个战役的关键。只要攻克了锦州，就掌握了战局的主动权。

但是，林彪开始不敢以主力南下北宁路作战；后又以国民党新五军和九十五师有从山海关和天津调至葫芦岛向锦州增援的可能为由，对集中优势兵力攻打锦州的方针发生动摇，并致电中央军委要求派华北杨罗耿兵团支援东北。

10月2日，周恩来以中央军委名义复电严肃指出，决不能因敌情某些变化而动摇决心，"你们应靠自己的力量对付津榆段可能增加或山海关北援之敌，而关键则迅速攻克锦州，望努力争取10天内外打下该城"。毛泽东也打电报给林彪，严肃指出："你们应利用长春之敌尚未出动，沈阳之敌不敢单独援锦的目前紧要时机，集中主力迅速打下锦州，对此计划不应再改。"两小时后，毛泽东又给林彪打电报再次重申："我们坚持地认为你们完全不应该动摇既定方针，丢了锦州不打，去打长春。""而认为你们应集中精力，力争于10天内外攻取锦州"，"只要打下锦州，你们就有了战役上的主动权"，"望你们深刻计算到这一点"。

在中央一再严厉敦促下，东北野战军才对已完成包围的锦州之敌发起攻击。经过激战，15日攻下锦州。困守长春的第六十军军长曾泽生于17日起义。东北"剿总"中将副总司令郑洞国是黄埔一期的学生，周恩来18日致信郑洞国晓以大义，敦促他弃暗投明："时机急近，顾念旧谊，特电促速下决心。"郑洞国见大势已去，19日率领新编第七军起义。

锦州、长春解放后，毛泽东、周恩来"最担心的是沈阳的敌人有从营口撤退，向华中增援的可能"。10月20日，在长春和平解放的第二天，周恩来又以中共中央的名义致电东北局并告林彪、罗荣桓，提醒他们"必须估计到敌人在受锦、长两处惨重失败的打击下，有选择依现态势西退或转向营口由海路撤退的两种可能"，但林彪并未采取有力措施，敌五十二军军部带1个师部及3个团果然经营口从海上逃走。毛泽东曾为此批评林彪忽视对营口的控制，是一个不小的失着。11月2日，沈阳、营口解放。辽沈战役胜利结束，共歼敌47万之多。

1948年11月6日开始的淮海战役,是战略决战的第二个大战役,周恩来和毛泽东一起,谋划指挥了这个战役。我华东和中原两野战军60多万人,在以徐州为中心,东起海州,西止商丘,北起临城(今薛城),南达淮河的广大地区,与国民党军队80万人展开决战。这是一次我军人数少于敌人,装备和运输条件远不如对方的作战,更需要高超的指挥艺术。中央军委和毛泽东制定的作战方针是:华东野战军第一阶段集中兵力歼灭黄伯韬兵团,完成中间突破,占领新安镇、郯城、临城、邳县等地。第二阶段歼灭海州、新浦、连云港、灌云地区之敌,并占领各城。第三阶段在淮阴、淮安地区作战。11月16日,中央军委决定刘伯承、陈毅、邓小平、粟裕、谭震林5人组成淮海战役总前委,邓小平为总前委书记,临机处置一切。

毛泽东强调指出:"这一战役必比济南战役规模要大。……因此,你们必须有相当时间使攻济兵团获得休整补充,并对全军作战所需包括全部后勤工作在内有充分之准备,方能开始行动。"为此,周恩来数次为中共中央军委起草致中原局、华北局、华东局电报,部署后勤工作和兵员补充等事宜。11月22日,他为中共中央军委起草致中原局、华北局、华东局电:为保证淮海战役能够歼灭敌人江北机动兵力四五十个师,以利尔后突破长江防线,向江南进军,彻底摧毁蒋匪的中心统治。现决定:中原局速令豫皖苏分局立即动手筹集和保证中原野战部队及华野转入豫皖苏地区作战部队的粮食。华北局速令冀鲁豫区调集1亿斤至1.5亿斤粮食,供应华野部队需要。11月23日,再次为中共中央军委起草致华东局并告粟裕等人电:同意关于淮海战役的兵员补充计划。在动员地方基于团、县区武装及新兵工作中,望注意公开的政治动员,加强地方上的优待抗属、烈属和动员逃兵归队及部队中的巩固工作,加紧进行肃清和瓦解地方匪特的武装,以巩固华东后方。12月3日,徐州解放后,又为中共中央军委起草复粟裕等人电,并告刘伯承、陈毅、邓小平和华东局:关于淮海战役第一阶段的总结报告很好,望本着这一报告的精神,继续指导追歼逃敌的当前战役,期获全胜。

华东局、中原局和华北冀鲁豫分局组织的支前民工,据不完全统计,共达150余万人,运送粮食达4.3亿斤,有力地保障了战役的顺利实施,充分显示了人民战争的强大威力。陈毅曾说:淮海战役的胜利,是人民群众用小车推出来的。

淮海战役打响后,周恩来的工作极为繁忙而又极为细致。有一次,军委作战室工作人员送给他一份战绩统计表,他发现碾庄地区被我军歼灭的黄伯韬兵团中少算了一个团，当即指了出来，工作人员承认是统计失误。

淮海战役自1948年11月6日至1949年1月10日，历时66天，胜利结束。共歼敌55.5万余人，南线敌军的精锐主力已被全部消灭，解放了长江中下游以北的广大地区，为尔后渡江作战创造了条件。

1948年11月29日，我东北、华北野战军联合发动了平津战役。国民党在华北的傅作义集团60多万人，面临我东北、华北两大野战军联合打击的威胁，是撤是守，是南逃还是西窜，开始时处于举棋不定的状态。从全国战局的形势看，我军将傅作义集团抑留在华北就地歼灭，对战局发展最为有利。因此，中央军委决定，乘敌人尚未决定逃跑之前，调东北野战军迅速入关，与华北野战军及地方武装发起平津战役，歼灭傅作义集团于华北地区。这一战役的关键是能否抓住敌人，不使其南逃或西窜，为此，中央军委决定东北野战军主力于11月下旬秘密入关，在华北野战军协同下，首先对敌采取抓住西线，稳住东线，对西线之敌围而不打，对东线之敌隔而不围的方针，由西向东完成对敌人的合围。

为实现这一战略决策，周恩来做了周密的组织部署，在11月9日、12日、17日、19日，先后为中央军委起草致前线指挥员电。他在9日电中指出：傅作义"正徘徊于平张津保之间，对坚守平津或西退绥包似尚未下最后决心。但我如攻打归绥，有促使傅匪集其嫡系3个军及骑兵三四个旅提早西退可能。"因此，为了抑留傅军于平津张保地区，"以待我东北主力入关，协同华北力量，彻底歼灭该敌"，特部署华北第二兵团一部分兵力向太原移动，第三兵团停止攻打归绥的计划，并令程子华、黄克诚部担任监视北平傅军的任务。在12日电中，周恩来指出：对付傅作义部，重在抑留它在平津张保地区，不使西退，也不使其得由海上南撤。在17日电中，周恩来指出，"从全局来看，抑留蒋系24个师及傅系步骑16个师于华北来消灭，一则便利东北野战军入关作战，二则将加速蒋匪统治的崩溃，使其江南防线无法组成，华东、中原两野战军既可继续在徐淮地区歼敌，也便于东北野战军将来沿津浦路南下，直捣长江下游。""但抑留蒋、傅两部于华北，我军现有兵力是无法完成的。"要求他们郑重考虑将东北野战军提前于11月25日左右向关内开进的问题。19日，周恩来在电报中就程子华、黄克诚表示占领滦河铁桥一事指出："此举将会有惊动榆关滦州之敌，使其过早退缩唐山津沽，从海上撤退的危险。东北野战军正提早入关，派队占桥问题应在林、罗整个作战计划之内。"这些周密而适时的部署，对抑留傅军主力于平津地区，取得平津战役的胜利起了重要作用。

在平津战役中，中央采取的是和战两手、文武兼备的方针。我军在战场对傅作义施以军事压力的同时，又派人与傅作义进行秘密谈判，争取傅部起义。周恩来从一开始就参与领导谈判事宜。最后终于和傅作义达成和平解放北平的协议。1949年1月31日，北平宣告和平解放，平津战役胜利结束，共歼灭和改编国民党军52万余人。

1949年3月23日，周恩来和毛泽东等中央领导人离开西柏坡向北平进发。

到北平后，周恩来协助毛泽东组织指挥渡江（长江）战役，解放中南、西南、闽浙沿海岛屿，进军新疆、西藏，以及剿匪斗争、西藏平叛、抗美援朝和抗击外国军队的武装进犯等许多战役、战斗。并参与了一系列重大军事行动的决策和战役计划、作战方案的制订与组织实施。

抗美援朝

1950年6月25日，朝鲜战争爆发。周恩来协助毛泽东领导和指挥了这场战争。他根据中央和毛泽东的决策，在外交和军事两条战线上同以美帝国主义为首的侵略势力，进行了针锋相对和有理有节的斗争。

7月7日，为防备美军扩大侵略战争，周恩来根据毛泽东的指示主持召开国防军事会议，讨论美国武装干涉朝鲜的形势和如何保卫中国国防的问题。落实了加强东北边防的军事部署。将原第四野战军十三兵团改编为东北边防军，共辖4个军，屯兵鸭绿江畔。组织了将东北南部地区部分工业设备和战略物资向北迁移的工作。

8月23日，周恩来从总参作战局了解到美军有可能在仁川等地登陆的企图，认为事关重大，立即报告毛泽东，研究对策。

8月26日，他主持召开第二次军事会议，提出：根据多方面情况判断，美军很可能在仁川登陆，我东北边防军必须在9月底以前做好一切作战准备。果然，9月15日，美军在朝鲜仁川登陆占领汉城后继续北上，把战线推进到了三八线地区，朝鲜战局急剧恶化，严重威胁我国的安全。

面对这种局势，周恩来在9月30日全国政协为新中国成立一周年举行的庆祝大会上庄严指出：中国人民需要在和平而不受威胁的情况下来恢复和发展自己的工农业生产和文化教育工作，"但是为了保卫和平，从不也永不害怕反侵略战争。中国人民决不能容忍外国的侵略，也不能听任帝国主义者对自己的邻人肆行侵略而置之不理"。

10月3日凌晨，周恩来又紧急约见印度驻中国大使，请印度政府转告美国政府：美国军队正企图越过三八线，扩大战争，如果真如此做的话，中国不能坐视不顾，中国要管；警告美国必须悬崖勒马，美军不得越过三八线。但美国军政首脑却把中国的严正立场视为恫吓，不予置理，仍然指挥美军和南朝鲜军越过三八线，猖狂向北进犯。面对这种严峻局势，党中央和毛泽东经反复考虑，从全局出发，毅然作出派遣中国人民志愿军出国入朝作战，执行抗美援朝、保家卫国的战略任务的决定。10月19日，彭德怀率志愿军跨过鸭绿江入朝作战，抗击美国侵略者。

在抗美援朝战争期间，前方是彭德怀领导，后方是周恩来总揽一切。从志愿军的编组、干部配备、武器装备调拨、兵员补充，到军工生产、后勤保障、争取外援、新闻报道等等，他都亲自过问，亲自组织安排，每天批阅一二百份有关电文。遇到重大情况，他亲自到总参作战室听汇报，分析情况，掌握战况，为毛泽东决策提供可靠的依据。此外，实施决策、组织指挥、维护战区的交通运输和后勤保障十分艰巨、复杂，是他耗费精力最多的工作。

志愿军出国作战，与解放军在国内作战有很大不同。国内作战所需的物资和人员补充均来自前线，而志愿军出国作战，装备、给养均要由国内供给，后勤、运输显得极为重要。为了保证部队作战物资的需要，周恩来提出，现在国家的财政经济还十分困难，你们应采取"边打边建，齐头并进。以后面的建，支援前面的战，以前面的战，促进后面的建"的方针。为进一步落实志愿军的后勤保障问题，他还亲自到沈阳出席东北军区召开的后勤会议，听取汇报，解决问题。他在会上特别强调：要充分认识到这场战争的复杂性、艰巨性。取得战争的胜利必然要经过一个持久的复杂的艰巨的过程，一切人力、物力、财力的动员使用，必须处处作长期打算。他还提出，要把运输线建设成"打不烂、炸不断的钢铁运输线"。要在运输线上普遍建立"防空哨"，负责监视敌机活动，以便发现敌机及时鸣枪报警，指挥车辆安全行驶，确保作战物资的及时前运和伤病员的后送。

在作战指导上，他特别强调指出，必须力争保住三八线以北，进行持久战方有可能。在兵力运用和作战目标的选择上，必须集中兵力，每一次作战以少数兵力及火力分路钳制敌人，而以多数兵力（3至5倍）及火力（2倍以上）的绝对优势，围歼被分割的敌人。如果美军火力配备强，一时难于突入分割，则先以李承晚伪军为对象，然后各个歼灭之。他还强调指出，作战最忌平分兵力，最忌只能击溃或阻止敌人而不能歼灭敌人有生力量。这就是说，和拥有高度现代化武器装备的敌人作战，特别是初期作战应先选择强敌中的弱敌，集中兵力，打些小歼灭战，摸清敌人的"脾气"取得经验后，再逐步打较强之敌和较大的歼灭战。

中国人民志愿军从1950年10月25日到1951年6月10日，在朝鲜人民军的配合下，连续进行了5次战役，将敌人从鸭绿江边赶回到三八线，并把战线稳定在三八线南北地区。迫使敌军由进攻转入了防御，同意坐下来举行停止军事行动和建立和平的谈判。

在谈判过程中，美国企图以"军事压力"配合谈判，达到其无理的要求。我则针锋相对，采取边打边谈，以打为主，以打促谈的方针。在这期间，周恩来一面协助毛泽东组织指挥我军的作战行动，一面领导同美国的谈判斗争。

在此期间，中朝人民军队依托坚固阵地，先后粉碎了敌军多次局部进攻，并取得了反"绞杀战"和反细菌战的胜利。同时，志愿军配合谈判斗争，多次主动对敌军发动进攻。敌军愈来愈被动，中朝军队愈战愈强，作战的规模也愈来愈大。敌人在走投无路的情况下，不得不签订停战协定。1953年7月，抗美援朝战争以中国人民和朝鲜人民的胜利而结束。

五、加快军队的现代化、正规化建设

新中国成立后，中国人民解放军进入了建设现代化、正规化革命军队，担负捍卫国家安全和领土主权完整，反对霸权主义，维护世界和平的新的历史时期。为了适应这一战略性转变，周恩来以其无产阶级革命家、军事家的远见卓识，在日理万机的情况下，仍然十分关心国防和军队的各项建设，一再告诫中国人民解放军要居安思危，要有防止外国侵略势力可能向我发动侵略战争的准备，应加快军队的现代化、正规化建设，提高军政素质和战斗力。周恩来依据毛泽东军事思想，不仅提出了这一历史任务，而且是实现这一历史任务的主要设计者和组织者之一。

永远不能放松警惕

和平时期，军队建设的一个重要问题就是防止滋生和平麻痹思想。周恩来经常告诫解放军广大指战员："要随时警惕地注视帝国主义敌人扩大侵略战争的阴谋"，当今世界还存在产生战争的土壤和根源，如果丧失了对敌人的警惕，就不能成为一个军人，尤其不能成为一个革命的军人，就要犯严重的错误。因此，平时就应进行战斗准备，眼睛对着敌人，思想上警惕着敌人。帝国主义存在一天，军队的任务就一天也不能放松。他还常同外事、公安、总参谋部和他身边的工作人员说：他的办公室是全天候的，一天 24 小时值班，全球发生的重大情况或边海空防发生的突然事件，不管他在做什么事情或已经休息，都要及时向他报告，并且规定边海空防发生的涉外事件，事无大小一律要请示报告，统一由中央处理。

1965 年 11 月 13 日，台湾当局派大型猎潜舰"永泰"号和护卫炮舰"永昌"号到福建省崇武以东海域袭扰。解放军东海舰队迅速制定了打击国民党海军袭扰活动的作战方案，周恩来接到报告后当即召集总参谋部有关人员研究对策，直接指挥了这场反袭扰斗争。他提出：1. 要抓住战机，集中兵力先打一条；2. 要近战，发挥英勇顽强的战斗作风；3. 组织准备工作要周密一些；4. 不要打到自己；5. 天亮前撤出战斗。这场战斗在深夜 23 时打响，经 1 个多小时的激烈炮战，将来袭的敌炮舰"永昌"号击沉，猎潜舰"永泰"号受重创逃走，取得了这场反袭扰斗争的胜利。11 月 26 日晚，周恩来在上海接见参战部队的代表，勉励大家要认真总结经验，不骄不躁，去争取新的胜利。

为了粉碎敌人可能的进犯，保持海边防的安宁稳定，他主持召开中央军委会议研究制定了海岛防御作战的方针原则。会上确定，将沿海岛屿根据所处的地理位置和重要程度，区分为坚守防御和机动防御两类。对坚守的岛屿要确实搞好各项作战保障，特别要搞好通信联络，确保不间断地指挥。这对于加强海防斗争，保护沿海地区的安宁和人民的和平劳动起到了重要作用。

在新的历史条件下，军民关系以新的形式摆在人们面前，面临许多新的问题。周恩来要求军队像战争年代那样，永远不脱离人民，关心爱护和保卫人民群众利益。1951 年 3 月，内蒙古一段的黄河冰凌泛滥，包头等地区的群众和 100 多万亩农田将要遭受冰凌洪水危害。周恩来亲自召开会议，命令空军派飞机炸冰。从那时起，几乎年年派空军或炮兵奔赴黄河炸凌抢险。1956 年 1 月，渤海遭遇罕见的寒流，海湾结冰，天津港 100 多条中外船只被困，周恩来命令海军破冰抢险，打通渤海通道。1966 年 3 月，邢台地区发生 6.8 级地震，损失相当严重。周恩来派当地驻军连夜出动，赶赴灾区，抢险救灾。1973 年，他到延安看到当地干旱缺水，农民用毛驴到很远的地方驮水，心急如焚。他指示部队：一定要找到地下水，解决群众吃水困难。周恩来就是这样，他依靠军队，教育军队，在抢险救灾中，锻炼了部队，密切了军民关系。"军民团结如一人，试看天下谁能敌。"

掌握现代化的武器装备

武器装备是进行战争的物质基础，是战争胜负的重要因素。20世纪，世界已进入"原子时代""电子时代"，几个主要大国的军队已装备高度现代化的武器。面对这种情况，周恩来认为，应在国力可能的情况下，大力加强人民解放军的武器装备的建设，提高其现代化水平，更好地保卫国家的主权和安全。

早在新中国成立初期，他就明确指出："胜利了的中国人民不可能没有强大的国防力量来保护自己。我们必须及时地加强我们的国防建设，必须建立强大的人民空军和人民海军"，"我们的人民陆军必须继续加以强化"。在党中央领导下，他在主持政府工作中，总是把提高武器装备的现代化水平，特别是尖端武器装备的研制放在重要地位。新中国成立之初，他组织领导了从苏联进口60个步兵师的武器装备及部分舰艇和飞机等的谈判。20世纪60年代，他又以很大精力领导研究制造导弹核武器的中央专门委员会的工作，对国防尖端技术各个领域的发展，作了一系列重大决策性的指示和部署落实。

他提出：我们要建立现代化的国防工业和现代化的国防力量，要能够制造新式的武器，像原子弹、导弹、远程飞机等。因为帝国主义在叫嚣战争，我们要把它戳穿，靠什么去戳穿？一是政治上揭露它；二是我们能够制造世界上最新的武器。有了导弹核武器，才能防止核大国使用导弹核武器。他还明确指出，我们的核工业要有完整的一套，能够形成独立的核力量，但我们主要是解决有无的问题，规划不宜过大。我国研制掌握核武器是被迫的，是为了打破核垄断，是为了防御，为了保卫中国和世界和平。我们不同核大国进行核竞赛。

我国在研制核武器的初始阶段，国家的科学技术还十分落后，既缺少人才也没有仪器设备，经济也很困难。为克服这些困难，周恩来指出：我国发展尖端事业不同于资本主义国家，我们要发扬社会主义制度的优越性，要组织全国大力协同，从科研一开始就组织协作。要发扬风格，不要门户之见，要拧成一股绳，有关工业部门应当分别组织联合设计。应当采取"集中力量，突破一点"的办法进行。把凡适合做这项工作的专门人才都设法吸收或招聘来，建立相应地研究机构和试验基地，从原子能科学的基础研究开始。于是，全国有20多个省市、上千个科研机构参加会战，集体攻关。当研制工作全面展开后，他又及时提出，从事国防尖端技术工作，要具有高度的政治思想性，高度的科学计划性和高度的组织纪律性；在实践中要实事求是，循序渐进，坚持不懈，戒骄戒躁。实事求是既是思想方法，又是指导原则。要认识客观规律，不能怕失败，有时必须经过失败，甚至要经过多次反复,才能成功。工作中要循序渐进,想超过阶段跨过去是不行的。要坚持不懈,做任何事情不能总是突击,只能在有一定可能性时才能突击。无论成功或失败都要戒骄戒躁。我们大可在现有的工业基础上,自力更生,立足全国,搞出一点名堂来的。我们国家很穷,做什么事情都要精打细算,都要考虑到略有失误都会加重人民的负担。他说:自力更生,争取外援。凡是国外有的,要千方百计去买。争取外援不是依赖外援。

在研制工作进入试验阶段后,周恩来强调要确保安全。他说,我们搞有限的核试验,不要像美苏那样,搞一二百次试验。试验中,要使各种测量效应试验都收到应有的效果,做到一次试验,多方收效。原子核武器是一种对人类生命财产危害非常大的武器,各项试验工作一定"要严肃认真,周到细致,稳妥可靠,万无一失",把各种不利因素或意外因素都考虑到,采取最可靠的保险措施。1965年5月进行首次原子弹空爆试验时,为确保试验成功,周恩来几次找科学家和有关人员开会,研究解决各种影响安全的问题。他向到会的人提出,你们要把各种可能影响安全的问题都要想到,比如由于机械故障,到时飞机投不下来怎么办?飞机起飞后,气象发生变化不允许投,怎么办?有没有备降飞机场?飞机带弹着陆有无危险?空投试验成功,担任穿过蘑菇云取样飞机的驾驶员有没有危险,一定要万无一失才能试验。

每次试验,周恩来特别关心气象情况,确保放射性烟云不飘逸出国境、烟云出海后不出现降雨天气,以免危害人民的健康。1967年6月在进行第一颗氢弹试验前夕,爆炸的时间已经报毛泽东批准了,周恩来仍不放心,怕气象发生变化。那天早上,他在人民大会堂开了一夜的会,回到西花厅已是上午8时,他顾不得休息马上又带秘书一起到国防科委,请有关人员汇报气象情况,分析发展趋势。果然气象发生变化,按原定计划试验烟云要飘逸出境200公里。周恩来当场决定推迟试验,报毛泽东后同意。

我国核武器的研制工作在党中央、周恩来等的领导下,在正确思想的指导下,从无到有发展起来并取得巨大成就。同国外相比,我国掌握核武器用的时间最短,成功率最高,耗资最少。从第一颗原子弹到第一颗氢弹爆炸,苏联用了四年,美国用了七年零四个月,法国用了八年零六个月,而我国仅用了两年零八个月。彻底打破了核武器被几个大国所垄断的局面,提高了我国的国际威望,增强了我国的综合国力,在维护国家安全和世界和平的斗争中发挥了重要作用。

周恩来是发展我国核武器的主要组织与指挥者,同时也是我国和平利用核能的积极倡导者。在我国核武器还在研制试验阶段，他就对核能和平利用的问题作了部署，提出了一套方针、原则。他说："二机部不能只是个爆炸部，除了生产核弹外，还要搞核电站。"发展核电站应遵循"安全、适用、经济、自力更生"的方针。他特别强调建设核电站要绝对安全可靠；在南方选址要注意防潮、防腐蚀、防风化；要想到21、22世纪，要为子孙后代着想等方针原则。现已投入运营使用的秦山、大亚湾两座核电站，就是广大科技人员、工人和干部遵循这些方针原则设计建造的。从现在的运营使用情况看，质量是好的，受到国内外专家的称赞，为缓解我国东南部地区的电力紧张情况作出了贡献。

大力提高指挥员的素质

周恩来历来认为，现代化的武器装备只有被训练有素的人去掌握运用，才能发挥它的效力，所以必须下大力量，培养和提高军人适合现代战争需要的素质。1950年6月，他主持召开中央军委会议，研究提高解放军指挥员的素质和创办全军军事院校的有关事宜。会议确定，在战争年代创办的军事院校的基础上，改建、新建一批适合培养现代战争需要的各类人才的正规院校。

同年11月，周恩来和刘伯承四次商议军事学院的建校问题。11月13日，周恩来在西花厅召开了第一次全军军事学校和部队训练会议，讨论了刘伯承起草的《关于创办军事学院的意见》。会后起草了《关于军事学校建设与军队训练问题》的报告，周恩来逐句逐段审阅修改了这个报告，规定我军军事训练的基本方针是："在解放军现有素质的基础上，用迅速而有效的方法，使部队学会掌握现代化的兵器及其他军事技术，使指挥员学会组织与指挥各兵种联合作战与协同动作，了解参谋与通信勤务，以加速我军的正规化和现代化建设。"毛泽东主席批准了这个报告。后来，按照这个方案实施，到1955年全军已形成了具有初级、中级、高级院校相衔接，诸军兵种齐全的院校体系，总数达到253所、38.8万人。

关于这些院校的训练方针和训练任务，周恩来在和主持筹建军事学院工作的刘伯承谈话时，明确提出：军事学院的办校方针，仍然是抗大的教育方针。课程主要是讲授毛泽东思想、战略战术、中央军委的文件，其次是学点哲学、政治经济学、党史，还要学一点现代战争的理论和诸兵种协同作战与指挥的内容，也可学点战术概则。在教学方法上，军队干部有丰富的作战经验，要叫他们献宝，把好的经验谈出来，开展官教兵、兵教官、兵教兵的教学活动，要采用启发式、讲座式，不要灌注式。接着，他提出了写入上述报告的军事训练基本方针，还提出了要在 5 年内把全军师以上干部普训一遍的任务。

1965 年初，周恩来在视察部队时针对部队在训练中存在的形式主义，提出要"从实从严从难训练部队"。这就是说，部队训练不能搞"花架子"，要根据战时的需要和未来战争的特点，严格训练。

"文化大革命"期间，部队的军事训练受到严重冲击，指挥院校几乎全部撤销，部队又长期得不到训练，战斗力受到严重削弱。据 1969 年 5 月对某军区 18 名师长、92 名团长的调查，有半数不会组织本级战术演习；被调查的 109 名基层干部，仅有 10% 能组织本级训练；有的作训参谋不知道什么是"行军序列"，营、连干部多数不会组织行军、宿营；有的连队干部甚至连军语也不懂。针对这种情况，周恩来亲自主持会议研究部队的训练问题，明确提出"全训部队除野营拉练外，全军步兵军事训练 90 天，技术兵军事训练 120 天"的要求。从而使军事训练得到加强，军事素质有所提高。

建立健全统一的条令条例

在现代战争中，精良的武器装备和训练有素的指战员只有科学地结合起来，才能形成实际战斗力。实现二者结合，就要实行科学的编制体制和统一的规章制度。毛泽东在战争年代就提出，军队要去掉游击性，使之更带正规性；军队编制要逐步统一。1952 年 7 月在给军事学院的训词中，毛泽东进一步明确指出，我们现在已经进到建军的高级阶段，也就是进到掌握现代技术的阶段，要掌握现代化技术装备，就要求部队建设的正规化，要求实行统一的指挥、统一的制度、统一的编制、统一的纪律、统一的训练，要求实现诸兵种密切的协同动作。

周恩来根据毛泽东的指示，组织领导有关部门对军队进行整编，组建新的军兵种，编写条令条例。从 1949 年到 1951 年先后成立了空军、海军、炮兵、装甲兵、工兵、铁道兵和防空部队、公安部队的领导机构，建立了一定数量的军兵种部队，实现了由单一兵种向诸军兵种合成的转变，初步具备了在现代条件下诸军兵种协同作战的基础，在军队的现代化建设的进程中，迈出了重要的一步。

为把各种部队、各方面的工作统一起来，必须要有统一的条令条例和规章制度。周恩来说："解放军像一部大机器，这个齿轮和那个齿轮必须准确地运行，才能真正地协同动作。条令、条例就是保证正规化的根本条件之一。"在他的组织领导下，从 1950 年起，总参谋部开始着手制定条令条例工作。到 1955 年就先后颁布了暂行步兵操典、内务条令、队列条令、纪律条令、军官服役条例、军衔条例和兵役法。与此同时，各军兵种还先后翻译、颁发了苏军一些专业和勤务部门的条例、条令、教令、教程、教范，如《步兵战斗条令》《骑兵战斗条令》《高射炮兵战斗条令》《空军战斗条令》《海军战斗条令》《实弹射击教令》等。为全军实行统一的指挥、统一的制度、统一的纪律、统一的训练，提供了依据。

周恩来要求高级干部带头严格执行条令条例和制度。一次在西郊机场欢送外宾，飞机起飞后，还要绕机场飞3圈以示谢意。当时大家都没有经验，飞机起飞后就散了。周恩来马上叫住大家，说："你们颁布的条令，自己就不遵守。欢送外宾工作尚未结束，我还没有离开，你们一个个就走了，这样影响多不好。军队还要条令干嘛？！"高级将领们个个立正，站好队。周恩来的严格要求，对部队的正规化建设是很大的推动。

第三章
他属于中国,也属于世界
——周恩来的外交生涯

一个革命者成为举世公认的外交家并不多见，周恩来可以说是首屈一指。作为革命者，他把属于个人的一切都毫无保留地献给了中国人民的解放事业和新中国的建设事业；作为外交家，他对中国和世界的贡献是无法替代和难以估量的。

在漫长的革命征途中，周恩来是中国共产党外交活动的探索者和先驱；在新中国外交的开创阶段，他提出独立自主的新型外交所需遵循的基本原则，组织培养起一支立场坚定、纪律严明、业务精湛的外交队伍；在新中国步入国际社会的曲折过程中，他是各项外交方针政策的制定者和主要执行者；在与世界大国的交往中，他一贯坚定而精心地维护着国家的主权和利益。

在国际舞台上，周恩来是求同存异的大师，他善于迅速地在具有不同历史文化背景的人们之间架设相互沟通的桥梁，建立起理解和信任。他寻求国际公正和国家间的平等，坚定地支持亚非拉各国的解放和独立，并精心维护世界和平。他提出并倡导的和平共处五项原则，不仅成为中国外交政策的基石，而且成为国际交往的准则，得到越来越多国家的认同。

周恩来以自己的外交实践为中国共产党和新中国提供了宝贵而丰富的经验，并使新中国的外交风格带上了他个人魅力的烙印。与周恩来交往过的人几乎无不为他的才智、魅力和人格所折服。世界上只有很少的政治家能像他那样不仅赢得朋友，而且赢得各式各样的对手乃至敌人发自内心的敬重。这是一个外交家所能达到的最高境界。

一、在多重政治文化背景下成长的革命者

周恩来天赋极高，才智过人。从青少年时代起，他在学习中就表现出这样一个特点，他能够敏锐地从不同的文化土壤中吸取养料，有意识地通过对中西文化比较和中外社会现实的比较，剔除糟粕伪劣，吸取精华并将其结合起来。随着年龄和阅历的增长，这种结合在他身上日臻丰富完美。在周恩来终其一生的高贵气

质和儒雅风度中，我们既可以感到书香门第的教养和中国文化潜移默化的熏陶，又可以感到由对世界事务具有广泛理解而产生的豁达大度，还可以感到一个阅历丰富的革命者所特有的内张外驰的自我控制力，以及一个伟大政治家所需要的成熟、老练与技巧。

追溯周恩来的教育背景和早年经历，将有助于我们了解，为什么他能成为中共领袖人物中在外交领域独领风骚的一个人。

中西合璧的教育背景

成长于20世纪初叶的那一代知识青年，大抵在不同程度上受过两种教育——传统的中国式教育和现代的欧美式教育。周恩来也是这样。不过，与大多数人相比，他受到的教育更多样，除学校之外，还来自家庭、社会以及自学。教育并不能决定一切，但它的确对一个人的一生具有重要影响。

童年时代，周恩来在家庭中受的是良好的传统教育。5岁起，嗣母便送他进私塾读书，每天黎明时刻还要亲自加以指导。嗣母去世后，周恩来随生母搬到外公家居住。那里藏书丰富，喜好读书的周恩来可以自由阅读。几代人聚集而居的大家族生活难免会有纠纷。在外公家里，周恩来的母亲是个调解纠纷的能手。周恩来常跟着她一起去，在旁边安静地听着，从小便学到不少办事的方法。

少年时代，周恩来随堂伯来到沈阳，就读于那里的新式学堂。东北是当时帝国主义列强在华争夺的焦点，是民族危机格外深重的地方。在这里学习和生活的三年时光，使周恩来眼界大开，对中国的积贫积弱深有感触。他从此接受了进步思想，养成了关心时事的习惯，立志"为了中华之崛起"而奋斗。15岁那年，周恩来又随伯父来到天津，进入了国内闻名的南开学校。这所学校先进的教育制度和集体生活对他的影响是不可忽视的。在南开，周恩来是个品学兼优、出类拔萃的学生。他学习刻苦，国文和数学成绩尤为突出，英文亦在此打下良好基础。学校提倡学生开展课外活动，自己管理自己。周恩来积极参加各项公益活动，主持编辑校刊、组织同学会、参加演说会、新剧团等，这使他各方面的才干得到培养、锻炼和发挥。从南开学校毕业时，周恩来在各方面还不能说是成熟的，但是他的性格、品德、兴趣和志向已大体定型，严格的教育也为他走上社会之后的自学打下了良好的基础。

迈出国门，探求真理

日本是青年周恩来走向世界的起点。1917年9月，周恩来由天津登轮东渡日本。他希望补习一段日语，然后报考官费留学生。他留学的目的不仅是学得谋生的一技之长、以求自立，更重要的是探求能够拯救自己民族的"真学问"。

初到日本，周恩来和大多数留学生一样，品尝到独在异国他乡生活的孤独与苦闷；然而，他极力把这种心理上的不适转化为对自己意志、品质的磨炼。他在一篇日记中写道："求学不足还是小事，最大的就是没有真正立身的根本去与这个恶劣的社会交战"；在此求学，"第一样事情就得练铁石心肠、钢硬志气，不为利起，不为势屈"。

那个时代，在许多中国人眼中，日本既是个值得效仿的榜样，又是个必须警惕的敌人。周恩来也是抱着这种态度赴日的。留学期间，他十分注意观察日本社会，认为求学不必终日守着课堂和书本，"事事都可以用求学的眼光看日本人的一举一动、一切的行事"，以便了解他们的国情，做到"知己知彼"。在赴日之前，周恩来曾一度认为要拯救贫弱的中国，非学习德意志，实行富国强兵的军国主义和"贤人政治"不可。来到日本之后，通过对同样实行军国主义的日本的观察，他推翻了这个想法，认识到军国主义的第一个条件是"有强权无公理"，必定以扩张领土为第一要事，而这在20世纪是绝无前途的。1918年中，北洋军阀政府即将与日本政府签订中日共同防敌军事协定的消息传出后，激起旅日中国留学生的强烈反对，学生们组织了旅日学生救国团，号召全体留学生罢学回国，以示抗议。周恩来也积极投入了这一爱国运动。

由于第一次世界大战的冲击，世界上出现了形形色色的新思潮。处于动荡中的日本为周恩来提供了一个能够更快了解这些动向的窗口。在东京，他每天都要用一个多小时阅读日文报纸，还经常到中国青年会阅读报纸杂志，了解各种新思潮，与朋友频繁接触，广泛交谈。十月革命后不久，马克思主义和各种流派的社会主义学说同时涌向日本，得到广泛传播。周恩来就是从这时开始接触马克思主义的，同时也接触到无政府主义、基尔特社会主义，以及日本新村主义等学说。尽管他一时还弄不清这些社会主义学说的优劣真伪，但对于正处在世界观形成期的他来说，这是重要的一步。

1919年4月，周恩来返回祖国。他决定离开日本的原因，一方面是由于两度投考官费留学生都因日文的成绩不理想而未被录取，同时又得知南开学校即将创办大学部；另一方面是对日本社会的失望。他已认清，日本的道路决不值得中国效仿，中国对日本的扩张野心必须严加防范。

在日本学习生活的一年半，对周恩来并不是个成功的记录，但收获是多方面的。他取得了在国外生活的最初经验，磨炼了自己的思想和意志，更重要的是，他初步积累起如何了解另一个国家、另一个民族、另一种社会的经验，而这种经验是不可能从书本上学到的。

旅日生涯使周恩来对日本有了直观的了解，使他对这个中国的近邻产生了一种特殊的情感，尽管这是一种充满了矛盾的情感。30年之后，作为新中国的总理，作为中国最高领导人中的"知日派"，他为推动中日友好，为建立新型中日关系作出了不懈的努力。周恩来的旅日生涯也就成为中日友好的一段佳话。

观国际风云，评天下大势

回到南开学校，恰逢五四运动爆发，周恩来立即投身其中。经过这场运动的洗礼，他在政治上成熟了许多。1920年1月，周恩来因组织领导大规模学生游行示威而遭警厅逮捕，并因此被学校开除。当年7月他出狱时，正值国内出现了一股赴法勤工俭学的浪潮。在南开学校创办人严修的推荐和资助下，11月，周恩来再次离开祖国，踏上了赴欧的旅途。

这次留学，周恩来的目的非常明确，就是要到当时世界上经济最发达、思想最活跃的地区——欧洲，特别是资本主义的发源地英国留学考察，以便从世界先进地区发展的大趋势中，把握未来中国的方向。来到欧洲之后，周恩来先后在巴黎、伦敦和柏林等城市居住。与留日时的处境不同。南开学校为周恩来打下了良好的英语基础。行前，他又与天津《益世报》商定，作为该报驻欧记者，以撰写旅欧通讯所得稿费来维持旅欧期间的生活。记者身份使周恩来不仅必须阅读大量的外文报刊书籍，迅速了解和掌握欧洲各国的政治经济动向，而且必须深入当地的社会生活。这使得周恩来欧洲之旅的收获远非一般勤工俭学的学生可比。

欧洲留给周恩来的第一印象并不是资本主义的发达与繁荣，而是经济的萧条和社会的极度动荡不安。第一次世界大战对现代社会的破坏作用远远超出他原先的想象，使他感到震撼。1921年2月1日，周恩来为《益世报》写下第一篇旅欧通信。开篇的一段话是："吾人初旅欧土，第一印象感触于吾人眼帘者，即大战后欧洲社会所受巨大之影响，及其显著之不安现状也。"在描述了种种社会现状之后，他得出结论说："使欧洲危机终不可免而至于爆裂也，则社会革命潮流东向，吾国又何能免？"应该说，资本主义已没有前途，必须另寻出路，这是那一代旅欧留学生中具有政治敏感性的青年们共同的感受。

最初的一年多，周恩来把主要精力放在三件事上：第一是"研究主义"，广读博览涉猎各种学说思潮，以审慎求真的态度"对于一切主义开始推求比较"；第二是对英国作"社会实况之考查"，主要考察当时的英国工人运动；第三是分析第一次世界大战结束后的欧洲局势和各国所面临的主要问题。这三件事互相联系，对推动周恩来的思想发展起到重要作用。1921年春，周恩来作出自己一生中最重要的抉择，在巴黎加入中国共产党。从此，他将救国的道路与自己的人生道路融为一体。

20世纪20年代初期，欧洲局势错综复杂。这为周恩来观察和学习国际问题提供了极好的机会。从1921年2月至1922年3月，在一年多一点的时间里，周恩来撰写的旅欧通讯共56篇，总计近30万字。其中，有9篇关于英国矿工罢工风潮的报道，约3.45万字，它们是周恩来考察英国工人运动的重要成果。还有一个长篇连载，报道留法勤工俭学的情况，约5.15万字。其余的46篇报道合计20余万字，内容几乎都是关于国际政治、经济和外交关系的。第一次世界大战之后欧洲的政治经济危机、战胜国与战败国之间的矛盾、帝国主义与苏俄的关系、各列强对华政策等，都是周恩来关注的题目。从他撰写的有关报道中，我们可以明显感到周恩来对国际事务的兴趣和他在这方面的天赋。

周恩来撰写的国际报道有这样几个特点：首先，他所遵循的是客观报道的原则。在写作中，他力求事实准确，细节充实，言之有据，并不轻易表露自己的政治倾向，尽管读者可以从作者的观点中看出这种倾向。其次，他的报道以分析各国的外交政策见长。在关于欧战后德国赔偿问题的几篇报道中，他对英、法、德三国之间矛盾以及彼此的政策作了详尽的剖析。在华盛顿会议前夕，他撰写的一组报道更给人留下深刻的印象。他不仅逐一分析了英、法、美、日拟在会议上采取的政策，而且对会议的前景作了预测。事实证明，他的看法相当准确。这些报道表明，周恩来十分了解当时各列强所追求的利益和它们之间的矛盾冲突，并仔细地观察过欧洲政治家们的外交技巧。再次，内容广泛也是周恩来国际报道的特点之一。他不仅熟悉外交问题，对英、法等国的政局和一些经济问题也很了解。例如，在关于英国大选的报道中，周恩来向读者解释了英国的政治体制和政党政治；在关于英国经济的报道中，他对英国出现经济恐慌的原因以及欧洲各国之间的经济联系作出相当准确的分析。最后，周恩来对中国外交十分关注。关于华盛顿会议和中法借款的几篇报道表明，他对中国当时所处的国际地位和国际环境有十分清醒的认识，他对当时军阀政府的媚外行为和旧中国的屈辱外交深恶痛绝。

周恩来当时年仅23岁，没有受过正规的大学教育，但在他撰写的国际报道中的确有不少属于上乘之作。无论是以当时的眼光来衡量，还是用现在的标准来评判，都是如此。与今天相比，当时的通信很不发达，交通也说不上便捷。经电报传送的快讯都十分简短，比较详尽的报道通常要几周后才能辗转传回国内。这就向撰稿者提出很高的要求。在确定选题之后，必须尽快收集各种有关细节，并作出准确判断，稿件在海上颠簸一个月，必须能经得住事态发展的考验。此种烦恼实在是现在的新闻记者难以体会到的。通过周恩来撰写的这些国际报道，我们可以看出，他当时已具备了相当丰富的国际知识，并基本掌握了研究国际问题，特别是多边关系问题的方法。30多年以后，作为新中国的总理兼外长，周恩来最初的辉煌业绩正是在多边外交舞台上取得的，他在日内瓦会议和万隆会议上的成功绝不是一种偶然。

1922年至1924年期间，周恩来撰写的国际报道和国际评论大都发表在旅欧中国共产主义青年团和中共旅欧支部的刊物《少年》和《赤光》上。当中国大革命的风暴临近时，帝国主义与中国革命问题日益成为他关注的主题。旅欧生涯使周恩来熟悉了国际问题，而中国革命和中国共产党正需要这样一位具有世界眼光的领导者。

斡旋于党内党外

周恩来曾说自己"天性富于调和"，或许正是这一天性使他成为一个出类拔萃的斡旋能手。从大革命至土地革命期间，周恩来成为中共的主要领导人之一，他从各式各样的协调工作中积累经验。有时是在中共与国民党或其他党派之间，有时是在中共与共产国际之间，有时是在党内不同意见的派别之间。

在国共关系中，周恩来从一开始就扮演了重要角色。1922年6月，旅欧中国少年共产党成立，周恩来是发起人之一，不久被推举为书记。为促成国共合作，建立各民主阶级的统一战线，1923年6月召开的中共第三次代表大会决定全体共产党员以个人名义加入国民党。周恩来在法国也积极开展这项工作。他与孙中山派往法国筹备组织国民党支部的王京岐达成协议，旅欧青年团的团员全部以个人名义加入国民党。当年年底，国民党旅欧支部在里昂成立，周恩来是主要负责人之一，并一度以代理执行部部长的身份主持国民党旅欧支部的工作。在国共统一战线建立之后，国内以广东为根据地的革命运动发展很快，急需大批干部，同时，旅欧党团组织也需要派人回国向中央汇报情况。1924年7月下旬，根据组织决定，周恩来离法回国。回国后，他很快被任命为中共广东区委负责人并担任黄埔军校政治部主任职务,而蒋介石是军校的校长。大革命期间,周恩来实际处在这样一种位置上,一方面,要在国共两党的高级领导人和苏联顾问之间周旋;另一方面,又要大量接触下层的实际工作。正是这段经历使他最终转变成一个实干家而不是一个纯粹的理论家,同时也使他成为一个不仅在共产党内而且在国民党内也很有影响的领导人。

1927年春夏,由于国共统一战线的破裂,大革命失败了,中国革命陷入低潮。20世纪20年代末期至30年代前期,年轻的中国共产党人经受了严峻的考验。这个时期,不仅在中共党内而且在中共中央的主要负责人与共产国际之间多次发生意见分歧,出现过不少矛盾。这些分歧和矛盾的性质并不完全相同,产生的原因也多种多样。有的是处理具体问题时的不同意见,有的是在重大政策路线上的分歧,也有的是不正常的宗派情绪。当时,周恩来已成为中央政治局委员,并在很长一段时期主持中央的常务工作,因此,这类棘手的事情常常由他出面处理。直到1935年1月遵义会议,毛泽东在周恩来等人的鼎力支持下成为全党的领导核心,而周恩来也就此成为毛泽东的主要搭档和助手。1936年底,"西安事变"发生之后,中共中央派周恩来去和蒋介石谈判。"西安事变"的和平解决为第二次国共合作奠定了基础。不过,国共之间的矛盾并没有真正得到解决。此后十年,周恩来一直是国共谈判中的核心人物。

在中国共产党事业曲折发展的过程中,无论是党的内部团结,还是党的统一战线的扩大都极大地受益于周恩来独具的善于求同存异的本领;但是他本人却往往因此在党内的路线斗争中受到严厉的批判,只是由于任何人都离不开他的组织才干和工作经验,才使他始终保持在党的核心领导圈内。事实上,首先是这种极其复杂的国内环境,磨炼了周恩来的耐心和韧性,培育出他那种能把坚定的原则性和随机应变巧妙地结合在一起的高度的现实主义精神,以及熟练的谈判技巧。而后,在开创中共外交事业的时候,这一切又被他成功地运用于外交场合。

二、红色中国外交的探索者

周恩来的外交生涯并不像许多人认为的那样,在新中国建立之时才开始。由于特殊的历史原因,中国共产党人在取得全国政权之前就已开展自己的外交活动。这种非正式的外交起源于抗日战争全面爆发前夕,一直延续到第二次世界大战结束后的一年多,它对后来的新中国外交有着重要而直接的影响。这个时期,周恩来是中共外交活动最主要的探索者,并由此积累了丰富的经验。

广交朋友

经过艰苦的二万五千里长征,中国工农红军于 1935 年 10 月抵达陕北。国内和国际形势的变化以及中国共产党策略的转变,为中共提供了开展对外交往的前提条件。在当年年底举行的瓦窑堡会议上,中共中央明确提出,中共的首要任务是反对日本帝国主义;为争取反日斗争的胜利,中共愿同一切和日本帝国主义相反对的国家、党派甚至个人达成必要的谅解、妥协、建立同盟,发展友好关系。

不过,在国民党的严密封锁下,红色根据地对外界来说仍旧十分神秘。直到 1936 年夏天,一个年轻的美国记者埃德加·斯诺冒险进入红区,这才打破了关于"红匪"的神话。幸运之神对斯诺格外照顾。当宋庆龄向共产党推荐斯诺的时候,中共中央正感到需要向外界披露有关红军的真实情况;此时,中共又和在西安的张学良秘密达成协议,这使得斯诺终能成行。

进入红色根据地之后,周恩来是斯诺遇到第一位共产党领袖人物。在斯诺笔下,这个传奇人物"个子清瘦,中等身材,骨骼小而结实,尽管胡子又长又黑,外表上仍不脱孩子气,又大又深的眼睛富于热情。他确乎有一种吸引力,似乎是羞怯、个人的魅力和领袖的自信的奇怪混合的产物。他讲英语有点迟缓,但相当准确"。斯诺坦言,他对周恩来感兴趣有一个特别的原因,那就是"他显然是中国人中间最罕见的一种人,个人行动同知识和信仰完全一致的纯粹知识分子,一个书生出身的造反者"。

抗战开始后,周恩来作为中共驻国统区的代表,先后在南京、武汉、重庆工作。他与外国人士的经常接触是 1938 年从武汉开始的,1939 年以后又在重庆继续下去。这段经历,为他奠定了长久地作为中共对外事务主要负责人的基础。在共产党人最初的对外交往中,交友是最重要的一种形式。擅长交际的周恩来把这种形式的作用发挥到极致,他的个性和魅力也得到淋漓尽致的表现。

在武汉,周恩来与一些外国人主要是与一些外国记者建立了密切的关系,如埃德加·斯诺、史沫特莱、路易·艾黎和爱泼斯坦等。这些人中有些是他在陕北就已相识的。同时,他也结识了一些外国在华官员,如英国大使克拉克·卡尔、美国武官史迪威、总领事约翰·戴维斯、海军陆战队上校卡尔逊等。周恩来温文尔雅,风度翩翩,视野开阔,颇能博得外国人的好感与信任。有了这样一个圈子,他在外国人中间的活动就有了基础。周恩来广交朋友的目的在于扩大中共的对外影响，争取外国人对国共合作的支持和对中共抗战事业的赞助。例如，通过英国大使卡尔的帮助，周恩来成功地为八路军在香港设立了一个办事处。

重庆时期，由于国共关系的恶化，那里的八路军办事处成了中共开展对外联络的最主要的和几乎唯一的窗口。周恩来是少数几个能利用公开身份在国统区活动的共产党领袖之一。美国新闻记者兼作家白修德（西奥多·怀特），在20世纪40年代初期曾和周恩来有过相当密切的交往。用白修德的话说，他们已成为那种"可以无拘无束谈笑"的朋友。正是在这种谈笑之中，白修德充分体验了周恩来"光芒四射的性格及其魅力"，并对他佩服得"五体投地"。

晚年，作为一个见多识广的人物，白修德在回忆录中总结了他对周恩来的看法："从本世纪共产主义运动中涌现出来的其他任何人物，没有比他更才华横溢和铁面无私的了。他敢做敢为，具有猫突然向耗子猛扑过去般的敏捷身手。他刚毅果断，深谋远虑，坚定不移。然而他又是热情满怀，极通人情、举止洒脱、彬彬有礼的人。"在最初的交往中，年轻的白修德常向周恩来提出一些像是今日电视采访中那种需要得到敏捷回答的问题。例如，"先生，您是中国共产党党员。您认为您首先是个中国人呢，还是个共产党员？"周恩来回答："我首先是个中国人而不是共产党员。"在白修德的记忆中，每逢遇到这类尖刻的问题，周恩来总是巧妙地应付自如，只有极少数政治家在这方面能够和他媲美；而且周恩来还会在答复中设下圈套，提出一个关于某事实的意想不到的新问题，逐步把对方引往他想要谈的话题，发表他的见解。

一次乳猪宴是白修德与周恩来交往的高潮，给他留下了终生难忘的印象。在相识一年，交情日深之后，周恩来为白修德举行了一次宴会，地点选在重庆最讲究的饭馆冠生园。除他们俩之外，席间只有办事处的几位工作人员。白修德猜测：周恩来的办事处必会有一个影响美国舆论的预定计划，并且可能想借此改善一下他们平时比较清苦的生活。这次宴会非比寻常——首先是中国的冷热小吃，然后是竹笋煨鸡，接着是炒鸭肝，最后端上来的主菜是一只烤成棕黄色的脆皮乳猪。"请，请，"当主人周恩来举起筷子指着乳猪，请客人先下筷戳开脆皮时，白修德感到有些为难，不知该怎么办才好，因为他是个犹太人，尽管已经和犹太家庭的传统拉开了不小的距离。不管怎样，当时白修德还是放下了筷子，尽量用中国话说明他是一个犹太人，而犹太人是不准吃猪肉的。这时，在座的人都茫然若失，默不作声。作为主人，考虑欠周，显然是失礼了。于是，周恩来亲自来处理这个"僵局"。他再次举起筷子，一面指着乳猪说"请，请，"一边笑着解释说：

"特迪，这是在中国。你再瞧一瞧。在你看来这是猪，但在中国，这不是猪——这是鸭子。"白修德忍不住失声大笑，周恩来也哈哈笑了，全桌的人都笑了。白修德马上把筷子戳进去，夹破了脆皮，吃了生平第一口得到"保证"的猪肉，并从此不再回避猪肉。他的祖先想必能宽恕他。在回忆起这段逸事时，白修德深情地写道："周恩来就是那种人——他能够使你相信猪是鸭子，因为你愿意相信他的话，而且他也了解和尊重别人的风俗和社会习惯。"

国际统一战线

在重庆，周恩来肩负的使命是各式各样的，包括：与国民党谈判并办理各种交涉；联络国内各界和外国人士；综合各方面得来的情报，分析国内国际局势的发展，为延安的决策提供依据。1939年以后，周恩来投入很大精力来研究国际局势的发展，这不仅因为世界上不断出现重大事件，而且因为国民党每次发动大规模反共高潮都与国际局势的变化有关。对中国共产党来说，在对外关系方面，最重要的问题就是如何建立国际统一战线，而这一政策的发展并非一帆风顺。

1939年至1941年可以说是抗日战争中形势最为复杂的一个时期。1939年初，抗日战争进入相持阶段之后，国民党开始执行消极抗战、积极反共的方针。当年下半年，国际形势也出现了一系列重大变化。8月，苏联同德国签订了"互不侵犯条约"，共产国际同时宣布放弃建立国际反法西斯统一战线的政策，转而主张建立国际反帝统一战线。这造成了各国共产党政策的普遍混乱。9月，德国入侵波兰，欧洲大战爆发。11月，苏联和芬兰之间又爆发了战争。结果，在反对德、意侵略的西方国家里引起一股反苏反共浪潮。利用这一时机，在1939年冬至1940年春，国民党发动了第一次反共高潮，国共关系再次紧张起来。在反对国民党反共活动的同时，中共领导人对英、美的政策也极为担心。这是因为，一方面，英、美为应付德国挑起的战争，避免两线作战，有可能牺牲中国的利益同日本妥协；另一方面，国民党反共活动的背后可能有英、美的策划和支持。在这一复杂的背景下，中国共产党也一度放弃了争取同英、美建立反日统一战线的政策。

然而，经过一段时间的观察和分析，中共领导人发现，英、美的根本利益还在于支持中国抗战，以拖住日本，不使其南进。这就使得中共有可能利用英、美的影响来牵制国民党的对日妥协和反共活动。1940年11月6日，根据周恩来提供的一份重要情报，毛泽东得出结论说："蒋加入英、美集团有利无害，加入德意日集团则有害无利,我们再不要强调反对加入英、美集团了。"随后,在致南方局的一份电报中,毛泽东进一步指出:为了制止投降分裂,"目前不但共产党、中国人民、苏联这三大势力应该团结,而且应该与英、美作外交联络……打击亲日亲德派的活动。"

为了加强与在华外国人的联系、开展对外宣传和加强对国际问题的研究,周恩来在重庆建立起中共第一个专门的外事机构——对外宣传小组,后改称外事组。外事组的工作由周恩来直接领导,主要任务是宣传、交友以及了解国际形势,重点是了解英国、美国对华政策、各国在华人士的政治态度和动向。外事工作方针是"宣传出去,争取过来",就是要影响外国来华人士和美、英等国的对华政策,扩大国际抗日统一战线。外事组的主要成员,如王炳南、陈家康、龚澎等后来都成为新中国外交部的骨干力量。

1941年初皖南事变前夕,中共驻重庆代表团曾多次与美国驻华使馆联络,希望美国能协助制止国民党对新四军即将发动的围攻。这些努力虽然未能奏效,但这是中共第一次采取主动措施直接与美国政府接触。皖南事变发生后,周恩来立即通过斯特朗等美国友好人士向外界披露了事件的真相。这一真相的披露,不仅引起美国进步人士对中共的广泛同情和对国民党的强烈批评,也引起美国政府对中国国共关系的关注。1月下旬,美国国务院宣布对中国国共"内争"表示关注,并暂停了一笔对华贷款。2月初,美国总统特使劳克林·柯里来华访问,特地向蒋介石转达了罗斯福的口信:表示对中共的赞许,并深盼国共两党"能排除己见,为抗日战争之共同目标而加紧其团结"。经过英国大使卡尔的安排,周恩来同柯里举行了一次私下会晤。通过这次会晤,周恩来了解到:美国政府的政策是力图控制中国以牵制日本,为此不会赞成中国内战扩大;美国将继续支持蒋介石政权,但对他已有所不满,想施加一些压力促使他改革。由于看到美国持自由主义观点的人士对于中共的抗战和各项民主政策表现出极大兴趣,周恩来判断:"我在外交上大有活动余地,可收很大成绩。"

1941年6月22日,苏德战争爆发。第二天,毛泽东召集政治局紧急会议,通过《关于反法西斯的国际统一战线》的决议。随后,中共中央又公开提出"拥护国际反法西斯阵线,促进中、苏、英、美及其他一切反对法西斯的国家民族一致联合"的主张。12月7日,美日战争爆发,国际反法西斯统一战线最后形成。国际形势的巨大变化和国际反法西斯战线的最终形成,为中国共产党发展自己的对外关系提供了进一步可能。

在中共争取建立国际反日统一战线的过程中，我们看到，毛泽东和周恩来在分析形势、制定和执行党的政策方面已形成了这样一种基本的关系：周恩来提供各种信息和可能的政策选择，毛泽东作出决断，周恩来再加以执行。对一些重大问题，他们总是反复磋商，以求得共识。在某种意义上，两个人思考问题的角度和方法是不同的，但又是互为补充的和相辅相成的。一般地说，在毛泽东眼中，国际形势与国内形势总是直接联系在一起的，他习惯于从一种大的战略观点出发来考虑党的政策。每当局势发生突然变化的时候，他总能敏感地抓住最关键的问题，更善于把握方向，并有足够的魄力迅速地、大幅度地调整党的政策。周恩来则善于对各类问题进行深入细致的观察，进行多层次的分析。在形势迅速变动的时候，他总是设想到局势发展的各种可能性。面面俱到，周密慎重的思维习惯使他常常本能地倾向采取比较稳妥的态度，更多地照顾到政策的连续性。周恩来从不在毛泽东提出的总的政策框架之外另搞一套，但在毛泽东的构想中通常都包含着周恩来的智慧并由他作出进一步的补充。周恩来善于把比较粗糙的设想化解为具体政策和可供操作的实际步骤，并擅长捕捉采取行动的时机。毛泽东和周恩来两人之间的这种联系与差别，既是由两个人在党内的不同地位和所处的不同环境造成的，也是由两人不同的思维方式和不同的气质性格造成的。无论如何，他们在处理外交事务时形成的这种关系具有长远的影响。可以说，在这两位伟人毕生的共同事业中，外交是他们合作得最紧密也最好的一个领域。

开展"半独立"的外交

1944年，中国的抗战形势出现了重大变化。最突出的一点是国民党军队担负的正面战场在日军打通大陆交通线的进攻下出现空前的大溃败，国民党统治区也发生了严重的政治、经济危机。与此同时，共产党领导的敌后抗日根据地却战胜重重困难，得到巩固和发展。太平洋战争爆发后，美国曾对国民党政府寄予很大希望，很长一段时间并不重视共产党领导的抗日力量。但到这时，由于看到国民党的腐败和衰落，看到中国共产党力量和影响的增长，美国政府中包括罗斯福总统在内的一些有识之士越来越重视发展同中国共产党的关系。

1944年6月，一小批外国记者到中共边区访问。7月，被称为"迪克西使团"的美军观察组抵达延安。边区之门终于被打开一条缝隙。对于从1939年秋季起就一直遭受国民党封锁的共产党人来说，外国人的到来是一件非常重要的事情，何况美军观察组是美国官方派出的一个机构。周恩来和中共其他领导人都把这视为中共外交工作的开端。不过，这种外交还是"半独立性的外交"。周恩来解释说，因为一方面，重庆国民政府还是包括共产党在内的中国人及同盟国所承认的中央政府，许多外交来往还必须经过它的承认；但另一方面，国民党不愿中共单独进行外交活动，中共与盟国的往来只有冲破国民党种种禁令和约束才能进行。

为适应与盟国人员交往的需要，8月18日，周恩来起草了中共第一份专门阐述外交政策问题的党内指示。在这份题为《中央关于外交工作的指示》中，我们可以看到周恩来在开创中共外交时的思想轮廓。概括起来主要有以下三点。

第一，周恩来明确提出中共外交要代表民族立场，要在外国人面前树立"中国的新人典型"。显然，旧中国外交的丧权辱国给他留下的印象是难以磨灭的。在草创中共外交事业的时候，周恩来强调，共产党人办外交首先要"站稳民族立场"，必须反对近百年中国外交史上"排外"与"惧外媚外"两种错误观念；一方面要加强自尊心自信心，另一方面要学习外国人的长处，善于与外国人合作。从这时起直到新中国建立以后，怎样摆脱旧的外交传统，怎样使新中国外交与旧中国的屈辱外交区别开来，一直是周恩来十分注意的问题。

第二，周恩来非常重视统一战线思想对于中共外交工作的指导意义，他把国际统一战线政策解释成中共最基本的外交政策，"国际统一战线的中心内容，是共同抗日与民主合作"。他还指出，国内统一战线政策的各项原则也一般地适用于外交工作。在周恩来的外交生涯中，统一战线思想不仅始终是最基本的指导原则之一，而且也是他运用得最为纯熟的一种策略；不过，统一战线的具体内容则因时而异。值得注意的是，周恩来当时还没有提出一种独立于国际统一战线政策之外的外交政策；这是因为中国共产党的外交工作实际是从组织国际统一战线的实践中派生出来的，是国际统一战线发展的结果。直到新中国诞生之后，国际统一战线政策才逐渐转变为外交政策中的一个组成部分。

第三，周恩来提出了处理外交事务所需遵循的一些基本原则。包括：在总体把握上要力争主动，切勿陷于被动，应有所取舍；事前准备要周知博访，深思熟虑；在谈判时，贯彻自己的主张要坚定不移，方易取得外交胜利，在技巧上又当极其灵活机动，不拘一格；对待外国人，态度宜谨慎坦率，招待要守时守信，朴素热烈。这些针对根据地绝大部分干部完全缺乏经验而提出的原则实际也是周恩来对自己以往经验的一个初步总结。

在延安，开展外交工作的主要对象是美国人。中共当时的对美政策是争取实现友好合作。这一政策是由毛泽东和周恩来共同提出的。他们提出这项积极的对美政策有两个原因：一是当时看来国民党政权正面临全面危机，而中共的战略地位正在不断提升，美军正寻求中共部队的配合；二是毛泽东和周恩来掌握了美国和蒋介石之间的矛盾正趋于激化的一些证据。在积极的合作政策背后，他们的目标是明确的，即：争取获得美国的援助，减少美国对中共与苏联关系的疑虑，力图通过发展与美国的关系来改善中共在国内的政治地位，促成国共联合政府的建立。为此，毛泽东和周恩来不仅向美军观察组提供了各种便利，而且同意美国介入国共谈判，并主动邀请赫尔利到延安访问。

不过，中共的对美政策带有很强的试探性，中共领导人对于到底能和美国建立起怎样的关系显然缺少把握，因此他们的目标是很有弹性的。毛泽东和周恩来谨慎地对待美国人提出的每一项建议，不断地计算利弊得失，并根据计算的结果来决定接受或拒绝美国人的建议，扩大或缩小与美国人的合作范围。

在美军观察组抵达之后，周恩来很快向毛泽东建议，要求美国援助中共。他认为，中共与美军的合作必须是有条件的。一方面，中共需要外援；另一方面，也必须测试美国的合作诚意。当赫尔利访问延安时，周恩来敏锐地发现这位特使根本弄不清中共主张的联合政府与蒋介石所说的允许中共参加政府之间的差别。尽管赫尔利和毛泽东顺利地签署了《五条协定草案》，但周恩来准确地预料到与蒋介石的谈判不会顺利。此后，国共谈判果然陷入僵局。通过这一段的接触与试探，中共领导人得出这样的结论：蒋介石一心想做的还是兼并中共军队，取消共产党。而美国在政治方面，不会向蒋介石施加足够的压力以促其进行认真的政治改革，赫尔利的真实兴趣在于利用共产党的力量挽救国民党政权当前的危机；在军事方面，美国也无意向中共提供实质性援助，即使能有一点援助也无非是分给国民党之后的残汤剩水。除非中共的实力有进一步增长，使美国人确实看到不与中共合作就什么事也办不成，否则双方的合作是不会成功的。

由于认识到与美国合作的时机还不成熟，毛泽东和周恩来在1945年初转而采取了等待政策。当年4月，罗斯福逝世，杜鲁门接任美国总统。此后，美国对华政策扶蒋反共的倾向日趋明显。这是抗战后期引起中国内战危机的重要原因之一。中共同美国的矛盾和斗争也随之尖锐起来。

与马歇尔谈判

抗日战争结束之后，毛泽东亲赴重庆与蒋介石谈判，国共双方签署了"双十协定"。但是，蒋介石并没有放弃武力消灭共产党的政策，中国的内战危机仍然存在。1945年底，美国总统杜鲁门派遣特使马歇尔来华斡旋国共矛盾。这在当时是一个具有多方面重要影响的事件。作为中共方面参加谈判的首席代表，周恩来在探索对美关系，制定对美政策上发挥着重要作用，他的外交谋略和技巧也在此期间得到进一步磨炼，并臻于成熟。

在马歇尔来华前夕，周恩来提出的一个重要政策是"中立美国"，它的目标是设法使美国在国共两党的斗争中"保持某种程度的中立"。这项集中反映周恩来策略思想的政策在国共谈判的前期得到贯彻。可以说，战后初期，在中国共产党反对内战、力争和平的努力中，"中立美国"是关键性的外交尝试。

"中立美国"的政策事实上是在中共七大毛泽东构筑的大的政策框架下提出来的。从战时到战后，中共领导人头脑中一直存在着两条不同的政策思路：一条用以应付与国民党取得某种程度的和解，双方维持长期合作的情况；另一条用以应付国共关系彻底破裂，中国发生内战的情况。中共的对内对外政策始终在这两种可能性之间徘徊。中共的政策朝哪一个方向倾斜，一方面取决于对整个国际形势发展趋势的估计，另一方面则取决于与国民党关系的状况。在七大《论联合政府》的报告中，毛泽东对国际国内形势的估计可以概括为三点：第一、英、美、苏三大国的团结将会继续下去，并成为"决定一切的条件"；第二，战后，美国将保持它对中国的重要影响，但与此同时，苏联的影响将会增加；第三，国际形势将比较地有利于中国用民主的方法解决内部问题。根据这一估计，除彻底击败日本外，中共对外政策寻求的主要目标是争取英、美、苏三国赞助中国战后的国内和平，以避免内战，建立联合政府。抗战结束以后，中共领导人经过短暂的犹豫，最后还是认为，中国人民要求和平，美、英、苏三国也希望中国能和平解决内部问题；因此，战后中国避免内战，走上和平建国道路的可能性仍然存在。因此，毛泽东决心去重庆谈判，而周恩来是他作出这一决定的最坚定的支持者。长期以来有一种片面的说法，即抗战结束时中国共产党已判定内战不可避免，毛泽东赴重庆谈判只是为了揭露蒋介石"假和平，真内战"面目。其实，这是一个包含着两手准备的行动，既是为了力争和平，也是为了一旦不能制止内战而在政治上立于主动。这种双重目的在战后初期的国共谈判中一直存在着。

在马歇尔使华期间，周恩来采取的"中立美国"的政策的显著特点是，最大限度地发挥了党的政策框架所能给予的灵活性，并试图利用战后国共美苏各方之间存在的种种矛盾。在构思这一政策的时候，周恩来仔细考虑过这样一些因素：

第一，美国对华政策的内部矛盾。他认为，美国战后对华政策的基本点是"扶蒋压共反苏"；但美国目前尚不愿中国发生内战，仍想极力促成中国统一。美国内部在如何处理中国问题上的意见还不一致，其扶蒋压共还存在着"某种限度"，对华政策仍有发生部分转变的可能。第二，美苏之间互相掣肘。尽管国共斗争与美苏斗争之斗争实际是互相联系的，但形式上却是分开的。苏联不能公开支持中共，美国也不便公开支持国民党。第三，周恩来意识到，战后美国出于自身利益的需要是一定要以这种或那种方式来干涉中国内政的；无论欢迎与否，以中共当时的力量还无法避免这种干涉。事实上，中共领导人是抱着一种矛盾的态度来看待美国干涉的。他们认为，美国干涉具有两方面的影响，在不同的条件下，有可能导致两种不同的后果。一方面，国际的压力，包括美国干涉的压力，是迫使蒋介石走上和平改良道路的必要条件之一，毛泽东在确定力争和平的方针时也是把这一压力计算在内的；但另一方面，一旦美国采取片面支蒋的政策，美国的干涉就会给中共造成极大的困难，成为引发国共内战最危险的因素。因此，必须力争前者，防止后者。在这个意义上，周恩来提出的要"中立美国"的策略实际是一种巧妙的反干涉政策。

马歇尔来华初期尚能保持公正的姿态，因而促成了停战协定和政协决议的签署。中国实现和平的前景一度变得较为光明。为此，在政治协商会议闭幕之后，毛泽东特地要周恩来向马歇尔表示：中共愿在像他所表现的公正态度和方法的基础上，在地方以及全国范围内和美国合作。周恩来还转达毛泽东的话说："我们认为中国的民主要走美国的道路，因为中国今天没有社会主义化的条件，虽然我们在理论上是主张社会主义的，但在今天不打算且不可能把它付诸实施。我们要学习美国的民主和科学，要使得中国能进行农业改革和工业化，企业自由，发展个性，以达成建立一个独立自由富强的国家。"这里还有一段插曲。当时，毛泽东身体不太好，外面传说他要去莫斯科休养。周恩来告诉马歇尔：毛主席听到后觉得很好笑，毛主席说他现在身体既不顶好，倒宁愿到美国去休养，在那里还有很多东西要学。周恩来传达的话引起了马歇尔的高度重视。他当即表示，如果毛主席要去美国他愿提供专机。当晚，马歇尔又将周恩来传达的信息电告杜鲁门总统。在这一时期的谈判中，周恩来还向马歇尔表示，中共希望，一个实现了和平与民主的中国不仅可以与美国建立友好的睦邻关系，而且可以成为美苏之间的桥梁，缓和他们在亚洲的冲突，从而有助于维护世界的和平与合作。

与马歇尔为期十个多月的谈判为我们提供了一个难得的机会来观察周恩来

如何运用各种谋略。周恩来的许多策略思想和原则都来源于中国的传统哲学和历史掌故，但这些东西却是通过周恩来的实践和运用才获得了新的生命，并且往往只有在他手中才能把分寸火候掌握得恰到好处，使之成为一套富有中国民族特色的外交策略和外交艺术。例如，周恩来常说，外交行动要"见机而作"。"中立美国"政策的出台时机就是一个范例。这个政策的提出恰好与赫尔利宣布辞职，杜鲁门任命马歇尔为总统特使同时；显然，他精明地预见到美国的对华政策即将有所调整。周恩来在解释"中立美国"的政策时指出，这个政策包括两个方面：一方面，遏制美国政策的反动性，对其错误的政策予以适当批评，对其武装干涉中国内政予以严正抗议，对其武装进攻则坚决抵抗，以使其知难而退，有所改变；另一方面，则是对美国采取不挑衅的政策，以减少其寻隙的借口。这完全符合他总结的外交斗争要"针锋相对""软硬兼施"的原则。后来，周恩来经常教诲他的下属，在外交谈判中要"后发制人"，而这正是他在与马歇尔这样一位经验丰富的谈判老手对阵时恪守的原则。他于此获益匪浅。周恩来曾说是马歇尔教会了他"一点外交"；而马歇尔则向国民党政府里资格最老的外交官顾维钧坦言，周恩来是他"生平所未遇过的谈判对手"。

然而，美国的调解不可能是公正和无偏袒的。事实上，使华前夕，马歇尔和杜鲁门共同确定了调解的底牌。即美国调解的目标是建立一个以国民党为主，有共产党和其他民主党派参加的联合政府，以避免中国发生内战；如果共产党领导人拒绝作出"合理的让步"，美国就公开帮助蒋介石调动军队，但如果蒋介石拒绝作出让步而致使美国的调解努力归于失败的话，美国也还得继续帮助蒋介石。精明的蒋介石不久就摸清了美国的底牌，决心发动大规模内战，而马歇尔向其施加的种种压力实际只是表面文章。

周恩来"中立美国"的目标最后并未达到；不过，这个政策却不应被视为一个失败的政策。在当时的条件下，中共实际不可能找到比这更巧妙的政策。共产党人从这项政策中所获得的益处不在于它的"成功"，而在于它使中共在不利的环境中所付出的代价最小。历史地看，这个过渡性政策也带有远见，问题是在两方的相互关系中，一种远见只有成为双方的共识才可能转变为现实。

从1946年下半年开始，中共放弃了中立美国的尝试，逐渐走上了激烈地反对美国干涉政策的道路。在中国内战业已全面爆发，而美国明显支持蒋介石的情况下，这种最终的政策选择不仅是不可避免的，而且也是必须的。最后几个月，周恩来继续同马歇尔谈判的目的，主要是为了揭露美国的"扶蒋反共"政策，教育人民,争取第三方面。

11月15日,国民党包办的"国大"开幕,标志着国民党关闭了国共谈判的大门。19日,周恩来率领中共代表团返回延安。

为期一年的与国民党和美国的谈判是中国共产党开展半独立外交以来最重大的活动,它的影响是长期的。在与马歇尔这样一位世界著名的军人政治家对垒的过程中,周恩来显示出他已是一位毫不逊色的成熟而老练的外交家。

三、为新中国外交奠基

周恩来是新中国的缔造者之一,新中国也为他提供了在外交舞台上展现才华的机会。在新国家创建时期,他在外交方面的主要贡献是:第一,同毛泽东一起为新中国制定外交方针;第二,组建和培养了一支新型的外交队伍;第三,通过一系列重大外交活动,使中国以独立自主的崭新面貌登上国际舞台。

为新中国制定外交方针

1947年,解放战争进入战略进攻阶段。当年秋天,中国共产党响亮地提出"打倒蒋介石,建立新中国"的口号。这意味着在与国民党军队展开战略决战同时,建立新中国的任务已提上党中央的议事日程。

1948年春夏之交,英、苏、法等国政府先后通过一些渠道向中共表示,愿与解放区建立某种形式的外交关系,中共领导人也开始从建立新国家的角度考虑制定外交政策的问题。像以往制定外交政策时的情况一样,周恩来在一些方面做出最初尝试,毛泽东随之构筑起整个政策的大框架,最后再由周恩来加以充实并使之具体化。

1948年冬季,当人民解放军占领沈阳等大城市后,制定明确的政策已变得刻不容缓。迫切的现实问题是怎样对待外国侨民、教会、银行、企业、学校、报刊和通讯社,特别是怎样对待外国领事馆。11月10日,由周恩来起草并经毛泽东修改的中央致东北局的电报提出,对英美法等国的领事馆"应采取不承认而只承认为普通侨民的方针"。23日,周恩来在另一封电报中说明,不承认国民党与这些帝国主义国家的外交关系是为了取得外交上的主动,并不等于中共永远不与这些帝国主义国家发生外交关系,也不等于对待这些帝国主义国家毫无区别。这两份电报意味着未来新中国的外交政策开始浮现出来。

新中国外交政策的基本轮廓是在1949年1月至3月间形成的。这个时期，中共中央在西柏坡村召开了两次重要会议，一次是1月政治局会议，另一次是3月的七届二中全会。在两次会议之间，斯大林的特使米高扬访问了西柏坡村。1月政治局会议结束后，周恩来为中央起草了《关于外交工作的指示》。这份文件把"不承认"方针固定下来，并进一步指出，这种作法可使新中国不受过去任何屈辱的外交传统所束缚，有利于彻底取消帝国主义在华的特权和实现中华民族的独立解放。在2月初同米高扬的会谈中，毛泽东用"打扫干净屋子再请客"这样一句话来形象地描述新中国的外交方针。在3月召开的七届二中全会上，毛泽东进一步说明："关于帝国主义对我国的承认问题，不但现在不应急于去解决，而且就是在全国胜利以后的一个相当时期内也不必急于去解决"。他还说："我们与苏联应该站在一条战线上，是盟友，只要一有机会就要公开发表文告说明此点。"至此，"另起炉灶""打扫干净屋子再请客"和"一边倒"这三大方针已确定下来。6月底，毛泽东发表《论人民民主专政》，公开申明新中国将实行对社会主义的"一边倒"。与此同时，周恩来完成了新政协《共同纲领》的草拟工作，用法律语言阐述了新中国外交政策的主要原则。至此，为新中国制定外交方针的工作基本完成。

其实，外交方针的确定不是一个简单的过程。此前此后，毛泽东和周恩来一直密切观察各国的态度，尽可能地保持政策的弹性，以便根据情况变化及时做出调整。在东西方冷战方兴未艾之时，来自苏联和美国的反应无疑是最重要的。

在考虑建立新国家时，毛泽东明确地把发展同苏联的关系置于自己政策的首位。一般地说，苏联对于中国共产党领导的革命运动也是同情和支持的。不过，近年披露的越来越多的新证据表明，直到著名的三大战役结束时，中共与苏联的关系仍是不确定的。一个原因是，中苏两党之间存在着一些芥蒂和隔阂，苏联领导人不信任中国党是马克思列宁主义的党，怀疑毛泽东是"东方的铁托"。另一个原因是，苏联对华政策建立在对自身利益的精明算计之上，莫斯科一直谨慎地在国共两党之间保持平衡，不到激烈的内战胜负见分晓时不作最后选择。这种微妙而无形的压力是毛泽东宣布"一边倒"的重要原因之一。不管怎么说，到1949年初，斯大林毕竟认识到今后是要和毛泽东打交道了。他派遣特使米高扬秘密访问西柏坡，实现了中苏两党高级领导人的直接会面。同年7月，刘少奇又率领中共代表团秘密访苏，取得斯大林的承诺，新中国一经成立苏联立即承认。这样，中苏两国新型关系的建立和发展得到了基本保证。

内战期间，中共同美国处在尖锐的对立之中，其根本原因是由于美国顽固坚持"扶蒋反共"政策。新中国成立前夕，中共确定了不急于争取帝国主义国家承认的方针，但在执行这一方针时是留有余地的。4月下旬，人民解放军占领南京，但美国大使司徒雷登并没有离开。这一动向立即引起了毛泽东和周恩来的高度重视。毛泽东指示说："如果美国及英国能断绝和国民党的关系，我们可以考虑和他们建立外交关系的问题。"周恩来立即派遣黄华赶赴南京，做好与司徒雷登接触的准备。5月、6月间，根据司徒雷登的要求和毛泽东的指示，黄华以私人身份与司徒雷登会面。司徒雷登表示，他希望访问北平与中共领导人会面。随后，根据周恩来的指示，黄华正式答复司徒雷登，可以前往北平，"与当局晤面事亦有可能"。黄华同司徒雷登的接触是一个重要的试探。它表明新中国成立前夕毛泽东和周恩来是以相当灵活的态度来处理中美关系的。然而，美国最高当局很快作出司徒雷登在任何情况下都不得访问北平的决定。这意味着美国关上了同新中国交往的大门。新中国"一边倒"的外交格局才最终确定下来。

中华人民共和国成立后不久，周恩来把新中国的和平外交政策总结为六条方针，它们是：（一）"另起炉灶"——不承袭国民党与各国建立的外交关系，重新建立新的关系；（二）"一边倒"——明确宣布中国站在苏联为首的和平民主阵营之内；（三）"打扫干净屋子再请客"——首先清除国内帝国主义残余势力，不急于和帝国主义国家建交；（四）"礼尚往来"——在处理与资本主义国家的关系时，按照后发制人的原则，根据情况采取对应的外交行动；（五）"互通有无"——按照平等互利的原则与外国做买卖；（六）"团结世界人民"——巩固国际和平力量，扩大新中国影响。这六条方针在美苏冷战的国际环境中保证了新中国的诞生、巩固、安全和发展，并使新中国迅速割断了旧中国屈辱的外交传统，以独立自主的姿态出现在国际舞台上。

以回顾的眼光来看，在制定和执行上述外交方针的过程中，周恩来最重视的是保障新中国的独立自主。他多次指出：我们在外交问题上的基本立场是"中华民族独立的立场，独立自主、自力更生的立场"。他在新中国成立前就说过，独立自主的关键"在于不要置身于一个国家的影响之下，以致成为一国的工具"。周恩来决心结束旧中国屈辱外交，为了新中国的安全他赞成与苏联结盟。不过，他对于"三大方针"的解释有些微妙之处。例如，他把"另起炉灶"和"打扫干净屋子再请客"二条方针称为外交战略上"最主动的两手"；他不大使用"一边倒"这个词，通常是用"联合苏联"或是与苏联"站在一起"这样的表达方式。

在处理对苏关系时,他经常强调,我们与苏联"并不是没有差别",不能盲从,不能依赖它的援助,不能没有批评,我们"不能把自己党和国家的独立性失掉"。

组建"文装的解放军"

早在抗日战争时期,周恩来就注意为党培养外交人才。新中国一批杰出的外交家就是在抗战期间涉足外交工作的。不过,那时党的外交活动还不是正式的,用周恩来的话说,只是"打游击战"。

抗战结束不久后内战爆发,党的外交活动一度完全中断。但是,周恩来颇有远见地把中央外事小组的建制保留下来。在战局有所好转之后,他就把培训外交骨干的任务提上日程。1947年中,外事小组随党中央抵达河北解放区。周恩来立即布置外事小组进行整风和学习。尽管条件极其简陋,学习内容却十分丰富,包括党的政策、国际知识、国际法、外交实践、英语等等。在审阅小组制订的学习计划时,周恩来批示:"从事外事工作的同志在学习上必须从思想整风中打破资产阶级外交的传统思想,推翻反动统治的外交因袭,而建立新民主主义也就是无产阶级思想领导的外交政策思想。树立了这种思想,才能掌握政策,才能在外交场合中战胜对方。有了这种思想,才能使外交实际与技术为我所用。"周恩来还要求外事组研究新型外交所应具有的特征,并总结以往的一些外交经验。

新中国成立后立即面临组建正式外交队伍的问题。为保证新中国的外交工作处于党的绝对领导之下,周恩来认为,决不能依靠旧外交部的一套人马办外交,必须"另起炉灶"。根据这一精神,当时选调了一百来人,主要来自三个方面:一是新中国成立之前就从事党的外事工作和长期做地下工作、统战工作的干部;二是从全国各大军区、各大行政区调来的领导干部;三是通过严格的政治审查选来的一些大学毕业生。此外,还聘请了一些知名的国际问题专家和顾问。从总体上看,这些人员不仅有良好的政治素质,还有较高的文化水平。周恩来生动地说,这是一支"文装的解放军"。

1949年11月8日,外交部举行成立大会,这个大会也是大使培训班的开班典礼。周恩来发表讲话说,现在外交是代表国家进行的国务活动,一切要正规化,堂堂正正地打"正规战"。为使这支年轻的外交队伍健康成长,周恩来在实践中精辟地概括出一系列方针。他提出:外交干部必须"站稳立场,掌握政策,熟悉业务,严守纪律";驻外使节要当好国家的代表就要做到"行动合乎立场,举止合乎身份,言语合乎分寸,礼貌合乎常规"。他还提出了建设外交队伍的"三三制"总体构想,即外交干部应"三分之一在国内、三分之一在国外、三分之一储备培训,三者合理流动"。明确了对外交干部的政治业务要求,健全了外交干部管理体制,这支队伍的素质也就有了长期保障。

新中国成立初期,周恩来多次指出外交"以国家和国家的关系为对象",即主要以各国政府和当权者为对象。看起来这似乎是个常识,其实却是当时外交工作面临的一个关键问题,而不仅仅因为许多刚参加外交工作的人员尚不大了解外交工作的对象及性质。新中国是第二次世界大战之后在亚洲和世界其他地区争取民族独立和人民革命运动风起云涌的时代诞生的,胜利后如何处理外交事务与支援各国革命运动的关系,是中国政府不能回避的问题。对于亚非国家反帝反殖争取民族解放和国家独立的革命斗争,新中国义无反顾地加以支持;但对于各国国内的革命运动,情况则有别于此。周恩来认为,从人类进步的前途看,共产党人当然要着眼于各国人民,寄希望于各国人民,但外交工作只能通过发展国家关系来影响各国人民;外交关系可以有官方、民间多种形式,但真正解决国家间的问题还是要靠官方。因此,周恩来反复强调和讲解的一个观点是"革命是各国人民自己的事","不能输出也不能输入"。周恩来把外交和革命作了严格的区分,这对中国外交具有长期指导意义。

从外交部成立时起,周恩来就十分重视作风的养成。在他带领下,外交队伍很快树立起高效、严谨、求实的工作作风,廉洁奉公、勤俭办外交的思想作风和以身作则、模范带头的领导作风。这三种作风首先体现在身为外交部长的周恩来身上,然后又通过他的言传身教,影响了整支外交队伍,影响了从事外交工作的几代人。很多新中国成立初期参加外交工作的老同志深情地回忆说:"外交部的好作风是周总理带出来的。"这的确是公正之论。

展示新中国独立自主的面貌

新中国成立初期,周恩来在外交方面主要从事了四项工作:第一,主持建交活动,使新中国同一批国家建立起新型的平等的外交关系;第二,赴苏联协助毛泽东与斯大林谈判,签订《中苏友好同盟互助条约》;第三,领导新中国肃清帝国主义在华势力和特权,清除帝国主义在中国的影响;第四,朝鲜战争爆发后,领导了围绕台湾问题同美国的斗争,并在抗美援朝的战略决策以及与此有关的外交活动和后来的停战谈判中发挥了极其重要的作用。这四项工作有一个共同的特点,就是都展现了新中国独立自主的面貌。由于篇幅所限,这里仅以签订中苏新约一事为例。在笔者看来，在中苏结盟过程中所体现出的独立自主精神是最深刻的和最可贵的。

缔结《中苏友好同盟互助条约》是新中国成立后采取的最重大的外交行动，对当时的国际格局亦产生了深远影响。1949年12月6日，毛泽东率随行人员离开北京前往苏联访问。这次访问的主要目的是同斯大林就中苏两国间重大的政治、经济问题进行商谈，重点是处理国民党政府与苏联于1945年签订的《中苏友好同盟条约》。抵达莫斯科后，毛泽东与斯大林举行了两次会谈。会谈表明，中苏两党在如何处理中苏旧约的问题上存在着重大分歧。中方的考虑是，旧的中苏条约是雅尔塔协定的产物，而雅尔塔协定又是苏、美、英三国背着中国达成的有损中国权益的密约。按照新中国"另起灶炉"的外交方针，不仅帝国主义国家与旧中国政府签订的不平等条约必须予以废除，旧的中苏条约也同样应予以废除而另订新约，以适应中国革命胜利后国际形势的变化和中苏关系的变化。在1949年7月刘少奇秘密访苏时，斯大林曾承认，旧的中苏条约是不平等的；但在与毛泽东会谈时他却表示，这个条约是根据雅尔塔协议确定的关于战后如何处理日本所占领土的一揽子原则签订的，只要修改哪怕一个条款，就会给美国和英国提供借口，引发修改条约中有关苏联占领千岛群岛、南萨哈林等条款的问题，因此，他主张暂时维持旧约。此后，由于毛泽东表示出强烈的不满；同时，西方报刊上也出现了一些对中苏两国都不利的猜测，说毛泽东遭到斯大林软禁等等，这些迹象表明美英十分希望中苏之间发生嫌隙，以便加以利用：这两个原因促使斯大林转变了态度。1950年1月2日，苏方明确表示同意废除旧条约，另订新约。

1月20日，根据中苏双方达成的安排，周恩来率领中华人民共和国政府代表团抵达莫斯科。第二天，毛泽东和周恩来出席了斯大林举行的酒会，与斯大林交谈半小时，对新约的总精神取得了一致看法。22日，双方开始就签订新约问题举行正式谈判。经苏方提议，决定由周恩来主持起草条约文本。为区别于旧约，新约的名称增加"互助"两字，定名为"中苏友好同盟互助条约"，共六个条款，有效期为30年。新约规定，中苏同盟的目的在于巩固远东和世界的和平与安全，防止日本及与其结盟的国家发动侵略；规定两国以友好合作的精神，遵照平等、互利、互相尊重国家主权与领土完整及互不干涉对方内政的原则，发展和巩固两国间的经济文化关系；还规定双方将对有关两国共同利益的一切重大国际问题进行彼此磋商。

在新约的条款确定之后，两国代表又就关系双方重大权益的问题进行了艰苦的谈判。在毛泽东和周恩来的领导下，中方坚持原则，收回了国民党在缔结中苏旧约中丧失掉的一些重大权益，同时从维护中苏关系的大局出发也作了一些必要的让步。在谈判中双方讨价还价，斗争比较激烈的问题有两个。一是关于收回中长铁路。中方认为，1945年中苏旧约规定的苏联对中长铁路享有"共同所有，共同经营"的权利没有什么法律依据，要求立即收回。苏方却予拒绝。中方随即要求苏方召开联共政治局会议讨论解决，并让中方代表参加。经中方一再要求，最后双方达成不迟于1952年末归还中长路的协议。二是关于空军支援。谈判期间发生了国民党集团的飞机袭击上海的事件，中方因此要求苏方提供空军保护。斯大林答应给予支援，但提了个先决条件，即苏中要签署一个秘密的《补充协定》，规定在苏联的远东和中亚地区、在中国的东北和新疆，不得给外国人以"租让权利"，不得准许"第三国的资本或其公民"进入活动。周恩来立即询问，第三国指的是哪些国家，朝鲜算不算？斯大林回答说"主要是指美、英、日"。最初，毛泽东不肯签署这个文件，斯大林则坚持。考虑到当时美、英等是敌视新中国的国家，为照顾中苏团结的大局，中方只好让步。至此，斯大林才表示要把东北的敌伪财产和北京的苏联财产由中方接收。这就是后来周恩来所说的，两个势力范围交换两个东西，一是在上海对中方提供空中保护，二是给一点敌伪财产。

毛泽东、周恩来与斯大林谈判中苏条约的过程清楚地表明，与苏联结盟是新中国领导人在特定历史条件下所作的自主选择，中苏新约的签订在很大程度上违背了斯大林的意愿。与旧约相比，最主要的是新约基本改变了中苏原先的不平等关系，中国收回了一些重大权益。同时，新中国获得了一个强大的盟国以对抗以美国为首的西方国家的敌视和孤立，并获得宝贵的外来援助以恢复和发展经济。为达成协定，中方也作出了一些必要的让步。总的来看，有充分的理由认为，中苏新约的签订是新中国外交所取得的第一个重大胜利。

四、寻求和平共处，倡导五项原则

1954年至1956年是中国外交最成功的时期之一。这个时期，周恩来在制定和执行外交政策的过程中发挥着突出作用，中国外交明显地带着周恩来的风格。

朝鲜停战前夕，周恩来敏锐地指出："今天国际上的主要矛盾是战争与和平问题"，"新的战争可能被推迟……也就可能被制止"，"我们政策的基本点是敢于在制度不同的国家间实行和平共处和和平竞赛"。为争取有利于社会主义建设的国际和平环境，周恩来提出了和平共处五项原则。他抓住和平问题和反对帝国主义殖民主义问题，求同存异，灵活应对，先后在日内瓦会议和万隆会议上开展多边外交，为开拓中国外交的新局面作出了巨大贡献。

参加日内瓦会议

朝鲜停战后，在苏联的推动下，1954年4月在日内瓦召开有中、苏、美、英、法等国参加的讨论朝鲜问题和印度支那问题的会议。这是中华人民共和国首次以五大国之一的地位和身份参加讨论国际问题的重要会议，全世界也正是通过这次会议首次认识了周恩来这位卓越的政治家和外交家。

朝鲜停战后，印度支那问题日益突出起来。美国政府从遏制共产主义的全球战略出发，竭力想把在印支进行的法国殖民战争变为以美国为首的反共战争，并趁机排挤法国殖民势力。它企图说服法国和英国参加由它策划组建的东南亚条约组织，在越南采取集体干涉行动。但法、英两国却表示，只有在日内瓦会议失败后，它们才会考虑集体干涉问题。为此，美国不愿日内瓦会议取得成功。

当时，中国在战略安全方面最重要的任务，就是防止美国继从北部边疆威胁中国之后，又从南部边疆威胁中国。能否通过日内瓦会议争取到印支和平正是完成这个任务的关键一环。在参加日内瓦会议之前，周恩来已经估计到在朝鲜问题上很难取得进展，因为美国要利用朝鲜的僵局，继续占领台湾，控制日本，维持远东的紧张局势。不过，朝鲜要再打起来也不容易。因此，日内瓦会议能否取得成功，关键在于印支问题。周恩来认为，假如印度支那战争能够停火，能够恢复和平，那么美国再也不能在亚洲找到制造战争借口的地方了。

根据美、英、法三国在朝鲜问题，特别是在印度支那问题上意见并不完全一致，有时矛盾很大，内部困难也很多的情况，在周恩来的主持下，中国代表团于会前拟定的方针是，尽一切努力，务期达成某些可以获得一致意见和解决办法的协议，甚至是临时性或个别性的协议，力求不使日内瓦会议无结果而散。为使会议取得成果，中、越、苏三方密切合作，进行了充分的准备。从3月下旬至4月上旬，毛泽东、刘少奇、周恩来等中国领导人先在北京与胡志明、范文同等越南领导人磋商；随后，周恩来又与越南领导人一起到莫斯科同苏联领导人磋商。三国于会前取得共识，协调了参加日内瓦会议的方针和政策。

4月19日，毛泽东主席任命周恩来总理兼外交部长为出席日内瓦会议中国代表团首席代表，张闻天、王稼祥、李克农为代表。中央指示，代表团在会议上要加强外交活动，以破坏美国封锁禁运、扩军备战的政策，并且要尽一切努力达成某些协议，以利于打开经过大国协商解决国际争端的道路，促进国际紧张局势的缓和。

4月26日，日内瓦会议开幕。第一阶段，讨论朝鲜问题，有19个国家参加。正如周恩来所料，由于美国蓄意破坏，僵局始终无法打破。尽管会议未能在朝鲜问题上达成任何协议，但以周恩来为首的中国代表团所作的真诚努力，博得不少国家代表的称赞和好评。

5月7日，越南人民军取得奠边府大捷。第二天，日内瓦会议开始讨论印度支那问题。不过，前一个多月的谈判未能取得任何进展。各方争执的关键问题有两个：一是越南停战后如何为法越双方部队划分集结区，法方主张划在18度线，越方主张划在16度线，双方要求差距甚远；二是如何对待老挝和柬埔寨的停战，越南要求印支三国按同样的方式实现停战，但法国等方认为老、柬两国并不存在当地的抵抗力量，需要的只是越南撤军，因此老柬问题应与越南问题分开处理。在解决这两个棘手的问题时，周恩来都发挥了重要作用。突破首先是从第二个问题开始的。

在参加日内瓦会议之前，中国对印度支那的情况并不十分清楚。中国只同越南民主共和国建立了外交关系，同老挝的双方、柬埔寨的双方都没有来往。参加会议后，周恩来了解到印支三国的民族和国家的界限早在法国入侵之前就是明确的，老挝和柬埔寨的王国政府至今仍是这两国大多数人民心目中的合法政府，而寮国和高棉两方的力量是比较弱小的，抗战局面主要是靠越盟打开的。根据三国的实际情况和革命不能输出的原则，周恩来感到必须及时调整政策和谈判方案。他主动与柬、老两国代表接触，使他们了解到，中国不仅支持越南的抗法斗争和统一，也同样支持柬、老两国的独立和统一，赞同它们奉行和平中立政策。

6月中旬，法国主战派内阁拉尼埃政府垮台，孟戴斯－弗朗斯被国会推选为总理，受命组阁。新内阁代表法国国民中的反战情绪，倾向于早日结束战争，希望日内瓦会议能够达成协议。抓住这一有利时机，周恩来迅速开展一系列双边和多边外交活动，推动有关各方朝着解决问题的方向迈进。

6月16日，周恩来综合有关国家的意见，提出解决老挝和柬埔寨问题的方案，主要精神是印支三国的问题既有联系，又有区别；中国主张一切外国军队撤出老挝和柬埔寨，其中也包括进入这两国的越南志愿人员；老、柬两国应以民主的方法解决内部问题。国际舆论认为，这一建议是僵持了七个半星期的会议中最令人鼓舞的希望。6月19日，与会国家终于就如何解决老挝和柬埔寨的停战问题达成了一些协议，使会议前进了一大步。

接着，为促成法越之间达成协议，周恩来又开始紧张的穿梭外交。6月23日，他专程到伯尔尼拜访法国总理孟戴斯－弗朗斯，倾听他的意见。7月3日至5日，他返回中国，在广西柳州与胡志明等越南领导人举行会谈。当时，越南领导人对自己的力量估计比较高，对是否要同法国达成妥协仍有所犹豫。在会谈中，周恩来对整个国际形势作了精辟分析，对各方力量的对比作了实事求是的估计，指出必须看到美国干涉的危险。他认为，争取与法国达成协议，这对越南、对中国、对整个东南亚和平都是有利的。最后，胡志明支持了周恩来的意见。7月中旬，周恩来返回日内瓦，继续与有关各方磋商，直至法、越双方达成妥协，决定以17度线划界。经过前后长达75天的讨论，在7月21日的最后一次全体会议上，除美国外的有关各方终于达成日内瓦会议关于恢复印度支那和平的协议和三个停战协定，并发表了最后宣言。美国拒绝在最后宣言上签字，显得十分孤立。

日内瓦会议的成功使印度支那战争得以停止，结束了法国在该地区的殖民统治，推迟了美国直接武装干涉印度支那的计划，使国际形势得到进一步缓和。这不仅是印度支那三国人民争取独立斗争的巨大胜利，也巩固了中国南部边陲的安全，为国内建设创造了有利的周边环境。

日内瓦会议的成功的确来之不易。回国以后，在一次少数同志的交谈中，周恩来颇有感触地说：这次会议本来可以不必花这么多的时间。相持不下，问题在于美、苏两国外交部长的思想僵化。莫洛托夫对什么问题都用一个"不"来对付，美国人提出一个方案，他说"不"，英国人出来打圆场，他也说"不"。一切都"不"，那就没有会谈和对话的必要了。

根据日内瓦会议的经验，周恩来提出了"建立和平统一战线的政策"，这是他统一战线思想的一个重要发展。与新中国成立初期的提法"以苏联为首"的"和平民主阵营"不同，"和平统一战线"基本是以中国国家安全为中心设想的，它包括的范围也远远超过和平民主阵营。周恩来说明，这个统一战线基本是建立在战争与和平的问题上，它不仅包括苏联和东欧国家，"而且要争取主张和平的国家，影响希望维持现状的国家，孤立和分化以美国为首的战争集团"。由于建立和平统一战线政策的提出，中国从事外交活动的范围扩大了，外交方式也变得灵活多样了。在日内瓦会议上，中国与柬、老两个近邻的关系有了一个良好开端；中国同英、法、美三国有不同程度的接触。会后，英国工党代表团来华访问，中英关系有所改善。

倡导"和平共处五项原则"

朝鲜战争结束后，为了顺利地开展国内建设，我国迫切需要一个和平的国际环境，特别是周边环境。外交工作的一项重要任务就是改善和发展同新兴民族独立国家，首先是同邻近的民族独立国家的关系。当时，一些新独立的民族主义国家，特别是中国周边的民族独立国家对新中国存有一些恐惧和疑虑的心理。这一方面是由于"冷战"时代以美国为首的西方国家的诬蔑宣传，另一方面也是由于中国同邻国之间确实存在一些复杂的历史遗留问题。为了消除这些国家对新中国的误解，增进这些国家与新中国的交往，就需要制定适合于同这一类型国家交往的新方针，于是和平共处五项原则便应运而生。

1953年12月31日，周恩来在北京接见印度谈判代表团时，首次提出和平共处五项原则。针对中印两国间存在的问题，特别是印度与中国西藏地方关系中存在的问题，周恩来希望以五项原则为基础，妥善处理。1954年6月25日至29日，周恩来先后访问了印度和缅甸。在《中印两国总理联合声明》和《中缅两国总理联合声明》中都写入了和平共处五项原则，有关双方一致同意以这些原则作为指导相互关系的原则，并倡议将和平共处五项原则作为处理国际关系的准则。1955年4月19日，周恩来在万隆会议上强调：根据和平共处五项原则，"社会制度不同的国家是可以实现和平共处的。在保证实施这些原则的基础上，国际间的争端没有理由不能够协商解决"。

在上述过程中，和平共处五项原则的个别用词作过调整。周恩来集思广益，反复推敲，其表述方式至万隆会议时最后确定下来。其内容是：互相尊重主权和领土完整、互不侵犯、互不干涉内政、平等互利、和平共处。

和平共处五项原则虽然首先是为处理与亚非民族独立国家的关系而提出的，但它一经提出就被中国领导人作为一项长期方针，并很快成为处理国与国关系的普遍准则。1954年下半年，毛泽东也多次与外宾谈到和平共处五项原则。他说："我国需要长期的和平环境"，"五项原则是一个长期方针……应推广到所有国家关系中去。"他还表示，不同社会制度的国家是可以和平共处的，"只需要一个条件，就是双方愿意共处"。他特别指出，这也包括当时与中国十分敌对的美国在内。1956年发生波兰和匈牙利事件之后，中国政府于11月1日发表声明，指出：社会主义国家之间的关系更应该建立在和平共处五项原则基础之上。这样，这五项原则也就明确地被应用于处理同社会主义国家的关系。

作为普遍适用的国际关系准则，可以说，和平共处五项原则中的每一项都并不是新的东西;周恩来的贡献和创造性表现在他把这五条结合成一个有机体,言简意赅地概括出新型国家关系的总体特征。在互相尊重领土主权、互不侵犯、互不干涉内政、平等互惠和和平共处这五个原则之间含有两个修饰层次:在第一个层次上,互不侵犯和互不干涉内政是互相尊重领土主权的最重要的表现;在第二个层次上,前四项原则既是实现和平共处的前提条件,又是和平共处所包含的内容。五项原则不仅是处理国家间政治关系的原则,同时也包含着处理经济关系的内容。

和平共处五项原则是周恩来运用他独特的"求同存异"的哲学思想在国际关系领域里探索的结果。它有两个突出特点:一是超越意识形态和社会制度;二是具有法律性和道义性。周恩来曾说过:"世界各国政治制度、意识形态都各有不同,很难一致起来,我们要找共同点……把不同的保留,不发展争论"。他所找到的能使各种类型的国家都接受,并可以在其中实行"和平共处和和平竞赛",以达到"共存共荣"的这个"共同点"就是作为一个整体的和平共处五项原则。周恩来在解释中国对外政策时经常提到"己所不欲,勿施于人"的儒家诫条;他所提出的五项原则也反映了中国政治文化传统的一个特点,即法律约束和道义约束的合一。作为处理国家间关系的一种法律约束,它被写入中国与外国签署的一系列双边和多边协定中;同时,它也是一种国际道义约束。周恩来倡议,各国应遵照和平共处的原则实行对等的自我约束,并互相监督。

对新中国外交来说,和平共处五项原则的提出具有多方面的意义。它是新中国和平外交政策的发展,也是在经过一段实践后对新型外交关系的概括和总结;从当时中国对外关系的全局来看,它直接针对美国的遏制和孤立政策,是新中国突破美国的遏制和孤立,发展对外关系的有效战略;从长远来看,它是中国对外政策的基石。经过此后40余年的实践检验,事实证明,只有坚持在和平共处五项原则的基础上同世界上所有国家建立和发展关系,才能为我国社会主义建设提供有利的国际和平环境,而任何对五项原则的违反,都对和平事业不利,对中国人民不利。可以说,在新中国外交史上,和平共处五项原则是最有生命力的政策。

出席第一届亚非会议

在周恩来的外交生涯中,他率团参加在万隆举行的亚非会议可以说是十分精彩的一幕。如果说,参加日内瓦会议是新中国通过重要国际会议打破美国遏制和孤立政策的第一步，那么参加万隆会议就是关键的第二步。在万隆会议上，中国代表团面对的局面要比日内瓦会议更为复杂、更为困难，成功来之不易。

20世纪50年代中期，是亚非民族解放运动日趋高涨的时期。1954年底，南亚五国印度尼西亚、巴基斯坦、锡兰、印度和缅甸经过半年多的酝酿，在茂物会议上决定联合举办亚非会议。五国总理商定，亚非会议于1955年4月在印度尼西亚举行，会议宗旨是促进亚非各国间的亲善和合作，探讨发展民族经济和文化、争取民族主权、结束殖民主义与保卫世界和平等亚非各国共同关心的问题。

对于亚非会议，中国从一开始就抱着积极支持的态度。1954年6月，周恩来访问印度时向尼赫鲁总理表示，中国赞同和支持正在酝酿中的召开亚非会议的计划。同年12月，毛泽东亲自向来华访问的缅甸总理吴努表示，中国希望参加即将召开的亚非会议。不过，在茂物会议上，五个发起国对是否邀请中国的问题产生了很大分歧。巴基斯坦和锡兰担心，如果邀请中国，一些中东国家可能会抵制这次会议。只是在印度和缅甸总理的再三要求和坚持下，五个发起国最后才就邀请中国的问题达成一致。2月10日，在收到邀请后，周恩来总理复电表示：中国政府同意亚非会议的目的，对有机会同其他亚非国家一起为这些目的努力，也感到荣幸。

召开亚非会议是当时一件全世界瞩目的大事。因为这是第一次完全由亚非曾遭受过帝国主义侵略和奴役的国家发起和参加的大型国际会议，又是一次纯粹的有色人种的大会。对于这次会议，绝大多数亚非国家热烈支持，期待会议取得成功。不过，直至大会开幕，会议的前景并不明朗。会议面临两方面的不利因素：一方面，美国正力图加强对亚非国家的控制，扩展军事集团，制造紧张局势。它对即将召开的亚非会议抱着敌视的态度，极力贬低会议的意义，散布会议不可能达在任何协议的悲观论调，并试图以经济援助等手段分化亚非国家。美国最担心的是新中国将通过这次大会扩大影响，打开同亚非国家广泛交往的大门。为此，美国于会前极力挑拨其他亚非国家同中国的关系，声称共产党的"颠覆活动"是对亚洲稳定的"威胁"，捏造中国出席会议是要"夺取亚洲世界的领导权"。另一方面，与会各国的情况也十分复杂。不但社会制度、意识形态和宗教信仰不同，而且在一些重大国际问题上的主张也不同。最明显的是，一些国家追随尼赫鲁奉行的中立和不结盟政策，主张亚非国家应与社会主义国家和平共处，而另一些国家加入了美国操纵的条约组织或受美国的很大影响，将共产主义视为主要威胁。在与会国中，只有中华人民共和国和越南民主共和国两个社会主义国家，而且新中国仅得到与会国中五个国家的正式承认。这些情况意味着会上的分歧和斗争难以避免，而中国在会议上的一举一动将十分敏感。

为迎接亚非会议的到来，周恩来从会前两个月起就着手收集情况。在全面分析形势的基础上，他认为，尽管存在不利的一方面，但有利的和更为重要的方面是，亚非国家和人民有着共同的历史遭遇和利害关系、共同的愿望和要求，这就为会议提供了共同基础，使之有可能达成协议。针对不利和有利两方面情况，中央提出的中国代表团参加会议的总方针是：争取扩大世界和平统一战线，促进民族独立运动，为建立和加强我国同若干亚非国家事务和外交关系创造条件，力求会议取得成功。作为预案，代表团准备了两个纲领。最高纲领是争取缔结亚非国家和平公约或和平宣言，主要内容是和平共处五项原则、反对殖民主义、要求和平、反对战争；最低纲领是争取发表一个带公约性的公报，作为亚非会议的具体成就之一。为达到这一目的，代表团准备采取的具体做法是：会上多提亚非国家的共同性问题，不突出我国的特殊问题；从大多数亚非国家的要求出发，再联系到我国的要求；中国支持他们，不要求他们支持中国；不提任何不可能达成协议的议题，对某些国家出于对社会主义的不了解和疑惧而可能进行的攻击、诬蔑，采取申明立场、不为所动的方针，避免会议陷入关于社会制度和意识形态的对立和争论；尽力争取团结大多数与会国，使会议能就共同愿望和要求达成协议，取得最大限度的成功。周恩来经常说"凡事预则立，不预则废"。他在亚非会议上能够从容应变的原因就在于事前周密、充分的准备。

4月3日，毛泽东审核了中国参加亚非会议全体人员的名单，并召集刘少奇、周恩来、朱德、陈云、林伯渠等听取有关汇报，讨论并批准了周恩来主持制定的参加会议的方案及有关文件，最后还授权周恩来可视会议情况采取灵活的应变策略和办法。

会议前夕，中国代表团包租的印度航空公司飞机"克什米尔公主号"于4月11日飞离香港启德机场后约5小时，在南中国海上空爆炸坠毁。中国和越南代表团以及随同前往的中外记者共11人遇难。周恩来由于应邀访问缅甸临时改变出国航线才得以幸免。面对这一突发事件，周恩来毫不畏惧。在事件第二天写给邓颖超的信中，他说："有这一教训，我当更加谨慎，更加努力。文仗如武仗，不能无危险，也不能打无准备的仗，一切当从多方考虑，经过集体商决而后行。"事后查明，这的确是一起针对亚非会议以周恩来为目标的政治谋杀案，系由台湾特务机关制造。这一破坏活动在一些亚非国家中引起一定程度的混乱。中国政府一方面给予揭露和谴责，另一方面表示要用和平共处五项原则和亚非团结的精神反击帝国主义的挑战，确保亚非会议的胜利召开。

4月18日至24日，亚非会议在万隆举行，出席会议的有29个国家。头两天的会议是公开的。在东道主发言之后，各国代表团团长按字母顺序发言，但缅甸、中国和印度代表在轮到自己发言时都弃权了。最初几位发言者调子温和，但在随后的发言中与会国之间分歧就暴露出来。矛盾的焦点是亚非新兴民族国家究竟应如何处理与世界上相互对峙的两大阵营的关系。一些国家的代表在发言中攻击共产主义是一种"颠覆性的宗教"，指责苏联在东欧搞"新式的殖民主义"。一些国家的代表由于历史原因以及对新中国缺乏了解，在发言中也表示了对中国的疑虑。会场的气氛越来越紧张。

19日下午是最后一次公开讲话的会议。据会前宣布，原来已不准备发言的周恩来打算登台讲话。这立即引起了各国代表和记者们的极大关注。显然，周恩来讲话的基调将决定会议的进程。如果他决定猛烈回击一些国家代表在发言中包含的对共产主义的直接攻击，整个会议就将发展成一场政治思想的大混战。针对会议的情况和中央在会前批准的方针和授权，周恩来没有宣读原定的发言稿，而是作了一个"补充发言"，将原定的发言散发。

"中国代表团是来求团结而不是来吵架的。"周恩来说，"我们共产党人从不讳言我们相信共产主义和认为社会主义制度是好的。但是，在这个会议上用不着来宣传个人的思想意识和各国的政治制度。"他说，中国参加会议的目的"是来求同而不来立异的"，而共同的基础是存在的，那就是要"解除殖民主义痛苦和灾难"。然后，他又以极为巧妙的方式，提出了几个据他说是中国本来可以向会议提出讨论的问题，如台湾问题，如中国在联合国的合法席位问题，但中国并没有提。他用这种方式，既申述了中国对于这些问题的基本立场，又给人以一种自我克制、通情达理的印象。接着，为消除一些国家的疑虑，周恩来又具体地谈到对意识形态、宗教和颠覆活动等问题的看法。他表示，不同思想意识和社会制度的存在"并不妨碍我们求同和团结"；"中国是一个有宗教信仰自由的国家……我们共产党人是无神论者，但是我们尊重有宗教信仰的人，我们希望有宗教信仰的人也应该尊重无宗教信仰的人"；现在的颠覆活动是针对中国而不是中国搞的，中国"准备在坚守五项原则的基础上与亚非各国乃至世界各国，首先是我们的邻邦，建立正常关系"。最后，他说："让我们团结起来。"

周恩来温和的讲话使头两天的大会达到高潮。讲话获得了绝大多数国家代表的赞同,被评论为"出色的、和解的、表现了民主精神"。

从20日起,会议按事先拟定的议程转入秘密阶段。各国的代表们在半遮半掩的情况下,继续辩论会议头两天提出的问题,分歧再次暴露出来。围绕着中立主义、反共主义和共产主义问题,会上出现了两派观点:一派支持印度总理尼赫鲁的中立主义和与共产主义共处的观点;另一派支持集体防御,主张同西方结盟反对共产主义。随着壁垒的分明,发言者的情绪越来越激动,发言也越来越带有感情色彩并反映出一些国家之间的宿怨。这场真正的辩论展开之后,有的代表认为,会议已成僵局,大家永远也达不成协议了。

尽管中国实际处于矛盾的焦点,但周恩来恪守后发制人的原则,按兵不动,长时间静观。直至辩论几乎已陷入僵局之时,他才发表他在亚非会议上最重要的讲话。他一上来就说,参加会议的每一个人都要求和平。他申明:中国不赞成世界上形成对立的军事同盟,反对针对共产主义的"集体防御";主张亚非国家"撇开不同的思想意识,不同的国家制度","进行国际合作,求得集体和平"。他还建议,为避免误解,可以使用联合国宪章中的"和平相处"一词代替"和平共处"一词;五项原则的写法也可以修改,项目可以增减。紧接着是讲话最重要的部分,他提出了中国代表团的议案,一个七点和平宣言。在说明这个提案的过程中,他让中国所有的邻国都放心。有一个代表后来说:"他给人人都送了礼,至少每一个邻国都得到一份。"同时,在提案的说明中,他还支持了其他人在会上提出的几乎所有的主张,并联系每一点,谈了一些他所知道的中国的邻国关心的问题。周恩来的发言打破了僵局,促使争论各方达成协议。会议最后确定的十项原则,就是在中国代表团提出的七项原则的基础上形成的。

美国记者鲍大可在其报道中评论道:周恩来"善于等待时机的外交才能简直是登峰造极",他"成为会议的明星,成为排难解纷,平息争端,带来和平的人物";"从这一刻开始,究竟哪一个人的品格才能左右大局就再没有疑问了,那就是周恩来。周恩来并不打算改变任何一个坚持反共立场的领导人的态度,但是他改变了会议的航向。他确确实实以他的才干和个人'通情达理'的态度给哪怕是反共国家的领导人也留下了深刻的印象。"

与会期间,中国代表团还开展了活跃的会外活动,不仅与各国代表团举行了广泛的谅解性会晤,而且进行了两项重要的外交活动:其一是中国与印度尼西亚签订了关于双重国籍问题的条约,规定印度尼西亚华侨必须选择一国国籍,这样就在很大程度上消除东南亚国家因华侨问题引起的对中国的戒心;其二是周恩来在会议结束前夕发表了一个对美关系的声明。他说：中国人民同美国人民是友好的。中国人民不要同美国打仗。中国政府愿意同美国政府坐下来谈判，讨论和缓远东紧张局势特别是和缓台湾地区的紧张局势问题。这一讲话受到与会各国的欢迎，推动了中美紧张关系走向缓和，也为周恩来在会议上所代表的新中国的和解精神画了一个完满的句号。

在周恩来的外交生涯中，参加亚非会议可以说是一个经典范例，反映出他如何"求同存异"，善于将原则性与灵活性加以结合，善于组织广泛的统一战线。会议结束后的第二天，周恩来接见了黎巴嫩驻美大使查尔斯·马立克。当时，黎巴嫩是个受美国影响很大的国家，也没有同中国建立外交关系。在谈话中，马立克真诚地说：总理先生，我想我可以说，在这次会议上，你赢得了每一场重要的战斗。在每一场你要参加或者你允许自己参加的重要战斗中，你都获了胜。我们对你的想法有了一些了解。虽然我们在好些问题上，有些是很重要的问题上有分歧，我们却同你建立起了一种亲密的关系。你同亚洲和非洲的重要领袖们作了许多愉快的甚至恐怕是有收获的接触。我们方面得有机会看看中国人。围绕你们的神秘性部分地消散了。你在会议上获得了成功，是比旁人都大的成功。并且用你那一天表示愿意同美国谈判分歧的声明，使这一切卓越的表演达到最高峰。这样，整个会议对你说来纯粹是收益。谁也不能要求更多的了。

的确，通过周恩来的言谈举止、作风人格，一些亚非国家的代表消除了对于新中国的偏见、疑虑、误解，新中国的和平外交政策得到了他们的理解和信任；中国代表团也实现了既定的目标，促成了大会的成功，扩大了外交活动的范围，开辟了中国同亚非国家关系的新局面。万隆会议结束后不久，新中国就迎来了以亚非国家为主的第二次建交高潮。

五、高瞻远瞩，拓展外交天地

在中国与世界各国交往的过程中，周恩来一直是处于中心的人物。从20世纪50年代中期至70年代中期，国际局势出现了巨大的变化，中国外交政策也几经调整。不过，在周恩来的外交活动中贯穿着一个始终不渝的目标，这就是维护世界和平，不断扩大中国人民同各国人民的友好交往，争取在和平共处五项原则的基础上与世界上一切国家建立正常的外交关系，使中国在国际舞台上发挥更具建设性的作用，推动世界走向平等与公正。

为实现这个目标，周恩来时刻注视着国际风云的变幻，始终对中国的力量及其在世界上的地位保持着清醒的估计。他了解外交作为一件武器的功效，也深知外交的限度。他精心维护本国的利益，又以超越一国的眼光，把中国与其他国家关系的发展建立在共同利益的基础上。他善于利用矛盾，也善于调和矛盾；他善于见机而作，也善于耐心等待；或行或止或斗争或妥协，他对其间"度"的恰当把握都是无与伦比的。

考察毛泽东和周恩来时代的中国外交，不难发现中国对美、苏两国的政策是变化幅度最大的，而对其他西方发达国家和日本的政策，尤其是对亚非拉国家的政策则带有明显的连续性。毛泽东晚年提出"三个世界"的划分：美、苏两个超级大国是第一世界，西方发达国家和日本是第二世界，亚非拉国家则是第三世界。尽管这种划分现已不再延用，但它仍不失为梳理新中国外交史的一种方法。周恩来与"三个世界"交往的实践，从不同侧面展示了他高瞻远瞩，为中国拓展外交天地的过程。

平等相待，互相支援

在周恩来的时代，与新兴民族国家或者说第三世界国家的关系在中国外交中占有十分突出的位置。万隆会议之后，中国同新兴民族国家的关系取得了突破性进展。1955年底，同中国建交的国家只有23个，而到1965年底同中国建交的国家增加了一倍多。在新建交的国家中，除法国之外都是亚非拉第三世界国家。在这十年里，周恩来不仅制定了中国对亚非国家的一系列重要政策，还三次出访亚非国家，从而为中国同第三世界国家关系的发展奠定了长远的基础。

在思考同第三世界国家的关系时，周恩来深受两个因素的影响：首先，中国身处亚洲，同亚非拉大多数国家一样同属第三世界，有着相同的被侵略、受欺压的历史遭遇。在获得独立之后，又面临着一些共同的历史任务。这使周恩来对第三世界国家和人民抱着发自内心的同情，对中国与这些国家间的共同利益有着深切的了解。其次，周恩来十分清楚，发展同亚非国家的关系对中国外交具有极为重要的战略意义。20世纪50年代，它是突破美国遏制和孤立中国政策的关键。20世纪60年代，在反对美苏两国霸权主义的斗争中，第三世界国家又是中国建立国际统一战线所要争取的主要对象，中国从国际上获得的支持也主要来自亚非拉国家。

周恩来与亚非许多国家领导人交往和友谊的事例是人们所熟知的。这里只能简略地回顾周恩来提出和遵循的处理中国同第三世界国家关系的主要原则。这些原则不仅体现了周恩来在国际交往中的现实精神,也体现了他在所怀抱的理想。正因为如此,这些原则对中国外交有着长久的指导意义。

第一,"国家不分大小,一律平等"。这是继和平共处五项原则之后,周恩来提出的国际关系的又一个重要原则。20世纪50年代中期,在发展同亚非国家关系时,如何消除中小国家对中国的疑惧,取得它们的信任是个很关键的问题。针对这个问题,周恩来明智地指出:"一个新兴的国家,特别是一个大国,往往不能在短时期内得到别人的充分了解,而且还常常引起某些疑惧。如果再加上某些方面别有用心的造谣和挑拨,这种缺乏了解和疑惧的现象还可能加深。但是,造谣和挑拨是经不起事实的考验的,缺乏了解和疑惧也可以经过较长时期的观察和实际的接触来消除。"为此,周恩来率先提出了"国家不分大小,一律平等"的原则。他经常说,世界各国的关系,首先要做到平等;只有做到平等,才能说到合作、互通有无和互助。他特别强调,中国要求别人平等相待,首先自己要平等待人。在万隆会议上,周恩来进一步申明:我们重视这个问题,因为我们是一个大国,容易对小国不尊重,因此我们经常检讨自己。事实上,"国家不分大小,一律平等"的原则还有更广泛的国际意义,它代表了亚非拉新兴民族国家的共同心声,是对长期存在的不平等的国际关系的挑战。因此自这一主张提出之日起,它就受到了亚非拉国家的普遍欢迎、赞同和支持,对当时的大国政治产生了震动。

第二,奉行睦邻政策,慎重稳妥地解决历史遗留问题。同周边国家的关系不仅一直是新中国外交工作的重点,而且是新中国同亚非拉国家发展关系的起点。新中国建立之初,与周边国家之间普遍存在着一些悬而未决的历史遗留问题,最突出的是边界和华侨问题。这是一些邻国对新中国抱有误解和疑惧的一个很重要的原因。周恩来十分清楚,要消除这些误解和疑惧仅仅靠申明新中国的主张和原则是不够的,还必须采取令人信服的行动。他审时度势,先后采取了两个重要的步骤:首先,在万隆会议上,中国同印度尼西亚签订了关于避免双重国籍的条约,消除了一些东南亚国家因华侨问题对中国产生的疑惧。随后,周恩来又以中缅边界问题为开端,着手解决中国同一些邻国长期存在的边界问题。边界问题牵涉到相邻两国的民族情感,对任何一方来说都是极其敏感的。为解决好中缅边界问题,周恩来提出互谅互让的原则,并亲自调查研究,直接掌握第一手资料,具体指导从谈判、勘界、定界直到签订边界条约和议定书的各项工作。从1956年至1961年历时五年,完成了这项工作。中缅边界问题的圆满解决具有重要的示范效应，中国周围的中小邻国由此认识到，中国政府言行一致，可以信任。它们同中国发展友好关系的愿望迅速上升。接着，周恩来又因势利导，顺利地解决了中国同尼泊尔、蒙古、巴基斯坦和阿富汗等国的边界问题。这些边界问题的解决对稳定中国的周边环境具有重大战略意义，其作用在后来中印边界、中苏边界发生冲突时表现得十分明显。睦邻政策的成功也推动了中国同其他亚非国家关系的发展。

第三，坚决支持亚非拉各国人民争取和维护民族独立的斗争，同时尊重各国人民和政府对本国制度和内外政策的选择。20世纪50年代中期至60年代中期，亚非拉地区民族解放运动进一步高涨。周恩来代表中国政府一贯坚决支持各国人民反对帝国主义和新老殖民主义、争取和维护民族独立的斗争，从而有力地推动了中国与第三世界国家关系的普遍发展。中国对越南人民、阿尔及利亚人民争取民族解放斗争的支持，对埃及人民维护国家主权、反对外来侵略斗争的支持，都是十分典型的事例。1963年底至1964年初，在访问亚非十三国时，周恩来明确指出，积极支持亚洲、非洲和拉丁美洲民族解放运动是中国政府对外政策的主要内容之一。中国同亚非拉人民有着共同遭遇，必然会互相同情、互相支持，尤其中国作为已经取得胜利的国家，有义务支持尚未取得胜利和即将取得胜利的国家。与此同时，周恩来又毫不动摇地把对亚非拉国家和人民革命斗争的支持，严格限定在反帝、反殖、反霸性质的范围之内。进入60年代以后，中国国内"左"的思想日趋严重，对外交工作也有所影响。但周恩来恪守革命不能输出的原则，坚持外交工作绝不能介入他国内政问题。他始终强调，中国必须尊重别国的主权，不能采取任何强加于人的做法。他尊重亚非各国的意愿，支持它们奉行和平中立和不结盟政策，支持它们通过和平协商解决彼此间的争端，反对来自任何方面的侵略和干涉。这些精神在周恩来提出的中国处理同阿拉伯国家和非洲国家关系的五项原则中得到了充分体现。同时坚持上述两个方面，是周恩来在亚非拉许多国家的政治领袖和人民群众中享有崇高威信的重要原因。

第四，同亚非国家建立新型经济关系。周恩来一贯重视促进中国同亚非国家之间的经济关系。早在1955年的万隆会议上，周恩来就指出，我们亚非国家需要在经济和文化上合作，以便有助于消除我们在殖民主义的长期掠夺和压迫下所造成的经济上和文化上的落后状态。我们之间的合作应以平等互利为基础，而不应附有任何特权条件。此后，在总结中国发展同其他国家经济贸易关系的正反两方面经验的基础上，他于1963年提出了中国对外援助的八项原则。其主要内容是：一、根据平等互利的原则对外提供援助；二、严格尊重受援国的主权，绝不附带任何条件，绝不要求任何特权；三、中国政府以无息或低息贷款的方式提供经济援助，在需要的时候延长还款期限，以尽量减轻受援国的负担；四、中国政府对外援助的目的，不是造成受援国对中国的依赖，而是帮助受援国逐步走上自力更生、独立发展的道路；五、援建项目力求投资少，收效快，使受援国政府能增加收入，积累资金；六、中国政府提供自己所能生产的、质量最好的设备和物资，并且根据国际市场的价格议价；七、保证受援国的人员充分掌握所援助的技术；八、中国政府派到受援国帮助进行建设的专家，同受援国自己的专家享受同样的物质待遇，不容许有任何特殊要求和享受。这八项原则既体现了中国政府对亚非民族解放和民族独立运动的一贯支持，也体现了周恩来为创建公正合理的世界政治经济秩序所作的努力。

坚持原则，善于等待，见机而作

同第二世界国家的交往，是周恩来为中国拓展外交天地的另一个侧面。与第三世界国家不同，大多数西方资本主义国家都曾与旧中国有过外交关系；新中国成立后，在外交方面的重要任务之一就是彻底改变旧中国的依附地位，在独立自主的基础上与这些国家建立平等的外交关系。然而，在"冷战"时代，中国同欧洲和日本等资本主义国家关系的发展是缓慢而曲折的。这些国家同中国的关系不仅受着意识形态的束缚，还受到美国的牵制，它们的对华政策基本是追随美国的。尽管存在着这样或那样的困难，但从维护世界和平的战略全局出发，周恩来以充满智慧的创造和滴水穿石的韧性，为发展中国同这些国家的关系做出了富有成果的努力。

一般地说，周恩来在处理中国同资本主义各国的关系时有三个基本特点：第一，坚持原则，耐心等待。任何国家要与中国建交，必须按照"一个中国"的原则，断绝同台湾的所谓"外交"关系并承诺支持中国恢复在联合国的合法席位；对于像法国这样战后仍企图维持在海外的殖民统治的国家，中国不以放弃对其殖民地人民反帝反殖斗争的支持为双方建交的交换筹码；如果对方一时尚不能满足这些条件，中国可以等待。第二，积极工作，增进往来。周恩来认为，耐心等待不等于不做工作，即使双方一时不能建交，仍可按照和平共处五项原则，以各种形式发展关系，逐步为建交创造条件。第三，利用矛盾，见机而作。美国同其西方盟国之间，常常在对华政策或其他一些问题上存在着不同程度的矛盾，周恩来总能够敏锐地发现这些矛盾，抓住机会，推动中国同某个西方国家关系的发展。无论这个机会是使双方关系前进一小步，还是能取得突破性进展，他都不会放弃。中国同英、日、法三国交往中的一些事例可以说是最有代表性的。

英国是西方阵营中的重要成员，是最早承认新中国的西方国家之一。早在1950年中英双方就开始举行建交谈判。但英国政府在承认新中国的问题上采取两面态度，一面表示愿同中国建交，另一方面又在美国的压力下就中国在联合国代表权问题投了弃权票。朝鲜战争爆发后，英国参加侵朝战争和对华禁运，中英建交谈判陷于停顿。1954年日内瓦会议期间，周恩来与英国外交大臣艾登会面。在谈及中英关系问题时，艾登说："英国是承认中国的，只是中国不承认我们。"周恩来回答说："不是中国不承认英国，而是英国在联合国不承认我们。"艾登又说："我们有一个人在北京，而你们却没有人在伦敦。"他表示希望中国也派相应人选来英国。尽管当时英国对联合国中国代表权问题的态度并未改变，但周恩来考虑到英国在印度支那问题上与美国不同，英国希望和平，是维持现状派，于是当即表示同意艾登的意见。6月17日，双方同时发表公报，建立了代办级外交关系。在此之前，中国对英国驻北京谈判代表没有给予完全的外交地位和权利，并将其任务限制在谈判建交的范围之内。两国互派代办后，代办享有完全的外交待遇，其任务除谈判建交外，还包括处理侨务和商务问题。周恩来后来指出：英国只同意我们建交原则的一半，我们就同它建立"半外交关系"，也就是通常所说的"半建交"。在新中国建交史上这是个创举。中英互派代办不仅使两国关系向前迈进了一步，而且在两大阵营极其对立的条件下也在中国同西方大国之间开辟了一个外交渠道。

如果说中英关系的起步是以官方途径实现的，那么中日关系的起步则是以民间外交的方式来推动的。周恩来一生与中日关系牵连既多且深。在新中国总理的岗位上，他一直亲手掌握着对日工作。新中国建立初期，日本当局追随美国同台湾签订所谓的"日华和约"，为中日关系的发展设置了极大的障碍。不过，美日反动派这种无视现实的做法当时就受到日本人民的反对。日本的不少有识之士主张，应不顾这种人为限制，开始同新中国往来。在这种情况下，周恩来不失时机地利用各种国际活动打开了中日民间接触的途径，随后又提出了"民间先行，以民促官"的方针。1952年5月、10月，先后有两批日本政界、经济界有影响的人士绕道欧洲来华访问，打开了中日民间交往的大门。1953年初，中日两国又以民间方式顺利解决了在华日侨回国问题。同年9月，日本著名学者、和平领袖大山郁夫在北京同周恩来会面，商谈如何共同促进中日邦交正常化的问题。这是周恩来战后第一次会见日本人士，在日本产生很大的影响。在此后的岁月里，周恩来会见的日本来访者比起其他国家人数要多得多，谈话内容也深得多。在两国人民的共同努力下，中日还先后签订过四次民间贸易协定。

发展中日关系不能回避两国间曾经存在过的战争问题。周恩来运用"前事不忘，后事之师"这句富于哲理的中国古训，为双方正确处理这个问题提供了必须遵循的基本原则。在与日本友人的谈话中，周恩来反复指出，自1894年以来的半个世纪中，由于日本军国主义侵略中国，使得中国人民遭受了重大灾难，日本人民也深受其害，中日人民都应从过去的战争中吸取惨痛的经验教训，共同努力来防止历史重演，以保证两国今后世世代代友好相处。为此，首先要如实承认那是一场由日本军国主义发动的侵略战争，它给两国人民都带来巨大的灾难和损失，决不能掩盖和否认。其次要明确那场战争的责任是"日本军国主义的责任，不是日本人民的责任"，广大日本人民是愿意和平、热爱和平的。再次应看到，虽然两国间有过长达半个世纪的不幸时期，但与两千多年的友好交往历史相比还是短暂的，因而坚信中日双方是"能够友好"的。最后，为了重建中日友好，关键是要牢记住历史的经验教训，采取向前看的态度。宽大处理已有悔改表现的日本战犯和战俘，主动邀请日方旧军人访华，就是周恩来按"前事不忘，后事之师"的精神处理两国间历史问题并取得成功的突出事例。

然而，中日关系的发展并不是一帆风顺的。20世纪50年代后期由于岸信介政府上台及其他一些错综复杂的原因，中日关系出现了逆转。在中日关系陷于低潮时期，周恩来又先后提出"政治三原则"和"贸易三原则"。主要内容是：要求日方不执行敌视中国的政策，不制造"两个中国"的阴谋，不阻碍两国关系正常化；为稳定中日经贸关系，应确定政经不可分的原则，采取官方协定与民间合同相结合的办法等。考虑到中日关系很难在短时间内实现正常化，周恩来还提出了"长期积累"的方针。经过各方的努力，20世纪60年代初中日关系有所恢复，并带有了某种程度的"半官方"性质。至"文化大革命"前的一段时间，中日关系总的来看还是稳定的并有所发展。

20世纪60年代，中国和西欧一些国家的双边关系取得进展。然而，具有重要历史意义的突破是中国同法国正式建立外交关系。周恩来在其中发挥了重要作用。

中华人民共和国成立后，法国最初采取所谓"等待与保留"的观望政策，但很快就决定追随美国。1954年日内瓦会议后中法关系有一定改善，但在此后近十年里却进展缓慢。中法之间存在着两个主要障碍：第一，在中国政府最关心的台湾问题上，法国政府不敢违背美国的意志，坚持对华政策应服从对美政策的需要。第二，中国一贯坚决支持法属殖民地人民争取民族解放的斗争。印支和平恢复后，法国的另一个海外殖民地阿尔及利亚又爆发了民族独立战争，中国对于这场正义战争给予义无反顾的支持。然而，1958年戴高乐将军重新执政之后，逐渐出现了一些有利于中法接近的因素。戴高乐奉行独立自主的对外政策，主张通过"欧洲联合自强"来提高法国及欧洲的地位，拒绝在美苏两极世界中继续扮演"小弟弟"的角色。他的这些想法与毛泽东关于"第二中间地带"的分析有互通之处。1962年阿尔及利亚战争结束，中法之间的一个主要障碍消失了。1963年10月，戴高乐选派富有外交经验的政治家、前总理富尔携带他的亲笔信以私人身份访问中国。其使命是转达戴高乐打算同中国建交的意图，并就与此相关的重大问题进行商谈。

会谈前夕，在周恩来的主持下，中国方面缜密地分析了形势，认为如能在对法关系上实现突破，将具有重大意义。首先，法国是西欧大陆的重要国家，通过与法建交可以进一步扩大我国同西欧国家的政治、经济联系，增强我国的国际地位；其次，此举也打破了美国的封锁，最大限度地孤立和反对美国帝国主义；最后，戴高乐奉行维护民族独立和国家主权的政策，在西方世界具有代表性，支持其政策有助于打破超级大国对国际事务的垄断。毛泽东和周恩来果断决定，抓住这一时机，实现与法国建交。谈判过程中，中法双方在如何处理法国与台湾的所谓"外交关系"问题上曾出现分歧。为解决这一矛盾，周恩来几经考虑，在吸收法方意见的基础上最后提出了"直接建交的方案"，即在达成内部协议的基础上，允许法国首先宣布同我国建交，然后法方再根据由此形成的"国际法客观形势""自然"地结束同蒋介石集团的关系。这样，谈判中出现的难题便得到了解决。此后，中、法两国代表又在瑞士伯尔尼就建交具体事宜进行了谈判。1964年1月27日，中法双方发表联合公报，宣布两国建立外交关系。

中法建交的消息震动了整个世界，打破了"冷战"时代两大阵营之间的森严壁垒。它表明中、法两国虽然在意识形态、政治制度等方面存在巨大差异，但仍可以在和平共处五项原则的基础上建立完全的外交关系；这不仅符合双方各自的根本利益，也有助于维护世界和平。在此后相当长的一段时间内，中法关系一直是中国与西方国家关系的楷模，两国经济关系也因此受益。中国和法国这两个对两大阵营分别具有重要影响的大国，同时执行独立自主的对外政策，形成了战后国际关系中的一种新气象。

高瞻远瞩，改变世界格局

中国同美、苏两个超级大国的关系不仅对中国的国际环境具有重要影响，对世界格局的走向也具有重要影响。在处理同两个超级大国的关系时，周恩来最重视的是维护中国的独立自主，保证国家安全。为此，既需要斗争，也需要合作；不过，随时局转换，斗争与联合的对象有所不同，斗争与合作的方式和程度也有所不同。

新中国成立初期，由于美国实行敌视新中国的政策，侵占我国领土台湾，发动侵朝战争，新中国联苏反美的大格局被固定下来。在此后长达20年的时间里，尽管中苏关系发生了巨大转变，但中美对峙的局面却一直持续着。无论在中国的对外政策中，还是在周恩来的外交活动中，反对美国对中国周边国家的侵略战争、反对美国侵占我国领土台湾和制造"两个中国"的阴谋、反对美国在国际政治中的霸权主义构成了一条清晰的主线。然而，即使在中美尖锐对立的岁月里，开展斗争也不是中国对美政策的一切方面。

事实上，同美国建立正常关系的想法从未在毛泽东、周恩来等中国领导人的脑海中泯灭。在1954年的日内瓦会议上，周恩来代表中国政府第一次主动而明确地做出愿与美国缓和紧张关系的姿态。当时，美国代表团想通过参加会议的英国驻北京代办办理美国在华被押人员问题。获知这一消息后，周恩来果断决定，在中美关系如此紧张，美国对华政策如此敌对和僵硬的条件下，应抓住这一机会，开辟中美之间的接触渠道。中方迅即表示，愿同美国就这一问题举行直接谈判，从而导致了日内瓦会议期间中美双方的四次会谈。1955年春，在万隆会议上，周恩来再一次宣布：中国人民同美国人民是友好的。中国政府愿意同美国政府坐下来谈判，讨论缓和远东和台湾地区紧张局势问题。这次讲话直接促成了此后长达15年的中美大使级会谈。由于美国政府当时无意放弃其敌视、孤立和遏制中国的政策，20世纪50年代中期中国政府所作出的种种努力未能打破中美关系的僵局。但是，周恩来所采取的行动代表的是一种具有远见的政策。在1956年一届全国人大三次会议上，周恩来指出："中国同其他国家扩大接触，是从我们愿意同一切国家和平共处，包括美国在内，而不排除任何一个国家的立场出发的……就是对于美国，我们也一样具有同它友好的愿望。我们认为，中美两国之间悬而未决的争端，不应该成为阻止中美两国人民友好往来的障碍。而且我们还深信，中美两国人民之间的传统友谊，终有一天会使两国人民重新通过各自的政府互相联系起来。"

由于国际国内错综复杂的原因，从20世纪50年代后期起，中国逐步走上了同时与美苏两个超级大国对抗的道路。20世纪60年代中期，中美紧张关系迅速加剧，其原因是美国不断扩大越南战争，对中国的南部边疆构成了直接威胁。为应付越战升级，保障国家安全，中共中央从几个方面采取了措施，调整战略方针、全面加强战备、向越南提供大规模军事援助，同时还通过各种途径、以各种方式向美国示意，以避免出现中美之间的战争。1965年上半年，周恩来在不同的场合，几次请外国领导人转告美国四句话：一、中国不主动挑起反美战争；二、中国说话是算数的，所承担的国际义务是要履行的；三、中国是做好了准备的；四、只要美国轰炸中国，就是向中国发动战争，战争是没有界限的。周恩来等中国领导人采取措施，设法防止中美之间再次发生像朝鲜战争那样的冲突，为后来中美关系的转换创造了前提条件，其历史意义不可低估。

从20世纪50年代后期开始的中国同美苏两个超级大国的对抗，至20世纪60年代后期的"文化大革命"达到了顶点。无论今天人们如何评价这十年中国外交的利弊得失，一个无可辩驳的事实是：正是通过与两强的对抗，中国才得以在美、苏为主的两极国际结构中取得一种特殊的独立地位，并在此后世界格局的转换中扮演一个极其重要的角色。

20世纪60年代末期，中、美、苏三方关系的基础发生了显著的变化。当时，美国深陷于越南战争的泥潭之中，被迫实行战略收缩；苏联则迅速扩大军事力量，加紧在世界上的一些战略要地与美国展开争夺。在两个超级大国的竞争中，美国一时已陷于不利境地。与此同时，中苏边境大规模武装冲突的出现和苏军入侵捷克斯洛伐克事件，使中国领导人认为，苏联已取代了美国，成为对中国最大的和最直接的威胁。客观形势的变化，为中美双方提供了改善相互关系的可能性，1969年初尼克松出任美国总统，开始对美国外交政策作出重大调整，他尤其希望通过打开对华关系来摆脱越战，重新取得同苏联较量中的主动地位。当时，中国同样面临着调整对外政策的必要性。"文化大革命"使中国外交陷入了困境。国际环境的日趋恶化引起了毛泽东的严重关切。在国内局势稍稍稳定之后，他就把调整对外关系的工作提上了日程，关键是要找到一个突破口。尼克松可能改变对华政策的动向，立即引起毛泽东的高度重视。随后，中、美两国领导人各自以极其秘密的方式，着手为打开中美关系的大门做准备。

启动中美关系正常化的进程是毛泽东的重大战略决策，这一决策融入了老一辈无产阶级革命家的集体智慧。在作出这一决策和实施这一决策的过程中，周恩来一直发挥着举足轻重的作用。

首先，周恩来不仅直接参与决策，而且在决策过程中发挥着组织者的作用。1969年2月，毛泽东要陈毅抓一下对国际形势的研究。借这个机会，周恩来指示陈毅召集叶剑英、聂荣臻、徐向前一起讨论国际形势。他说，你们不要被原有的看法和结论框住，你们都是元帅，都有战略眼光，可以协助主席掌握战略动向，向中央提出建议。在此前后，周恩来还指示其他有关部门加强研究美国的政策动向，摸清美国的战略意图，探讨同美国接触的可能性。经过半年左右的分析和研究，四位老帅提出的战略设想是：利用美苏矛盾，缓解中美矛盾，力图打开中美关系的大门，在寻求共同安全利益的基础上，联合美国，抗御对中国最具威胁的苏联霸权主义。当"文化大革命"仍在进行，美国在印度支那的战争还在升级的情况下，提出这些建议需要深刻的洞察力和超人的胆识。

其次，在启动中美关系正常化进程前夕，利用美苏矛盾，通过有限缓和对苏关系，争取更主动的对美地位。1969年下半年，中、美、苏三方关系进入了非常微妙的阶段，三方都意识到即将来临的变化，关键是哪一方能获得主动权。9月11日，应苏联要求，周恩来在北京机场与柯西金会谈。两国总理在会谈中达成谅解，同意采取临时措施停止边界冲突，维持边界现状，恢复边界谈判。中苏关系的缓和不仅改善了中国的安全形势，而且给美国带来很大压力。尼克松政府随即加快了调整对华政策的步伐，中国政府亦作出回应。在1970年1月举行的中美大使级会谈中，美方首次提到，不妨碍台湾海峡两岸的中国人自己"达成任何和平解决"；中方也表示出相应的灵活态度，不再坚持台湾问题不解决其他问题一概不谈的"一揽子"方案。双方代表还表示，愿在和平共处五项原则的基础上改善两国关系，希望实现更高级别的会谈，直至美国特使访问北京。

再次，协助毛泽东，一步步推动中美关系正常化的启动。1970年10月1日，在周恩来的安排下，毛泽东在天安门城楼上接见了中国人民的老朋友、美国记者埃德加·斯诺，并与他站在一起检阅国庆游行队伍。12月18日，在中南海的书房里，毛泽东请斯诺转告华盛顿："如果尼克松到北京来，我愿意同他谈，谈得成也行，谈不成也行。"当斯诺尚未来得及将这个重要信息传递给华盛顿时，美中双方已找到了进行联络的秘密渠道，即"巴基斯坦渠道"和"罗马尼亚渠道"，从而加快了相互接近的步伐。1971年春，在日本名古屋举行的第31届世界乒乓球锦标赛为中美两国正在酝酿中的突破提供了意外的机会。毛泽东几经考虑，决定在世乒赛之后邀请美国乒乓球队访问中国,以中美人民之间的交往作为打开两国官方关系的序幕。为此,周恩来做出精心周到的安排。在接见美国乒乓球代表团时,周恩来引用了中国的古话:"有朋自远方来,不亦乐乎",他表示"相信中美两国人民的友好往来将会得到两国人民大多数的赞成和支持"。以乒乓"小球"的转动推动世界"大球"的转动,晚年的毛泽东再次显示出他的智慧和浪漫情怀。对此,美国方面也马上做出反应。此后,双方频繁传递口信,尼克松还建议由基辛格博士同周恩来或另一位适当的中国高级官员举行一次秘密预备会议。

最后,精心准备同基辛格的秘密会谈,实现中美关系正常化的突破。1971年春节过后,周恩来就几乎全力投入同基辛格会谈的准备工作。那时,接待班子已按照周恩来的指示进驻钓鱼台宾馆,任务首先是全面了解和分析美国的情况,尤其是尼克松任总统以来的外交政策和外交活动以及美国战略策略的变化,并对尼克松、基辛格的政治观点、个人历史、家庭生活乃至爱好和习惯都作了研究。更为重要的任务是拟订周恩来与基辛格会谈的方案,包括:议题、我方观点及如何阐述、基辛格访华公报稿以及有关此后尼克松访华事宜等。重要的讨论周恩来都亲自参加,有时直至深夜。讨论的结果往往要立即写成文字材料送交毛泽东,并连夜等待毛泽东的指示再进行讨论和修改。5月下旬,在准备工作大体告一段落之后,周恩来主持中共中央政治局召开会议,讨论即将举行的中美预备性秘密会谈,确定了在中美关系以及与此相关的台湾问题、印度支那等问题上,中国方面应掌握和坚持的原则,并上报毛泽东批准。1971年7月9日,基辛格抵达北京。他总共停留48小时,其中同周恩来会谈用了17个多小时。由于事前做了充分而周密的准备,周恩来在同基辛格的会谈中挥洒自如,不仅旗帜鲜明地阐述了中方在一系列重大问题上的立场,同时也提出了解决疑难问题的合理办法。基辛格代表美国政府表示,承认台湾属于中国,美国不再与中国为敌,将按照一个中国的原则逐步改善对华关系。7月11日,周恩来与基辛格就尼克松总统访华公告的内容达成协议。16日,尼克松总统和中国新华社同时发表公告。这一公告的宣布,不仅标志着自新中国成立以来中美之间长期存在的敌对状态业已结束,中美关系走向正常化的大门开启了,也标志着国际政治格局的转换,它为亚洲太平洋地区以及世界的和平带来了新的希望。

收获的季节

中美关系正常化进程的启动为中国外交带来新的动力和广阔天地。如果说,新中国成立后的很长一段时间其实只是在半个国际舞台上活动，那么从这时起，中国外交活动的范围迅速扩展到整个国际舞台。在此后一年多的时间里，中国同世界上绝大多数国家，包括所有的重要国家建立了外交关系。

中美关系的戏剧性变化给国际社会造成巨大冲击，而这一冲击引起的第一个反响就是第26届联合国大会终于作出了恢复中华人民共和国在联合国的一切合法权利的决议。1971年11月15日，以乔冠华为团长，黄华为副团长的中国代表团带着党中央和全国人民的重托，满怀信心地出现在联合国大会上。自新中国成立起，周恩来就一直为恢复中华人民共和国在联合国的合法席位而奋斗，现在他终于实现了这个夙愿。中国开始在联合国这个最重要的国际组织中，为反对霸权主义、维护世界和平和国际正义而发挥重大作用。

1972年2月21日，尼克松抵达北京。他一走下飞机就早早地向前来迎接的周恩来伸出了右手。这是一个意味深长的姿态，象征和解代替昔日的遏制和孤立。尼克松抵京后仅三小时，毛泽东主席就在寓所会见了他，并就重大国际问题同他交换了意见。此后几天，周恩来和尼克松举行了一系列认真、坦率的会谈。2月28日中美两国在上海发表了《联合公报》。《公报》按照周恩来的建议，打破了外交上的惯例，采取坦率和现实的态度，阐明了各自在一系列国际问题上的立场和主张。《公报》强调，两国的社会制度和对外政策有着本质的区别，但双方同意以和平共处五项原则来处理国与国之间的关系。双方郑重声明：中美关系走上正常化是符合所有国家利益的；双方都希望减少国际军事冲突的危险；任何一方都不应该在亚太地区谋求霸权，每一方都反对任何其他国家或国家集团建立这种霸权的努力。这些声明显示了当时中美两国共同的战略利益和基本要求，为中美关系的进一步发展提供了基础。但是，《公报》也反映出中美双方在台湾问题上的立场还相去甚远，尼克松政府也没有明确承认中华人民共和国是中国唯一的合法政府。这些都导致了实现中美关系正常化还有一段艰难的行程。

中美关系正常化进程的开始和中国在联合国合法席位的恢复极大地震动了曾经长期追随美国的日本政府，日本朝野各界强烈要求尽快争取中日建交。在日本许多对华友好的政党、社团和人士的大力推动下，1972年9月25日，日本新任首相田中角荣来华访问。毛泽东会见了田中首相等日本客人。周恩来同田中首相举行了认真、坦率的会谈。9月29日，中日双方签署了建立外交关系的联合声明，中日之间的不正常状态宣告结束。在声明中，日本政府承认中华人民共和国政府是中国的唯一合法政府，台湾是中国领土不可分割的一部分，并对过去由于战争给中国人民造成的重大损失的责任表示深刻的反省。中国政府宣布为了中日两国人民的友好，放弃对日本的战争赔偿要求。随后，中日两国陆续签订了贸易、航空、海运、渔业和科技文化等一系列协定，并于1975年开始进行缔结和平友好条约的谈判。经过周恩来20年呕心沥血的努力，中日两国睦邻友好的新篇章终于打开了。

在新的国际形势下，中国同第二世界国家的关系得到了全面发展。中国先后同西欧、北欧、南欧的意大利、奥地利、比利时、冰岛、马耳他、希腊、德意志联邦共和国等10余个国家建交；同英国、荷兰的关系也从代办级升格为大使级；同北美的加拿大和大洋洲的澳大利亚、新西兰也建立了外交关系。中国同东欧各国的关系也有了很大的恢复和改善。西方国家普遍希望摆脱对美国的依赖，尤其是西欧各国要求联合自强；东欧各国同苏联的矛盾也日益暴露，独立自主地探索本国建设道路已成为东欧各国竞相争取的目标。这就为中国与第二世界国家关系的发展与合作提供了基础。

在第三世界掀起了一个更大范围的同中国建交的高潮。周恩来一贯真诚发展中国同第三世界国家的关系。经过长期耕耘，他欣喜地看到了满园的春色。在亚洲，中国先后和也门、科威特、土耳其、伊朗、黎巴嫩、马来西亚、菲律宾、泰国、孟加拉国建立了外交关系，同印度尼西亚、新加坡的关系也有所进展；在非洲，中国先后和赤道几内亚、埃塞俄比亚、尼日利亚、喀麦隆、塞拉利昂、卢旺达、塞内加尔、毛里求斯等20个国家建立了外交关系；在拉丁美洲，继1970年同智利建交后，中国又同秘鲁、墨西哥、阿根廷、圭亚那、委内瑞拉、巴西等10多个国家相继建立外交关系。

在"文化大革命"中，周恩来身处十分困难的境地；然而，对于他所从事的外交事业，这却是一个收获的季节。在他担任总理的岁月里，20世纪70年代初的几年是外事活动最为繁忙的时期。外国贵宾相继来访，几乎使他应接不暇。在晚年最后的日子里，周恩来提出了"在本世纪内全面实现农业、工业、国防和科学技术的现代化"的宏伟目标。这个激动人心的目标和中国外交格局的转换为"文革"结束后中国的改革开放和更加积极地参与国际事务创造了前提，打下了基础。

第四章
肝胆相照,团结斗争
——统一战线工作的典范周恩来

周恩来是中国共产党统一战线工作的典范。

统一战线思想是毛泽东思想的重要组成部分，也是中国共产党集体智慧的结晶。同时，它也是中国革命取得胜利的一大法宝。在周恩来伟大的一生中，为丰富和发展毛泽东统一战线思想以及建立、巩固和发展中国共产党领导的统一战线，作出了杰出的贡献。他以海纳百川的宽阔胸怀，坚持又斗争又团结、以斗争求团结的原则精神，艰苦细致地进行工作，在中国共产党周围组成了浩浩荡荡的革命大军。

周恩来在长期的统一战线工作实践中，与蒋介石、班禅、溥仪和李宗仁的交往格外引人注目，而他与这四位不同身份人士交往的经历，集中地体现了周恩来统一战线思想和实践的精华。下面就将通过描述周恩来与这四位重要人物的交往经历，来反映周恩来在党的统一战线工作中所表现出的高超的政策和策略水平以及他对中国共产党盟友的真挚情感。

一、周恩来与蒋介石

黄埔相识终反目

1924年1月，当时在中国最有影响的两大党——中国国民党和中国共产党，在反帝、反封建的共同目标下，实现首次携手合作。1924年6月16日，由国共两党合作创办的培养革命军队骨干的军事政治学校——国民党陆军军官学校在广州黄埔成立（简称黄埔军校）。孙中山任军校总理，蒋介石任校长，廖仲恺任党代表。周恩来最初被派到军校任教官，讲授政治经济学，后来就任军校政治部主任。

周恩来和蒋介石在黄埔军校期间，不只是一般的同事关系，因为他们都是国共两党在国民党军队和黄埔军校的重要代表人物，他们之间的关系实际上代表着国共两党的关系。在这期间，他们曾经有过一段很好的合作关系。周恩来就任黄埔军校政治部主任后，按照苏联创建红军的经验，健全政治工作制度和建立正常的工作秩序，把黄埔军校的政治工作搞得有声有色。1925年1月，盘踞广东东江流域的军阀陈炯明趁孙中山北上之机，企图进犯广州，推翻广东政府。为配合讨伐陈炯明，周恩来和蒋介石一起率黄埔军校校军参加东征。2月11日，周恩来和蒋介石在平湖右路军司令部，听取了粤军第二师参谋长叶剑英报告攻取淡水城的计划，并进行商讨。2月13日，东征军队向淡水城发起攻击。15日，占领淡水城。下午，敌军反扑。周恩来亲临前线领导政治部同各级党代表密切合作，鼓舞士气。傍晚，东征军队将敌军击退。5月中旬，驻广州的军阀杨希闵、刘震寰在英帝国主义的支持下，密谋发动叛乱，周恩来又与蒋介石一起率军回师广州，平定了杨刘叛乱。9月中旬，在帝国主义和北洋军阀支持下，陈炯明旧部由刘志陆指挥卷土重来，向广东政府进攻，重占潮汕平原。国民政府决定第二次东征。蒋介石被任命为东征军总指挥，周恩来被任命为东征军总政治部主任。在周恩来的配合下，蒋介石指挥的第二次东征又取得了胜利。

　　蒋介石开始办黄埔军校时，表面上赞成革命，但他的思想实际上是反共反苏的，不是真心诚意地与共产党合作。蒋介石在1923年2月15日寄给孙中山的《游俄报告书》中说："俄共政权如一但臻于强固时，其帝俄沙皇时代的政治野心之复活并非不可能。"从这些话中可以看出，国共合作伊始，蒋介石在思想上就已经明确地站在右派的立场上了。但是他羽翼未丰，口头上还是支持联苏联共，并把儿子送到苏联学习，所以当时大家认为他是个中间派。

　　这一时期，周恩来对蒋介石的反共面目逐渐有所认识。周恩来后来在回顾这段历史时说："当时黄埔军校有600学生，大部分是我党从各省秘密活动来的左倾青年，其中党团员五六十人，占学生的1/10。蒋介石对这些人是提防、限制的。他的军阀思想在那时也是发展的。他让最为人所不齿的王柏龄负责训育。他所能用的就是奴才。对有些骨气不愿做奴才的邓演达，他就容不下；对经王柏龄介绍的何应钦，这第二个奴才他却非常相信。黄埔军校内的队长都是他的人。有一次我派了几个左派的人当队长，他就大为不满，撤销任命。他用人的方法是制造矛盾、利用矛盾、操纵矛盾，拿一个反动的看住一个进步的，叫一个反左派的牵制一个左派的，用反共的牵制相信共产主义的。"当时，周恩来在党内特别强调要在国共合作中保持共产党的独立性，要坚决反击国民党右派对共产党的诬蔑，要警惕以蒋介石为代表的国民党中派向右转。

　　1925年11月，蒋介石在第二次东征途中，召集连以上军政人员联席会，要求把所有在黄埔军校以及在军队中的共产党员的名字都告诉他，所有加入共产党的国民党员的名字也都告诉他。周恩来借口此事关系两党，需请示中共中央，予以拒绝。

第二次东征胜利后，周恩来从汕头返回广州，同陈延年、鲍罗廷商讨对策，计划给蒋介石回击，全部撤出第一军中的共产党员。另组国共合作的军队。由于中共中央不同意，这一提议未能实施。

1926年1月，国民党第二次代表大会在广州举行。周恩来在会前向中共中央提出，要在会上打击右派、孤立中派、扩大左派，争取开除国民党右派极端分子的党籍，少选中派，多选左派，使左派占绝对优势。然而，中共中央来电不同意。更可惜的是中央居然在上海与国民党右派戴季陶大开谈判，请戴季陶等回粤；为争取右派回粤，还特地拍电报到广州把大会延期一个月，等候他们，对右派采取完全让步的政策，致使选举结果成了右派势力大、中派壮胆、左派孤立的形势。这是当时主持中央工作的陈独秀等人对国民党右派、中派的第一次大让步。

1926年3月17日，周恩来应蒋介石来电要求乘船离汕头回到广州。到广州察觉蒋介石同国民党右派来往密切的情况后，告知苏联顾问鲍罗廷的翻译张太雷，但这一情况并未引起当时正在广州访问的苏联共产党在华使团和苏联军事顾问团的重视。

3月20日，蒋介石以广州国民党右派制造的"中山舰要炮轰黄埔军校"等谣言为借口，下令逮捕海军局代局长、共产党员李之龙和第一军中几十名共产党员。同时下令黄埔戒严，监视各师党代表和苏联顾问，包围苏联顾问住宅，解除省港罢工工人纠察队武装。周恩来闻讯后到广州造币厂，向蒋介石提出质问，被蒋介石软禁一天。

事件发生后，周恩来分别与陈延年、聂荣臻、毛泽东、李富春进行讨论，主张对蒋介石进行反击，并分析力量对比，认为对蒋不利，反击取得胜利是可能的。这一主张提出后，中共中央和苏联顾问未予采纳，继续采取退让政策，致使蒋介石在军事上的地位更加巩固。之后，已暴露身份的250多名共产党员撤出国民革命军第一军及黄埔军校。周恩来也被迫辞去第一军副党代表兼政治部主任职务。

5月15日，国民党召开二届二中全会。蒋介石在会上提出"整理党务案"的8条具体办法，规定加入国民党的共产党员在国民党中央、省、特别党部中担任执行委员的名额不得超过各该党部委员总数的1/3；共产党员不得担任国民党中央的部长；加入国民党的共产党员名单全部交国民党中央主席保存等项。当时，周恩来仍主张反击，认为只要有正确的政策，蒋介石这个进攻仍然是不难打垮的。因为当时蒋的兵力只占少数，所有民众运动完全在共产党和国民党左派的领导下，蒋在这个时候是不敢决然分裂的。但根据苏联顾问鲍罗廷的意见，中共中央代表在会上作了让步，此提案获得通过，致使蒋介石又巩固了自己在国民党内的地位。从此，蒋介石在国民党内开始由中派转向右派。

这期间，周恩来积极地揭露国民党右派的阴谋，尽量减少右倾机会主义路线给党造成的损失。1926年3月30日，周恩来以中共广东区委名义发表《给国民党中央、国民政府、国民革命军及广东人民的一封公开的信》，信中揭露了帝国主义对共产党的造谣、诬蔑。同时，将被迫离开第一军的共产党员和政治干部派往第四军叶挺独立团，使独立团增强了战斗力，并继续不断培训军事政治干部。

1926年12月，周恩来为批驳国民党右派对国共合作和工农运动的诬蔑之词，在中共广东区委机关刊物《人民周刊》上连续发表《国民革命及国民革命势力的团结》《现时政治斗争中之我们》《现时广东的政治斗争》等文章，指出了民族资产阶级的妥协性和小资产阶级的摇摆不定，号召无产阶级和农民、手工业工人督促小资产阶级、民族资产阶级不妥协地与敌人斗争。1927年3月，周恩来在上海领导工人第三次武装起义，取得胜利。4月12日，蒋介石在上海发动反革命政变。13日，上海20万工人罢工，周恩来和赵世炎参加在闸北青云路召开的群众大会，会后和群众一起上街游行。4月16日，由周恩来与李立三、陈延年、赵世炎、罗亦农等人组成的中共中央特委，在上海法租界秘密开会，商讨对付蒋介石的新策略。会后，周恩来亲笔起草给中共中央的意见书，建议"迅速出师讨伐蒋介石"。遗憾的是，在武汉的中共中央没有接受周恩来的正确意见。第一次轰轰烈烈的大革命失败了，但是共产党是斩不尽杀不绝的。周恩来在南昌领导"八一起义"，打响了武装反抗蒋介石反动派的第一枪。

西安事变再携手

1935年，日本帝国主义已经占领我国东北，成立了伪满洲国，并不断向我华北地区渗透。10月，毛泽东、周恩来等率领红一方面军到达陕北。11月中旬，中共驻共产国际代表团成员张浩从莫斯科到达陕北，带来共产国际第七次代表大会关于建立反法西斯统一战线的精神。同月，蒋介石要同中共建立联系，责成陈立夫负责。陈立夫分别派人找到中共上海地下党和中共北方局的关系，表达了南京政府希望同中共谈判的要求。12月，中共中央政治局在瓦窑堡召开会议，决定建立最广泛的民族统一战线。会后，周恩来亲任中共中央东北军工作委员会书记，主抓与东北军和谈的工作。1936年初，中共与东北军的张学良和十七路军的杨虎城达成停战协议。随即中共中央又成立了白军工作部，由周恩来负责。至此，第二次国共合作的序幕拉开了。

1936年8月，中共中央政治局召开会议，研究讨论国共两党关系和统一战线问题，决定继续国共谈判；为推动蒋联共抗日，中共在确保对苏区、红军领导的前提下，可以放弃苏区、红军的名称；决定起草致国民党的信及对蒋政策的党内指示。

8月25日，中共中央发布《中国共产党致中国国民党书》，肯定蒋介石在国民党二中全会的讲话中所说"假如有人强迫我们签订承认伪国等损害领土主权的时候，就是我们不能容忍的时候，就是我们最后牺牲的时候"一段话较之过去有若干进步，表示愿意同国民党"结成一个坚固的革命的统一战线"。

9月，周恩来致函国民党领导人陈果夫、陈立夫，希望他们敦劝蒋介石"立停军事行动，实行联俄联共，一致抗日"。9月22日，周恩来致函蒋介石，重申："共产党今日所求者，惟在停止内战，建立抗日统一战线与真正发动抗日战争。内战果能停止，抗战果能实行，抗日自由果能实现，则苏维埃与红军誓将自己宣言，统一于全国抗日政府指挥之下，为驱逐日寇而奋斗到底。"

1936年10月21日，蒋介石下达对西北红军的"进剿"令。

12月1日，周恩来与毛泽东、朱德、张国焘等致函蒋介石，呼吁他"化敌为友，共同抗日"。

12月12日，张学良、杨虎城在西安实行"兵谏"，扣留蒋介石，通电全国，提出抗日八项主张。随后，中共中央派周恩来赴西安参与同蒋介石的谈判。17日晚，周恩来一行风尘仆仆到西安，立即与张学良长谈。周恩来提出：保证蒋的安全，但要声明如果南京挑起内战，则蒋的安全无保证。第二天，周恩来拜会杨虎城。一席长谈，使杨虎城感动不已，他说："你们能置党派历史深仇于不顾，对蒋以德报怨，令人钦佩。"

西安事变发生后，西安和南京之间处于极端的对立状态，国内外形势错综复杂，稍有不慎，内战就会触发，酿成更大内乱。周恩来苦口婆心地做各方面的工作，特别是和张学良、杨虎城一起与蒋介石、宋子文谈判。12月24日，双方终于达成以"停止内战,一致对外"为中心内容的六项协议。当晚,周恩来在张学良、宋子文、宋美龄的陪同下去见蒋介石。

蒋介石端起领袖的架子说:"恩来,你是我的老部下,应该听我的话。"

周恩来严肃地说:"蒋先生,你违背孙中山先生的遗教,十年来因内战牺牲了千百万革命者,我这颗头颅也是从你的刀下滚过来的。"随后周恩来又从激愤转向平缓:"这些,现在都不去说它了。只要蒋先生能够改变'攘外必先安内'的政策,停止内战,一致抗日,不但我个人可以听蒋先生的话,就是我们红军也可以听从蒋先生的指挥。"

后来,蒋用不太高的声音说了句:"恩来,我们再也不要打内战了。我回南京后,你可直接来找我谈。"

西安事变的和平解决成为时局转换的枢纽,标志着抗日民族统一战线的初步形成。

虽然蒋介石在西安承诺了联共抗日的条件,但要使之变成现实,仍需付出极大努力,正如周恩来所说:"蒋要走到同我们合作,距离还很远。"因此,为促成两党合作的正式建立,周恩来作为中共代表,不畏艰险,不辞劳苦,从1937年2月开始,历时7个月,往返穿梭于西安、杭州、庐山和南京之间,唇枪舌剑,恳切陈词,同国民党进行了5次谈判,其中4次是直接同蒋介石谈的。蒋介石从其阶级利益出发,总想把共产党、红军和边区控制起来,进而予以吞并;周恩来则从民族利益着眼,坚持"要他们承认我们的军队,承认我们的边区,承认各党派的合法地位,组织各党派的联盟,就是统一战线"。从周恩来与蒋介石面对面的4次谈判的情况可以看出,形成抗日民族统一战线是多么艰难!

3月下旬,周恩来在潘汉年陪同下到达杭州,和蒋介石直接谈判。周恩来首先严正声明:中共为国家民族利益计与国民党合作,但不能忍受投降、受编之诬蔑。他提出红军编为3个师,每师1.5万人,共4.5万人。在三个师之上,设立某路军指挥部。陕甘宁边区作为整个行政区,不能分割。国民党不能派政训人员和辅佐。红军需要增加防地。蒋介石说:"你们不必提和国民党合作,只是与我合作。"他还表示,边区、红军改编都是小事,只要拥护他为领袖,一切都好办。对合作的形式,他提不出具体方案。周恩来马上提出国共合作的形式可采用共同纲领的办法,实际上是给了蒋介石一个软钉子。4月初,周恩来回到延安。中央对杭州谈判很满意,赞同周恩来提出的具体方案。

为了推动蒋介石尽早抗战,6月4日,周恩来携带中共中央起草的《御侮救亡、复兴中国的民族统一纲领草案》及准备讨论的两党合作的形式、承认边区等13个问题，风尘仆仆登上庐山，同正在避暑的蒋介石再次谈判。蒋介石表示：合作的形式可成立国民革命联盟，两党各推相同人数的干部组成，蒋为主席，有最后决定权。但在关于纲领的形成与执行、红军改编后最高指挥机关的设置及陕甘宁边区主席的确定等一系列重要问题上，蒋介石都顽固坚持旨在将共产党溶化掉的立场。周恩来在原则问题上不让步，提出回延安再行讨论。

6月18日，周恩来回到延安。中共中央开会继续讨论国共合作的问题。为了推进统一战线的建立，打破谈判僵局，又作让步：在合作形式上同意蒋介石的意见，但是必须先确定共同纲领，这是两党合作的政治基础；在组织上同意蒋依据共同纲领有最后之决定权，但必须保持共产党的独立组织和政治自由。对于具体问题，决定7月份发表宣言，指定由周恩来起草。7月初，中央通过了周恩来起草的《中共中央为公布国共合作宣言》。14日，周恩来和博古、林伯渠再上庐山，将《宣言》交给国民党，并准备与国民党讨论革命同盟的纲领，同蒋介石切实商讨国防计划、召开国防会议的时间等抗日事宜。七七事变爆发后，蒋介石虽然表示了抗战的决心，但对周恩来起草的《宣言》却压住不发。18日，周恩来、博古、林伯渠同蒋介石、邵力子、张冲会谈。蒋仍坚持改编后的红军不设指挥部，只设政治部；政治部主任只能转达南京的人事指挥，而3个师的管理教育，须直属行营，3个师的参谋长由南京指派。周恩来坚决反对。因全面抗战枪声已响，周恩来采取如蒋介石不让步，不再与之谈判的方针，并建议中共中央自行改编红军。

7月底，北平、天津相继失守，华北危急。为挽救危局，蒋介石急于要红军上前线。他提出邀请毛泽东、朱德、周恩来速至南京共商国防问题。中共为了推动抗日，争取合法地位，决定周恩来、朱德、叶剑英赴南京出席国防会议。8月9日，周恩来一行飞抵南京，与蒋介石进行第四次会谈。谈判中，蒋介石再次提出向红军派参谋长、政治部副主任，周恩来仍拒绝这一无理要求。13日，日本进攻上海，战火烧到了蒋介石的大本营，他这才下决心抗战，不再提向红军派人的事。19日，蒋介石同意红军改编为八路军，任命朱德、彭德怀为正副总指挥。22日，南京政府正式宣布红军改编成八路军，设总指挥部，下辖3个师，每师1.5万人，东渡黄河，开赴抗日前线。随着日本侵略者的铁蹄不断深入华北腹地，蒋介石更需中共和八路军的浴血奋斗。9月22日国民党中央通讯社公布了周恩来起草的《中共中央为公布国共合作宣言》。23日，蒋介石在庐山发表了承认中国共产党在全国合法地位的谈话。这标志着以国共两党合作为基础的抗日民族统一战线正式形成。

携手抗日经风雨

在整个抗日战争时期，周恩来作为中共中央代表住在国统区。这一时期，虽然两人同在抗日的旗帜下共事，但蒋介石的抗战态度却是时而积极，时而消极。周恩来坚持既团结又斗争的方针，恰当地处理同蒋介石的复杂关系。

1938年10月，武汉、广州失守，中国的抗战进入相持阶段。1939年1月，以国民党五中全会为起点，蒋介石由积极抗战转为消极抗战，由溶共、联共转为限共、反共，国民党军与八路军、新四军的摩擦日益增多。在这种情况下，1939年8月4日，周恩来在中共中央政治局的报告中提出进一步开展统一战线各项工作的原则意见，其中就包括对蒋介石与国民党的原则。这就是：拥护蒋介石领导抗战，承认国民党在全国军队、政权中的领导地位，坚持国共合作为统一战线的基础；对蒋介石，在抗战困难时援助他，在对中共蛮横时拒绝他；要影响他左右的进步分子，反对他周围的落后分子；要通过抗战将领及有正义感的元老来影响他；既不对他过存奢望，也不要把他看一成不变。在抗战的全过程中，周恩来就是坚持这些原则同蒋介石打交道的。从而维系了抗日民族统一战线，坚持抗战，赢得了民族解放战争的最后胜利。

抗日战争时期，周恩来始终处于抗日民族统一战线的第一线。为争取国共两党抗日合作，他同蒋介石集团进行了复杂的联合与斗争，并且与各方面抗日爱国力量建立了密切联系，团结争取了一大批有影响的民主人士、地方实力派和民族资产阶级代表人物，使中国共产党成为中国抗日战争和全国政治生活的中流砥柱。在这期间，周恩来创造性地贯彻执行了毛泽东思想和中央的方针政策，对中国共产党的统一战线理论作出了巨大的贡献，并形成了具有周恩来独特风格的、完整的统一战线思想和策略体系。周恩来在1943年后撰写的《关于一九二四至二六年党对国民党的关系》《关于党的"六大"的研究》《论中国的法西斯主义——新专制主义》《论统一战线》等文章，集中反映了这一时期周恩来对统一战线理论策略的科学概括。这些文章，认真总结了党的历史经验，科学论述了抗日民族统一战线的复杂性，深刻论证了统一战线领导权问题，极大丰富和发展了统一战线的策略思想。

播撒种子促统一

抗日战争胜利了，但是蒋介石没有走和平建国之路，却在美国支持下，又把中国拖进独裁和内战的深渊。然而，历史并不同情逆潮流而动的反动派，蒋介石的几百万军队和现代化的武器装备,不但未能在3至6个月内消灭中国人民解放军,相反却被赶到海峡对岸的孤岛上负隅顽抗。人民胜利了,周恩来成为新中国最高行政长官。

1950年6月,朝鲜战争爆发。与此同时,美国军事力量进驻中国领土台湾。这使原本属于中国内政的台湾问题国际化、复杂化了。1953年朝鲜停战后,台湾问题才被中共中央提到议事日程上来。1954年日内瓦会议结束后,美国加紧对台湾的控制:它一方面策划订立美蒋共同防御条约,另一方面积极拼凑包括台湾在内的太平洋反共军事集团,对中国大陆形成极大威胁。

7月,中共中央召开政治局会议,研究日内瓦会议后的形势。中共中央认为,如果蒋阴谋得逞,我们与美国的关系将会长期紧张下去,更难寻求缓和与转弯的余地。因此,中央决定发动一场声势浩大的解放台湾的运动,从政治上揭露美国的意图。这时,周恩来尚在国外参加日内瓦会议。邓小平代表中共中央起草了一封致周恩来的信,信中写道:"在朝鲜停战之后,我们没有及时(约迟半年时间)地向全国人民提出这方面采取必要的措施和进行有效的工作",这是不妥当的。为此,中共中央请周恩来回国后以外交部长名义发表一个声明。

周恩来回到北京的第二天,发表了一篇关于台湾问题的声明,声明严正指出:"台湾是中国的领土,中国人民一定要解放台湾","台湾是中国的内政,决不容许他人干涉"。

从此,抓住有利时机逐步开展促进和平解决台湾问题的工作,在周恩来的筹划下有步骤地开始了。1954年8月12日,周恩来在中共中央统战部召集的民主人士座谈会上提出:"凡愿从台湾回到祖国的,我们是既往不咎。"8月15日,他在宴请英国工党代表团时强调了这一精神:"跑到台湾去的人是愿意回来的",他们"如果回来,我们都将以宽大政策对待他们"。9月25日,中央关于解决台湾问题的宣传方针明确提出:任何人都允许弃暗投明,回到大陆来与家属团聚。原国民党高级将领卫立煌就是在这个政策的感召下,于1955年3月由香港返回北京的,后任政协全国委员会常委、国防委员会副主席。

1955年4月,第一次亚非会议在印度尼西亚万隆举行。会议期间,几个国家的代表团团长纷纷找周恩来,了解中国对台湾问题的态度。根据与会国的要求和在国内已经确定的"可相机提出在美国撤退台湾和台湾海峡的武装力量的前提下,和平解放台湾的可能"的精神,周恩来临时决定发表了一个声明。声明提出:中国人民不要同美国打仗,中国政府愿意同美国政府坐下来谈判,讨论和缓远东紧张局势的问题,特别是和缓台湾的紧张局势问题。周恩来的声明,赢得了国际舆论的普遍支持,迫使美国政府不得不重新考虑对中国的政策。

会前,周恩来还访问了缅甸。在与缅甸总理吴努会谈时,吴努表示想调解中共与蒋介石的关系。吴努的兴趣集中在两个问题上:一是如何和平解放台湾,特别是怎样对待蒋介石;二是和平解放台湾后,中国是否愿意同美国签订友好条约并接受美援。周恩来回答说:"台湾包含两个方面:一方面是中国(大陆)同蒋介石集团的关系,这是国内问题;另一方面是美国对中国的侵略和干涉,这是国际问题,二者不应混淆起来。中国(大陆)同蒋介石集团间的战争是内战的继续,过去没有,现在也不容许外来干涉。如果美军撤退,我们是可能用和平的方式解放台湾,如蒋介石接受,我们欢迎他派代表来北京谈判。只要蒋介石同意中国的和平和统一,同意和平解放台湾,并且派代表来北京谈判,我们相信即使蒋介石本人,中国人民也可以宽恕他。但蒋介石必须承认中央人民政府,不能自称代表中国。"

1955年7月30日,一届全国人大二次会议召开,周恩来在会上明确提出:"中国人民解放台湾有两种可能的方式,即战争的方式和和平的方式,中国人民愿意在可能的条件下,采取用和平的方式解放台湾。""如果可能的话,中国政府愿意同台湾地方的负责当局协商和平解放台湾的具体步骤。"但需要说明的是,"这是中央政府同地方当局之间的协商"。同月,经过苏联、英国、印度等国的斡旋,美国通过英国驻华代办向中国政府转交了关于在日内瓦举行中美大使级会晤的建议。1955年8月1日,中美大使级会谈在日内瓦正式举行,中美之间的谈判虽然在较长的时间内,没有能够取得实质性进展,但是毕竟为扫除争取和平解放台湾的障碍创造了必要的条件。

1956年,中共中央对台湾的政策相应地发生了进一步变化。争取用和平方式解放台湾,并且愿意同蒋介石进行第三次合作的思想更加明确起来。1月30日,周恩来代表中共中央在全国政协二届二次会议上正式宣布对台的方针和政策。他强调:"凡是愿意走和平道路的,不管任何人,也不管他们过去犯过多少罪过,中国人民都将宽大对待,不咎既往。"此后,不仅将蒋介石集团包括在团结之列,而且明确了解放台湾的方式要力争和平解决。同年9月的中共八大肯定了这一方针。

1956年3月16日,周恩来在会见即将赴台的有关人士时,请他捎话给海峡对岸的蒋介石:"我们从来没有把和谈的门关死,任何和谈的机会我们都欢迎。

我们是主张和谈的,既然我们说和谈,我们就不排除任何一个人,只要他赞成和谈。"周恩来还强调:"蒋还在台湾,枪也在他手里,他可以保持,主要的是使台湾归还祖国,成为祖国的一个组成部分,这就是一件好事。如果他做了这件事,他就可以取得中国人民的谅解和尊重。"周恩来在这次会见中,实际已明确表示蒋介石可以保留自己的军队。

1956年6月,中央争取和平解放台湾的政策又有了新的发展。周恩来在一届全国人大三次会议上代表中国政府正式提出:"愿意同台湾当局协商和平解放台湾的具体步骤和条件,并且希望台湾当局在他们认为适当的时机,派遣代表到北京或其他适当的地点同我们开始这种商谈。"他还重申了在全国政协二届二次会议上提出的对台政策。周恩来最后表示:"祖国的大门对所有爱国分子都永远是敞开的。"这是他在公开场合第一次正式表达了中国共产党和中国人民愿意同国民党进行第三次国共合作的真诚愿望。至此,和平解决台湾问题的工作从一般号召进入具体寻求接触和协商的阶段。

1956年10月,毛泽东在会见有关人士时更进一步表示:如果台湾回归祖国,"一切可以照旧",台湾"现在可以实行三民主义,可以同大陆通商,但是不要派特务来破坏,我们也不派'红色特务'去破坏他们。谈好了可以订个协议公布"。"台湾可以派人来大陆看看,公开不好来可秘密来"。毛泽东还说:"台湾只要与美断绝关系,可派代表回来参加人民代表大会和政协全国委员会。"

就这个问题,周恩来做了具体的说明:蒋经国等安排在人大或政协是理所当然的。蒋介石将来总要在中央安排。台湾还是他们管,如果陈诚愿意做,蒋经国只好让一下做副的。其实陈诚、蒋经国都是想干些事的。陈诚如果愿到中央工作,不在傅作义之下,蒋经国也可以到中央工作。周恩来还真诚地表示,如果目前台湾方面有难处我们可以等待,希望蒋氏父子和陈诚也拿出诚意来。当场,周恩来指示中央对台办公室负责同志通知有关方面,对蒋介石、陈诚等人的祖坟加以保护,对尚在大陆的亲属注意照顾。

1956年年底,周恩来在印度加尔各答回答记者提问时再次说明:中国政府正在努力争取蒋介石,如果台湾回到祖国怀抱,蒋介石就有了贡献,他可以根据自己的愿望留在中国任何地方。一位记者感兴趣地问:"是否给蒋介石一个部长职务?"周恩来笑着回答:"部长太低了。"

中共中央为争取和平解放台湾而采取的一系列措施逐步影响到台湾内部,引起美国政府的严重不安。为达到继续占有台湾的目的,美国政府加紧推行"两个中国"的政策。但这项政策不仅遭到中国政府的强烈反对，也遭到蒋介石集团的反对。国共两党在台湾问题上一致坚持的民族大义，成为周恩来对蒋介石集团的上层进一步开展工作的政治基础。

1959年12月14日，周恩来在接见首批特赦战犯时特别提到了中国共产党当时与蒋介石在民族问题上的共同点，并初步披露了党中央对蒋介石的新政策。他说："民族立场很重要，我们对蒋介石还留有余地，就是因为他在民族问题上对美帝国主义还闹点别扭，他也反对托管，反对搞两个中国。今天美帝国主义要把侵占台湾合法化，想把金门、马祖给我们，把台湾、澎湖留给自己，把蒋介石搞掉。我们认为台、澎留给蒋介石比留给美帝国主义好，将来这些地方总有一天会回到祖国怀抱。两害相权取其轻，我们不给美帝国主义以机会。在这里我们实际上支持蒋介石。正如章行老所说'现在真正支持蒋介石的是北京'。我们希望蒋介石、陈诚、蒋经国团结起来反对美帝国主义。总之，要坚持民族立场。祖国的领土是完整的，不容许帝国主义分割，损害我们的一根毫毛也不行。"

1960年初，美国对华政策有所变化，它一方面继续从政治、经济方面压迫台湾，力图借此打开缺口，推行"两个中国"的政策；另一方面设法增加与中国大陆的接触，寻找新的折中方案。美国的做法加深了美蒋之间的矛盾，这种局面十分有利于中共开展和平解放台湾的工作。5月22日在中共中央政治局常委会上，周恩来与毛泽东商讨后确定对台湾问题的总方针是：台湾宁可放在蒋氏父子手里，不能落到美国人手中。中央认为，对蒋我们可以等待，解放台湾的任务不一定要我们这一代完成，可以留交下一代去做。要蒋现在就过来也有困难，问题是要有这个想法，逐步地创造些条件，一旦时机成熟就好办了。

为把中共的诚意传递到台湾，促进海峡两岸关系的发展，周恩来通过各种渠道，采取各种办法开展工作。他委托原国民党高级将领，如在台湾当权派中深有影响的张治中、傅作义多次致信蒋氏父子和台湾第二号人物陈诚，转达中共对台的方针和政策，每一封信写好后，周恩来都要认真阅读。在20世纪60年代初，张治中等的信中向台湾转达了中共中央提出的更为宽松的4点意见：

一、台湾回归祖国后，除外交必须统一于中央外，所有军政大权、人事安排等系委于蒋；

二、所有军政及建设经费不足之数系由中央拨付；

三、台湾的社会改革可以从缓，一旦条件成熟并征得蒋之同意后进行；

四、互约不派特务，不做破坏对方团结之事。

这些信对国民党当局晓以大义，陈以利害，动以感情，反映了中国共产党人以民族大义为重的宽阔胸怀。

此外，周恩来还抓住机会做国民党元老的工作和蒋介石亲戚的工作。周恩来曾特别嘱咐有关人士将"奉化庐墓依然，溪口花草无恙"的照片寄往台湾，请统战部门安排住在上海的蒋介石的内兄毛懋卿做浙江省政协委员，并要他们照顾蒋介石在浙江奉化的亲属和陈诚在浙江青田的姐姐。这一系列工作对台湾方面产生了影响，大陆和台湾的关系有了相当的发展。据有关人士透露，台湾当局的一个重要负责人曾表示，他们不再派人到大陆"进行扰乱公共安宁和破坏地方秩序的事"，并说："进一步派人到大陆去谈谈是不可避免的，也是必须的。"1961年下半年，美国邀请陈诚访美，企图在是否从金门、马祖撤退的问题上离间蒋氏父子和陈诚的关系，扩大他们之间的矛盾，实现他们搞"两个中国"的目的。周恩来决定以促进他们之间的团结来击破美国"拉陈抑蒋"的阴谋，并表示："我们希望蒋介石、陈诚、蒋经国团结起来反对美帝国主义"。周恩来申明：只要他们一天能守住台湾，不使它从中国分裂出去，那么，我们就不改变目前对他们的关系。希望他们不要过这条界。8月，陈诚访美，美国国务院将1955年以来中美大使级谈判的记录拿给他看，想以此进行拉拢。陈诚看后对人说："中共拒绝美国一切建议，而坚持美舰队及武装力量退出台湾的做法，不受奸诈，不图近利，是泱泱大国风度。"陈诚还表示，他们也要向历史作交代。

鉴于陈诚思想的发展，周恩来进一步抓紧了争取台湾的工作。1963年初，周恩来请张治中、傅作义致信陈诚，阐明台湾的处境与前途，说明今日反台者并非中共实为美国，而支持台湾者并非美国实为中共。中共这样做是为了维护国家主权与领土完整之不可侵犯性。不久，周恩来又请有关人士转告陈诚：台湾归还祖国以后，可以行使更大的自治权力，除外交以外，军队、人事均可由台湾朋友自己来管。周恩来表示过去送去的信件虽然是一些朋友个人写的，但政府是支持的，我们个人在政府中担负的工作可以变更，但对台政策是不会改变的。

这个时期，周恩来代表中共表达的和谈诚意和提出的具体建议对台湾当局深有影响。他们表示：只要一息尚存，决不会接受"两个中国"。

1965年3月，陈诚病逝。他留下的遗言既没有提"反共"，也没有提"反攻"。他向蒋进言：对中共不能反潮流；不能为外国动用台湾兵力；不能信任美国；不能受日本愚弄等。这表明，对陈诚所做的工作是有成效的，不负周恩来的一片苦心。台湾的国民党右派想在陈诚的遗言中，加上"反共反攻"的内容，陈诚夫人不同意；她找到蒋介石，蒋介石同意不修改。这说明，蒋介石当时的态度也是耐人寻味的。

陈诚去世后，周恩来继续坚持不懈地对台进行争取工作，他不止一次讲道：对台工作急是无用的，今后可能会拖下去，我们这辈子如看不到祖国统一，下一代或再下一代总会看到的，"我们只要播好种，把路开对了就行"。

周恩来为和平解决台湾方针的确立和发展作出了卓越的贡献，他直接领导开创的对台工作，为今天海峡两岸关系发生的历史性变化奠定了重要的基础。在和平解决台湾问题上，周恩来的主要功绩是：推动中美谈判，为和平统一祖国创造条件；抓住有利时机，促进和平解决台湾方针的确定和发展；以民族利益为重，发展海峡两岸关系。

二、周恩来与班禅

班禅额尔德尼·确吉坚赞是我国藏族宗教领袖和西藏的领导人，曾任全国人民代表大会常务委员会副委员长、全国政协常委和副主席，中国佛教协会名誉会长等重要职务。1989年1月7日，他到中国藏传佛教高级佛学院检查、布置工作并发表完长篇讲话后，工作人员请示他第二天的工作安排时，他说："明天是周总理逝世纪念日，念完晨经，我还要祈祷，早上不能安排别的活动。"这段满怀深情的话语充分表达了班禅大师对周恩来的深切怀念之情。

实际上，周恩来与班禅的关系不仅是私人之间的友情关系，而且也是以周恩来为代表的中国共产党和以班禅为代表的藏传佛教的关系以及汉民族与藏民族的关系。

最可信赖的导师和长辈

班禅活佛世系采用转世之制，始于第四世班禅，至九世班禅，共转世六代。1713年，清朝中央政府册封第五世班禅为"班禅额尔德尼"。此后，历世班禅转世灵童必须得到中央政府批准，才能合法继承前世班禅的名号。

班禅额尔德尼·确吉坚赞1943年被班禅堪布会议厅认定为九世班禅的转世灵童，迎往青海塔尔寺供养，其时才5岁，名字叫官保慈丹。后经一系列的认定、批准手续，1949年6月2日，当时的国民政府代总统李宗仁颁发了准予官保慈丹继任为第十世班禅额尔德尼的命令。8月10日，在青海塔尔寺隆重举行十世班禅坐床典礼。此时解放军正向西北开进，国民党拉拢、引诱班禅一起撤退台湾，遭到拒绝。

9月5日，西宁解放。10月1日，中华人民共和国庄严宣告成立。11岁的十世班禅代表西藏人民，致电拥护新中国的诞生："北京中央人民政府主席毛，中国人民解放军总司令朱钧鉴：钧座以大智大勇之略，成救国救民之业，义师所至，全国腾欢。班禅世受国恩，备荷优崇。20余年来，为了西藏领土主权之完整，呼吁奔走，未尝少懈。第以未获结果，良用疚心。刻下羁留青海，待命返藏。兹幸在钧座领导之下，西北已获解放。中央人民政府成立，凡有血气，同声鼓舞。今后人民之康乐可期，国家之复兴有望。西藏解放，指日可待。"

为了争取早日解放西藏，中央人民政府命十八军西进。1950年10月，昌都战役消灭了藏军的主力，十四世达赖迫于国内外形势，终于择善而从，同意派出代表团赴京和平谈判。代表团分陆路海路两路分别前往北京。

周恩来直接领导同西藏地方的和平谈判工作，悉心研究西藏的历史和现状。了解了班禅不住在西藏而住在青海的塔尔寺，是由于经历了一段历史的曲折和纠葛：

班禅和达赖均是佛教黄派创始人宗喀巴的徒弟。西藏人民称他们为"师徒三尊"。班禅在后藏日喀则，达赖在拉萨，在宗教上、政治上，班禅和达赖地位不相上下，有时候，在有些方面班禅还超过达赖。清朝中央政府把班禅和达赖置于平等地位，都归皇帝直接领导。到了近代，英帝国主义势力侵入西藏后，将重点放在拉萨，因而达赖受英帝国主义的影响大，对祖国采取分离的政策；班禅一直是反帝爱国的，拥护中央政府的政策。从经济实力上讲，达赖拥有的寺庙、僧侣、田庄、农奴占9/10，班禅只占1/10。1915年达赖在日喀则设立基宗（相当于内地的专署），不仅管理达赖在后藏的溪卡（庄园），也管辖班禅所属的宗（县）及溪卡。达赖的办事机构噶厦安排班禅的办事机构堪布厅承担1/4的军粮。这样就侵犯了班禅固有的地位和职权，破坏了达赖与班禅平等的关系，导致了达赖和班禅关系的恶化。

1923年，九世班禅得知他的重要官员在拉萨被投入监狱，感到大难临头，仓促决定离开后藏日喀则扎布伦寺到青海。为了恢复西藏和中央政府的正常关系，班禅在内地奔走15年。因军阀混战，中央政权自顾不暇，无力解决西藏问题，1937年九世班禅客死青海。到1949年，班禅已有26年受阻不能回到西藏，不能回到家乡。现在，新中国成立了，十世班禅将重返西藏的希望寄托于共产党领导的中央政府，因而他在给毛泽东、朱德的祝贺电中兴奋地表示："西藏解放，指日可待。"这样，从历史着眼，从现实出发，促使班禅和达赖和解，让班禅重返西藏，对解放军进藏、对西藏在中央人民政府的领导下走向幸福、繁荣，具有非同一般的意义。

于是，周恩来明确指示，在和达赖西藏地方政府派来的代表团谈判过程中，要十分尊重和充分听取班禅和堪布厅主要成员的意见，并安排寄居在青海塔尔寺的十世班禅和堪布会议厅主要成员尽快到京。

1951年4月22日，达赖派来的西藏代表从陆路昌都来的阿沛·阿旺晋美到达北京；4月26日，由印度经海路来的代表也到达北京，并带来了噶厦厅拟定的5项谈判条件，其中第五条是：今后请勿听班禅的挑拨。代表团到京后，受到中央统战部领导人的欢迎。

翌日下午2时，十世班禅率领堪布厅的僧俗官员45人，从青海第一次到新中国的首都，住在西郊畅观楼。周恩来亲自到车站迎接班禅一行，以表示中央政府对班禅的重视和尊敬。

当晚，周恩来设宴为班禅接风洗尘。出席作陪的有中共中央统战部部长李维汉、中共派驻班禅行辕的代表范明等。当时，班禅刚满13岁，这是他第一次参加重要的政务活动。

在接见大厅，周恩来同班禅一行一一握手，少年大师按藏族的最高礼仪，向周恩来献了一条质地优良的洁白哈达。然后，两人进行了亲切交谈。周恩来对班禅十分尊重，并未把他当作稚气未脱的孩子看待。谈话内容十分宽泛，从中华人民共和国的建立到西藏的美好前景；从班禅在京期间的活动、食宿安排到即将开始的和平谈判；从达赖、班禅两位活佛的关系，到藏民族内部的团结及汉藏两个兄弟民族的团结，周恩来都谈到了。不知不觉中，班禅已没有紧张和拘谨。虽然他还不能完全理解周恩来谈话的丰富内涵，但他庆幸自己拒绝蒋介石政府的引诱，留在大陆的选择是正确的。他知道了中华人民共和国不同于以往的任何政府，而是自己真正的靠山和支柱；他更为周恩来的风度、才华、学识和真诚所折服，把周恩来看成自己最可信赖的老师和长辈。

这次会面，开始了周恩来与第十世班禅之间长久而深厚的友谊。

为了促进和谈成功，周恩来指定已是中共西藏工委委员的平措汪杰参加并担任翻译。

4月29日，西藏和平谈判开始。噶厦和谈代表一直回避和班禅一行见面，不仅因噶厦有指示，而且当时达赖还未对确认十世班禅表态。

经过反复谈判，终于在5月23日达成和平解放西藏办法的协议。同时，也达成了班禅回藏问题的协议：班禅额尔德尼的固有地位及职权，应予维持。并说明达赖和班禅的固有地位是指十三世达赖和九世班禅和好相处时的地位和职权。

周恩来因病去大连休养，未能出席西藏和平谈判签字仪式。24日，毛泽东举行盛大宴会，庆祝西藏和平解放协议签字，班禅和阿沛·阿旺晋美出席了宴会。会后，班禅和达赖互通电报，表示敬意和问候。这是双方失和之后，第一次建立友好的联系。6月2日，班禅离京到南方参观，26日回到青海塔尔寺。

协议签订了，能不能执行？千里迢迢，雪山重重，如何护送班禅回到西藏？这些都是大事。中央任命西北军政委员会委员范明为驻班禅行辕的代表，牙含章为助理代表，负责护送一事。1951年春，中央召范明和牙含章到北京，在周恩来亲自主持下，由李维汉具体负责，研究了护送班禅回藏的交通运输、物资供应、安全保卫等具体事宜。

1951年12月，班禅一行从西宁出发，于翌年4月28日安全抵达拉萨，受到隆重欢迎。6月23日，九世班禅于1923年离开日喀则29个年头的时候，十世班禅回到札布伦寺。北洋军阀、国民党政府近30年没有解决的问题，新中国仅用两年多的时间就解决了，这使班禅感激万分。

周恩来在解决班禅返藏及和平解决西藏问题上的实践，反映了他对少数民族的尊重。他曾说："清朝压迫少数民族的政策，是对满族以外的民族进行欺骗和屠杀。北洋军阀政府继续了这样的政策，国民党反动政府更加深了这样的政策。我们应该改变这样的政策，把各民族团结成一个大家庭，防止帝国主义的挑拨分化。"

我一定按中央的安排办事

1954年9月，班禅在第一届全国人民代表大会上当选为人大常委会委员。12月，在全国政协二届一次会议上，班禅又当选为全国政协副主席，时年16岁，成为我国最年轻的国家领导人。这时，班禅与周恩来之间又加上了一层"同事关系"。在全国政协里，他得到毛泽东名誉主席和周恩来主席更多更直接的关怀。

1955年3月9日，为了进一步建设和发展西藏，进一步巩固达赖和班禅间的团结，周恩来主持召开国务院第七次全体会议，讨论通过了《国务院关于成立西藏自治区筹备委员会的决定》和《国务院关于西藏地方政府和班禅堪布会议厅委员会之间关于历史悬案问题的谈判达成的协议的批复》。这一协议的通过，使葛厦厅和堪布厅之间的历史遗留问题得到了进一步的解决，达赖和班禅之间的关系更加密切了。

第二天，周恩来举行宴会，为达赖、班禅饯行。席间，周恩来、班禅和达赖都发表了充满情谊的讲话。班禅在讲话中表达了依依不舍的心情，并表示回藏后，一定遵照毛主席和各位首长的指示，为加强民族团结，建设繁荣幸福的新西藏，巩固西南国防而努力奋斗。

1956年11月25日，班禅和达赖应印度政府之邀，到新德里参加释迦牟尼涅槃2500周年纪念。这时，在印度的藏族少数分裂主义分子成立所谓的"西藏政府"，公然进行分裂祖国的叛乱活动，并企图阻止达赖和班禅回国。

1957年1月24日，周恩来访问印度时，分别会见仍在印度的班禅和达赖，同他们进行长时间的亲切交谈，使他们在错综复杂的环境里，进一步明确了方向。班禅向周恩来表示：请中央放心，我一定会按中央的安排办事，绝不会受外界的影响。他严厉谴责极少数分裂主义分子背叛祖国的阴谋活动，旗帜鲜明地表示拥护中央人民政府的领导，维护祖国统一，反对任何形式的"西藏独立"活动。在纪念活动结束之后，班禅坚决摆脱了分裂主义分子的纠缠和干扰，于1957年1月29日毅然先期飞回拉萨。回国后，周恩来对班禅在印度的表现给予高度评价。

共同为西藏的改革和建设倾注心血

任何伟大的社会改革都要遇到阻力。正当西藏的各项工作按照中央政府的安排有序进行的时候，1959年3月10日，西藏地方政府和上层反动集团公开撕毁和平解放西藏办法的17条协议，在拉萨举行武装叛乱。3月17日，叛乱分子将达赖劫持出拉萨。

3月20日，解放军西藏军区部队开始平息叛乱，控制了拉萨的局势。

班禅在日喀则，听到关于平叛的报道，态度鲜明地说："这场较量是不可避免的，只不过是时间问题。毛主席早就说过，坏事可以变成好事嘛。"他拥护平叛，协助解放军解决了在日喀则附近的两个藏军代本（小团）和噶厦政府的派出机关——日喀则的基宗和宗政府，并命令扎布伦寺、堪布厅和警卫营各安其地，各守其职，不要掠扰，不要支持藏军。

3月21日，周恩来草拟了《中央关于在西藏平息叛乱中实现民主改革的若干政策问题的指示（草案）》改变了原来决定的在西藏6年不进行民主改革的政策，提出在平乱的同时"坚决地放手发动群众实行民主改革"。

22日,拉萨市区的叛乱平息。

28日,周恩来发布命令,责成西藏军区彻底平息叛乱,"自即日起解散策动叛乱的西藏地方政府,由西藏自治区筹备委员会行使西藏地方政府职权"。在自治区筹委会主任委员达赖被劫期间,由班禅代理主任委员职务。

29日,班禅致电毛泽东、周恩来,表示他本人和西藏广大僧俗人民,坚决拥护国务院命令。

4月5日,班禅到达拉萨,主持自治区筹委会的工作。从此,他身上的担子更重了。这时他刚满21岁。

4月14日,为出席全国政协三届一次会议和二届全国人大一次会议,班禅到达北京。周恩来等国家领导人及各界人士千余人到车站迎接。这是周恩来与班禅第三次会面。当晚,周恩来在中南海举行宴会,欢迎班禅。

在两会上,班禅分别当选为全国政协常委和全国人大常委会副委员长。这样,他同周恩来接触和学习的机会更多了。

两会结束后,班禅立即返回西藏,主持自治区筹委会的工作。9月20日召开自治区筹委会第三次全体会议。会议通过了一系列文件,极大地推动了西藏社会的民主化进程。对这些卓有成效的工作,毛泽东、周恩来等给予充分肯定。

21岁的班禅精力充沛,经常夜以继日地工作。对于西藏工作中的重大问题,班禅都直接向身为国家领导人又主管西藏地方工作的周恩来总理请示汇报,周恩来也总是给予热情支持和具体指导。班禅曾多次讲过,周总理和他不仅是领导者和被领导者的关系,而且是导师和弟子、长辈和晚辈的关系。

1959年庐山会议后,由于进一步批判"右倾机会主义",使"左"的错误日益严重,国民经济发生严重困难,也影响到西藏的工作。1960年9月,班禅到北京参加国庆庆祝活动,向周恩来反映了自己的意见。对此,周恩来十分重视。不久,中央派全国政协副主席、中央统战部长李维汉和中共西北局书记汪锋陪同班禅到南方疗养、参观,边走边谈,共谈了13次,形成文件。同时派民族事务委员会副主任杨静仁率工作组到西藏考察工作。

班禅回到北京,毛泽东、周恩来又同他谈话,交换意见。

班禅经过长时间酝酿,倾注大量心血给中央写了一份七万多字的意见书(后来被称作"七万言书"),全面、系统地表达了他对西藏工作的意见。

此时,周恩来担负着领导国务院贯彻"调整、巩固、充实、提高"八字方针,和总结三年"大跃进"教训的繁重任务。在全国人民代表大会上,他对"大跃进"的缺点错误作了检查,承担了责任。东北是全国的重工业区,为了贯彻大幅度调整国民经济的决策,周恩来亲赴东北考察。行前,周恩来挤出时间接见班禅。

当时意见书正在翻译之中,周恩来认真地听了班禅的口头汇报。

班禅说:"西藏从和平解放以后,特别是从1959年以来,发生了很大的变化,这个变化是伟大的、光荣的、必要的、有意义的。因为平息了反革命的叛乱,胜利地实现了西藏人民渴望的民主改革。这两年来农牧业有了发展,现在西藏的基本情况是好的,成绩是主要的,缺点、错误是不能和成绩相比的。"接着,他一一谈了西藏工作中存在的问题。

周恩来耐心听完后说:"有书面报告,看完后再说,今天简单说几句。错了的应该纠正,你们不安,我们更不安,因为是一个大家庭。错误一定要纠正,这一点,党中央、毛主席、国务院是肯定了的。从一个领导政党的地位来说,发生了不好的事,我们比你们更负责,更关心。从政府工作来说,你是副委员长,我在你领导之下,但我又反过来对你负责。"

周恩来接着说:我们共事11年,在这11年中,可以看清我们有几个最基本的问题是一致的。第一,中国真正独立、反帝;第二,爱祖国,各民族大家庭团结在一起;第三,把祖国搞强,成为世界上一个社会主义的强国。"从反对帝国主义、爱国主义、建设社会主义这三点上,我们不仅是同胞而且是同志。""但这不是说把你说的统统听,说错了的要给你指出来的。不这样,就不是同志的态度。"会后,周恩来指定李维汉和国务院副总理、秘书长习仲勋,中共西藏工委第一书记张经武,中共西藏工委第二书记张国华同班禅继续谈。

6月份,"七万言书"翻译好。为了给这份意见书拟定一个合适的标题,班禅费了一番心思。他认为,在中央领导里,周总理最了解西藏的情况,也最了解自己的情况,还最能虚心听取党内外各种不同意见。因此,经过反复斟酌,最后他把标题定为《通过敬爱的周总理向中央汇报关于西藏和其他藏族地区群众的疾苦和对今后工作的建议》。

"七万言书"在充分肯定中央关于西藏工作方针政策的同时,诚恳地批评了民族工作中的失误,尤其是西藏工作中"左"的错误,提出了如何纠正错误,正确地贯彻党的民族政策、宗教政策、统战政策,大力发展农牧业生产、改善群众生活的建议。尽管有些言辞出现偏激,分寸把握也欠准确,但总的精神是积极的、健康的,充分表达了年轻大师的一片忧国忧民之心。

李维汉、习仲勋召集有关人士研究如何改进西藏工作,最后形成4个文件,以班禅和张经武的名义上报周总理和党中央,很快得到批准。

7月24日,周恩来接见班禅,再次听他当面汇报。周恩来坦率地指出:在"七万言书"中,"问题提出来了,就必须解决。但并不等于你提的问题都对,有对的,有不对的。""对的就接受过来,不对的正面给你提出意见,提出批评。"周恩来认为其中的"7个认识有许多错误,8个问题都是事实,宗教五项原则很好,可以拿过来。"周恩来又把8个问题归纳成6个问题,谈了自己的看法,包括关于平叛问题、关于民主改革问题、关于群众生活问题、关于民主集中制问题、关于宗教问题、关于民族问题。

在谈到宗教问题时,周恩来说:我很欣赏你提出的宗教五项原则。他把班禅提出的宗教五项原则与他自己倡导的处理国际关系的和平共处五项原则并提,取名为"潘查希拉"(印地语,指五项原则),并风趣地说:"政治上的'潘查希拉'我有一份,宗教上的'潘查希拉'是你创造的,版权所有归你。"周恩来强调指出:"消灭宗教,就是消灭人民了,就成了消灭自己了,帝国主义才这样干的。"社会主义"不存在'消灭宗教'的问题"。

在谈到民族问题时,周恩来提醒说:"在座的都相信,党中央是扶持民族发展的。""在民族问题上,汉族同志要批判大汉族主义倾向,藏族同志也要批判地方民族主义倾向。"

周恩来最后特别强调:"国家有前途,藏族有前途,个人也有前途。关键在于领导,在于政策,在于团结。"

听完周恩来的谈话,班禅表示赞同周总理的意见,并说:"今天总理作了宝贵、坦率的指示。"周恩来谦逊地答道:"我的话不一定都对,我只是在几个大的方面指出来了。哪能够都对呢,除非是不说话。"他让班禅回去后"慢慢消化",有不同意见还可以提出来。

8月初,班禅一行返回西藏。8月13日至9月2日,西藏工委召开第六次扩大会议,传达周恩来关于西藏工作的意见,讨论如何贯彻关于西藏工作的4个文件。

这时,班禅心情舒畅、信心满怀,要为开创西藏工作新局面而大干一场了。

最真挚的情感

天有不测风云,政治生活中也往往如此。

正当班禅把全部精力倾注在西藏的改革与建设上时，1962年秋，党的北戴河会议和八届十中全会重提阶级斗争为纲。会上批判了习仲勋。"民族问题的实质是阶级问题"这个论点，一时成为指导民族工作的总原则，并以此批判李维汉在民族工作中所犯的右倾错误。在这种情况下，班禅的"七万言书"被诬为"反党反社会主义的反动纲领"。

1964年9月18日至11月4日，在西藏自治区筹委会第七次扩大会议期间，班禅受到严厉的批判，撤销了他所任西藏自治区筹委会代理主任职务，给他扣上了"反人民、反社会主义、蓄谋叛乱"三顶莫须有的大帽子。随后，在三届全国人大一次会议和全国政协四届一次会议上，又分别撤销他全国人大常委会副委员长和全国政协副主席的职务，只保留全国政协常委一职。

在班禅受到不公正待遇后，周恩来给予了悉心关照和保护。

1964年底，周恩来担心这位26岁的大师在西藏发生意外，便调他离开拉萨，以全国政协常委的身份来北京，亲自安排他全家住在已故沈钧儒副委员长的寓所里。这实际上是让他仍然享受副委员长的待遇。

1966年夏，"文化大革命"风暴席卷神州大地。西藏民族学院的红卫兵到北京串连，同中央民族学院及首都其他高校的红卫兵联合，准备轮番揪斗班禅。

周恩来一再劝阻红卫兵，明确指出：对乌兰夫、班禅这样的少数民族领袖人物要加以保护，他们有问题，可以写揭发材料给中央，也可以背靠背地批判，但不能揪斗。

8月下旬，一个漆黑的夜晚，一些"造反派"置周恩来的指示于不顾，翻墙闯进班禅住处，抢走班禅，用卡车拉到中央民族学院，私设公堂，任意审讯，随便打骂。班禅据理抗争，就被认为"不老实"，把他捆绑起来，又拉出去游行示众。

周恩来得知这些情况，立即派解放军加以制止，绝不容许采取侮辱性的斗争方式。他指示中央统战部负责人：共产党员在任何时候都要履行自己的职责，就是你们自己受揪斗，也要把班禅保护好。统战部负责人随即与周总理派来的联络员及卫戍区的解放军一起赶到中央民族学院，把班禅转移到北京卫戍区保护起来。

部队领导对班禅说："首长，周总理指示我们要好好保护您，绝对不允许红卫兵再把您弄走。西藏民族学院的一些红卫兵也要把您带回西藏，交给藏族群众批斗。那样肯定会出危险、出乱子。因此，首长暂时不能回家，也不能同您的父母见面，更不能同外面的人接触。万一出了事我们不好向周总理交代。"

1968年夏，班禅再次蒙难，被以"监护"为名监禁起来，一关就是9年多。

在这种情况下，周恩来依然惦记着、关心着班禅，想方设法保护他的安全，恢复他的自由。

1971年"九一三"事件后，周恩来曾考虑给班禅安排工作，虽因各种阻力未能如愿，但他仍然千方百计地给班禅以尽可能的关怀与保护。班禅得了慢性胆囊炎，需要治疗，专案组送上报告。报告是送给周恩来、叶剑英、江青等人的。周恩来看到报告马上批准送班禅到阜外医院治疗。阜外医院是专治心血管病的，已经军管。医院尽心治疗受冲击的老干部①。周恩来是为班禅创造一个较好的治疗、休养环境。然后，周恩来在江青的姓名上画了一个圈，写了"暂不送"，即不送江青看。用这种方式避开了江青的破坏和干扰。

1974年3月10日，周恩来会见科威特客人，由阿沛·阿旺晋美副委员长陪同。已患癌症的周恩来特意请阿沛·阿旺晋美提前到人民大会堂，商议让班禅出来工作的事。可是，随着"批林批孔"的发展，周恩来的这一提议再次受阻。

1976年1月8日，人民爱戴、世人敬仰的周恩来总理与世长辞。班禅在狱中听到这一噩耗十分悲痛。他为国家失去这样一位好领导而痛心，更为民族的命运而担忧，也为自己的前途而担心。因为了解自己、关心自己、培养自己的至尊师长去世了，自己的问题什么时候才能得到公正的解决呢？

度过了9年又8个月监禁生活的班禅大师，直到粉碎"四人帮"一年后的1977年10月，才重获自由。

出狱后，每逢周恩来的祭日，班禅都要早早地起床做好祈祷的准备。然后在上午10时左右到天安门广场的人民英雄纪念碑前，恭恭敬敬地为周总理献上精致的花圈（或花篮）和洁白的哈达，以寄托他深深的哀思与怀念。后来，他重新担任全国人大常委会副委员长，保卫工作加强了，去天安门有些不便，就在家里为周恩来祈祷冥福。

1988年4月4日，在七届全国人大一次会议新闻发言人举行的中外记者招待会上，班禅回顾自己的历史时向全世界坦露了他对周恩来的深情："我在监狱里没有死掉，主要是周恩来先生的恩情。"

第十世班禅大师额尔德尼·确吉坚赞因操劳过度，心脏病突发，于1989年1月28日与世长辞。就在他逝世前的21天，对身边的工作人员说了那段充满对周恩来深切怀念之情的肺腑之言。

---

① 1997年李海文采访三部离休干部汤聿文，当时他是医院军管的负责人。

三、周恩来与溥仪

在中国近、现代史上，有这么一位有趣而带传奇色彩的人物——爱新觉罗·溥仪。他1906年出生，3岁"登基"当皇帝。可是只过了三年，就爆发了推翻封建帝制的革命，这就决定他成了中国漫长封建社会的末代皇帝；历史曲折，张勋复辟封建帝制，他再度被拥戴，更是昙花一现；"九一八"事变以后，他投入日本人怀抱，又当上了伪"满洲国"的皇帝。这样，溥仪一生三过皇帝瘾，理应成为中国人民反帝反封建革命的头号对象。然而，在新生的人民共和国，也只有在新中国，溥仪却实现了从"皇帝到公民"的大转变，而周恩来则是他完成这个大转变的直接推动者。

现在要以朋友相待

1945年8月15日，中国人民抗日战争取得胜利。溥仪的"满洲国"傀儡政权坍塌，这位末代皇帝也被出兵东北的苏联红军俘获，先后被囚禁在苏联境内的赤塔和伯力。

1949年10月新中国成立，毛泽东和斯大林商定，把溥仪遣返回国内继续改造。

1950年7月21日，溥仪被遣返回国，结束了在苏联5年的收容生活。在中苏边境的绥芬河火车站，解放军军官见到溥仪后说的第一句话就是："我们是奉周恩来总理的命令前来接你们回国的。"从此，溥仪记住了"周恩来"这个名字，并知道他是新中国的总理。

光阴似箭。在抚顺战犯管理所，溥仪又度过了10年。如果说高墙、岗楼、电网和铁栅栏确实体现了"强迫"二字的话，那么，周恩来对溥仪的关心和爱护，却充满了友善，拨动了他的心弦，促其迅速走上自觉改造的道路。

1959年是新中国成立10周年，在这个欢庆的日子里，溥仪和其他32名战犯被特赦。

这年12月14日，周恩来在中南海西花厅接见特赦回到北京的溥仪和原国民党高级将领杜聿明等10人。对此，溥仪第二天在一封私人信件中作了简明扼要的记述：

"这是在12月14日，我坐着国务院派来的车，从前井胡同6号到了国务院西花厅。我的七叔载涛也在那里等我。我一进屋就看见周总理了。总理起来和我握手。我心里是如何的感激、激动，我紧握总理的手，不知不觉地说：'呀，周总理，满肚子想说的话，激动得反而说不出来了……'"

周恩来和大家一一握手，并一一询问每个人的情况。说来也巧，在座的原国民党高级将领多数从黄埔军官学校毕业，与周恩来有师生之谊，在经过了数十年的各自历程后，师生重逢共话，一时半晌哪里说得完？

然而，被接见者中的这位唯一同周恩来没有旧交的溥仪，并没有受到冷落，周恩来还特地安排他坐在自己身边，亲切地与他交谈。

他们谈满族旗人的礼节、服饰以及不同于汉人的相貌特征等等。不过，昔日皇帝第一次面对人人敬仰的周恩来，十分拘谨，谈话中间常常自责自咎，说自己是地主阶级的总头子，又给日本帝国主义当傀儡，再三检讨。周恩来笑了笑，温和地说："你过去已经检讨很多，不要再做检讨了。有时间可以写一些回忆录嘛，为祖国可以多做一些工作。"

溥仪听到"写回忆录"几个字，自然想起在抚顺撰写的那部长达几十万言的自传，便向周恩来总理汇报了。虽然周恩来对溥仪在监狱的表现了如指掌，但此时他仍是认真地听溥仪介绍。

"你们是标兵，要经得起考验，要给人以好的印象。"周恩来以赞扬的口气对这批特赦人员寄予厚望。接着又从立场、观点、实践、前途等方面娓娓而谈。当然，讲得更多的还是立场问题。他说："民族立场、人民立场，也就是民族的利益、人民的利益。从鸦片战争到今天，将近120年，中国人民翻身的事实，连帝国主义也是不得不承认的。"讲到这儿，周恩来把视线转到溥仪身上，接着说："溥仪先生，你也可以证明比你们过去搞得好吧！"

溥仪回答道："那是不可以同日而语的。清朝到西太后统治时期就完全卖国了，搞得江山残破，不堪一提呀！"

周恩来接着说："国民党搞了20多年也没有搞好。今天，6亿5千万中国人民站起来了。这样的国家不爱，还爱什么？生于斯，长于斯，不爱这个国家爱谁呢？"这几句话似乎刺到了溥仪的痛处，他为自己当日本傀儡皇帝那段历史而愧疚。

"溥仪先生，"周恩来打断了他的沉思进一步说，"你在清末才两三岁，那时你不能负责，但在伪满时代你要负责！"溥仪心想，总理竟然对自己的前半生作出如此中肯的评价，他激动地落下了泪水。

周恩来对溥仪等人说："现在你们是新人了，不是皇帝、总司令了，现在要以朋友相待。"最后又提出两点希望:"第一,要相信党和国家。党和国家对你们是信任的,你们要用自己的力量,为国家为民族多做贡献。第二,倘若有不如意的事,可以写信,可以与中央统战部联系,有话就要说,不要积少成多,结成疙瘩。"

接见完毕,溥仪是含着热泪向周恩来道别的,两只手握得是那么有力!

安排最合适的工作

第一次接见后的1个多月,一天下午,周恩来在政协礼堂再次接见并宴请溥仪和他的七叔载涛、四弟溥任及6个妹妹。在这次接见中,周恩来同溥仪谈了如何巩固思想改造的成果问题,又同他商量工作安排问题。

周恩来对溥仪说:"你后几年进步了,但不能说巩固。改造,第一是客观环境,第二是主观努力。"刚刚跨进新生活的溥仪,又一次得到周恩来的思想教育和引导。

接着,周恩来逐一了解溥仪的知识基础、身体状况、兴趣和爱好等问题,力图给他安排一个最合适的工作。

"你想搞哪种工作?"周恩来以征询的口气问。

"想搞轻工业或在公社中都可以。"溥仪的回答也干脆。

周恩来说:"我看找找各部的研究所,一半学习,一半做工,既照顾你的身体,也学一点自然科学。"对这个设想,溥仪是乐于服从的。

后来,溥仪被安排到中国科学院北京植物园,研究热带植物。

其实,把溥仪安排在植物园,是周恩来的一种过渡性的考虑,溥仪自己却一点也不知道,对这个安排非常满意。而周恩来正在为这个特殊公民筹划更理想的工作。

1960年12月中旬的一天晚上,国务院的小轿车又一次把溥仪接到西花厅,而且这次被一同接来的还有溥仪的二弟溥杰。

"欢迎你们皇家二兄弟光临!怎么样,身体还好吗?"周恩来热情地问候。

"谢谢总理的关心,总理和大姐都好吧!"溥仪似乎对这里一切都熟悉了,回答自如。

由于溥杰特赦不久,周恩来先询问并听取了他对工作安排的心愿。接着,又了解溥仪在北京植物园工作半年多的体会。溥仪十分满意地表示,他喜欢那里的生活,熟悉了劳动者,学到了知识,每天都觉得有意义。周恩来听了很高兴,表场他进步了。这时,周恩来关于特赦人员工作安排的总体方案已经形成,消息也逐步透露出来了:劳动以一年为期,然后就转到文史资料的撰写、整理、研究和编辑等业务工作中去。

1961年春节期间,中共中央统战部设宴招待留京的两批特赦人员。在这次宴会上,中央统战部负责人遵照周恩来的指示,当场宣布,第一批特赦的7人在全国政协文史资料委员会担任文史专员。

名单里,第一位就是溥仪。

这些人的待遇也由劳动期间每月发生活费60元提高为100元。

溥仪听了,无比激动,他即席发言说:"党和政府在国家经济困难时期,还给予我们令人满意的安排和高于国家17级干部的优厚待遇,这是完全出乎所料的,我发自内心地感谢。"

关心溥仪的再婚

周恩来对溥仪的再婚问题也很关心。

经历了重大历史变迁的特赦人员,多数都碰上了家庭问题。有的眷属在1949年政权更迭时,离开了大陆;有的妻子听到丈夫被"处决"的谣传,或因长期生死不明而改嫁;还有的迫于舆论压力,走上了离婚之途……

至于溥仪的"福贵人"出于何种考虑无须细究,反正她在溥仪特赦的前两年即1957年,同昔日的主人离婚了。

这些特赦人员出狱时,一般50岁出头,有的还年轻些,身体硬朗,希望尽快重组家庭。

周恩来理解他们的心愿,早就考虑这个问题了。而对溥仪的婚事关心尤加。

1960年1月26日,周恩来在接见溥仪及其亲属的谈话中,向溥仪提出了再婚的建议。周恩来风趣地对溥仪说:"你还得结婚啊!这事你七叔得给张罗张罗吧!"载涛爽朗地笑了起来,他对着周恩来也对着大家十分高兴地说:"这一回就让他婚姻自由吧!"

这以后,周恩来又多次谈及此事。

有一次,周恩来总理在与溥仪和部分文史专员座谈时,幽默地对溥仪说:"你是皇上,不能没有皇娘啊!过去不自由,现在你可以随便选嘛!"

1961年除夕那天,周恩来请溥仪兄妹到家里过年,总理一边吃饺子,一边谈起了溥仪的婚事。他说:"你一个人没人照顾,要找一个对象,要有个家嘛,老这样'孤家寡人'行吗？"邓颖超也说："是得有个家，总得有人照顾呀！"溥仪表示同意，心里很感激周恩来夫妇对自己的关心。

周恩来发觉了溥仪有为难的地方，引导他把难以启齿的话讲出来。溥仪说，已有人帮忙介绍了几个对象，都出身旧家庭，思想落后，相不中。可是，思想进步的人，又看不上自己，想成家也不容易。周恩来既认真又风趣地说：找个适当的，生活上有个照应就行了，别像挑妃选后嘛。

时隔不久，由于文史资料专员周振强和人民出版社一位编辑的热心撮合，溥仪认识了北京市朝阳区关厢医院的女护士李淑贤。两人经过四个月的恋爱，终于在1962年4月30日举行了婚礼，在200多位各界宾客面前，他的七叔载涛当主婚人。这时正是五一国际劳动节的前一天，周恩来总理有千头万绪的工作要处理，未能分身出席溥仪的婚礼，但他派了国务院副秘书长兼总理办公室主任童小鹏作代表，在次日下午到溥仪家中致贺。

支持出版《我的前半生》

周恩来对溥仪撰写的《我的前半生》尤其重视。

这部文稿是溥仪1957年—1958年在抚顺战犯管理所时写的长篇自传。

周恩来第一次接见溥仪时，得知此事，立即调来一阅。但日理万机的周恩来对这部四十五万言的"大部头"不可能逐字读完，当他浏览一半时，就看出了它的价值，也发现一些毛病，遂指示用四号字排印"未定稿"，分送有关人士阅读并提出修改意见，也给作者本人提供修改的机会。

20世纪60年代初，在接见溥仪和他的亲属时，周恩来多次谈到《我的前半生》。第一次，肯定溥仪"记性还不错""想出那些东西不容易"。第二次肯定他作为末代皇帝在自传中敢于暴露自己，暴露得很真诚。第三次对文稿给予中肯的评价："这是旧社会的一面镜子，旧社会结束了，你也转变成新人。"说到这里，周恩来又转向在座的其他人：你们不要责备他，这本书改好了，就站得住了，后人也会说，最后一代的皇帝给共产党改造好了。

根据周恩来及有关人员的审读意见，溥仪对书稿作了认真而细致的修改，在周恩来支持下，终于在1964年3月公开出版了。

《我的前半生》一问世，立即引起海内外的一片赞誉。一位外国人说："如果溥仪不是处在北京政权下，他的著作也许永不会出现，因为一个中国皇帝来写他自己的历史是没有先例的。"一位英国学者评论："本书是难能可贵的文献，它是第一本中国君主的自传;这位君主的一生,始自爱新觉罗的封建王朝,迄于毛泽东的共产主义。在人类历史上的国王和皇帝中,无人有过这样变化多端的经历。"

60年代中期,溥仪患了不治之症。为治好他的病,周恩来费了许多心思,做了大量工作。虽然未能阻挡住死神的降临,却使溥仪的生命得以延长。

1967年10月17日,溥仪的心脏停止了跳动。那时正在进行"文化大革命",不可能给他一个全面而公允的结论。四年之后,即1971年11月10日,周恩来在会见日本《朝日新闻》编辑局长后腾基夫时,举起《我的前半生》这本书,给溥仪以客观而公正的评价:"'满洲国'的皇帝溥仪已经死了。说句公道话,他改造得不错!"紧接着,他又不无遗憾地说:"你们都读过他写的这本《我的前半生》吧!从他来说认识是提高了。刚60岁出头就死了,如果不是肾癌的话,一定会活得更长。使一个末代皇帝能有这样的觉悟,不是一件容易的事。"

对这个评价,与其说是向日本客人的介绍,毋宁说是向世界的宣告:溥仪实现"从皇帝到公民"的转变,只有中国共产党人才能做到。

四、周恩来与李宗仁

李宗仁,字德邻,国民党高级将领。他曾任一人之下,万人之上的国民党政府副总统,1949年1月成为代总统。李宗仁亲历了国民党的军事溃败及其政权在大陆的坍塌,亲历了流落海外的苦楚。经过痛定思痛的反思,他认识到国民党政权失败的必然,承认共产党领导的新国家蒸蒸日上,毅然决然投向新中国的怀抱。周恩来在促成李宗仁回国中,耗费了很多的心血,发挥了巨大的作用。

畅谈团结抗日

20世纪30年代,日本帝国主义侵犯我中华大地,步步深入。

面对民族敌人,国共两党再次联手,共同对敌。

1937年底,周恩来作为中共代表团成员到武汉就抗日问题同国民党谈判,同时出任国民政府军事委员会政治部副部长。

李宗仁在抗战初期被任命为第五战区司令长官,驻守要地徐州,指挥保卫津浦路的防御战。

1938年3月,日军的铁蹄已经踏上津浦铁路,企图直下徐州,打通南北战场。白崇禧奉派去徐州协助李宗仁指挥作战。白崇禧是国民党将领中的主战派,北伐前曾任李宗仁国民革命军第七军参谋长。军委会改组后,出任副参谋总长兼军训部长,同周恩来见面甚多。行前,他特地把周恩来和叶剑英请到寓所,讨教作战方针。

周恩来说:以我之见,可以在津浦铁路南段,由李品仙、廖磊两个集团军在新四军第四支队的配合下,采取以运动战为主、游击战为辅的联合行动,运动于辽阔的淮河流域,使津浦铁路南段的日军时时受到威胁,不敢贸然北上支援南下日军;而在徐州以北,以主力采取阵地战与运动战相结合的方针,守点打援,以达到各个击破的目的。

这个建议深为白崇禧赞赏,他说:"我一定向李长官转告,至于新四军方面……"

"这你放心,我会亲自关照的。打日本嘛,责无旁贷。"周恩来的解释打消了白崇禧的疑虑。白崇禧如实向李宗仁转达了周恩来的建议。

不久,周恩来又派张爱萍以八路军代表的名义去见李宗仁,劝他在济南以南、徐州以北同日军打一大仗。周恩来告诉张爱萍:"我曾同白崇禧谈过此事,现派你再直接向李宗仁做工作。"

张爱萍到了第五战区司令部,向李宗仁转达了周恩来的三点具体意见:第一,日本侵略军占领济南后南下,几乎是长驱直入,非常嚣张。骄兵必败,而且还是孤军深入;第二,济南以南、徐州以北的地形很好,台儿庄、张庄一带都是山区,地形对我有利;第三,广西军队是有战斗力的,北边有八路军在战略上配合,应该在这样有利的地形和敌情下,集中兵力,打一个大仗,既可给日军一次沉重的打击,又可以提高广西军队在整个民众中,特别是在国民党中的威信。

李宗仁认真地听张爱萍讲完,挥起双臂,说:"这个主意好啊!周恩来真是慧眼,看准了日本孤军深入这一弱点。"只是他担心日军东进徐州。

这时,坐在一旁的白崇禧站起来胸有成竹地说:"李司令不必忧虑。周恩来先生已经命令新四军张云逸部在津浦线南端,协同李品仙集团阻敌东进徐州。我们要积小胜,以空间换时间呀!"李宗仁从内心更加敬佩周恩来了。

果然,3月中旬,日军密集台儿庄,双方展开大战。

这是一场苦战,但最终中国军队取得了抗战初期的一个大胜利。

周恩来的建议,促成了台儿庄大捷,大大鼓舞了中国人民抗日的士气,也使李宗仁、白崇禧二人在这一战役中建立了功勋。

7月上旬,李宗仁从前线来到武汉,周恩来在珞珈山寓所设宴招待李宗仁,畅谈加强团结抗战的问题。

席间，周恩来向李宗仁提出，战区应建立文化机构，以加强对军民的宣传教育。李宗仁表示同意。

10月，李宗仁指挥的第五战区成立文化工作委员会，由共产党员、著名文化人士钱俊瑞任主任，吸收了一批中共党员和进步文化人士进行宣传工作，使该部队的工作局面为之一新。

争取李宗仁回国

早在1926年5月11日，李宗仁和蒋介石第一次会面后，白崇禧问他对蒋介石的印象。李宗仁说："古人有句话，叫'共患难易，共安乐难'，像蒋先生这样的人，恐怕共患难也不易！"白崇禧亦有同感。

后来历史应验了李宗仁对蒋介石的第一印象。国民党内派系林立，蒋介石占据中央政府，而李宗仁领导的桂系，一直处在受排挤的地位。

1949年春，人民胜利已成定局，蒋介石重玩故技，以退为进，再次宣布下野，由李宗仁代理总统。这是一箭双雕之举：既要李宗仁来收拾败局，若收拾不成，惨败的罪名又可以加在李宗仁的头上。

李宗仁想同共产党议和，可由于实权在握的蒋介石从中掣肘，议和未能实现。

历史最无情，国民党终究没能挽回败局，蒋介石逃到孤岛一隅。李宗仁深谙蒋介石的为人，唯恐当了张学良第二，便以治病为名，经香港到了美国。

在异邦，李宗仁有机会静下心来对国共两党的孰是孰非进行反思。

1955年4月，新中国总理周恩来在万隆会议上宣布中国人民在可能的条件下，争取以和平方式促使台湾重新回归祖国。对此，寓居美国的李宗仁深感兴奋。8月，他发表了《对台湾问题的具体建议》，提出今后解决台湾问题的途径：一是恢复国共和谈，由中国人自己解决中国事；一是美国承认台湾为中国的一部分，但可以划其为自治区，并逐步实行该地区的非军事化。

此一建议，既表明李宗仁同台湾国民党反共立场的公开决裂，也表明他身居海外却关心祖国统一大业的一片苦心。李宗仁的这一举动，首先引起周恩来的重视，他开始考虑争取李宗仁回国。

这个穿针引线的使命由谁来担当？周恩来想到了李济深、程思远。李济深是国民党的元老，同李宗仁一样，也是广西人。时任全国人大常委会副委员长。程思远曾是李宗仁的秘书，住在香港。由他们担当这一角色非常合适。

1956年1月31日下午，一位过去在广西绥靖公署政治部当过程思远部下的杨先生，带着香港《文汇报》副总编辑前去看望程思远。他们还特意带了一份刊有周恩来总理《关于知识分子问题的报告》的《大公报》。那位副总编希望程思远对周恩来的报告发表意见。因事情来得突然，程思远毫无准备，只好顾左右而言他。

4月下旬的一天，又是那两位宾客登门拜望，寒暄过后，副总编辑开门见山地说："我接到北京电话，李任公（即李济深）请你到北京谈谈，保证来去自由，并且绝对保密。"

这一次，程思远没有过多犹豫，很快打点行装北上。4月29日到北京，5月1日参加了国际劳动节庆祝活动。

6日晚，张治中设家宴宴请程思远。饭后，张治中告诉程思远：明天政协礼堂三楼有一个欢迎海外华侨、港澳同胞和其他爱国人士的酒会，周总理将在那里同你会面。

7日下午3时，程思远在刘仲容陪同下来到政协礼堂。在酒会上，程思远站在张治中身边。不一会儿，周恩来总理来了。他一面举手同大家打招呼，一面径直走向张治中和程思远。张治中正准备向周恩来介绍，周恩来已经向程思远伸出手来说："思远先生，久违了！1938年我们在武汉见过面。"是的，1938年，武汉是抗战中心城市。程思远曾代表白崇禧陪周恩来前往武昌蛇山抱冰堂向广西学生军讲过话。

11日，周恩来再次接见程思远。陪见的有张治中、李济深、刘仲容等。周恩来说："我对李宗仁先生的《建议》表示赞赏，但也有点不同意，就是他主张台湾不设防。祖国最后统一实现以后，台湾还需要国民党的部队保卫嘛。"

接着，周恩来又系统地分析了国内外形势。他说：调动一切积极因素，团结一切可以团结的人，把我们的国家建设成一个强大的社会主义国家，这是我们的基本方针。我们提出"爱国一家""爱国不分先后"就是为了这个目的。只要大家以民族和国家利益为重，仍可争取第三次合作，实现祖国的完全统一。就在这次接见中，周恩来提出请李宗仁先生回国看看。

程思远回到香港，即向李宗仁函告此行经过。李宗仁颇为不快，以为如此重大行动，事前何不相谋？后经程思远的解释说明，也就冰释气消了。

1959年9月下旬，经周恩来安排，程思远作为港澳代表团成员赴京参加建国10周年庆祝活动。10月24日,周恩来在中南海紫光阁接见程思远。双方互致问候,话题又转到李宗仁。周恩来说:"德邻(李宗仁的字)先生来信,表示身在海外,心怀乡邦,愿将他收藏的艺术珍品献给祖国。这是李先生爱国情殷的具体表现。政府考虑对此接受。李先生另有一封信给李任潮(李济深的字)先生,微露落叶归根之意。我考虑德邻先生回国定居,目前尚未成熟,将来看形势发展再说。"

1961年,肯尼迪当选为美国总统。李宗仁向其致信表示祝贺,并建议他从美国利益和世界和平着想,重新确立对华政策。承认中华人民共和国,实现中美关系正常化。肯尼迪在复信中对李宗仁表示感谢,对调整中美关系,将予慎密研究。李宗仁将往返信件托人送到香港,让程思远转给周恩来以为参考。

6月上旬,周恩来请程思远赴京,在紫光阁与其长谈。周恩来分析说,肯尼迪政府目前处境困难,摆在他面前的问题太多,改变对华政策,估计一时还列不到白宫的议事日程。周恩来请程思远转告李宗仁,不要对美国存有太多的幻想,并明确要程思远到欧洲同李宗仁面谈。

1963年7月14日,意大利米兰出版的《欧洲周报》刊发了记者玛赛丽撰写的《李宗仁先生访问记》。李宗仁对这位记者说:"我由于自己的失败而感到高兴,因为从我的错误中一个朝气蓬勃的新中国正在茁壮成长。"全篇谈话洋溢着向往新中国的真实情感。

李宗仁答应1963年12月与程思远在瑞士的苏黎世会晤。为此,程思远特到北京请示。11月17日深夜,周恩来在中南海接见他时着重讲了四点:一、李先生可以回国定居;二、李先生可以回来后再到美国去;三、李先生可以回来后到欧洲住一个时期;四、只要李先生愿意,随时都可以回来。回来后还可以再出去。总之一句话,来去自由。

程思远心急如焚地赶到苏黎世后,直奔天堂广场萨沃伊酒店找到李宗仁夫妇。

阔别多年,看到德公两鬓染霜,头也有些秃了,程思远不由百感交集:光阴似箭,岁月不饶人啊!

程思远转达了周恩来的问候,及"四可"精神,李宗仁眼眶里溢满了泪花,激动地说:"我只要一可,回到祖国定居,安度晚年。"

1965年6月13日,李宗仁在纽约登上飞往欧洲的飞机。

根据周恩来的指示,程思远也于6月28日由香港飞往瑞士,与先期到达的李宗仁夫妇会合。

当时，李宗仁夫人郭德洁女士已变卖了在纽约的房产，于 23 日飞往苏黎世。这一举动，触动了"钉子"们的嗅觉，使天衣无缝的计划蒙上了一层阴影。7 月 13 日，当李宗仁夫妇及程思远刚刚飞离苏黎世弗雷加登机场，为其送行的郭德风一回到自己的家，就发现两名台湾特务已"恭候"多时。他们摇晃着白崇禧的密电，说一定要当面交给李宗仁。郭德风说："李德邻先生和他的夫人到罗马去了。"鉴于各方面风声吃紧，李宗仁一行在中东稍事逗留，便乘波音 707 客机，经雅典、贝鲁特、卡拉奇向祖国飞去。

当飞机降落在卡拉奇机场时，李宗仁心里的一块石头才落了地。他神情轻松地对夫人和程思远说："机舱里好闷啊，咱们到外面散散步，呼吸一下新鲜空气。"

迷人的卡拉奇之夜，空气中还飘散着热带兰的香味儿。突然，一阵凄厉的警笛声划破了宁静的夜空。两位全副武装的巴基斯坦军警急匆匆地走进了舱门。他们向美丽的空姐行了个标准的军礼后，用流利的英语问道：

"请问，哪一位是从苏黎世来的程先生？"

谙熟英语的程思远不由得一愣，在苏黎世时，内线明明告诉他：中国驻巴基斯坦大使将在卡拉奇迎接他们，怎么突然变成警察了呢？过了片刻，他镇定地说："我是从苏黎世来的，姓程。"

军警指着李宗仁夫妇说："这两位就是你的同伴了？"

事已至此，程思远只能回答："是的，先生。"

巴基斯坦军警打量他们一番后，便把他们请进了警车。警笛长鸣，警灯闪烁，不知要驰向何处，李宗仁一行不由得紧张起来。这时，坐在司机旁边位置上的一位中国人回过头来，热情地同李宗仁夫妇及程思远一一握手，满面春风地说："李宗仁先生，郭德洁女士，程思远先生，你们辛苦了！我是中国驻巴基斯坦的大使，奉周总理的指示前来迎接你们。请原谅，因为蒋介石已在机场大厦布置了暗杀你们的特务，我们才不得不请巴基斯坦政府帮助。为了确保你们的安全，动用了保安部的警车来接你们，这是周恩来总理再三指示的。"

李宗仁一把抓住大使的手，激动地说："谢谢周恩来总理，谢谢您！"显然，在此危难时刻，又是周恩来料敌如神，运筹帷幄，化险为夷。

7 月 18 日上午 11 时，李宗仁乘坐的飞机在上海虹桥国际机场降落。周恩来、陈毅等已在此迎候多时。

下了舷梯，李宗仁快步走到周恩来跟前，一把抱住了周总理，激动地连连说:"总理你好,总理你好!"几乎是同时,周恩来说:"你回来了,我们欢迎你!"

20日晚,周恩来在人民大会堂设宴招待李宗仁。他在讲话中说:"相信李宗仁先生会同我们一起,在党和毛主席领导下,加强团结,为实现台湾解放,祖国的统一和完全独立,为社会主义建设事业获得成功而共同努力。"李宗仁在答词中激动地说:"周总理在庄严的人民大会堂设宴招待,使宗仁能与各位首长、各位朋友欢叙一堂。我一方面感到惭愧,一方面又感到欢欣鼓舞。"他表示,一定要在中国共产党的领导下,发挥余热,为祖国统一和社会主义建设事业作出贡献。

关于李宗仁的归国,程思远后来在回忆文章中还有另一段感言:"从我个人看来,李宗仁从海外回到祖国,固由于党的统一战线政策的伟大,而周总理在执行党的统一战线政策时,一本至诚,锲而不舍,亦为其主要关键。"

最后的关怀与保护

在"文化大革命"这场政治灾难中,需要周恩来保护的人太多太多了,李宗仁当属其中。

1966年8月18日后,红卫兵已开始串连,"文化大革命"从北京波及全国。8月31日下午,李宗仁的老部下黄绍竑神思不安地来到西总布胡同5号看望李宗仁。

程思远说:"看来你有心事?"黄绍竑回答:"我不为自己打算,我担心的是德公。"但是李宗仁还没有感受到革命风暴的冲击。

一天,张治中在广东酒家宴请来京就任书记处书记兼中央宣传部长的陶铸,周恩来、李宗仁亦出席。席间,周恩来看到李宗仁精神饱满,气色很好,说:"你比去年回国的时候身体好多了。"

9月,"文化大革命"的狂潮翻滚。15日深夜,国务院机关事务管理局副局长高富有奉周恩来之命,送李宗仁到一家军队医院,把他保护起来。高副局长还告诉程思远:这件事只有总理、周荣鑫秘书长、高登榜局长知道。意思是要严守秘密。

30日,周恩来举行国庆17周年招待会,特别嘱咐高登榜亲自接、送李宗仁先生。显然,这是为了不让别人知道李宗仁住的地方,以防不测。

1968年4月,在治疗痔疮时,发现李宗仁患了直肠癌,周恩来亲自审批医疗小组提出的治疗方案,使得那次手术做得很成功。9月下旬出院后,在周恩来的精心安排下,10月1日李宗仁登上天安门城楼,参加国庆19周年庆典。

可是，这次出院不久，李宗仁又患了老年心脏衰竭等症，周恩来给予极大关心。虽经多方精心医治，终于未能阻挡住死神的降临，1969年1月3日的午夜，李宗仁逝世了，享年78岁。

李宗仁在生命的最后几天，给毛泽东、周恩来写信。信中说："我在1965年毅然从海外回到祖国，新走的这一条路是走对了的。""在这个伟大的时代，我深深地感到能成为中国人民的一分子是一个无比的光荣。""在我快要离开人世的最后一刻，我还深以留在台湾和海外的国民党人和一切爱国的知识分子的前途为念。他们目前只有一条路，就是同我一样回到祖国的怀抱，……"

周恩来为李宗仁的逝世而悲痛，在李宗仁遗体告别仪式上，他发表讲话，高度评价李宗仁先生的信，是一个"历史文件"。

第五章
刀枪并举，用谍如神
——密战家周恩来

古今中外，秘密斗争都是公开作战不可或缺的辅助配合。周恩来创建现代中国最早的情报保卫组织，领导秘密工作长达50年。中共秘密斗争战绩卓越，周恩来的领导堪称进入艺术境界。

如果说毛泽东开创了中国共产党的农村根据地和创建了人民军队，那么也可以说周恩来开创了中国共产党的城市秘密工作和创建了隐蔽战线；如果说毛泽东用兵如神，那么也可以说，周恩来用谍如神。

让我们看看，周恩来有什么"武林秘笈"？

一、"枪杆子"与"刀把子"——弱势生存，必备利器

特务、间谍，听起来似乎并不光彩。苏联的克格勃、美国的CIA、国民党的军统，名声都不太好。中国却是另一番景象，电视剧《暗算》《潜伏》接连创下收视高峰。笔者撰写的《协商建国》《中国秘密战》多次再版。中共的隐蔽战线，多的是人人敬佩的无名英雄。这是为什么？

中共的隐蔽战线，具有优良的文化基因，极高的系统效能，社会形象好。

这要从周恩来创建秘密组织谈起。

现代中国的第一个"特务"组织

谈起情报和保卫系统，人们的第一反应是惊呼："特务！"搞情报的人是特务，搞保卫的人要抓特务，反正离不开那令人发指的"特务"。在野的时候，共产党谴责国民党搞"特务统治"；执政以后，"抓特务"又是防止间谍破坏的重要任务："特务"，似乎成了贬义词。

其实，定义总是形式的，实体才是实在的。谈论特务，应该找到中国最早称为"特务"的组织机构。

找来找去，没有找到国民党那儿，倒找到共产党这儿了。笔者考证，在中

国的情报、保卫界，无论国民党还是共产党，最早出现"特务"一词与最早称为"特务"的组织，都来自1927年5月的中共中央军委"特务工作科"。

让我们看看周恩来1927年的活动日程。

3月21日，中共发动上海工人第三次武装起义，周恩来任总指挥。

4月12日，蒋介石策划政变袭击工人纠察队，周恩来上门交涉被国民党部队扣留，经营救脱身。

5月下半月，周恩来潜往武汉，出席中共中央政治局常委会，被任命为中央军事部长，同期组建军委"特务工作科"。

7月26日，周恩来赶往江西九江，发动8月1日南昌起义。

10月上中旬，周恩来率领起义部队转战广东遇挫，同主力失散后病重，乘小船到达香港。

11月上旬，周恩来到达上海，出席临时中央政治局扩大会议，年底，周恩来亲自创建情报保卫组织"中央特科"。

1927年，对于年轻的中国共产党，是一个迎头棒喝的年份。国民党的屠杀教训了共产党人，在中国，没有自己的武装，就没有生存权。八七会议上，毛泽东说出一句惊世骇俗的话："枪杆子里面出政权。"

中共的"枪杆子"工作，由中央军事部长周恩来负责。查考周恩来的工作日程，可以发现，周恩来在大搞军事工作的同时，紧紧抓住情报保卫工作。在中共的语言中，军队称"枪杆子"，保卫部门称"刀把子"，周恩来一手举枪，一手握刀！

这就是现代中国第一个"特务"组织！

国民党的特务组织的建立，与中共也就是前后脚的一点儿时间差。1928年2月，国民党中央组织部设立党务调查科，由陈立夫负责，专门捕杀共产党人。1930年夏，党务调查科内部增设一个"特务组"，专门对付中共活动。

1932年3月，亲近蒋介石的黄埔军校学生仿照意大利的棒喝党和德国的褐衫党，组织了一个秘密组织"中华民族复兴社"，社员衣着蓝色衣服，又称"蓝衣社"。4月1日，复兴社之中特设一个"特务处"，由十个黄埔生组成，戴笠任处长。这个特务处的任务是情报工作、策反工作、行动工作，正是标准的特务职能。这个特务处后来成为国民党最大的特务组织"军统"。

查阅特务工作史的大事记，我们会发现：中共创建特务组织比国民党早了一步。这是因为，中共长期处于非法地位，在地下状态活动，必须高度警戒自身安全。

先敌部署

新创立的特科,首要任务是保证中央机关的安全。当时的中共中央各机关,潜藏于党的诞生地上海。这里是中国最大的城市,有人数最多的工人阶级队伍,又是远东最大的自由港。上海的外国租界相对自由,潜伏着多国多方的公开和秘密的谍报人员,国民政府的淞沪警备司令部、上海警察局,英国、法国租界的巡捕房、包打听,弄堂码头的青帮、红帮,共产国际的远东站、中共特科的打狗队……上海是国际公认的"冒险家的乐园"。

"特科"成立于1927年11月,组织逐步扩大。一科总务,科长洪扬生,负责中央机构的警卫与其他事务工作。二科情报,科长陈赓,负责打入敌探机关,侦获情报。三科"红队"(打狗队),主要任务是惩办叛徒内奸,队长蔡飞、谭忠余。四科无线电通信,负责筹建无线电台,负责人李强、陈寿昌。

在敌人的眼皮底下活动,必须掌握敌人动向。特科一成立,就采取"打进去"和"拉出来"两种手段。

国民党在南京成立调查科之初,也寻求在上海建立特务组织,选中的驻沪特派员鲍君甫,恰恰是中共特科陈养山的密友!经过陈养山争取,鲍君甫同意为共产党做事。这样,国民党在上海的第一个特务,就被共产党"拉出来"了。

国民党的党务调查科还要扩充特务手段,又开办无线电培训班,公开招生。特科立即派遣李克农、钱壮飞、胡底三人投考。学业出色的三青年陆续取得要职,李克农在无线电管理局掌控总部,胡底调往天津掌控北方机关,而钱壮飞居然当了调查科长徐恩曾的机要秘书!这样,国民党第一个特务系统建立伊始,就被共产党暗中掌握。

中共特科还设法伸入上海滩的帮会,青帮头子杜月笙聘请的顾问杨度要求进步,周恩来特批将其发展为特别党员。

先下手为强。中共秘密系统抢先成立,先敌部署,提前掌握敌人动向,这就改变了被动挨打的态势,有效地保卫中央机关的安全。

白手起家

周恩来创建特科,几乎是白手起家,从人员到设备到经费,都要自行筹集。在条件极其简陋的情况下,周恩来创造了多项第一。

开办第一期培训班。1928年春,周恩来亲自主办学习班,培训特科人员20多人。1930年9月,周恩来在上海举办第一期无线电训练班。租界警方突袭逮捕了5名教员和15名学员。没有被捕的李强、毛齐华、伍云甫、曾三、涂作潮等人立即分散开来，继续培训无线电人员。

制定第一个规则。周恩来还规定了特科工作的"三任务一不准"：搞情报、惩处叛徒、执行各种特殊任务包括筹款；不准在党内互相侦察。

颁发第一个文件。周恩来与李维汉、任弼时、邓小平共同研究，拟定《中央通知第四十七号——关于在白色恐怖下党组织的整顿、发展和秘密工作》，确定了秘密工作的方针和方法，要求中共在白区的所有组织，都采用地下秘密活动方式。

创制第一部电台。以往，中共传递情报的方式主要是邮政通信，这要经由国民党控制的邮检，很不可靠。于是改由专门的秘密交通员送信，可这也得通过警察搜查，风险仍大。于是，绝密信件就要求交通员背诵下来，到达目的地再复诵出来。穿越山水阻隔，潜过敌人封锁，这种原始的传递方式往往要几个月才能沟通一次，效率太低。根据国际秘密工作经验，最可靠又最便捷的联络方式还是无线电通信。可是，上海当局严格控制无线电器件，特科搞不到电台。1928年10月，中共中央决定建立无线电通信，周恩来指派李强自行装配电台，指派张沈川考入国民党的无线电学校，还选送涂作潮等四人到苏联伏龙芝军事联络学校学习无线电技术。1929年冬，李强在上海英租界装配出电台设备，1930年初涂作潮回国协助，李强带着电台潜入九龙，从香港沟通上海，实现了中共首次远程无线电联络。中共的第一部无线电电台，悄然诞生。

编制第一个密码。周恩来还亲自编制了中共第一部密码"豪密"，妻子邓颖超是第一个译电员。

中共情报保卫系统的最高领导人，始终是周恩来。作为领袖人物，亲自创建并领导一个庞大的秘密系统，这在世界政治领袖中独一无二。同时，秘密系统运行的复杂性与全面性，也锻炼了周恩来主持多方面工作的能力。

共产党战胜国民党的道路，总体而言是以弱胜强。不过，共产党并不是在所有的方面都不如对手。情报保卫系统，中共起步更早，起点更高。中央特科创建就是中央直属机构，而且统管情报和保卫工作。而国民党则晚了一步，中统晚了三个月，军统则晚了五年！这样，中共虽然在整体实力上处于弱势，但隐蔽战线却始终领先！

再作国际比较，各国的情报机关往往与反间谍机关分立，编制在军队。设立中央机关，则要经历第二次世界大战的教训。苏联的克格勃成立于1946年，美国的中央情报局成立于 1947 年。由此可以说，中共开展秘密战，在国际上也不落后。

二、巅峰对决——系统效能的极端检验

没有刀把子就无法生存，有了刀把子也不一定就能生存，因为，敌人也有刀把子。第二次国内革命战争时期，中国共产党同时展开两种较量：毛泽东在红区反"围剿"，周恩来在白区反搜捕。能不能把刀锋锤炼得更加锐利，就成为对周恩来的进一步检验。

细节决定存亡

重视细节，已经成为现代管理的常识：细节决定成败。可是，在周恩来这里，细节决定的岂止是成败，细节决定生死存亡！

住处，要找前后都有门的楼房，而且，前门是一条街，后门是另一条街。万一敌人从前门进来，我可以从后方逃脱。

开会，要事先"踩盘子"，看路线，紧急撤离时不能误入死胡同。

出门，要精心化装，30 岁的周恩来可以化装成老人以至妇女。

联络，单线联系，上线知道下线的地址，下线不知上线的地址。

保密，严苛的保密，"上不告父母，下不告妻子"。

"共产党是铁的纪律，隐蔽战线是钢的纪律。"中共的组织系统，不仅有"红区党"和"白区党"之分，在白区，党组织又分为两个系统，情报保卫系统独立运行，垂直领导，不与同级党组织发生横向联系。这个系统富于秘密活动经验，相对而言，遭受破坏较少。周恩来、陈云等人多次历险，始终没有被捕。

中共中央历史上最危险的时刻

秘密战争，又称隐蔽战线，其特点就是隐真示假。职业装假，容易导致人格扭曲，忠诚度下降，出现对敌装假对己也装假的双重间谍。

叛徒问题，对于弱势状态的中共，更是格外严重。军委秘书白鑫叛变，导致彭湃等人被捕。这个叛徒本是黄埔一期生，周恩来信任的学生。政治局委员盛忠亮被捕，源于妻子叛变的诱导。国民党掌握政权资源，也就掌握了被捕者的身家性命，坚贞不屈很难。

为了防止叛徒指认，特科组织"打狗队"，刺杀叛徒，震慑敌人。可是，再高明的大侠也不能摧毁国家机器，叛徒还是层出不穷。

巅峰对决意外出现。

1931年1月，中共中央在上海秘密召开六届四中全会，从莫斯科归来的王明，在共产国际代表米夫的支持下，进入中央领导层。党内分歧日趋激化，林育南、李求实等被捕。4月，顾顺章护送张国焘去鄂豫皖苏区，完成交接后滞留武汉，24日被捕，当晚即叛变。

顾顺章一直具体负责特科工作，认识全部特科人员；顾家亲属全在中央"住机关"，掌握几乎全部秘密地址；只要顾顺章开口，中共中央机关就会被一网打尽！可是，图谋个人前程的顾顺章却要待价而沽，非要面见蒋介石方肯提供全部情报。而捕获顾顺章的武汉行营侦缉处也要邀功请赏，急于向党务调查科直接报告。于是，秘密电报接连发到南京中央党部徐恩曾处。可是，就在徐恩曾的身边，又潜伏着共产党员钱壮飞。

共产党特科负责人投降国民党，国民党特务负责人身边潜伏着共产党，这是国共特工系统的巅峰对决。

一夜之间，武汉接连发往南京六封紧急电报，封封落入钱壮飞手中。出门逛窑子的徐恩曾大权旁落，连密码本都交给钱壮飞保管。钱壮飞立即派自己的女婿刘杞夫去上海报告李克农，李克农顾不得安排自己的家属，满城寻找上线陈赓……

从武汉乘船到达南京的叛徒顾顺章，指使国民党特务扑向上海的中共中央机关，看到的只是空房。周恩来提前半步布置中央机关全部转移！

夺取全国政权之后，中共中央领袖回顾半生出生入死的经历，都说：那是中央最危险的时刻！创立奇功的李克农、钱壮飞、胡底三人，被中共情报界称为"龙潭三杰"！

巅峰对决，细节决胜。如果国民党特务不发电报，如果徐恩曾当晚不外出，如果钱壮飞和李克农先安排自己的亲属再上报，如果周恩来的应急处理不及时……那么，国共斗争的历史就要改写。似乎，成败取决于偶然？

其实，偶然之中有必然——系统素质。

国民党特务惯于恃强凌弱，以权谋私，系统效能降低。共产党以牺牲奉献为宗旨，忠诚度高。"龙潭三杰"这样的基层人员个个杰出，最高领导周恩来擅长危机处理。

危机处理，是对系统效能的最高检验。周恩来处理顾顺章事件，也有预先准备。

派遣"三杰"打入敌人，从保卫转到情报，又进行反侦察，工作水平上档次。

预设平行系统：中央军委情报系统，中央交通局系统，都与特科不发生横向联系，顾顺章不认识。出事后，立即把军委系统的干部调来接管特科，同时用交通系统转移中央机关。

应急处理不是一日之功，关键时刻看执行力，执行力来自"养成"。周恩来培养了大批特殊人才，关键时刻一用就灵。周恩来一生多次危机处理，都能取得完满成功。

杀手锏

尽管周恩来的应急处理非常成功，但是，中央机关在上海还是待不下去了，顾顺章太熟悉中共秘密活动的规律了。中共中央机关被迫转移到江西中央苏区。留在敌后的秘密情报系统，继续侦获敌军情报，为红区反"围剿"作战做出了重要贡献。可是，由于领导的"左"倾，红军被迫放弃苏区，开始长征。

长征路途艰险，人力交通中断，电台联络中断。传统的情报手段无效了，红军又创造了杀手锏——无线电技术侦察。

上海的周恩来和江西的毛泽东，都十分重视无线电电台。红军的无线电通信，是半部电台起家。文家市战斗中缴获了一部电台，可红军战士把这个嘀嗒作响的怪物给砸烂了。毛泽东下达作战命令时加一条，要各路红军注意收集无线电台和无线电人员。1930年12月龙岗战斗又缴获了一批电台。可是不懂技术的战士又把电台砸坏了，只剩下一部还能收报，但是不能发报。

1931年春节，特科培训的无线电技术员伍云甫、曾三、涂作潮从上海潜来江西，带来了与中央通信的密码。从此，苏区与中央实现了迅捷的无线电联络。

曾在国民党军队任职的王诤技术熟练，能够从发报手法中判断敌军报务员的所属部队，从中判断出敌军的行动。第二次反"围剿"作战，电台为打胜仗立了大功。红军划出专门电台从事技术侦察工作。

曾在上海军委情报部门工作的曾希圣，到江西后又尝试破译敌军密码，周恩来、朱德、任弼时等领导人，都亲自参加破译工作。

红军的技术侦察起步早，成效大，在历次反"围剿"作战中功勋卓著。长征中，人力传送的白区情报中断，更是主要依靠技术侦察手段来获取情报。四渡赤水时，红军还伪装国民党电台发报，调动敌军就范。

装备简陋的红军，其实高度重视现代技术手段，在现代情报战争中并不落后。

谁掌利剑？

一切较量，说到底都是人员素质的较量。

安全工作决定组织生存，属于至高权力。历来的最高领袖，都把"刀把子"紧紧抓在自己手里。军统是蒋介石个人的暗器，奉行法西斯主义，封建色彩极重。苏联实行垂直领导，专断独行，脱离党的集体领导。

中共的情报保卫系统，从创建就是现代组织，始终坚持党的集体领导。1928年10月，中共中央成立了以周恩来为首的三人中央特别委员会（另外两个委员是中央总书记向忠发和特科实际负责人顾顺章），直接领导中央特科的工作。

秘密工作，常常是独立行动，需要高度的个人自觉，极其强调忠诚。内功重于外功。周恩来极其重视个人素质修养，对己对人要求极严。这就引导了整个系统，从开始就走上正途。

领导全局，未免外行领导内行，但是，开创新局必须亲身实践，重要工作必须成为内行。决定组织生存的工作，更不能假手他人。毛泽东抓军事搞宣传，周恩来抓密战搞统战，都是内行，而且是行业高手。中共秘密系统出人才，其中有经济专家陈云、科学家李强、军事家陈赓、情报大师李克农、密码专家曾希圣等人。

国民党印发的《特务工作理论与实践》如此评价："他们虽无经验可言，然以主持得人，本着学习及创造的精神，定出整个的计划，按照一定的步骤，脚踏实地地向前努力。为时不到三年，竟有惊人的发展与奇异的成绩。我们站在客观的立场上，也不能不佩服他们的奋斗精神啊！"

万事开头难。难的不仅是外部条件的缺乏，还有内部文化的确立。

正是因为有周恩来这样高素质的创建者，保证了中共情报保卫工作不但起步早，而且起点高，基因优良。

三、广交朋友——合法而干净的情报收集方式

秘密斗争，充斥谋略手段；"兵者，诡道也。""特务"，特别任务，往往意味

采用非常手段。所以，无论国内还是国外，"特务头子"的形象，往往同恐怖和丑恶联系在一起。

中共隐蔽战线的名声却相当好，中央调查部长李克农、公安部长罗瑞卿等都是人中之杰。周恩来更是全世界声誉最高的秘密工作负责人，既是党性楷模、又是人性楷模，党内外国内外无不尊敬，举世罕见，今古罕有。

君子，诡道，这两种似乎矛盾的形象，怎能结合呢？

化敌为友

世上没有永远的敌人，只有永远的利益。中日战争爆发，使国民党和共产党走向第二次合作。可是，敌友转换并不容易，就连接触也缺乏渠道。十年生死相拼，见面就拔刀，现在要谈判谈何容易！

此时，国民党被日本逼得走投无路，也企图与苏联合作。蒋介石委托郎舅宋子文试探沟通中共中央。这时，上海特科系统与中共中央失去了联系，坚持斗争的徐强等人也请求宋庆龄帮助去陕北找中央。恰好，宋子文也求助宋庆龄介绍关系联络陕北。于是，宋庆龄找大姐夫孔祥熙，要来财政部的空白通行证，还借了一笔旅费，委托董健吾去陕北送信。宋庆龄叮嘱董健吾：此行重要，将来益国匪浅。

历史应该记载：中国现代史上的第二次国共合作，从1936年初国共最高领导沟通信息而起步。历史也不应忽略，这次沟通使用了秘密网络。

西北军统帅杨虎城与共产党关系亲近，夫人谢葆真、秘书长南汉宸、警卫团长张汉民，都是秘密共产党员。东北军少帅张学良早想同中共建立联系，却苦于无从着手。1928年时，张学良的父亲张作霖率领东北军进占北平，公然开进苏联领事馆，把共产党的领袖李大钊捉来绞杀了！后来，日本军部暗杀张作霖，张学良接掌东北军，试图与共产党建立联系。

鉴于东北军抗日愿望强烈，中共北方局从1931年"九一八"事变起就派刘澜波在东北军中活动。但是，当时工作的方针是要兵不要官，因此在军官中没有发展党员。

退出东北的张学良，被国民党委任为剿共副总司令，率部开赴陕西。蒋介石强令东北军不打日本打红军，惹起东北军官兵的极大反感。作为外来户，东北军和西北军的关系也不和睦。这种尴尬的状况，使张学良急于寻找出路。

东北爱国人士高崇民早年参加同盟会，接触东北的共产党人，"九一八"事变之后又苦于寻找东北抗日的途径。这时，辛亥战友南汉宸的长谈，使高崇民期望与共产党建立联系。高崇民是张学良的高级幕僚，南汉宸是杨虎城的亲信幕僚，经过这两个幕僚的斡旋，又沟通了东北军统帅张学良与西北军统帅杨虎城的关系。

1936年初，张学良派人到上海找共产党，宋庆龄就向其介绍刚从敌营逃脱尚未恢复组织关系的刘鼎。3月，刘鼎到西安与张学良会谈多日，之后赴陕北向中共中央汇报。

中共中央十分重视西安方面的统战工作，专门成立中共中央联络局（又称西北联络局），局长就是中央特科"龙潭三杰"之首李克农。

从事过情报和保卫工作的李克农，现在又进入新的领域——统战工作。中共中央联络局重点开展东北军、西北军工作，李克农首先从东北军俘虏工作入手。东北军团长高福源在战斗中被俘，痛惜自己没有死在抗日战场，却要受共产党羞辱。擅长话剧创作的李克农，亲自改写了一个剧本《你走错了路》，描写一个国民党团长被红军俘虏之后，掉转枪口打日本的故事，感动得高福源放声大哭，表示要劝说张学良与红军联合抗日。这样，共产党与东北军的联络就沟通了。

1936年2月，李克农作为红军代表，到东北军驻地洛川谈判。3月5日，达成红军与东北军停止内战共同抗日的初步协定。3月9日，中共全权代表周恩来亲自抵达东北军驻守的延安城，与张学良在天主教堂举行谈判。

周恩来和张学良这次谈判，为西安事变打下政治基础，从而改变了中国的历史。2001年，百岁老人张学良在夏威夷还说："周恩来是我一生之中最敬佩的人！"

敌友转换，需要黏合剂，需要各方都能接收的人物。周恩来人脉广泛，到哪里都能找到朋友。接触谈判，需要管道，需要双方建立个人信任。周恩来有情有义，总是赢得对手尊敬。国际公认周恩来是谈判大师，不仅能够把谈不下去的谈判谈成，而且特别擅长通过谈判实现敌友转换。

岂不知，周恩来的谈判也有艺术！

事秘则成，周恩来推动中美对话，也是秘密进行，也通过国际上的朋友关系相助。

岂不知，周恩来的朋友关系，不只是管道而已。

化友为我

化敌为友还要有方法，中共提出新的方针——"交朋友"。

这个方针的形成并不容易。中共早期"左"倾，王明说"中间派是最危险的敌人"，工作对象"要兵不要官。"周恩来向来不"左"，朱德当过军阀，杨度当过反动政客，都由周恩来批准入党。

抗日战争时期中共走向成熟，实行统一战线政策。周恩来在重庆广交朋友，工作对象扩展到社会上层、对方核心、外国盟友。

交朋友也要有本钱。蒋介石交朋友可以给官给钱，中共缺少政权经济资源，何以服人？周恩来依靠的是人文资源，先人后己。让官，国民参政会争名额，中共让出两名给民盟。让钱，陶行知贫病而死，周恩来办公司资助民主人士。

雪里送炭，胜过锦上添花。蒋介石送给韩练成五万大洋，韩练成转身却去找周恩来。作为一个高级将领，韩练成缺的不是钱财，而是民族和个人的前途！

交朋友，还要结交善于交朋友的朋友。

阎宝航是张学良的幕僚，宋美龄的教友。在西安事变中，宋美龄委托阎宝航从中调解，阎宝航因而同周恩来相识。就在处理西安事变的善后中，阎宝航看到，共产党人周恩来言而有信，释放了国民党的高官。可是，蒋介石和宋美龄却违背承诺，扣下了张学良。于是，国民党高官阎宝航在1938年秘密加入共产党，为中共和苏联做秘密情报工作。于是，在国民党上层有众多朋友的共产党情报员阎宝航，能够得到德国进攻苏联的国际战略情报。

周恩来富于个人魅力，能够把中华传统道德同共产主义先进思想完美结合，感化朋友。

交朋友本是传统的社交方式，周恩来却有创新。周恩来交友不仅多交，而且深交，能够把朋友变成同志。

形象代言人

交朋友也是竞争，而且是国际竞争。

抗日战争提高了中国的国际地位，蒋介石荣任中国战区司令。战区参谋长是美军上将史迪威。美军观察组进驻重庆，需要架设电台，得履行重庆的官僚程序，这天线一周之后才架设完毕。后来，美军观察组又进驻延安，电台天线当天就架好。

重庆腐败，延安廉洁，重庆特务政治，延安民主政治。驻华美军向华盛顿报告：共产党更接近美国的价值观！

周恩来在20世纪40年代结交的美国朋友，直到70年代还为中美建立关系做出努力。周恩来在 70 年代结交的美国朋友，40 年后还在为中美关系做出努力。

周恩来充分发挥个人魅力，把交友这种常见的公关方式发挥到极致，上升为统一战线的基本方法，而且以统战工作带动情报工作。这种公开而干净的情报搜集方式，不仅赢得密战的胜利，而且赢得国内外的高度尊敬。人们说，周恩来就是中共的形象代言人。

四、"国际间谍"——国际密战的人才竞争

在秘密战法中，最有效的手段就是内线侦察。列宁有言：堡垒最容易从内部攻破。正所谓"不入虎穴，焉得虎子"。

内线侦察无非两种途径：打进去，拉出来。打进去很难，入口要通过审查，进去也不一定能达到指定位置。拉出来则更有效，对象已经位于那个能够拿到情报的位置。

但是，拉出来的人可靠吗？虽说是"身在曹营心在汉"，可他在曹营混得很好，何必再冒风险？而且，人心难测，万一引进个奸细呢？

如何保证内线的忠诚，正是对情报系统政治素质的重大考验。

隐蔽战线的"黄埔军校"

延安城南的七里铺，有个偏僻的小沟，出口一卡，外人根本不知里面在干什么。1938 年 6 月，这里突然来了 36 名洋学生。三孔窑洞，一个班挤住一孔，八名女生住在一间小平房里，大家同吃同住同学习同劳动，一天二十四小时都在一起。学员们被告知，不准与外面联系，不要互相打听来历，不能暴露自己的身份……

原来，这是陕甘宁边区保安处的第一期情报侦察干部训练班。学员都是全面抗战爆发前后入党的 20 岁左右的青年人，浦群英来自北京大学，吕璜来自天府四川，解衡是东北流亡学生，邹瑜家是广西大地主……一个比一个家庭成分高，一个比一个文化程度高。按计划，这些学员毕业后将全部派往日军占领区。派往敌后的间谍，都要有当地的社会关系作为掩护，这样，出身"高"反而成了有利条件。

与此同期，中央敌后委员会、军委二局，也举办了类似的情报人员培训班。一批知识青年，从此进入中共情报机关深处。

秘密战线的国共相争，共产党员本来在品质和意志上远超对手，但是文化程度和社会经验偏低。现在，有了这批知识分子，国民党在人才方面一点儿优势也没有了，而共产党方面则是如虎添翼！

这些从延安窑洞走出的年轻学员，后来做出惊天动地的业绩，居然组成新中国情报保卫战线的顶尖领导层。

人才竞争无界限，国内竞争，国际也有竞争。中共领袖虽然促居西北小城，却把眼光放射到国际，不仅有斯诺和史沫特莱的走进来，又有周恩来的走出去。

长期经营

秘密战是最复杂的斗争，国家之间尚未开战，秘密战争早已交手。

日本谋华，情报功夫久而细。1900年，八国联军入侵中国，第二年，日本在中国上海开设东亚同文书院，招收日本高才生到中国官费留学，培养深通汉语的人才，实际是个双语间谍学校。

中共对日，情报部署也是早而巧。就在这个日本的间谍学校，1925年就建立了中共秘密党支部。1929年，特科王学文到同文书院任教，发展一批日籍学生加入中国共青团，组建"日支斗争同盟"。

十年树木，百年树人。间谍的培养，也需长期经营，长期考验。

双重间谍

1937年中日全面战争爆发，日本急需汉语人才，上海同文书院的毕业生纷纷进入日本特务机关高层。这些中共早年培养的日本关系，也就成为双重间谍。

中西功，日本驻华派遣军司令部顾问、日本满铁驻沪办事处调查班长。这身份，就是日本驻华情报机关的高级特务。还有西里龙夫、白井行幸等人，都是各地的高级特务。中西功的朋友尾崎秀实，又是日本首相近卫的顾问。有了如此特殊的身份，中西功等人才能深入日本政界核心。

核心机密，无不严加保密，外人很难窃取。要想拿到核心机密，唯有依靠内线。中西功这个日本人小组，为中共提供了大批日本情报，其中包括日本袭击美国珍珠港的超级战略情报。

抗战期间，八路军新四军抓到日军俘虏后，按照中央的指示，千里迢迢送到延安。各地来的日本战俘都到延安日本工农学校学习，一律享受八路军的干部待遇，八路军的敌工部部长王学文是他们的老师。王学文在日本留学17年，日语水平比日本军官还要高。延安学校的日本学员，组成了日本反战同盟，在大会上宣誓要参加八路军对日本军队作战。

抗日战争胜利之后，中国又把他们送回了日本。还有抚顺战犯管理所关押的日本战俘，后来也特赦了。这些人回日本组成了一个"中国归还者联络会"，藤田茂中将带着一批前日本军人，居然搞中日友好活动！这些人出来为中国说话，比中国人说话要管用得多。

这些日本军人，可以说沾满中国人民的鲜血，共产党居然能够把他们争取过来，这恐怕是世界仅有。苏联有卡廷森林事件，美国有日侨集中营，他们都不能解决的问题，但中国做到了。一直到现在，中国在这方面都硬气，比起世界各国，中国做得最人道。

克服误判

美国有个"情报门"。自从尼克松出了"水门事件"，美国人就把扑朔迷离的最高机密事件称作"门"。布什总统有个"伊拉克门"，开战理由的大规模杀伤性武器，其实子虚乌有，情报部门干什么吃的？

这情报门还有许多，1941年的珍珠港事件，至今有人质疑：战前已经获得情报，罗斯福总统为何不采取备战行动？

于是有了"轻视说""阴谋说""误判说"。

国民党军统人员透露：中国特工侦获情报转告美方，但美国人看不起中国人的情报能力，一笑置之。这种说法不够全面，提供情报的不只中国，还有美国自己的情报渠道，美国总统不信中国人却不该不信美国人。

美国报刊透露，罗斯福为了克服国内的孤立主义情绪，有意放任美军遭受损失。这种说法也有疑问，美国提前备战未必不能唤起民众，何必遭受那么大的损失？

最大的可能还是误判，罗斯福收到的情报，不仅有正方，还有反方，你能信谁？

误判，是战略决策的大敌。

德国袭击苏联，斯大林误判；日本袭击珍珠港，罗斯福误判；两个情报大国都误判，都造成巨大的损失。

与此同时，毛泽东做出了正确的判断。

中共情报系统通过多条渠道，提前侦获两大国际战略情报，毛泽东和周恩来做出准确判断，及时通知盟友。斯大林调动东线防御日本的兵力到西线，打赢了莫斯科保卫战。

周恩来领导隐蔽战线，既有很高的情商，又有很高的智商。1941年底国民党五届九中全会，沈安娜把会议记录交给周恩来，周恩来给延安写了一份报告，毛泽东亲笔作了批示。目前我们只能看到两页档案，但两页纸隐含了众多信息。沈安娜提供的是会议内容，周恩来从中解读出更多内容，毛泽东的批示又做出国际国内的战略预案。中共赢得战略先机，调整部署，巩固了国内统一战线，并开始国际统战工作。

物以类聚，人以群分，英雄惜英雄，人才重人才。周恩来同国际人士交往，不是靠金钱，更是靠文化，靠自己的文化修养。中华文化的独特魅力，革命文化的精神感召，能够跨越异文化的障碍，结交有文化的朋友。

五、明争与暗斗——高明的两手策略

世间无非敌我友，三种关系中，最复杂的关系还是"友"，非敌非我，亦敌亦我。

就在国共合作期间，蒋介石仍说：日本是皮肤之患，共产党是心腹之患。国民党将特务机构升级，斗争手段从军事进攻转向特务渗透。

合作之下仍有斗争，而且，斗争的手段更加多样，除了公开的斗争，还有秘密斗争。不过，对合作伙伴的斗争，毕竟不同于对敌斗争，其目的是团结而不是消灭。那么，如何把握这种特殊的斗争呢？

"脏活儿"与"干净活儿"

中共中央首府设在延安，国民党封锁延安的指挥部在西安，延安与西安，这两个城市既是两党的代称，也是秘密战争的对手。处理西安事变，周恩来从延安飞抵西安。这个晚上，周恩来刮掉了满面长须，年轻了20岁。从此不再蓄须，这标志周恩来从地下走入地上，从秘密情报工作进入公开统战工作。

公开与秘密结合，统战带动情报。周恩来在西安这个国民党统治城市采取三重部署：公开的八路军办事处、半公开的陕西省委、秘密的西安情报站。

共产党利用八路军西安办事处这个公开机关，大力开展统战活动。陕甘宁边区政府主席林伯渠屈尊就任西安八办主任，因为对话的国民党行营主任程潜是个老相识。八办还设有大功率秘密电台,李克农的儿子李力是电台台长。

八办驻地七贤庄一号是共产党在国统区的窗口,也成了国民党的心头大患。国民党特务采取全方位的监视措施,大门外设立公开的岗亭,旁边的小学堆土成山,对面的中学墙后挖洞,设立隐蔽的监视点。

特务监视虽然严格,却无权禁止八办人员外出。八路军代表宣侠父身穿少将军服,出入于国民党军队驻地。不久,这个令特务头疼的人物,失踪了。

宣侠父少将失踪,西安八办多次找天水行营向蒋鼎文要人,延安的中共中央还直接发电国民党中央向蒋介石要人,可国民党方面总是一直推托,胡宗南更是赌咒发誓不知情。最后,还是吴德峰动用情报关系,才查明宣侠父已被暗杀。指使人居然是蒋介石!

原来,宣侠父曾是黄埔一期的学生,与胡宗南等同学来往密切,蒋介石担心共产党策反自己的军队。

抗日战争时期的国共关系空前复杂,以前是你死我活,现在却是合作中有斗争。如何斗争?蒋介石的惯用手段是杀,敌对关系明杀,合作关系暗杀。暗杀、下毒、爆破,这些行动手段在特工圈内称为"脏活儿",不能见天日。

蒋介石做"脏活儿",毛泽东做什么活儿呢?

西安情报站长吴德峰租了一个院落,老特科陈养山负责与中共陕西省委和国民党政府机关联系,红军干部出身的罗青长负责与国民党军队联系,东北人陶斯咏负责联系东北军,从苏联回来的于忠友译电。西安情报站发展了诸多重要关系。胡宗南司令部机要室副主任戴中溶、侦缉队长肖德、霍建台等,都秘密为中共服务。周恩来安插到胡宗南身边任副官的熊向辉,也由西安情报站联系。

吴德峰组织西安情报站搞调查研究,摸清西安各阶层各机关的政治思想状况,得出左中右"两头小中间大"的数字结论。毛泽东据此认为,国民党内部也不是铁板一块,应该团结左派,争取中间派,孤立少数顽固派。又依据调查研究的数据,提出在根据地政权建设中搞"三三制",共产党员、民主人士、群众团体各占三分之一。

调查研究、广交朋友,这种情报收集方式在圈内称为"干净活儿"。国民党做"脏活儿",共产党做"干净活儿",两种活儿公开到社会上,蒋介石就丢脸了。民主党派也纷纷谴责国民党搞"特务政治"。

抗日战争时期,周恩来派遣情报专家李克农到各大城市创立八办,各地八办都选派社会声望高的老资格负责，不仅名正言顺地开展统战工作，而且带动了情报工作。

秘密斗争也有境界，这种方式合法而干净，在任何时期任何环境都可以使用。

"阴谋"和"阳谋"

弱势起家的共产党，早已养成重视情报的习惯。抗日战争时期，更是展开全面的情报部署。延安的中央社会部，组织全党全军各根据地的秘密工作。重庆的南方局，组织国民党统治区的秘密工作。中央社会部副部长潘汉年潜入上海、香港，组织对日本占领区的秘密工作。

情报触角不仅伸向中国社会的方方面面，而且伸向国际，深入敌营。很快发现重要动向：美、苏、英等大国，正在同日本秘密谈判。国民党的特务系统和地方派系，有8条渠道同日本特务密谈。这是一种巨大的阴谋，发展下去，中国的抗战会被国际孤立，共产党的抗战会被国内孤立！

毛泽东通知全党：要准备出现东方大黑暗的局面！

怎么应对？中共连续发表声明，发布新闻，揭露国内外同日本秘密媾和的阴谋。山西，王世英点出阎锡山同日本特务密谈的代表名单；香港，潘汉年拿到军统特务同日本特务密谈的协议。八路军总部，邓小平告诉美国记者，美国正向日本供应石油和废钢等战略物资。

阴谋最怕曝光，各方同日本的密谈，被迫中止。

外部斗争需要情报，内部治理也需要情报。延安周边，绥德的情况最复杂。这里属于八路军的征募区。共产党的绥德特委就掩护在司令部秘书处，以公开组织"抗敌后援会"的名义活动。国民党也十分重视绥德地区，特任何绍南为"行政督察专员"。这何绍南是个反共专家，袭击、暗杀、私贩烟土，破坏边区安全。绥德军民对何绍南恨之入骨，可碍于合作关系，不好采取强硬手段。

这时，就用上秘密手段了。边区保安处的李启明以联络参谋的身份活动，陆伦章则在抗敌书店当店员，结交了两个朋友，鲁南是国民党绥德保安司令部上尉书记，龚震是绥德专署的准尉传达长。通过这些关系，李启明掌握了何绍南贪污赈灾款十多万元的证据。

有理有据，八路军绥德警备司令王震召集万人大会，公开声讨何绍南！何绍南名誉扫地，灰溜溜撤回西安。

边区保安处采取这种方式，驱逐了边区内部各专区各县的国民党政权，有效地巩固了边区安全。

秘密情报公开使用，这种手段光明正大，毛泽东笑称自己是搞"阳谋"的。

和战之间

抗战胜利，国共关系又面临转折。蒋介石表面鼓吹和平，实际上大力备战，企图独霸天下。

战略转折关头，秘密斗争格外紧张。蒋介石致电延安邀请毛泽东去重庆谈判，同时电令驻延安的国民党军队联络参谋打探毛泽东的对策。两个联络参谋都是特工高手，很快发回密电：毛泽东不会去重庆！

蒋介石要的就是这个情报！继续公开催促毛泽东成行，同时暗中调兵遣将抢夺地盘。

没料到，毛泽东突然飞到重庆！

重庆弄了个手忙脚乱，于是，由蒋介石提议的国共和谈，却按着毛泽东的方案推演。

造成蒋介石被动的重要原因，就是国民党驻延安联络参谋的那封电报。其实，边区保安处早已窃取了联络参谋的密电码，那密电早已失密。

这次政治斗争的巨大成功，又是情报工作为战略服务的杰出范例。通过情报手段，掌握对手的真实企图，实施战略佯动，从而取得战略上的主动地位。共产党的谋略手腕已臻炉火纯青，再也不会像第一次国共合作时那样上当丢脑袋了！

重庆的周恩来也适时行动，激活潜伏最深的情报员沈安娜。

沈安娜凭借一手漂亮的毛笔字，于1935年初考入浙江省政府任速记员。1938年，周恩来又派沈安娜抓住时机打入国民党中央党部任机要速记员，掌握了国民党中央会议的绝密情报。

1942年，秘密联络员徐仲航被捕，沈安娜夫妇同党组织的联系中断了。等待，沈安娜坚守岗位，继续密写情报密藏家中。1945年5月，国民党召开六届一中全会讨论战后反共策略，沈安娜急于上报这个重要情报！

这天晚上，突然响起熟悉的敲门暗号，夫妻两人忐忑地打开门，竟然是同志吴克坚！

1946年3月，国民党六届二中全会决定撕毁"双十协定"开打内战，4月，国民党召开国防最高委员会会议，做出进攻解放区的部署。会后，速记员沈安娜立即将记录全部抄报延安。6月,国民党在中原地区向解放军发起进攻,局部内战爆发。周恩来预有安排,中原野战军得以转移。

就在这战与和的转换关头,长期埋伏的中共情报员纷纷出手,周恩来准确把握对方动向,处处赢得战略先机。

斗争,总是有公开同秘密的两手,只用一手太愚蠢,两手并用才高明。秘密战也是科学,多数情报可以通过公开渠道获得,只有少数核心机密才需要采用特殊手段。周恩来能够适时采取合适的手段,拿到公开和秘密的准确信息。拿到情报以后,还要善于运用,揭露阴谋,赢得光明,有理、有利、有节。

六、小吃大的秘诀——营造以弱胜强的综合优势

近来,媒体频繁提到一个词:修昔底德陷阱。这源自于古希腊历史学家修昔底德,他提出:新兴大国和现存霸主之间是否一定发生战争?中国现在就面临着这样的问题,中国的GDP现在到了世界第二位,就算想韬光养晦,美国仍然认为你有威胁。如何跨越这个陷阱,这对一个国家的领导人来说是一种很大的考验。

这种状况,其实中国共产党曾经遇见过。抗日战争胜利的时候,国共两党的关系同现在中美的关系非常像。当时共产党已经成长为全国第二大党,国民党认为构成了威胁。

如何处理这种关系,周恩来早有两手准备。

小而强

1938年是国民党和共产党合作的蜜月期。那时候,国民党发觉自己在动员群众方面不如共产党,各部队就向共产党要政工人员。周恩来乘机把大批的共产党员和进步青年,派到国民党的各个部队。当时,国民党和共产党互相之间还有个协议,不在对方内部发展组织。为了不违背双方的协定,周恩来给派出人员下达的任务是:在国民党的内部不发展组织,不搞破坏,支持国民党抗日。同时,周恩来也在国民党中布下了闲棋冷子。这些情报员在帮助国民党抗日的同时保持警惕,防备国民党对共产党搞突然袭击。

这些人到国民党中支持抗战,取得了很有效的成绩,比如著名的熊向晖。共产党在西安的八路军少将代表宣侠父被国民党特务暗杀,当时熊向晖非常生气,这如果是胡宗南所为,就要干掉胡宗南。而中共上级组织给他指示:不但不能杀

掉胡宗南，还要保护他。最后终于查出暗杀宣侠父不是胡宗南所为，是蒋介石瞒着胡宗南指派军统特务干的。可到了国民党要攻击共产党的时候，这些情报人员就发挥作用了。1943年蒋介石派胡宗南进攻延安，熊向晖就把情报提供出来，有效地保卫了延安的安全。周恩来做情报工作，既不违背国共合作的政治道德，又预防了国民党的突然袭击。到现在，台湾史学家说起这些事，还承认熊向晖没有违背做人的道德。所以共产党的情报人员既给党做了工作，又符合社会上的政治伦理，符合中国人的道德传统。到现在，中国的特殊战线依旧保持这样的传统，在国际上享有较好的名声。

内战爆发，朋友关系变成敌我关系，中共立即改变方针。长期冷藏的情报员纷纷启用，还大力发展内线。

沈安娜在抗战初期就潜伏国民党中央党部，这是个接近领导便于升官的位置。可是，沈安娜却多次拒绝诱惑，始终当个小速记员。这是因为，只有这个低级职位，才能参与高级会议，拿到战略情报。

间谍也有不同的作用。既有战术侦探、也有战略间谍。战略间谍作用更大，又被认为是大间谍。可是，无论战术间谍还是战略间谍，都需要掩护身份，这身份就有高有低。在情报圈中，社会身份的高低，同情报作用的大小，并不一定成正比。你的位置好不好，关键在于能否接近情报。有时候，小，反而是强势。

沈安娜证明，小文员能够拿到大情报。所以，大间谍必须有甘当小人物的心态。国民党不是没有间谍人才，可是，其中又有几个甘作小人物？抗战初期，沈之岳等人曾经潜入延安，甚至混入共产党。可是，延安那艰苦的生活，严格的政审，他们却怎么也适应不了，主动撤离了，回重庆吹牛升官了。

为了大局利益，甘愿舍弃个人利益，这是共产党人独有的精神优势。所以，在内战爆发的关头，蒋介石缺少高级内线，周恩来却在敌营深处埋伏多人。

小想大

周恩来针对国民党三大实力集团，在抗战初期就安插了"三大秘"。

胡宗南身边的熊向晖，出身高官，清华大学毕业，写得一手好文章。周恩来点名派遣，当上胡宗南的秘书。熊向晖深得信任，参与机要，证婚人居然是"太子"蒋经国。

白崇禧身边的谢和赓，文采风流，妻子是著名影星王莹。为长官起草的游击战讲稿，得到国民党全军激赏。

傅作义身边的阎又文。北大毕业的小同乡，为长官办学校，办报纸，升任少将秘书。起草的傅作义致毛泽东电，举国震惊。

这样的卧底，能够成为长官最信任的人。这三大军事集团是国民党的主力，其作战计划更是属于绝密。绝密到什么程度？指挥官之外只有机要秘书第二人知情，可偏偏这第二人就是共产党员。胡宗南的军长师长还没有看到的作战计划，彭德怀已经看到了！

周恩来在武器劣势的情况下，善于选拔培养人才，形成人才优势，情报触角深入虎穴。蒋介石的侍从室，有秘密党员段氏兄弟。国防部作战厅长，有恢复联系的党员郭汝瑰。这些人在国民党仕途顺利，却甘愿为共产党效力。

长期经营大战略，共产党人改变中国的雄心，落实于密战部署。密战，又称为"战前之战"，在决战之前，秘密较量早已定出高下！

小，也许相对安全，但若永远甘为小，也不会有大出息，甚至会在竞争中毁灭。小，必须想到大，想到将来总有一天要到大战场去决战。

小变大

虽然中共在密战中早已领先，但是，如何化为战场上的强势，还需要转换。战局转折时，毛泽东提出：不仅要情报，还要力量。

全面内战爆发前，中美国共两国三方在北平设立军事调处执行部，调停国共冲突。国民党方面的谈判代表郑介民是个高级特务，共产党方面的谈判代表是情报大师叶剑英和李克农。

蒋介石密谋突袭共产党的最大城市张家口，为了保守秘密，由第十一战区作战处长谢士炎少将亲自起草作战计划。这谢士炎是参谋总长陈诚的亲信将领，特意安插到司令长官孙连仲的身边，执行最重要的作战任务。

就是这个最受信任的将领，把国民党的作战计划送给叶剑英。解放军提前撤出张家口，没有遭受损失。

就在特务的严密监视下，李克农在国民党司令部里发展了一批秘密情报员，编织了一个庞大的情报网。东北剿总司令部，起草作战计划的作战参谋赵炜，把计划先送共产党，后送蒋介石。

三大战役，最难打的是淮海，国民党具有优势兵力。可是，国民党军队起义最多的也是这个战区，华东大战的关键时刻，蒋介石的亲信将领韩练成弃军而走,导致解放军莱芜大胜。攻打济南,坚城难下,吴化文战场起义撕开防线。淮海战役胶着阶段,长期潜伏敌军的共产党员张克侠、何基沣战场起义。

大势已去,国民党将领不得不考虑自己和部下的前程。在这个时候,中共的开明政策,发挥了"不战而屈人之兵"的巨大效力。

内战先锋傅作义接受和平改编,四平战将陈明仁湖南起义,南京谈判代表张治中起义……解放军歼敌八百万,其中有两成以上的敌军是自行放下武器。

"要什么就有什么!"

人们这样形容解放战争时期的秘密工作,要什么情报就能有什么情报,需要打通哪里哪里就有力量策应。

中国的解放战争,堪称世上规模最大的国内战争,解放军歼敌八百万,取得决战大胜。这又是一场以弱胜强的战争,战争开始时,国民党军队430万人,共产党军队126万人,3.37∶1。

中共为何能够以弱胜强?

失败后的蒋介石,不承认军事不行,却托词情报失误。

所谓弱,其实只是公开兵力之弱而非所有方面皆弱,强,只是公开兵力之强而非所有方面之强。在秘密较量中,早已是强弱易位。

密战又是综合较量。

周恩来全面指挥,在战略部署、长期积蓄、人才使用、应变策略、技术手段等多方面,取得综合优势。在优势状态下,大批国民党力量转向共产党,密战的长期积累也及时从地下走到地上,这就大大加快了公开战争胜利的进程。周恩来的秘密作战,到解放战争已臻化境。

现代战争不是纯军事纯谋略的比对,而是总体决战,军事、政治、经济、文化,综合实力的较量,最终决战只能是以强胜强。中共在弱势条件下,以较强的密战能力,配合主战场从弱转强,从精神优势物质弱势上升为全面优势,从而扭转整体的强弱对比,最终决战以强胜强。

七、建国大业——从秘密状态走上政治舞台

现代民主政治,要求秘密手段也必须符合法治的规则。运用密战手段失当,乃为政大忌,蒋介石就经常被斥为"特务统治"。

可是,周恩来也用密战手段,为何名誉很好?

对台戏

1948年，中国的内战已近决战阶段，国共双方却同时提出召开大会。国民党在南京开国民大会，选举"总统"。共产党号召召开新政协会议，决定建立新中国人民政权。这是一场宪政竞争，国共双方都要争夺民主政治的大旗。

国共两党势不两立，争夺的要角就是中间派民主人士。宋庆龄、李济深、沈钧儒等避难英国统治的香港，张澜、罗隆基、黄炎培等隐居上海外国租界。

蒋介石的手段是又打又拉，拉不过来就杀！杜斌丞、李公朴、闻一多等相继被害，民盟被迫宣布解散。白道之争，居然采用黑道手段，老蒋令人不齿。李济深在香港组建民革，沈钧儒在香港恢复民盟，民主力量纷纷响应中共号召。

这时，周恩来同时担任两个职务：主管军事的总参谋长和主管统战的城市工作部部长，一手组织战争，一手筹建会议。

如何把民主人士安全地接到解放区，也是难题，国民党军警沿途封锁，冯玉祥乘坐苏联客轮失火遇难。周恩来不得不选择秘密途径，组织民主人士乘船偷渡。

名人偷渡？这不仅要瞒过英国警察和国民党特务，还要躲过媒体的追踪。更难办的是，这些名人缺乏秘密行动经验，他们不愿走黑道。

过节

毛泽东开列的政协会议邀请名单，第一个就是李济深。

黄埔三人：校长蒋介石、教育长李济深、政治部主任周恩来，三人代表中国政坛的三种力量。三人联合，北伐成功。1927年"四一二"事变，蒋介石与李济深联合抓周恩来。1931年"九一八"事变，李济深寻求与周恩来联合反蒋抗日。1937年举国抗日，三人再次合作。蒋介石发动皖南事变，李济深支持周恩来反摩擦。内战爆发，周恩来支持李济深组建民革。

李济深和周恩来的关系，有合作，有过节，充满恩恩怨怨。在这种复杂的背景下，怎能说服要李济深冒险偷渡？

周恩来亲自部署，请何香凝出面说服，派潘汉年保证安全，用巨资安顿家属生活，租用苏联客轮，在旅顺军港登陆……就连李济深下船穿的大衣，周恩来都要求是狐皮里子水獭皮领子。李济深达到东北后，声明接受共产党的领导。

以诚意化解个人恩怨，为民族大义达成共识，中国政治领袖走上民主政治的道路。

大营救

迎接香港的民主人士，主要采用偷渡手段。港英当局见风使舵，睁一眼闭一眼，也有空子可钻。

上海却是国民党的地盘，军警宪特严密监控，民主人士脱身很难。青帮老大杜月笙暗中通知黄炎培，你已经上了老蒋暗害的黑名单！黄炎培以庆贺生日为名，大宴宾客，乘乱脱身，化装登上中共地下党安排的船只潜逃香港。黄炎培走后，特务立即加紧对张澜、罗隆基的监控。

解放军渡过长江，蒋介石立即直奔上海，召集京沪杭警备总司令汤恩伯、上海警察局长毛森和幕后保密局局长毛人凤训话，严令他们把上海的黄金白银全部运送台湾。同时，把宋庆龄、张澜、罗隆基、刘鸿生、杨虎等知名人士带到台湾，不去者就地正法！

城外，解放军重兵围困；城里，军警宪特日夜搜捕。上海成了恐怖的城市。

警察局长毛森是毛人凤的本家侄子，心狠手辣，上海人称"毛骨森森"。毛人凤又加派保密局行动处处长叶翔之到上海督战。二人在上海展开杀人竞赛，街头巷尾到处张贴通缉令，"一人不报，全家杀绝！一家不报，全里杀绝！"

就在上海民主人士生死存亡之际，周恩来电令吴克坚：全力保护和营救宋庆龄、张澜、罗隆基、史良！

吴克坚是中共资深情报干部，机智过人，为解放战争提供大量高级情报，从不失手。吴克坚有自己独特的情报方式：争取敌人营垒的重要人物，使其整个系统为我服务。这次营救，吴克坚瞄准杨虎。

杨虎时任国民政府监察委员，表面看不过是一个闲职，可作为上海青帮老大，又有个担任上海警备区副司令的女婿周力行，在上海滩还是很有势力。但是，1927年"四一二"事变时，杨虎是淞沪警备区司令，大屠杀的执行官，现在能为共产党出力吗？

周恩来了解杨虎。虽然1927年时杨虎是蒋介石捉拿周恩来的干将，但蒋介石后来又过河拆桥剥夺这位弟兄的实权，杨虎就与蒋介石离心离德。毛泽东到重庆谈判，杨虎曾当面警告戴笠不准暗害。

宋庆龄那里，国民党特务一时还不敢动手——国母啊！对于其他人，特务就没有多少忌惮。叶翔之追捕史良，毛森看押张澜、罗隆基，两大杀手双管齐下。

侦缉大队长聂琮忧心忡忡地找到副职阎锦文，自己正安排家眷逃亡，又接到毛森要干掉张澜、罗隆基的命令。阎锦文却豪爽地把这个得罪人的差事揽了下来，杨虎司令指令自己营救呢。

阎锦文带人闯进虹桥疗养院，把张罗二人押上囚车。囚车飞速驶向环龙路杨虎住宅，里面的守卫者全是解放军的便衣侦察队。这里已经是上海地下党的秘密指挥部，一个提前解放的小解放区！

周恩来运用多个秘密情报系统，通过秘密交通渠道，把全国各地的民主人士安全接到解放区。

1949年9月21日，中国人民政治协商会议第一次全体会议在北平召开，会议决定诸多成立新中国的事项，10月1日，中华人民共和国举行开国大典。

新中国成立的历程，充满神秘传奇。中国社会异常复杂，在政坛行走，不通黑白两道，那是走不下去的。可周恩来不但能够畅通无阻，而且决不同流合污。解放后，共产党喝令青帮停止活动给予出路。青帮老大黄金荣乖乖地从香港归来。全国各地那些横霸一方的黑道，无不销声匿迹。

从地下走到地上，从秘密变为公开，中共从革命党变成执政党。马上得天下，不能马上治天下。共产党人又面对新的历史考验：秘密系统必须进入现代民主政治的轨道。

八、反恐先驱——现代法治实践

夺取政权阶段，弱势一方在暗处，可以放手密战。上升为执政党后，虽然掌握强力机关，却处于明处，相对被动。密战手段是"利剑"，利剑都是"双刃剑"，运用不当就会伤及自己人。密战手段是"暗器"，暗器到明处又怎么用？

如何化被动为主动？如何避免国民党执政的错误？如何探索新的作战方式？

体制转轨

新中国成立的初期，共产党的城市政策是全盘接管。旧政权的公务人员包括警察都接下来，维持机构运转。那些危险的国民党军警宪特，登记备案。

共产党的情报保卫组织，也从党的方式转为政权方式。中央社会部解散，分设公安部和情报总署。

这样，中国就很快建立起符合现代政治惯例的密战体制，保证利器不失手。

体制改变，方针明确。1950年全国情报工作会议总结革命经验，提出三条原则：不搞手枪暗杀、金钱收买、美色诱惑。

继承发扬做干净活儿的传统，又提前预防国家恐怖主义。中国在世界大国中，第一个提出反对恐怖主义的原则，新中国的情报工作开步就走上正轨。

反恐斗争

新政权刚刚建立，又遇到大范围破坏活动。战后残留的散兵、土匪，不甘心失败的国民党特务，纷纷起事，大有呼应朝鲜战争之势。各地社会秩序不稳，老百姓出现恐慌情绪。

北京，外国特务企图炮打天安门；上海，国民党特务企图刺杀陈毅；广州，国民党特务企图刺杀叶剑英。

树欲静而风不止，毛泽东决定，在全国开展大规模镇压反革命运动，很快稳定了全国局势。

国民党却发动暗战，台湾特务大搞爆炸破坏。利用港粤通行自由，偷运炸弹潜入大陆，最多的一天有12起！

公安系统大力开展反爆破斗争，成功做到：炸弹不进广州，不过韶关。

反恐怖斗争，从20世纪50年代持续到60年代。解放前，是共产党搞武工队袭击鬼子，解放后，是鬼子搞阴谋破坏。面对新敌情，新中国的公安部门学会了新的战法，积累了反恐斗争的宝贵经验。

综合治理

明暗易位也有规律，敌特在暗处，潜藏的位置多为社会管理的死角。社会管理，那是共产党的传统特长，抗战时期，延安市公安局就大搞综合治理，实行了社会的高度组织化。

国家公安部制定《社会治安管理条例》，城市基层普遍建立居民委员会，谁家来了个客人警察都知道，国民党特务无处容身。

密切联系群众的作风，使共产党独创了许多管理经验。

"司法调解"创自陕甘宁边区，推广到各地，化解了大量人民内部矛盾，减少了司法成本，得到国际司法界的重视。

人性化管理，创造了改造俘虏的经验。新中国成立之后成功地改造了大批日本战犯和国民党战犯，包括前清皇帝溥仪。周恩来有言："公安部改造了一个皇帝，调查部争取了一个总统。"外交、统战、情报，各系统密切配合，将触角伸向境外，安全地接回李宗仁。

走出国门

新中国成立之后，情报工作的重点转向国外。抗日战争期间打下的基础，国际反法西斯统一战线结交的朋友，帮助新中国保证了元首出访的安全。

公安保卫工作效率很高，保卫与情报配合，国内与国外协作。毛泽东访苏、刘少奇访问东南亚、周恩来出席万隆会议，都战胜了国民党特务的暗害阴谋。

20世纪50年代，新中国刚刚建立的时候，中国多项行业，在国际比较都处于落后地位。全面落后，惟有军事处于第一方阵。14年反侵略的抗日战争、规模最大的内战解放战争、对抗超级大军的出境作战朝鲜战争，辉煌的战绩证明中国军队的实力。

军事优胜的原因何在？统帅毛泽东题词："知己知彼，百战百胜。""知己"是领军，"知彼"是搞情报。这说明：秘密战是公开战的重要辅助方式，密战艺术也是中华文化的"武林秘笈"！

如今，世界进入全球化时代，各种竞争格外激烈，传统学术已经不足以概括斗争的深度和广度，于是，人们在商业、军事、政治斗争之上，提出了文化竞争的概念，美国称之为"巧实力"。

其实，富于文化传统的中国，最擅长"巧实力"。《孙子兵法》是全世界最早的军事理论著作，其"用间"篇是最早的间谍专业论文。

从1927年到1976年的50年间，周恩来始终是党和政府中负责情报保卫工作的领导人，为中国密战积累了珍贵的成功经验。人们赞叹，周恩来的秘密作战，用一般的军事词汇已经难以形容，应该说，周恩来的密战已经进入艺术境界！

创新时代，最高级的创新是"标准创新""规则创新"。周恩来的密战艺术，提供了创新的标准和规则。

1. 两手并用——清醒的辅助斗争方式。

确定系统地位：全局工作的辅助部分，防止神秘化、独立化倾向；确立忠诚于党和人民的政治原则，符合现代政治制度，防止专断胡为。

2. 广交朋友——干净的信息搜集方式。

信息公开化、方式合法化、身份社会化，占领道德高地，进入现代公关，营造和谐社会。

3. 调查研究——科学的情报分析方式。

从书报研究、社会调查，发展到专业机构基础研究。多种渠道，多方信息，互相印证，克服误判。

4. 抢占先机——巧妙的决策运用方式。

日常工作为应急处理准备预案，情报运用为战略变动准备方案，确保赢得战略先机。

21世纪的竞争，既有经济实力和军事强力的较量，更有文化特色的比较。周恩来的密战艺术，蕴藏着中国共产党的红色基因，充满中华文明的政治智慧，正是中国道路的文化优势。

遗憾的是，我们很难看到周恩来关于这个方面的系统文字，我们只能从周恩来的大量言行中探寻、归纳。也许，这就是开掘宝藏所必然面对的难度吧。不过，这更是巨大的诱惑，引导研究者持续努力。

第六章
重视技术侦察，领导创建二局
——无线电侦察事业的开创者周恩来

1967年5月13日，周恩来在军队内部的大会上，谈到开创红军无线电侦察工作的艰难岁月时说："同志们，回想35年前，我和你们一道创建这门工作的时候，可以说，是工作在一起，战斗在一起。……我们那个时候只有十几个人，……"周总理所讲的是，1932年红军在江西中央苏区首破国民党军密码、创立无线电技术侦察工作的往事。

一、创建二局如虎添翼

领导实现零的突破

中国工农红军无线电侦察工作的创建，是在总司令部领导下集体努力的一个过程。继1931年初，在毛泽东、朱德领导下，王诤、刘寅等人开始无线电侦听工作后，1932年10月，曾希圣、曹祥仁艰难摸索，终于掌握了密码猜译这一关键技术。周恩来作为红军总政委兼红一方面军总政委，与朱德总司令一起领导了密码的首次解析，以及红军总司令部二局（专事无线电侦察的机构）的成立，为创建红军的无线电侦察事业作出了重大贡献。

1931年12月周恩来到达江西苏区时，国民党军开始全面实行无线电通信加密，仅有侦听手段的红军尚不能破译国民党军的密码，无线电侦察基本停顿。1932年初春进行的赣州战役遭受重大损失，其中一个重要原因就是无法破解国民党军的密电，致使红军的侦察工作失灵。

时任总司令部谍报科科长的曾希圣为情报不能保障作战而深感不安，他在焦急之中想起在烟台做兵运工作时，电报局的一名报务员曾说过，密电是可以猜译的。他想只要能攻开破译难关，就可以获得国民党军的情报。他把这个想法报告总参谋长叶剑英，并转告朱德、周恩来，得到他们的肯定和支持。

红军要在既无经验，又无教员与教材的困局中猜译密码，取得零的突破，是一个勇敢而又艰难的尝试。曾希圣知难而上，布置侦察台抄收国民党军的密电，并通过战况分析判断电报的内容。周恩来介绍了他所了解的密码编制知识和经验，与曾希圣一起研讨相关规律。

1932年5月，周恩来和朱德总司令给谍报科增设了一部侦察电台，并调来无线电二分队（红三军军部电台）的报务员胡立教和九分队（红三军团军团部电台）的报务员曹祥仁。7月，曹祥仁在报务当班之余，开始参与猜译研究。

8月20日，红军攻占宜黄县城。曾希圣赶到国民党军师部搜集遗弃的机要资料，虽未找到密码本，但却从缴获第九路军第二十七师一个军官的公文包中，发现一份第九路军司令孙连仲发给守城部队的电报，其中有三十来个字已译出，密名为"展密"。

这份部分译出的电报为研究工作提供了有利条件。以此为基础，曾希圣与曹祥仁在位于福建建宁的红军总司令部共同猜译余下的部分。曾希圣中文底子好，曹祥仁对码子和台情熟悉，二人密切配合，相得益彰。他们结合敌情，将不断侦收到的"展密"电报拿来对照，将相同的字填上去做据点，前后猜字连接。国民党军的电文内容繁杂，文体古怪。周恩来总政委和朱德总司令密切关心并参与了研究工作。当碰到疑难军语时，也凑过来一起参加猜字，研究电文格式和文法。经过一个月多的持续努力，终于在10月将"展密"全本贯通。

曾、曹破开对手的密码之后，国民党军每发一份电报，经过电磁波的自由传播，实际上等于让红军也得到一个副本。红军破译能力的建立，打通了一条源源不断地获取敌方核心情报的重要途径，成为红军战斗力的重要组成部分。"密码技术的掌握，使红军的侦察能力发生了革命性的飞跃，成为技侦情报工作的独特优势，在我党我军的情报工作史上具有划时代的意义。"

"展密"的破译，标志着红军掌握了无线电侦察的核心技术，已经具备全面获取国民党无线电通信情报的前提。在猜译"展密"的过程中，曾希圣、曹祥仁摸索到国民党军密码的编制规律和语言习惯，信心和勇气大增。他们乘胜前进，至1932年底连续突破国民党军密码共17本，将中央苏区周围国民党军使用的通用密本全部破开。

首破成功后，周恩来、朱德又及时增调一部侦察电台，扩充技术力量，并组建红一方面军总司令部二局。新成立的总司令部二局，局长为曾希圣，下设三个侦察台，技术人员达十人左右，其中有曹祥仁（侦收、破译）、邹毕兆（侦收、破译）、胡立教（侦收）、李力田（侦收）、王震（与红六军团政委王震同名，侦收）、李廉士（宁都暴动参加红军，侦收）、李作鹏（校译）、叶楚屏（校译）、卢伟良（校译）等。至此，在周恩来、朱德的亲自领导和关怀下，一支技术全面、组织严密、战无不胜的无线电侦察力量在中国工农红军中光荣诞生。

按照一般规律，密码学能力与科技水平及经济实力成正比。江西苏区与国民党中央政府实力对比悬殊，处于弱势的红军完全依靠自己的智慧摸索、钻研，将无线电侦察工作开创和发展起来，这不能不说是中国工农红军的一个传奇。周恩来和毛泽东、朱德等红军领导人，对先进技术的使用有超前的意识，在红军初创时期就抓紧无线电通信和侦察队伍的建设。没有他们的远见卓识，红军在极其艰难的条件下创建无线电侦察工作是难以想象的。

善用情报克敌制胜

无线电技术侦察情报源自敌方机要核心，权威、可靠、准确、及时，且经济、安全。但在20世纪30年代初的中国，这还是个鲜为人知的高科技领域。不少国民党高级军官对此项技术也不甚了了，更想不到"泥腿子"出身的红军会有这样的能力。

由于亲自领导和参与了二局工作的创立，周恩来、朱德等总部首长非常了解并坚信无线电侦察的可靠性。他们巧妙地使用二局情报，机智、果敢地运筹帷幄，红军作战如虎添翼。1933年初的枫山埠战斗，是周恩来、朱德灵活使用无线电侦察情报指挥作战的一个范例。

1933年1月4日、5日，红一方面军集中兵力在黄狮渡歼灭国民党军第五师第十三旅，再占金溪。二局侦悉，蒋介石为进行报复，电令国民党军进攻金溪附近的左坊营、黄狮渡；由吴奇伟率第九十师和第二十七师担任主攻，周至柔指挥第十四师和第五师在琅踞一带牵制。6日，红一、红三军团和红二十二军分路设伏，待机歼敌。

6日午夜至7日凌晨，曹祥仁独自当班守机，突然发现国民党军电台异常活跃。吴奇伟的第九十师、周至柔的第十四师和周浑元的第五师等5部电台同时出联，都在发出"十万火急"的呼叫。曹祥仁快速转动旋钮，听、译并行，几乎是同时对5个电台的信号即时进行选择、处理，及时发现国民党军临时改变作战计划，令周至柔率第十四师、第五师由牵制改为迂回，进攻琅踞、左坊营、黄狮渡，兵分2路合击红军，切断红军的后路。

根据敌情变化，周恩来、朱德当即调整部署，于7日凌晨4时下达新的作战命令：红一军团、红二十二军星夜转移至枫山埠附近待敌；增派红五军团到黄狮渡西南阻击国民党军第十四师和第五师；红三军团仍向琅踞方向进击。二局破译能手邹毕兆回忆："若不能及时掌握到敌人变更进攻部署的情报，我不能及时预防，则对我军有相当的危险。8日拂晓，只见部队原地休息，周副主席、朱总司令和军团首长都来到二局，了解进一步的敌人情报，也说明情况的紧张性。"

8日晨，周恩来、朱德都在二局等待吴奇伟部出发的确切情报，侦收台全神贯注地守听。此时，吴奇伟部还没有出动，其电台仍在活动。8时许，二局侦知吴奇伟部队离开枫山埠、荷树铺一线的宿营地向左坊营开进。9时30分，红一军团在枫山埠附近发起正面进攻，重创了吴奇伟号称"铁军"的第九十师。红二十二军更于黄昏占领浒湾，追击敌军直抵抚州对岸。

如果周恩来总政委和朱德总司令在使用二局情报时有所迟疑，未能随机应变，红军按原计划行动就会陷入包围，位于战场附近的总部也将处于危险境地。

第四次反"围剿"大捷

枫山埠战斗后不久，蒋介石亲自坐镇南昌，调集50万大军，分左、中、右三路对中央苏区进行第四次"围剿"。战前，参加"围剿"的中央军的通信编码换成了新的特别本密码"猛密"。然而，"熟练而富有想象力的密码分析家，很快便能识破极复杂的密码"。"猛密"使用不久即被曹祥仁、邹毕兆在南丰破开，为第四次反"围剿"斗争的侦察工作奠定了基础。

周恩来、朱德从敌强我弱的情况出发，建议避免攻坚作战，在抚河以东用运动战消灭敌人。但在临时中央的强令下，1933年2月12日红一方面军强攻南丰城受挫，23日主力向东韶、洛口地区秘密撤退，另以红十一军伪装主力向黎川佯动。

26日，二局侦知陈诚误以为红军主力退向黎川，率中路军的3个纵队向黎川分进合击。第一纵队司令罗卓英率第十一师由宜黄南下，令在乐安的第五十二、五十九师向东进至黄陂与十一师会合，尔后向广昌、宁都前进，切断红军归路。

根据上述情报，红军主力分为左右两翼隐蔽接敌，对分别沿摩罗嶂大山两侧东进的第五十二、五十九师设伏。27日下午，细雨蒙蒙，云遮雾障，左翼的红一军团对进至登仙桥的第五十二师突然发起攻击，随后红三军团加入战斗，全歼第五十二师，俘虏师长李明。同时，右翼的红五军团围歼第五十九师大部，活捉师长陈时骥。

战斗期间，二局侦悉罗卓英率第十一师自宜黄南下驰援第五十二、五十九师。周恩来、朱德当机立断，未等战场清理完毕，即率主力撤离战场，至小布、东韶、南团地区隐蔽待机。

3月中旬，陈诚改分进合击为中间突破，分前后2个纵队交互掩护，向广昌推进。为创造战机，红十一军进至广昌西北地区，引诱国民党军加快推进。二局得知国民党军又将红十一军认作主力，命令前纵队速进，使其前后2个纵队之间的距离拉大到50公里。

19日夜，朱德总司令、刘伯承总参谋长根据二局报告的敌情研究作战方案，于20日凌晨3时下达命令，消灭前出的国民党军第十一师。这时，二局又截获2份密电：先得悉第十一师进入草台岗后发现红一、三、五军团均在其附近，罗卓英怕吃亏，命令第十一师撤退到五里牌；随后再获悉，第十一师自恃是王牌不肯撤退。总部首长本来根据罗卓英下的电令准备调整部署，随即又根据第十一师的复电决定维持原部署不变。20日上午7时，重新下达作战命令，集中优势兵力"于21日拂晓，采取迅雷手段干脆消灭草台冈［岗］、徐庄附近之［十］一师"。

21日，红军一举消灭了国民党军第十一师，取得了第四次反"围剿"的完全胜利。

《红军总参谋长刘伯承》一文对周恩来、朱德、刘伯承指挥草台岗战斗的过程有生动的描述：

一九三三年三月十九日夜，朱总司令和总参谋长刘伯承、作战局长张云逸，在吴村一个地主院子里，正在分析一天来敌情的变化，接到二局局长曾希圣的敌情报告，张云逸念道："敌前纵队第十四师、第十师、第九十师和后纵队第五师经东陂、新丰向甘竹前进；其第九师在东陂山区占领阵地；其第十一师已进驻黄陂。"朱总司令说："我们的战略还是各个击破，令第十一军钳制和吸引敌先头纵队东进，待其通过四个师后，截击敌人后纵队两个师。"刘伯承提出在草台冈［岗］准备战场的建议。总司令下了决心，叫张云逸起草命令。

这时，又接到二局送去的第二个敌情报告，说是："今（十九）日下午二时敌第十一师前卫部队与我侦察部队在草台冈［岗］遭遇，接触后敌后续部队已停止前进。据侦听，罗卓英令前卫第八十三旅连夜撤回五里排［牌］。"草台冈［岗］距五里排［牌］二十余里，敌三个小时即可缩回去。

于是，起草的命令作废，重新研究作战方案。鸡叫头遍，第二个作战方案刚形成，正在起草命令，曾希圣的第三个敌情报告又到。报告说："敌第十一师并未北撤，后续部队和辎重行李于天黑前全部到达草台冈［岗］，正彻夜构筑工事。"待张云逸念完敌情报告，刘伯承哈哈大笑，幽默地说："天助我也。总司令，下命令吧。"

总司令请周恩来总政委来。待周恩来到作战室，刘伯承汇报了一夜来敌情变化和我军的部署后，周恩来看过命令，表示完全同意，即由总司令朱德、总政委周恩来签署下发。二十一日拂晓发起进攻，经过一天激战，至黄昏敌十一师（蒋介石的王牌师）全部瓦解，除师长萧乾外，伤敌旅长一人，毙敌团长三人，营以下官兵伤亡惨重，俘虏三千多人。敌第五十九师一七五旅以及第九师的一个团，也被我歼灭大部。陈诚在抚州听到十一师被歼的消息，急得吐血；急令吴奇伟率前纵队向南丰撤退，罗卓英率后纵队残部，向宜黄撤退。蒋介石的第四次"围剿"就这样被打破了。

4月，红一方面军司令部移驻崇仁东南。此时，蒋介石正在崇仁城内视察陈诚的中路军指挥部。二局侦获敌报：蒋介石要乘船走水路回南昌，显示虽败而斗志未减。周恩来、朱德派兵设伏，准备截击蒋介石。若不是蒋介石临时改变路线，已被红军俘获。邹毕兆也有如下回忆："蒋介石在第四次'围剿'遭到惨败后，亲到崇仁陈诚的中路军指挥部视察。在敌人电报中，［二局］确悉蒋介石定于日间取水路回南昌，聊以观山景水色，'示形败而不馁'。周副主席、朱总司令立即指派截击的部队。崇仁的河，水不大，容易截击。后来敌人的电报说，蒋介石改乘汽车回南昌，侥幸地走脱了，免作刀下之鬼。"

第四次反"围剿"战役期间，国民党军第十师师长李默庵率部在主攻部队之后跟进，有感于第五十二、五十九师的覆灭而写了四句诗，后两句是："登仙桥畔登仙去，多少红颜泪始干。"诗写成之后没有示人，仅用电报发给在上海的夫人顾林。李默庵万没想到的是，1936年12月西安事变发生之后，他奉命率部驻守西安，周恩来忽然造访李默庵的师部叙旧（周恩来与李有黄埔师生之谊），这两句诗竟被周恩来脱口吟出。李默庵回忆：

未及寒暄几句，周恩来突然说："我记得你有一句诗，写得不错嘛，'登仙桥畔登仙去，多少红颜泪始干'。"我闻言则大惊失色，忙不迭反问："主任何知我有此诗句啊？"周恩来则放声笑了起来。

见我一副惶然不解的样子，周恩来告诉我说，这句诗是当时作战期间，红军从电报中截获转呈他的。因为诗句写得形象生动，又表达了厌战心情，他一下便记住了。

周恩来的直言相告，使李默庵对红军的无线电侦察能力感到震惊。

二、长征路上的灯笼

调虎离山，抢渡湘江

红军被迫长征是第五次反"围剿"失败导致的严重后果。在长达一年的第五次反"围剿"斗争中，由于最高军事指挥权实际上被洋顾问李德所控制，红军灵活机动的战略战术无法正常发挥。但由于有周恩来、朱德的重视和支持，二局工作依然取得了骄人的成绩和发展，技术、组织、装备明显改善。第五次反"围剿"之前，中革军委二局成立（总司令部二局为其前身），下设破译科、译电科、侦收科等，有了明确的分工和科学的作业流程；长征之前，二局共有技术人员30多人，电台7部，并已具有熟练破解特别本、来去本等高级密码的专业技能。

当时的总司令部一局作战参谋吕继熙（吕黎平）回忆："长征出发之前，朱德、周恩来同志明确指示：一局和作战科，要负责保证二局的情报机要人员、三局电台报务人员的安全，在行军途中既要坚持照常工作，又不能落后掉队。作战科的同志坚决执行了上述指示，[保证二局、三局]分成两个梯队，采取交替行进的方法，做到了基本上不间断地进行工作。他们准确及时的情报和通信联络，为红军的战斗胜利，作出了极为重要的贡献。"周恩来、朱德指示在长途转移中，二局实行前后两个梯队轮番工作的机制，解除了可能因连续行军作战而出现情报供应中断的忧虑，有效地保障了红军在长征中充分发挥信息战优势。

长征初期，周恩来、朱德虽然受到临时中央的掣肘，但在情报谋略、战役部署等方面仍然创造性地指挥中央红军，顺利穿越赣粤、湘粤边界的三道封锁线，并机智地利用敌之江防漏洞实施了抢渡湘江战役。

1934年11月，在湘南行军途中，二局得悉蒋介石已调集5路大军共20个师，正在快速向湘江沿线150公里集结布防。为了调动驻防湘江的桂军，从而寻机渡江，周恩来、朱德命令红军一部出嘉禾、蓝山，向湘桂边境的永明（今江永）县佯动，威胁桂林。

22日，二局截获蒋介石给何键的电报：德邻（李宗仁）为防红军进攻广西，"故拟即将仁部（李宗仁部）主力移赴恭城附近"，"兴安、灌阳以北，仅能留一部，诚恐力量单薄……""拨请转饬何（何键）总司令所部"调往江防空虚地段。也就是说，在桂军主力撤离湘江防线之前，二局就已掌握其动向。

11月24日，二局破译了何键漾日申时（23日15—17时）发给各部的通报，称桂军主力已向恭城转移，湘军尚在调往桂军原防区的途中。这表明红军的佯动已达目的，蒋介石的湘江防线从兴安至全州一段，出现了一个约50公里宽的大缺口。当日22时30分，红军总部将这一敌情通报全军，指出桂军主力已向恭城转移：

甲：何键二十三日命令：

（1）［敌］情况：……桂敌主力已移向恭城方向。

（2）［敌］判断：……［红军］以大部沿我［红］六军团原路向西突窜。

（3）［敌］决心：……巩固湘水上游防线，协同桂军防堵。

（4）［敌］部署：……第一路沿湘水上游延伸至全州之线，与桂军联络，堵我［红军］西进。……

周恩来、朱德决心抓住湘军填补原桂军的沿江防线缺口的意图尚未实现之机，把桂军撤离的这段江面作为过江渡口，25日17时朱总司令下令抢渡湘江。

27、28两日，红一、红三军团分别乘守敌江防之虚，迅速控制了主渡口南北两翼。

29日，北翼的红一军团在湘江西岸的全州，节节抵抗湘军刘建绪部向南攻击；南翼的红三军团在湘江东岸的文市、新圩阻击桂军向北推进；红五军团遏阻自东向西追击的桂军和周浑元部。二局随总司令部平安渡江。

30日，战斗更加激烈。朱德急电催促中央纵队加速前进；但由于中央纵队行动迟缓，中央红军受到蜂拥而来的国民党军三面围攻，丧失渡江良机，最后二天损失惨重。

但是党中央和大部主力总算渡过湘江。如果没有周恩来、朱德使用调虎离山之计，并根据二局情报使红军能够选择在防御空虚的江面先敌2天及时控制渡口，湘江渡不渡得过去都有可能是个问题。

支持毛主席再出山

中央红军渡过湘江之后,蒋介石断定,红军转移最大的可能是进入湘南,与贺龙部会合。

到达湖南通道之前,二局侦译数份国民党军往来密报。何键在电文中称:判断红军"循萧匪故道,向西急窜"已甚明显,令刘建绪和薛岳部分别组成第一、第二兵团,迅速向新宁、城步、绥宁、靖县方面转移,并在湘西修筑4道碉堡封锁线,张网以待,围歼北上的中央红军。

1934年12月8日,二局报告:刘建绪主力正向新宁、武冈、绥宁、靖县、洪江一带运动;10日又报告:刘建绪部第六十三师已到绥宁,第六十二师正向绥宁开进。

11日,红军进入通道县城。午夜,破译科破译了国民党军第一兵团总指挥刘建绪戌时(19—21时)给李云杰、李韫珩、陶广等的密电:

"……匪主力似在通道、龙胜边境。"

"薛[岳]兵团先头已抵会同。桂军正分向龙胜、古宜追剿中。"

"本[刘建绪]兵团以协同友军继续追截,务期歼匪于湘、黔边境之目的,决定部署如次:

(1)着第一路陶[广]司令所部,……迅以主力向临口、通道方向觅匪截剿。

(2)着第四路李[云杰]司令所部,迅速进驻绥宁,策应第一路截剿。

(3)着第五路李[韫珩]司令所部,迅速进驻长铺子待命。

(4)着刘[建文]代旅长所部,……[主力]迅向岩寨、木路口尾匪追剿。……"

12日凌晨2时,总部将上述敌情和薛岳兵团情况一并通报全军:

一、三、五、九军团:(火急密译)甲、刘敌十一日令:(一)判断我军主力似在通道、龙胜边境。(二)薛敌先头已抵洪江。(三)刘敌部署:(1)陶广一路除以一部筑绥靖封锁线外,主力向临口、通道方向觅我主力截剿。(2)李云杰部进驻绥宁策应。(3)李抱冰(即李韫珩)部进至长铺子待命。(4)刘建文旅除留团队守城步外主力向木路口追剿。……

连日不断截译的电报显示：蒋介石企图截击中央红军于湘黔边境；湘军主力在通往红二、六军团的必经之路上，正在修建和加固4道堡垒封锁线；薛岳的第二兵团跟进追击；各路追堵兵力约15个师，有红军的五六倍之多。红军疲惫之极，弹药不足，硬向国民党军的设伏阵地推进，无异于自投罗网。

在此严重关头，军委于通道召开紧急碰头会，毛泽东详细分析了敌情，强调"蒋介石做好了一个大口袋，等着我们去钻……。蒋介石在那里'请君入瓮'，我们就乖乖地去'入瓮'，岂不是傻瓜！"毛泽东坚决主张放弃北上同红二、六军团会合的计划，改为向国民党军兵力薄弱的贵州西进。

二局的情报促使周恩来、朱德赞同毛泽东转兵贵州的主张；毛泽东自长征以来第一次在会议上得到中央多数人的支持。会议决定西进黎平，转移大方向问题留待政治局会议决定。吕黎平回忆：

> 12月11日，红一军团占领了通道城，从曾希圣的第二局破译敌人电报中获悉，蒋介石已知我军［要］与红二、六军团会合，集中了比我多五六倍的优势兵力，布成大口袋阵势，张网以待。12日，党中央与军委领导同志到了通道，仍准备按原计划向北进军。毛泽东看到二局送给他的情报和我军次日的行动计划时，非常生气，立即来一局找到周恩来、博古，激动地说："我军如继续北出湘西，正中敌人的下怀，不是往死洞里钻吗？哪有把红军投入蒋介石设计好了的陷阱里去自寻灭亡之理？"当晚，应毛泽东的要求，中革军委召开了紧急碰头会，在朱德、周恩来、张闻天、王稼祥的支持下，博古、李德被迫同意毛泽东的主张，向敌人兵力比较薄弱的贵州黎平方向进军，避免了一场自投罗网被歼灭的厄运。

15日，中央红军突破黔军防线，攻占贵州境内的黎平和老锦屏。16日，二局向总部报告：（1）红军占黎平城后，原在锦屏、黎平一线的黔军，退向施秉、镇远、台拱（今台江）地区，企图固守清水江、沅江第2防线；（2）原在湘西南的"追剿"军第一兵团大部和第二兵团先头部队，已跟进黔东，向铜仁、锦屏、天柱地区推进，其他部队移至通道以西地域；（3）尾追红军之桂军1个师，折向黔南榕江；表明蒋介石仍企图围歼中央红军于北上湘西途中。

18日，周恩来在黎平主持政治局会议，讨论进军方向问题。毛泽东事前做了很多工作，在会上力陈敌情的严重及北上湘西的危险。经过激烈争论，大多数人支持毛泽东的意见，通过了《中央政治局关于战略方针之决定》。决定指出："政治局认为过去在湘西创立新的苏维埃根据地的决定在目前已经是不可能的"，"新的根据地应该是川黔边区地区，在最初应以遵义为中心之地区"。为此，决定向遵义进军。

黎平会议后，红一、红三军团分左右 2 路向黔北推进。蒋介石聚歼红军于北上湘西途中的计划落空。在 1935 年 1 月召开的遵义会议上，周恩来检讨、批评了第五次反"围剿"以来的错误，拥戴毛泽东重返领导岗位。

土城突围，一渡赤水

1935 年 1 月 19 日，中央红军分左、中、右三路撤离遵义，向赤水、泸州西进。当日蒋介石电令："追剿军蹑匪急追，压迫该匪于川江南岸地区，与扼守川南行动部队及各要点之防堵部队，合剿而聚歼之"；令川军、滇军沿长江、横江、金沙江，组成 2 道防线，"各该部队，应于本月三十日以前，完成各地区碉［堡］工事及通信设备，严阵固守，以待追剿军赶到。"

军委 20 日制订的《渡江作战计划》表明，总部首长清楚地掌握了国民党军的动向：遵义已被黔军占领；薛岳兵团的 2 个主力纵队（吴奇伟纵队和周浑元纵队）各一部分向仁怀、茅台追击和堵截；刘湘的川军正调集约 3 个师 8 个旅在彭水、重庆、綦江、合江、泸州、叙永一线，阻止红军渡江入川；黔军侯［之担］部在仁怀、茅台、土城、官店、赤水地域阻击红军。

20 日晚，军委命令："我野战军应迅速向赤水及其附近地域集中，以便夺取渡过赤水为先机，在必要时并便于在赤水以东地域与追击和截击的敌人一路进行决战。"

23 日，郭勋祺率川军教导师第三旅及潘佐的独立第四旅抵达温水。中央红军撤离遵义时，尾追的是廖泽的川军模范师第三旅。廖旅不是刘湘的嫡系，追击不甚积极。郭勋祺旅及潘佐旅系刘湘新近增派入黔的精锐部队，由四川江津南下，直插红军西进路线的腰部，企图在温水堵截红军。不料到达时，红军大队已经通过，该部阻击不成，遂变为追击红军的前队。郭、潘 2 旅斜刺里杀来具有很大的突然性，红军受到前后夹击的压力顿然加大。

24 日，右路的红一军团突破黔军的拦阻，攻占土城；25 日，中路的红五军团先头营在梅溪与尾追的川军约 2 个团发生激战；26 日，前锋红一军团到达赤水城郊，准备攻城，遭到先于红军入城的川军 2 个旅的反扑；后卫红五军团则在三元场与尾追的川军4个团对峙。

前堵后追的川军迟滞了中央红军北上渡江的行动。军委决定打击追兵，解除红军腹背受敌的困境，为渡江创造条件。

27日晨5时30分，朱德电告各军团首长：我野战军主力拟于28日晨，消灭由木兰坝来追之敌约4个团于凤村坝（今丰村坝）、石羔嘴地带……

同日，军委纵队同红三军团到达土城；断后的红五军团在青杠坡、石羔嘴一带，与尾追的川军形成对峙，双方发生战斗。

在前往土城镇的路上，周恩来、毛泽东、朱德、刘伯承等察看了地形，认为土城以东的山谷地带是个合围国民党追兵的好地方。当得悉尾追的川军是4个团时，军委当即下令：红三、红五军团占领土城以东青杠坡一带有利地形，痛击尾追川军；红一军团钳制赤水之敌，为全军渡江扫清障碍。

中央红军进军四川的决策仓促，二局的情报准备不够充分，尚未控制郭勋祺旅等部的电台。当时的二局侦收员钱江回忆："我们1月19日从遵义出发，军委的意图是在泸州上游北渡长江，四方面军来接应，再共创川西革命根据地，因此首先要歼灭刘湘的若干部队才有可能渡江。1月27日总部进到土城，我军与川军郭勋祺旅打响了。当时我们对川军的电台还没有来得及严密地侦察控制，因此对川军兵力也还未完全弄清。"

中央红军长期在江西作战，二局熟悉的是中央军和湘、粤、桂等各军使用的密本。西进四川的决策做出仅有数日，二局对川军内部的现用密本尚未完全掌握。1月27日下午，二局随军委到达土城后，立即投入全部力量，搜索郭勋祺的电台，同时开始破译郭部的密码。破译科发现郭使用的密码不仅是自编本，还是复杂的来去本。曾希圣局长和破译科的曹祥仁、邹毕兆3人紧张地全力突击。

当晚20时，根据二局的报告，军委在下达的翌日行动命令中通报敌情："川敌潘文华二十六日令郭勋祺指挥官、廖泽指挥官、穆［肃中］旅、潘旅各部速向东皇场猛追。依此判断，今日进占枫［丰］村坝、青岗［杠］坡地域之敌约四团，或有后续四个团左右兵力于明后日赶到的可能……"

比较军委前后发出的几份电报，可以看出二局对川军南岸总指挥潘文华的电台有所控制，但因对川军的内用密码尚未完全突破，对敌情的把握有不确之处，没有完全摸清川军各部的番号和确切兵力。军委在26日0时30分的电报中判断，25日尾追的川军"恐系川敌廖泽所部"；27日6时的电报中反映了26日敌我双方的胶着状态，仍然认为"昨日追我五军团至木兰坝"的是"川敌廖泽部"；

而当晚 20 时发出的通报就已明确：尾追川军的兵力为郭、廖、穆、潘前后 2 个梯队共 4 个旅，紧随的对峙之敌约 4 个团，明、后日（28—29 日）可能增加到 8 个团。表明红军总部掌握的敌情总体正确，细节也逐步明晰。

军委命令红三、红五军团及干部团统由彭（德怀）、杨（尚昆）指挥，"决于明日拂晓前包围和迂回"，并以"迅速干脆的手段，消灭进占枫［丰］村坝、青岗［杠］坡之敌"。

没有料到的是，郭、潘 2 旅为装备精良的加强旅，兵力为每旅 3 个团，而非常规的 2 个团。要想在川军后续部队到达之前"迅速干脆"地解决战斗，并非易事。

28 日清晨 5 时，红三、红五军团分南北 2 路向青杠坡的川军阵地发起攻击，遭遇顽抗。曹祥仁回忆，川军与其他地方军阀一样，虽说对省外作战大多消极，但当本土利益受到威胁时，却打得很顽强；加之惯于山地作战，新装备的捷克造小迫击炮在山地战中很有威力，战斗力之强出乎预料。

战斗进行了三四个小时，红军未能扩展战果，红五军团部分阵地一度反被川军突破。此时，朱总司令泰山崩于前而面不变色，拔出驳壳枪，命令警卫连：走，跟我上去看看！总司令的大勇大智使大家镇定下来，在总司令身边的曹祥仁深感敬佩。朱德、刘伯承分别上前线的红三、红五军团指挥，周恩来、毛泽东等到小高地——大埂上瞭望，并命令红一军团二师火速从元厚回援土城。

在红二师返回前的两三个小时里，战斗打得极为惨烈。川军一度逼近军委指挥所前沿。在此紧急关头，周恩来、毛泽东命令干部团发起反冲锋，击退敌人夺回阵地，双方形成对峙。

中央急需掌握当前敌情。周恩来、王稼祥满面尘土地赶到二局，对曾希圣、曹祥仁和邹毕兆说："你们赶快搞清情况，我们来帮你们弄饭。"

下午 1 时，红二师跑步赶回土城。有了增援，军委决意加强攻势。周恩来电令红四师张宗逊、黄克诚出击：

甲、我二师已到，今十四时参加五军团方面的突击。决心以第二、第四、十三三个师及干部团全力消灭当前之郭旅后，即乘胜向青岗［杠］坡以东追击，并协同四师继续解决潘旅。

乙、我四师应在解决郭旅实行追击时，即向潘旅出击，并担任向东皇殿追击的任务。

下午2时，红军反攻，敌受重创，退却固守。部队准备继续解决郭、潘2旅。

下午2—3时许，经过昼夜紧张工作，曾、曹、邹3人终于破开郭勋祺的来去本密码，发现周围布满敌军：东面有郭勋祺、潘佐、廖泽的3个旅，后续的独立第三旅正在增援途中；教导师第二旅由西面向土城迂回，赤水的第五师2个旅及第一师第三旅第七团从西北向红军侧后运动；东南方有薛岳的重兵。

川军电报反映，此役"调集机炮，多次肉搏"，红军"阵毙达二千"，伤俘"官兵三四千人"，被俘红军"稍立辄倒地，每枪仅弹数枚"。

南岸川军总指挥潘文华电告："刻尚在土城东端猛战中，我达［凤冈］、廖两旅，正向土城猛攻，期协同郭、潘各部，一致歼灭。匪主力全在土城一点，合围之势已成，请各友军各派小部轻装截击"。川军主帅刘湘亦下令：将"饥疲不堪"的红军"一网打尽"。

党中央收到二局报告后，下午5时召开政治局和军委紧急会议，果断决定：放弃歼敌，撤出战斗，西渡赤水河，突出重围。

29日凌晨3时，军委发出西渡赤水（一渡赤水）的电令，首先通告敌情：

（一）昨二十八日与我军对战之敌为川敌郭勋祺旅三个团，潘左［佐］旅三个团，廖旅则已至习水，穆旅尚未到，有向郭、潘两旅靠近可能。赤水方向之章［安平］旅昨日进到离葫芦脑［垴］五里处。达旅则进迫丙滩，范子英旅有由叙永开古蔺讯，刘［兆藜］旅则由泸州开大石母。

（二）我野战军拟于今二十九日拂晓前脱离接触之敌，西渡赤水河向古蔺南部西进。

一渡赤水后不久，中央在扎西召开会议。毛泽东总结土城战斗的教训时说：这是一场拉锯战，消耗战。我军没有消灭川军，反而受到很大损失，不合算，也可以说是一场败仗。主要教训有三：一是敌情没有摸准，原来以为4个团，实际上是6个团，而且还有后续部队；二是轻敌，对刘湘的模范师战斗力估计太低了；三是分散了兵力，不该让一军团北上。

二渡赤水前后，陈云传达遵义会议精神，在谈到遵义会议"北渡长江"的决定时说：那时"没有具体的了解与估计敌情与可能，没有讲求达到这个目的的具体步骤。而且个别同志对于四川敌人的兵力是过低的估计的。后来由威信回兵黔北而没有达到渡江入川的目的，亦正在此。"

土城战斗是中央红军的生死之战。二局对敌我基本态势的掌握始终是清楚的，但在战术情报的提供上确有缺失。关键时刻，周恩来、王稼祥来到二局，要求加紧侦察，随后曾、曹、邹3人攻克川军的来去本密码，发现红军处境危险。党中央据此果断决策，抢在川军收紧包围之前撤出战斗，终于化险为夷。否则继续与敌纠缠，后果不堪设想。正如长征研究专家双石所说："中央红军真要是被粘在土城了，那可就不是你去'消灭'人家，而是人家要'消灭'你了！"

毛泽东说：这一仗，由于及时渡过了赤水，摆脱了尾追之敌，改变了被动局面。

苟坝会议，避开埋伏

1935年2月上旬，遭受围堵的红军来到云贵川三省交界的扎西地区，毛泽东根据二局情报总览全局，指出：各路国民党军麇集而至，唯黔北薄弱；红军应"发扬运动战的特长，去主动地消灭敌人"，"回师东进，再渡赤水，重占遵义"。周恩来、朱德采纳了毛泽东胆识超群的建议，于11日下令主力撤离扎西，跳出国民党军正在收紧的包围圈，二渡赤水，再次攻占黔东北重镇遵义，重创国民党"追剿"军吴奇伟部2个师，取得长征以来最大一次胜利。

3月2日，蒋介石飞抵重庆，亲自组织对中央红军的新一轮围攻。4日，破译科破译了蒋介石命令于7日会攻遵义及封锁乌江的计划。5日4时、24时，总部分2次通报全军。

5日，军委成立前敌司令部，朱德任司令员，毛泽东任政治委员。毛泽东决心乘吴奇伟部新败，集中主力寻歼仁怀、鲁班场的周浑元纵队，再打一个胜仗。

6日，中央红军开始向长干山、白腊坎以西开进。然而，蒋介石得知毛泽东出山指挥后提高了警觉，又根据航空侦察，判断红军有西进或先与周浑元部决战、然后向南进逼贵阳的意图，遂命令周浑元部于长干山附近暂取守势。周浑元和吴奇伟均为红军在江西的老对手，有吴奇伟惨败的前车之鉴，周浑元畏歼不出。红军多次寻战，未达目的。

8日，军委纵队进驻遵义境内的苟坝。10日凌晨1时，林彪、聂荣臻致电军委，建议主力进军苟坝西边的打鼓新场（今属金沙县）和三重堰（今重新镇），歼灭该地黔军。

毛泽东查阅了二局最近侦译的敌报，得悉蒋介石判断红军有可能"折经打鼓新场、黔西、安顺之线窜逃"，电令"打鼓新场一带之黔军，严密布防堵截"；令滇军"孙纵队向新场、白腊坎之线推进策应";命吴纵队乘红军与周纵队对峙之机,"用最速方法,渡〔乌〕江北岸猛进,寻匪侧背剿之",并派"别动队、先遣队在织金西北纵横埋伏"。蒋介石认为,打鼓新场是"共军西窜必经之地","如各会剿纵队进击","则匪周围受我胁制,不难予以聚歼"。打鼓新场、黔西一线已是蒋介石图谋聚歼红军的预设战场。

10日,张闻天主持政治局扩大会议,专门讨论进攻打鼓新场问题。与会者均赞成采纳林、聂建议,但遭到毛泽东的反对。毛泽东指出:敌电表明,黔军、滇军已向打鼓新场集结,附近有周浑元、吴奇伟纵队,川军郭勋祺部也距此不远;蒋介石在贵州的大部分兵力都在打鼓新场及其近旁,并计划在此聚歼红军;进攻打鼓新场是啃硬骨头,搞不好会落入蒋介石的圈套,陷入国民党军5个纵队的围攻,遭受土城战斗那样的败局。结果会议按照少数服从多数的原则,否定了毛泽东的主张,并罢免了他前敌司令部政委职务。

会后,毛泽东左思右想,感到这一仗绝不可打。周恩来亦仔细研究了二局的情报,表示赞同毛泽东的分析。

深夜,周恩来再次召集开会,进一步说明敌情,决定放弃进攻打鼓新场。11日凌晨1时30分,朱德致电林、聂、彭、杨,解释不打新场是依敌情而决定的:

> 据昨前两天情报,犹〔国才〕旅已由西安寨退泮水,如见我大部则续退新场。滇军鲁〔道源〕旅已到黔西,十二号可到新场,安〔恩溥〕龚〔顺壁〕两旅则跟进。依此,我主力进攻新场已失时机。因为我军十二日才能到新场,不但将为黔滇两敌所吸引,且周川两敌亦将出我侧背,如此转移更难。

12日,政治局会议上成立了由周恩来、毛泽东、王稼祥3人组成的军事指挥小组,处理一切战争问题。毛泽东在全军的领导地位进一步巩固。

苟坝会议期间,周恩来认真研究了二局的情报之后,转而支持毛泽东的主张,并拥护毛泽东进入最高日常指挥机构"新三人团"。从此,毛泽东放手用兵,三渡赤水调敌北上,四渡赤水跳出包围圈,最终在云南北渡金沙江,甩开几十万重兵围堵,使中央红军摆脱全军覆灭的危局。

周恩来在长征中,从客观实际出发,尊重战争规律,拥护毛泽东的正确主张,体现了他以大局为重,认真务实,对革命事业高度负责的思想境界和赤诚无私的宽广胸怀。周恩来领导创建和亲自指导的军委二局,则成为党中央和红军在敌强我弱的不利形势下，成功摆脱敌军围攻的重要助力。

博古同志回忆："1935年3月4日，中央军事领导在鸭溪成立了前敌司令部，朱德为司令员，毛泽东任政委。……毛泽东任政委后，亲自主管一科，直接掌管［国民党军］电台的电讯往来，以此指挥战斗行动，用兜圈子的办法巧妙躲过敌人的堵追。""周恩来……则严格控制一科，封锁曹祥仁破译密码之事。"

我们今天回头来看，长征有点像一场老鼠逗猫的游戏。有了二局，红军突围耳聪目明；蒋介石围追堵截虽占有诸多优势，却是只瞎猫。四渡赤水的全过程都可以说是毛泽东和军委妙用二局情报的结果。先进的无线电技术侦察能力，使红军在信息战领域里与对手的较量中，占据了压倒性优势。

只要认真研读一下长征时期的文献，就可以清楚地看到，军委下达的作战命令和行动部署中，一般总是首先通报敌情，包括国民党中央军及湘、粤、川、桂、黔、滇等各路军阀的情况。如果将这些通报的内容与蒋介石同各路军阀及各路军阀之间的往来电报对照，可以发现二者高度吻合。

毛泽东"用兵如神"是有科学依据的，并不是编造的神话。当时二局的侦收员钟夫翔说："事实上毛泽东并不是神仙，不可能有什么超自然的神机妙算。他之所以能料事如神，是以各种军事情报，特别是我军无线、有线侦察提供的情报为科学根据的。"

从1935年1月红军离开遵义至5月渡过金沙江，仅在近4个月的征战中，军委二局在重兵围追堵截的险恶环境中高效工作，相继破译了蒋、湘、桂、黔、川、滇当面之敌的各种密码约90本，及时准确地掌握了蒋介石的指挥意图和兵力部署等大量情报，使朱毛红军步步都踩在了敌军的前面。

三、独特贡献

为什么说周恩来对创建无线电侦察事业的贡献是独特的呢？首先，周恩来有深厚的传统文化功底，留学日本及欧洲的先进文化养成，在中国的资本主义心脏上海和国际共运的大本营苏联，多年从事统战、情报和军事领导的丰富工作经验，这些历练造就了他的宽阔视野，使他对信息科技在革命斗争中的作用独具慧眼。

经多识广，目光远大

1928年，经过"四一二"事变以来的白色恐怖，中共在国统区的工作逐渐恢复,周恩来感到急需创建无线电通信,解决通联不畅的问题。同年6—7月中共六大在莫斯科召开,会后周恩来提出选调在莫斯科的中国留学生培训无线电通信技术人员,得到共产国际的支持。10月,周恩来开完六大回到上海,即决定让李强研制无线电收发报机,派张沈川学习无线电报务;同月,中央特科第四科即无线电通信科建立,李强任科长。1930年1月,上海的中共中央与在香港的地下党组织首次建立了电台联络。周恩来在上海创立无线电通信时就开始使用密码,最初的密码是张沈川编制的。一种是用汉字明码颠倒更换的;另一种是用英文字母换阿拉伯数字再变成汉字密码使用的。周恩来亲自编制过密码,称为"豪密"。周恩来不仅是中共无线电通信事业和中共机要工作的创业者和领导人,还是当时的专业编码能手。

出于对情报工作和无线电通信的熟悉和重视,周恩来在江西苏区对无线电侦察工作的创建极为主动、热情,不仅在人才、设备上提供保障,还时常参与研讨。周恩来的远见卓识,是中央苏区无线电侦察工作建立最早,组织最健全,发展最快,技术最强,装备最好,效率最高,成绩最大的重要原因。相比之下,张国焘作为另一支主力红军的领导人,对新型侦察事业的理解和支持就较为迟缓。业务人员(出身于周恩来领导的上海特科)向张报告已经破译成功的密电情报时,他还怀疑地说:哪儿有那么回事呀!几经解释之后,他才逐渐理解和信任。

组织得力,指导具体

紧随"展密"的成功突破,在周恩来、朱德的领导下,红一方面军成立了专门从事侦破工作的总司令部二局。第四次反"围剿"大捷后,二局在整合力量的基础上,成立破译、译电、侦收等科室,实行科学分工,流水作业,专业化程度和工作效率大幅提升。

周恩来指导二局工作,不仅方针明确,而且思虑缜密,措施周到、具体。总司令部将技侦情报通报给部队时,都用"谍息""密息"作来源;军委机关内部进行严格的保密教育,要求全体干部严格保守军事机密。关于二局的情报上送,周恩来也有具体指示。他要求遇有重要情况,不必囿于综合报告的方式,可直接上送密电原文。这样不仅时效快,领导亲自解读密电还更为直观、准确。周恩来事必躬亲的工作作风,是他对革命事业高度负责的一个表现。

在破译反破译的斗争中,对立双方都在进行着攻防两条战线的努力。只有破译才能有效地考验密码的保密性能,二局破译能力的不断进步,也在促进着红军通信机要保密水平的提升。周恩来身居高位，却为人平和、谦虚，工作上遇到问题不耻下问。他在江西苏区时问曹祥仁："你觉得我们自己的密码怎么样？"曹祥仁答："我们的密码太简单，我用5天就可以破出来。"周恩来对此高度重视，立即布置加强红军自身的通信保密。仅"豪密"后来就出现了多个变种。

红军的机要保密工作做得极其精细周密，以至国民党一直没有能够破译出红军的密码。1933年8月24日，国民党军委会负责破译工作的电务股股长黄季弼报告称：

> 职股对于赤匪电报迭经逐日分类悉心研究，时经两月，毫无头绪，实属无从着手。察其情形，匪方对于电报之打法译法与及密本之编制法，均属精细周密，甚有心得。细查所得赤匪各报，其内容自首至尾均用密码，似系以号码数目替代密本之名称，其译电法似系引用复译法编成表式，百数十张随时按表将密本之大小码变换。其表式则系由0000号至9999号，一万号之中任便抽用，随时变更，发电人及收电人彼此均有此表对照，故密本究竟共有若干种，每种用若干时日，及何时更换，均无从分析。……
>
> 七月三十日发现电报一张，计九百余字，征诸以往之经验，如用书肆所售之密本简单编成密码者，若有七八百字则对于此本密码即不能窥其全豹，亦可得其半数，即抄过之密本若有一千个字左右，尚可视其抄法之程度如何得其若干之意思。乃此九百余字之电报竟苦心研究时逾旬日，而结果毫无所得。且截至本日止，再未尝发现该类电报。由以上各点观之，赤匪内部对于电报甚为注意，而且甚有研究也。职与全体人员再三讨论，咸认为无法办理此事。

在周恩来的精明指导之下，二局突破密码防线的同时，红军又加强了机要保密能力，在攻防两个方面都压倒了对手。这一信息战的优势是此后整个革命战争中人民军队取得胜利，特别是长征中红军能够绝地逢生的一个重要因素。

长征开始前，遵照周恩来、朱德的命令，二局行军分前后二个梯队进行，有效地保证了在极其紧张、艰难的条件下，侦察和情报供应不间断。周恩来的远大目光和超强的组织能力是不可或缺的。

在长征中，周恩来、毛泽东、朱德、刘伯承等总部首长每周都给二局以书面的指示，具体、明确地说明军委的意图，指出当前的中心任务与注意事项。这样，二局在蜂拥猬集的敌人面前就有了明确的工作方针，能够集中力量于主要的方向，灵活广泛地进行侦察。

团结下属，亲如一家

周恩来在工作上对下属要求严格，同时与部下在一起没有架子，经常鼓励、帮助，在生活上关心、爱护，闲时常与二局的年轻同志下棋娱乐，使大家感觉他是领导，是恩师，也是亲如一家的长者。

周恩来的亲和力，凝聚和激励着二局不断进步。曹祥仁回忆：

> 那时朱总司令、周副主席经常到二局来，除了解敌情、指导工作外，还和同志们一起打篮球、下棋、打扑克、看戏、讲故事、说唱玩笑。我和周副主席一起下军棋，赢了棋，周副主席称赞我多谋勇猛，有时我还为悔棋和周副主席争吵。我与胡备文打架，把他踢到了沟里，胡备文哭鼻子找周副主席告状，周副主席为我们进行调解。

掌握破译技能之后，二局成为红军克敌制胜的利器，是总司令部的骄傲。周恩来对二局鼓励与说教并重。第五次反"围剿"开始不久，在二局全体干部参加的庆功会上，朱德总司令亲临会场，周恩来总政委亲手为曾希圣挂上了二等红星奖章，为曹祥仁、邹毕兆挂上了三等红星奖章。周恩来在会上讲话，对二局工作给予高度评价，鼓励大家为革命战争把情报工作做得更好。会后，朱总司令和周总政委与二局的同志会餐、联欢，亲自动员说唱、讲故事，热闹到了深夜。

当时的总司令部作战科参谋吕黎平目睹了周恩来给曹祥仁授奖的场面，聆听了周恩来的讲话：

> 军委总司令部特意召开了为情报机要人员庆功受奖的秘密大会。周恩来副主席亲自到会，表彰总部的情报、报务、机要人员，为立功受奖的同志祝贺，给曹祥仁同志亲自佩戴中华苏维埃中央政府颁发的勋章。周恩来同志在大会上说：军委总部的无线电台、情报、机要工作很重要，任务极其艰巨繁重，红军作战的胜利，固然依靠党的正确领导，指挥的正确，全体指战员的英勇善战和武器的装备，但是情报工作准确与否是有关键性作用的。因此，红军的情报、机要和报务人员，应该受到重视和尊敬。现在听说有少数同志

不愿意做情报机要和参谋工作，说这些工作单调，枯燥无味，不主动，无自由。有的甚至说，宁愿到前方去当个鸡头也不想在后方做牛尾巴。意思是说，鸡头虽小，但能啼鸣发号施令，牛尾巴虽大，可老在后头默默无闻。这种想法是错误的。红军的情报、机要、报务工作是革命工作中不可缺少的组成部分。虽然不能说是望远镜，显微镜和千里眼，但把这些工作比喻为军委首长的"助听器"、"放大镜"、"得力帮手或有力助手"总可以嘛！各项工作如同一部机器中的一个部件，是不可缺少的，都是革命战争所需要的，只有分工的不同，没有什么大小高低贵贱之分。

这次大会，给了我们深刻的教育，大家都一致表示坚决服从组织上的决定，不闹情绪，安心工作。

二局是个绝密的机要单位，许多高级领导也不了解，有时会因此受到委屈和误解。曾希圣回忆，长征后期，煤油、柴油都很缺乏，总政治部一位高级领导对二局使用那么多汽油不理解，说：中央领导点灯都没有油，你们要那么多油干什么？曾希圣愤怒地说：怎么啦？我吃啦！我喝啦！周恩来看到，赶忙解释：他们这个单位可不一样，中央领导没有油点灯，也不能没有他们的油用！

钟夫翔回忆了周恩来对二局工作的关心和指导：进入川西藏民区时，"部队急需补充给养，……由于人多时间紧，这项筹粮工作全军每个人都亲自动手来做，每个人除筹出自己的一份外，还要上缴一份给公家。这是一项很艰巨、辛苦的工作。军委周恩来副主席当时曾指示：二局不参加筹粮，并指示四局（主管后勤供给工作）局长宋裕和同志：'必须保障二局的粮食供应。'这倒不是因为二局有什么特殊，实在是工作一刻也不能脱身。在这件小事情上也体现出周恩来同志对无线电侦察工作的关怀和爱护。"

革命情谊，山高水深

在1967年初夏的那次接见大会上，周总理还一往深情地说："现在离开三十五年啰，我很久很久就抛开这个行业了，可是，有时候总会想到你们，……"

抗日战争时期，周总理到重庆工作，不再直接领导二局。1945年中共七大之后，根据抗战即将胜利，内战可能爆发的形势，中共中央和军委决定在各主要抗日根据地建立无线电技术侦察工作，首先在晋察冀军区展开，并派军委二局局长曹祥仁带队创建晋察冀军区二局。出发前，毛泽东、朱德、周恩来、刘少奇、任弼时、聂荣臻等领导在延安接见了曹祥仁一行。周恩来在接见时谈到二局工作的重要性,特别讲道:"在江西、长征路上侦察工作起着很大作用,它关系着全军生命性的问题,那时候曹祥仁同志立了很大功劳,当然还有很多人喽。不要光看当司令员、政委什么的,要默默无闻,在山沟里没有马子骑,但要看对革命的贡献!"

解放战争时期,曹祥仁在晋察冀军区二局和东北军区二局工作,组织和领导了辽沈战役和平津战役的技侦情报保障工作。1949 年 2 月,七届二中全会期间,毛泽东、周恩来等在西柏坡接见了军委二局副处长以上干部及各地二局的代表,与他们亲切交谈,并合影留念。

周总理领导二局艰难创业,在长征中与二局生死相依,二局参加长征的老同志对他怀有深厚的感情,他对二局的老同志也很挂牵。新中国成立后,曹祥仁身体不好,周恩来将他从寒冷的东北调到气候宜人的浙江工作。"文革"之前,曹祥仁总结他在外交、工业、地方部门工作的体验,结合对生产建设形势的观察和思索,向中央提出了书面工作建议。周恩来阅读了他的建议,稍后在杭州的外事活动中与曹祥仁相遇,在小轿车上对曹说:"你写的那个建议我看了,这些我们都知道。你以后不要写这些,对你不好。"曹祥仁在"文革"中吃了苦头,回想总理的告诫,感到周恩来是在对自己讲心里话。总理知道曹祥仁长期从事技术工作,思想单纯,政治经验不足,又心直口快,工作中容易造成误会并为人所中伤。在政治斗争日渐复杂、激烈的时刻,总理对曹祥仁的直言相告是对他极大的信任和爱护。

"文化大革命"伊始,曹祥仁受到冲击。1967 年初,浙江的"文革"形势日趋复杂、混乱,对曹祥仁等省委同志的批斗不断升级。周总理根据毛主席要保护一批地方领导干部的指示,用专机将曹祥仁与浙江省委第一书记江华一同接到北京。周恩来将曹祥仁接到北京,是在当时条件下对他的最大保护。曹祥仁心里明白周总理接他到北京的良苦用心:"接我走,还不是因为我以前是干那个工作(指无线电技术侦察)的;运动那么乱,卷进去越来越说不清了。"

尽管在不得已的情况下,为了大局,说过不想说的话,做过不想做的事,但只要有可能,周恩来总是在尽量保护老干部和知识分子。毫无疑问,没有周总理,形势和情况要糟糕得多,曹祥仁的处境会更加困难,或许会更早地死于非命,被扣上的黑锅也不知道要背到哪一天。

1969 年,中苏关系剑拔弩张。10 月,为防范苏联利用谈判进行军事突袭,中央要求在京的老同志于 20 日前全部紧急疏散。疏散期间，曹祥仁病情恶化。1970 年秋，庐山会议批陈（伯达）之后，党内展开与林彪集团的斗争，周总理开始全面主持工作，毛泽东提出"还我老干部"。曹祥仁的妻子李晏晨适时向中央办公厅报告曹祥仁的病情，提出申请，希望能够获准到上海或北京就医，很快就得到批准回北京治病，不久又特许他在北京安家。虽然无法查证报告究竟是如何批复的，但在当时的特定形势下，只有周恩来这样了解曹祥仁历史的中央领导，才有可能批准他回北京治疗。

周总理在"文革"中对许多老同志的关怀，主要是出于党和国家保护老干部的需要，但同时也是总理在艰苦岁月与他们结成的革命情谊于危难时节的表现。

周恩来为党和军队的无线电侦察事业建立的重要功勋鲜为人知，应该铭刻于历史的丰碑。

桑田沧海，故人远去，周总理和二局老同志们结下的深情厚谊，后人永不忘记。

第七章
体国经野，辅世长民
——开国总理周恩来

开国总理周恩来，总管国务 26 年之久，经济运筹是他所有工作的中心，变贫弱的中国为富强的中国是他思考的首要课题。他是中国富强之路的开拓者和领导者。他不仅提出了实现四个现代化的宏伟目标，而且全力为这一目标奋斗。周恩来说："20 年我关心两件事，一个上天，一个水利。这是关系人民生命的大事，我虽是外行，也要抓。"他对关系着整个国家工业、国防、科学技术现代化进程的尖端科技，对关系着社会经济发展和农业现代化进程的水利，花费了大量心血，作出了卓越贡献。

一、把经济建设放在工作首位

恢复生产，建设新中国

开国之初，由于长期战争的破坏，整个中国满目疮痍，灾民嗷嗷待哺，建设和发展新中国的工作千头万绪、繁纷复杂。怎么办？周恩来的头脑非常清醒。早在 1949 年 7 月全国工会工作会议上，他就发出"恢复生产，建设新中国"的号召，动员全体工人阶级克服帝国主义和国民党官僚资本主义给我们遗留下来的困难，把生产恢复起来，把经济调整好。

新中国成立后，周恩来以恢复生产为重心，特别突出地抓农业的恢复和铁路交通的恢复。他率先提出"农业是基础"的重要命题；指出："农业的恢复是一切部门恢复的基础，没有饭吃，其他一切就都没有办法"；阐明农业的恢复与发展是工业生产恢复与发展的基础，是巩固国家财政的基础，是搞活流通的基础，是发展中外经济交流的基础。从 1949 年 10 月到 1952 年底，周恩来签署发布了一系列政务院关于农林生产的决定、春耕生产的指示、抗旱防旱的决定、生产救灾的指示、水利工作的决定。他在领导土地改革、调动农民生产积极性的同时，部署了修建根治淮河的第一期工程、引黄济卫灌溉工程、荆江分洪工程、官厅水库工程，保证了农业的恢复与发展。到 1952 年，新中国的农业恢复到战前农业的最高水平，粮食超过了战前最高年产量2800亿斤，达到3278亿斤。

周恩来强调，稳定物价、恢复生产、内外交流、城乡交流，其先决条件是交通运输要便利起来。他不仅直接抓铁路的恢复，而且直接过问成渝铁路、天兰铁路的修建和中长铁路问题。成渝铁路是新中国成立后兴修的第一条铁路，周恩来亲自审查设计方案。筑路大军日夜奋战，1950年6月15日开工，1952年7月1日便全线通车。周恩来为庆贺成渝铁路通车题词："修建铁路，巩固国防，发展经济，改善人民生活。"集中表达了新中国恢复和发展交通运输事业的根本目的。

为恢复经济，周恩来出色地协调了四面八方的关系。他以公私兼顾、劳资两利的原则处理公私关系、劳资关系，指出：为了恢复和发展国家的经济，需要私人资本的帮助和合作；在劳资关系上，我们要采取保护劳动的政策，对于资方也要给予适当的利润。他以城乡互助的原则处理工农关系、城乡关系，指出：没有农业基础，工业不能前进；没有工业领导，农业就无法发展。他以内外交流的原则处理中外关系，设法打破美国的封锁、禁运，1952年成功地实现了以大米换锡兰橡胶的决策。

开展大规模经济建设

1952年8月和1953年3月，周恩来两次出访莫斯科，达成了苏联援助我国建设156项工程的协议。经过3年经济恢复，我国开始了大规模的经济建设，国民经济发展的第一个五年计划，环绕着156项重大工程而展开。周恩来、陈云、李富春领导这些工程建设，倾注了大量心血。一个重要项目的选址，往往有几个甚至十几个方案，经过反复踏勘比较才能确定下来。周恩来多次到现场勘察、选择厂址。为了保证"一五"建设对矿产资源和地质资料的需要，周恩来不仅强调地质工作要先行，而且提出了地质工作大发展、大转变的方针。到1957年，156个重点项目中已有135个施工建设。有68个项目建成或部分建成投入生产。这156项重大工程以及环绕着它的几百个项目的建成、投产，为我国的工业发展奠定了基础。

建设需要知识分子，需要科学技术人才。在党和国家最高决策层中，周恩来同知识分子的联系多，关系融洽密切，对知识分子在建设中的作用以及如何调动发挥知识分子的积极性有许多重要论述。1956年1月，周恩来在中央召开的知识分子问题会议上作关于知识分子问题的报告，从发展社会生产力，提高劳动生产率的高度，认识社会主义时代比以前任何时代都更需要科学知识和知识分子，提出要依靠工人、农民、知识分子的兄弟联盟建设国家；知识分子的队伍必须在数量上加以扩大，在业务水平上加以提高；要信任和支持知识分子，克服宗派主义和麻痹迁就倾向，发挥他们的专长。这对于调动知识分子的积极性，发展生产，建设国家，具有极其重要的理论意义和实践意义，同时对毛泽东《论十大关系》的内容，也是十分重要的补充。

领导贯彻"八字方针"

在经济建设中，周恩来提出了既反保守也反冒进的方针，要求人们努力争取经济效益好的、合理的发展速度。他在1953年9月8日说："一方面，我们反对把社会主义改造看成遥遥无期、停止不前。""另一方面，急躁冒进，想一步登天，也是错误的。"两种错误倾向中主要的是急躁冒进。特别是1955年下半年，由于激烈地批评"小脚女人"和"右倾机会主义"，三大改造的步伐猛烈地加快了，1956年出现了三大改造的高潮，继而出现了"提早完成工业化"的冒进口号。一届全国人大三次会议和党的八大前后，周恩来对此进行了坚决斗争，反对经济工作中存在的急躁冒进现象，国民经济得到健康发展，使1957年成为我国经济效益最好的年份之一。但是在1958年初的中央南宁会议、成都会议上，毛泽东严厉地批评反冒进。批评反冒进带来了"大跃进"和人民公社化运动。

由于"大跃进"、人民公社化运动的错误和严重的自然灾害，加上苏联毁约撤走专家，1959年至1961年，我国国民经济和人民生活发生了严重困难。为了克服这些困难，周恩来等人提出了"调整、巩固、充实、提高"的八字方针，周恩来在极其困难的条件下，领导了繁重的经济调整工作，保证人民渡过难关。

三年困难时期的中心问题是粮食问题，不少地方出现了饿死人现象，京、津、沪等大城市曾经只有六七天的存粮。为解决粮食问题，周恩来呕心沥血。他派人了解国际粮食市场行情，设法进口一些粮食；他精心地进行省与省之间的调剂，帮助严重缺粮的省市渡过难关；他躬亲粮政，当全国的粮食调度员．每天算粮食账，亲手制作了长长的"哈达表"，把粮食库存、调出、调入等情况都列入表内，做到一目了然、心中有数；他督促卫生部组织专家协同有关部门进行科学研究，试制小球藻、人造肉等代食品；他设法缓延对外国农产品的偿还时间，一次同民主德国领导人面商缓延一万吨大豆的偿还问题，由于对方不予通融，周恩来一连谈了四五个小时，以致过度疲劳，会后竟不能排尿；他领导动员几千万城市人口下乡工作，借以加强农业生产第一线，减少城市粮食供应的压力……

煤炭是工业的食粮。周恩来多次到煤矿视察，在调整时期作出"开仓保煤"的决策，亲自研究解决煤矿工人的口粮、白酒和糖的供应问题，以保证一线产煤工人的体力和健康，保证煤炭生产正常进行。

由于国家经济困难，周恩来经过统筹考虑，果断地停建缓建了一批工程项目，用一批工程的"下马"来保关系经济命脉的项目"上马"，提高企业的经济效益，使农、轻、重的比例趋于合理。

苏联撕毁合同、撤退专家的背信弃义行为，使我国的石油能源受到"卡脖子"的威胁。当时因为缺乏石油，天安门前一辆辆汽车驮着大煤气袋行驶。周恩来亲自部署大庆石油大会战，自力更生发展石油工业。1962年6月21日、1963年6月19日和1966年5月3日，他3次视察大庆，对开发、建设大庆给予巨大鼓舞。在"文化大革命"中，他坚定地保护大庆这面旗帜，保护为油田开发建设做出贡献的广大工人、干部，特别是石油战线标兵王进喜同志。

20世纪60年代，随着我国国际地位的提高，同我国建交的国家日益增多，我国的技术、设备引进从单纯面向苏联改为面向西方国家。周恩来对引进工作过问得很细。从1962年到1966年，我国同西方国家谈判成交签约的大小成套设备项目20余项，合同金额约3亿美元。

人是生产者也是消费者。周恩来说：人口多了会带来很多困难，特别是对国家建设负担过重。他在20世纪50年代就主张计划生育，控制人口增长。60年代，他反复强调要把人口增长率降下来，否则我们的事情总是被动的，包袱越背越重。他反对全盘否定马寅初的人口论，并勇敢地提出马尔萨斯的人口思想也不是毫无可取之处。他在大庆对实行计划生育的人给予赞扬，并同他们一起合影；他赞扬人民大会堂青年服务员刘桂兰晚婚，并参加刘的婚礼。

把住经济工作这个关

"文化大革命"爆发后，生产受到极大冲击，一大批企业处于停产半停产状态。周恩来苦撑危局、力挽狂澜。他说：经济基础不乱，局面还能维持。经济基础一乱，局面就没法收拾了。经济工作一定要紧紧抓住，生产绝不能停。

受到影响最大的是交通运输。1967年5月31日，郑州、徐州、金华同时发生铁路阻塞事件，仅徐州一处，就停开货车69列。周恩来于当天中午到毛泽东处商讨对策，他致信中央文革小组，指出不许中断铁路轮船交通，决定对铁道部、交通部实行军事管制，对铁路全线和沿海沿江航运实行军管包干。1967年

9、10月，英国商船到达厦门港口，但因厦门海关和港务局派性斗争而无法靠岸。周恩来亲自处理了此事。1969年5月30日，为了研究、解决北京站的安全运输问题，他从半夜11时起在车站工作了5个多小时。"九一三"事件后，他抓住机会让谷牧抓港口建设，后又托李先念转告谷牧，在抓紧港口建设的同时，也要注意抓飞机场的建设。在他过问下，成昆、湘黔、焦枝等铁路相继建成。

为了探索我国农业发展道路，周恩来三上大寨考察。"文化大革命"前夕，他担任北方农业小组组长，到第一线研究、部署打井抗旱工作。后来他虽然处境困难，仍然继续关注着北方地区的抗旱斗争，使北方地区的农业生产得到发展，扭转了南粮北调的局面。

穿的问题是仅次于粮食的一个大问题。周恩来从1962年到1973年主持召开了八次全国棉花生产会议，在"文化大革命"中也不放松棉花生产，1968年、1970年和1973年召开了3次棉花工作会议。他同时主张发展化纤工业，批准引进大化纤设备，解决全国人民的穿衣问题。

在20世纪70年代，我国打开了外交工作局面，周恩来提出外贸工作也要跟着发展。他领导了43亿美元的重大成套设备的引进工作；探讨了与不同社会制度国家之间发展经济技术交流的具体途径，为此后的对外开放奠定了基础。

二、筹划四个现代化

政治遗嘱

1975年1月13日，四届全国人大一次会议在北京开幕。周恩来带病作《政府工作报告》，再次提出实现农业、工业、国防和科学技术现代化的宏伟目标。当周恩来讲完"向四个现代化的宏伟目标前进"这段话时，人民大会堂里响起了人民代表们经久不息的热烈掌声。

这次会议是周恩来生前最后一次参加的党和国家的重要会议。

这段话，周恩来逝世后已作为终卷篇编入《周恩来选集》下卷和《周恩来经济文选》，它是周恩来留下的关于国家富强的政治遗嘱。

1976年清明节前后，人民群众在悼念周恩来的活动中，很自然地把周恩来同"四化"宏图联系在一起，并以此作为武器向"四人帮"宣战。有一首《如梦令》词曰："总理功高天下，行高于众不夸。忠魂飚霄汉，笑慰英灵莫挂。莫挂莫挂，誓夺祖国'四化'。"有一首《卜算子》词曰："总理爱人民，人民爱总理。

春夏秋冬四季时，天地长相忆。四个现代化，'两步'走到底。遗愿化为宏图日，国祭告总理。"有一篇祭文最后写道："敬爱的周总理，在您不朽的精神鼓舞下，我们一定要把我们伟大的中华人民共和国建设成一个具有现代化工业、现代化农业、现代化科学技术、现代化国防的社会主义强国！"中国人民把周恩来的名字同四个现代化的伟大事业联系在一起，因为实现四化、振兴中华，这是周恩来的遗愿。

四个现代化目标的确定

毛泽东在党的七大、七届二中全会上，周恩来在主持起草《共同纲领》时，都把中国富强的战略目标确定为把一个农业国变为工业国，实现国家工业化。新中国成立的头3年为国民经济恢复时期，因此，当时在实现国家工业化的战略目标下，具体的现实的目标是努力实现财政经济状况的根本好转。

"一五"计划和过渡时期，实现国家工业化成了具体的现实的目标。1953年9月11日，周恩来说："过渡时期的中心内容，就是实行国家工业化和社会主义改造。"国家工业化是当时实现国家富强、进行经济建设的具体目标；对农业、手工业、资本主义工商业的社会主义改造，是实现社会主义、变革生产关系的具体目标。周恩来认为国家工业化是矛盾的主要方面，是主体，是关键。他说："经济是基础，经济改造是一切改造的基础，而国家工业化又是实现经济改造的关键。""我们必须用全力来实现宪法所规定的我们在过渡时期的总任务，而这里最主要的事情，就是我们人人都要关心提高我们国家的生产力。""如果没有工业化，农业即使合作化了，也不巩固。手工业也是如此。"

1954年9月23日，周恩来在一届全国人大一次会议上作《政府工作报告》时指出："我国的经济原来是很落后的。如果我们不建设起强大的现代化的工业、现代化的农业、现代化的交通运输业和现代化的国防，我们就不能摆脱落后和贫困，我们的革命就不能达到目的。"

这段话是"四个现代化"的最早提法，但还没有明确地把四个现代化作为战略目标，报告中强调的是"要把我国建设成为一个强大的社会主义的现代化的工业国家"。

另外，周恩来当时所提的"四个现代化"同后来明确作为战略目标的四个现代化在内容上也有一定的差别。直到1957年初，毛泽东虽然两次提到"将我国建设成为一个具有现代工业、现代农业和现代科学文化的社会主义国家"，但论述的落脚点仍是"中国工业化的道路",是怎样"使我国变为工业国"和"必须实现国家的社会主义工业化"。1957年8月4日,周恩来在民族工作座谈会上的讲话中,把现代化与工业化并提。他说:"经济改革是各民族必须走的路。走这条路才能工业化、现代化。工业化、现代化了,经济生活才能富裕,民族才能繁荣,各族人民才能幸福。"他还说:"要富裕就要有工业,一个民族没有工业不可能富裕起来。因此,我们中国要工业化,没有工业化,就不可能使生产发展。"

总之,"一五"计划和过渡时期,周恩来虽然提出了现代化的概念,但这一时期的现代化或者是从属于工业化,或者是解释工业化,或者是工业化的同义语,还不是区别于工业化的新目标。

从已经掌握的文献看,毛泽东、周恩来将战略目标由工业化变为四个现代化,并完整地提出四个现代化的概念,是从1959年底至1960年初开始的。

1959年12月24日,周恩来提出:"需要加快建设我们的国家,使我们国家更快地成为具有现代工业、现代农业、现代科学文化和现代国防的社会主义强国。"10天后,他又说:"在社会主义经济建设方面,我们提出四个现代化的要求:现代化工业、现代化农业、现代化科学和现代化国防。这样才会建成一个既富且强的社会主义国家。"1960年2月,周恩来在广东从化《政治经济学(教科书)》读书小组研讨会发言中指出:四个现代化的内容是"工业、农业、科学、国防四个现代化"。此间,毛泽东在读苏联《政治经济学(教科书)》时也指出:"建设社会主义,原来要求是工业现代化、农业现代化、科学文化现代化,现在要加上国防现代化。"

毛泽东、周恩来提四个现代化时,不再提变农业国为工业国,不再提工业化的目标。这是将富强的战略目标从工业化转变为四个现代化的主要标志。

但是,"大跃进"带来的国民经济比例失衡和严重困难,迫使周恩来不得不集中主要力量抓国民经济调整工作,不得不将调整作为当时的中心任务。这就是此后二三年,周恩来没有强调四个现代化战略目标的主要原因。

经过艰难的调整,我国国民经济有了明显的好转之后,周恩来又及时地强调了四个现代化的战略目标。1963年1月28日,他在中共上海市委召开的各界民主人士春节座谈会上的讲话中说:"我们要为实现我国的农业现代化、工业现代化、国防现代化和科学技术现代化的目标而奋斗。"第二天,他在上海市科学技术工作会议的讲话中强调:"我国过去的科学基础很差。我们要实现农业现代化、工业现代化、国防现代化和科学技术现代化,把我们祖国建设成为一个社会主义强国，关键在于实现科学技术的现代化。"这样，就把科学技术现代化是实现其他几个现代化的"关键"思想提出来了，这个思想是非常重要的。到1964年12月21日，周恩来在三届全国人大一次会议上作《政府工作报告》时，正式向全国人民宣布今后的战略目标是："把我国建设成为一个具有现代农业、现代工业、现代国防和现代科学技术的社会主义强国。"

周恩来对战略目标转变的贡献

我们的战略目标从工业化转到四个现代化，有深刻的国际背景和国内背景，并且有一个探索的过程，其中，周恩来作出了重大的贡献。

第一，周恩来通过总结苏联等社会主义国家重工轻农和我国"大跃进"大办工业、"以钢为纲"的经验教训，通过对美国等发达国家经济发展道路的分析，不断深化对农业在整个国民经济中的地位与作用的认识；坚持工农业并重，以农、轻、重为序安排国民经济的发展道路；明确地把实现农业现代化作为社会经济发展的战略目标之一，并把实现农业现代化放在实现四个现代化的第一位。

1956年4月，毛泽东在《论十大关系》中，鉴于苏联"片面地注重重工业，忽视农业和轻工业，因而市场上的货物不够，货币不稳定"，"粮食产量长期达不到革命前最高水平"的经验教训，提出我国"要适当地调整重工业和农业、轻工业的投资比例，更多地发展农业、轻工业"。1957年2月，毛泽东在《关于正确处理人民内部矛盾的问题》中讲中国工业化的道路，主要是指处理好重工业、轻工业和农业的发展关系，我国的经济建设以重工业为中心的同时必须充分注意发展农业和轻工业。党的八届二中全会上周恩来阐述了与毛泽东相同的观点，认为苏联和其他一些社会主义国家都是优先发展重工业，"但是在发展中忽视了人民的当前利益。直接与人民利益关系最大的是轻工业、农业，轻视这两者就会带来不好的后果，就会发生经济发展上的严重不平衡"。"我们又要重工业，又要人民"。此时，毛泽东、周恩来虽是在探索一条不同于苏联的中国工业化的道路，但为此后不久变工业化的目标为农业、工业、科学、国防四个现代化的目标提供了思想前提。

20世纪60年代初，周恩来对社会主义建设中苏联模式的重工轻农观点的分析批评有了进一步的发展。斯大林曾强调，工业产值高就是工业国，农业产值高就是农业国，工业农业产值差不多就是工业农业国。周恩来指出，这种说法是错误的。他说："工业国的提法不完全，提建立独立的国民经济体系比只提建立独立的工业体系更完整。苏联就是光提工业化，把农业丢了。"1965年8月28日，周恩来痛心地指出：现在各社会主义国家，农业稳定的没有一个。他深深感到重工轻农危害不浅。

对于"大跃进"大炼钢铁、大搞工业之后出现的工业与农业的严重不平衡，毛泽东、周恩来较早觉察到了，并进行了纠正。1959年5月，周恩来安排8个副总理下去，他自己去河北邯郸、石家庄等地调查研究，提出把劳力从钢铁、水利方面尽量抽下来，充实农业生产第一线。毛泽东在庐山会议前期提出，过去安排经济计划的次序是重、轻、农，今后要倒过来，按农、轻、重安排，就是要强调农业是国民经济的基础，首先要把农业搞好。20世纪60年代初，周恩来具体负责国民经济调整工作，把恢复和发展农业生产作为国民经济调整工作的一个中心环节。他反复强调在我国农业没有过关的条件下工业不能超前发展。1960年11月16日，周恩来在有关人员汇报1961年计划的会议上指出："工农业关系是国民经济的根本比例关系。目前农业落后，影响工业发展；反过来，工业建设规模过大，占用劳动力过多，又影响农业发展。"1961年4月3日，周恩来说："像我们这样一个大国，工业水平和机械化水平都很低，5万万多人搞农业生产，如果不把农业生产增长起来，工业生产就没有巩固的基础。"他提出要过农业第一关，要把农业放在第一位。"因此，农业机械化，就必须成为首要任务"。

农业机械化是农业现代化的主要标志和主要内容之一。周恩来通过对西方发达国家经济发展道路的分析、比较、研究，也得出这样的结论：农业要真正过关，实现现代化，不能光顾工业化而把农业丢了。他肯定了美国经济发展特别是农业发展的成就。美国"是经过将近百年的发展的，现在的农业生产机械化水平在世界上是最高的。它用少数人搞农业生产，就可以供应全国的粮食，而且还可以出口。它解决了农业机械化问题，我们还没有"。他赞赏美国先解决农业问题再解决工业问题的发展道路。1962年4月28日，他会见波兰驻华大使克诺泰谈话中说道：美国的农业过了关，它是先解决农业问题再解决工业问题。林肯领导的南北解放战争以后，从1860年到1910年，美国用了50年的时间解决农业问题，然后用50年解决工业问题。在第一个50年里已经解决了农业的半机械化问题，平均每人达到1000公斤粮食，到第二个50年实现了农业的完全机械化和化学化。他赞扬松村谦三任农林大臣时实行的使日本农业现代化的政策。1962年9月16日，他同松村谦三会谈时说：根据我们的了解，日本农业战后确有很大发展。这和日本农民勤劳、耕作细致分不开，同时也和你当农林大臣提出了正确的方向，提倡使用化肥，提高技术，使用农业机械有关。

第二，周恩来通过对世界经济与科学技术发展大势的观察，通过分析科学技术对发展生产、繁荣经济、巩固国防、复兴文化所起的决定作用，主张科技兴国、摆脱落后；明确地把实现科学技术现代化作为社会经济发展的战略目标之一，并强调实现四个现代化关键在于实现科学技术的现代化。

"一五"计划时期，在为国家工业化的目标而奋斗时，周恩来就不断强调科学技术的作用。1953年9月29日，周恩来在阐述第一个五年建设计划的基本任务时指出："我们今天要搞建设。光是政治觉悟高就不够了，还必须要有较高的文化、技术水平，这样才能使用机器来发展生产。这就需要大批的建设人才——从技术工人、技术员、工程师一直到企业行政管理人才。""我们现代的科学技术水平很低，文盲很多。""培养大批的建设人才，是我们现在最中心的问题。"1954年9月23日，周恩来在一届全国人大一次会议上的《政府工作报告》中提出："没有现代化的技术，就没有现代化的工业。"他要求"合理地有效地使用和提高现有的技术人才，加强技术组织工作和在企业中培养技术人才的工作，以便提高现有的技术水平和企业管理的水平，提高产品质量，增加新产品的品种和数量，并保证完成现代化的新企业的建设和掌握这些新建企业的生产技术。"

1956年初，中共中央召开的关于知识分子问题会议，是调动知识分子的积极性，向科学技术大进军的空前盛会。在这次会议上，周恩来作了《关于知识分子问题的报告》。首先，周恩来论述了社会主义建设与发展科学技术之间的本质联系。社会主义建设的目的是为了满足人民日益增长的物质和文化的需要，"而为了达到这个目的，就必须不断地发展社会生产力，不断地提高劳动生产率，就必须在高度技术的基础上，使社会主义生产不断地增长，不断地改善。因此，在社会主义时代，比以前任何时代都更加需要充分地提高生产技术，更加需要充分地发展科学和利用科学知识"。其次，周恩来分析了我国科学技术水平与其他世界大国的差距，分析了现代科学技术一日千里地突飞猛进的现状。他说："我国的科学文化力量目前是比苏联和其他世界大国小得多，同时在质量上也要低得多，这是同我们6亿人口的社会主义大国的需要很不相称的。"紧迫的是："世界科学在最近二三十年中，有了特别巨大和迅速的进步，这些进步把我们抛在科学发展的后面很远。"对此，"我们必须急起直追"。他描述现代科技的发展主要表现在：生产过程正在逐步地实现全盘机械化、全盘自动化和远距离操纵，从而使劳动生产率提高到空前未有的水平。各种高温、高压、高速和超高温、超高压、超高速的机器正在设计和生产出来。陆上、水上和空中的运输机器的航程和速率日益提高，高速飞机已经超过音速。各种新的金属和合金材料，以及用化学方法人工合成的材料，正在不断地生产出来。他说："科学技术新发展中的最高峰是原子能的利用。原子能给人类提供了无比强大的新的动力泉源，给科学的各个部门开辟了革新的远大前途。同时，由于电子学和其他科学的进步而产生的电子自动控制机器，已经可以开始有条件地代替一部分特定的脑力劳动，就像其他机器代替体力劳动一样，从而大大提高了自动化技术的水平。这些最新的成就，使人类面临着一个新的科学技术和工业革命。"最后，周恩来提出了"科学是关系我们的国防、经济和文化各方面的有决定性的因素"的重大命题，发出了必须抓紧时间"认真地而不是空谈地向现代科学进军"的伟大号召。他说："只有掌握了最先进的科学，我们才能有巩固的国防，才能有强大的先进的经济力量"，才能"在和平的竞赛中或者在敌人所发动的侵略战争中，战胜帝国主义国家"。他要求："必须按照可能和需要，把世界科学的最先进的成就尽可能迅速地介绍到我国的科学部门、国防部门、生产部门和教育部门中来，把我国科学界所最短缺而又是国家建设所最急需的门类尽可能迅速地补足起来"；"尽可能迅速地用世界最新的技术把我们国家的各方面装备起来。"

"一五"计划时期，特别是1956年知识分子问题会议前后，对科学技术在社会经济发展中的地位与作用的认识，为此后变工业化的目标为四个现代化的目标并突出关键在于科学技术现代化，提供了另一个重要的思想前提。

"大跃进"以主观热情代替科学态度、以数量代替质量所带来的挫折与失败，使周恩来从反面认识到不重视科学技术的作用是危险的。1959年6月8日，他在石家庄视察中说，石家庄今年炼铁，如果是70%—80%合格率，就有一部分废品，很不合算。他要求宁少些，要好些；要少炼而精，不要多炼而废；不好的炉子可以拆掉，不要舍不得，要下决心。这是对全民炼钢，大搞"小土群"的批评与纠正。不讲求科学技术，用"人多势众"的路子发展经济行不行呢？周恩来的回答是否定的。1962年11月1日，他针对煤矿开采指出："机械化水平要继续提高，不能靠人海战术。有些小煤窑用人工开采是允许的，但大矿必须从半机械化走向机械化。"1963年8月23日，周恩来指出，技术水平可以推进工业的发展。比如化工，吉林的三大化工厂是学苏联的，笨得很，比英国的落后20年，我们买了英国的技术就赶了20年。掌握了新技术就可以少走弯路。总结"大跃进"人海战术经验教训的基础上所进行的理论思考，是周恩来提出四个现代化的目标并突出关键在于科学技术现代化的现实原因之一。

科学技术现代化的标志之一是掌握尖端科学技术。对尖端科学技术重要性的深刻认识及领导"两弹一星"研制的实践活动，是周恩来提出实现科学技术现代化的目标并将其视为四个现代化的关键的直接原因。1959年12月24日，周恩来说："按现代化的标准来说，现在我国的国防工业已经落后了。我们要搞尖端国防。尖端和国防是密切联系在一起的，作战用在战争上，不作战就可用在和平建设上。"10天后，周恩来又说，必须攻破原子关、电子关、航空关，我们有了现代的科学水平和现代的国防水平，我们才能称得起又富又强的国家。

从工业化到四个现代化目标的转变，究其原因，概括地说，其一，"工业国的提法不完全"；其二，"不能等工业现代化以后再来进行农业现代化、国防现代化和科学技术现代化"。

四个现代化的内涵

周恩来在具体领导社会主义建设的实践中，不仅提出了四个现代化的战略目标，而且从不同的角度、不同的方面对什么是四个现代化进行了深入的理论探索，得出了一系列十分重要的认识成果，并由此确定了四个现代化的科学内涵。

第一，中国的四个现代化是社会主义的四个现代化。一方面，优越的社会主义制度为生产力的发展开辟了无限广阔的康庄大道，是逐步实现四个现代化的保证。周恩来说："经过清末、北洋军阀政府、蒋介石反动统治和社会主义四个时期，比较一下四个时期的情况，就可以清楚地看出我们社会主义制度的优越。"另一方面，发展生产力，实现四个现代化是社会主义发展的本质要求。社会主义所以可能最终战胜资本主义，就是因为社会主义能够提供比资本主义更高的劳动生产率。"因此，在社会主义时代，比以前任何时代都更加需要充分地提高生产技术，更加需要充分地发展科学和利用科学知识"。

第二，中国的四个现代化是全国的全方位的现代化。周恩来指出，一方面，我们不能设想，只有汉族地区现代化，让少数民族地区长期落后下去。我们社会主义国家，是要所有的兄弟民族地区、民族区域自治地区都现代化。全中国的现代化一定要全面地发展起来，一定要各民族共同繁荣富强。另一方面，把我国建设成为一个强大的社会主义的现代化国家，不能单靠汉族，我们50多个民族必须大家合作，互相帮助，互相支持，共同发展。汉族人口多，经济、文化比较发达，但是可开垦的土地已经不多，地下资源也不如兄弟民族地区丰富。兄弟民族地区的资源开发是祖国现代化的有力后盾。但是，兄弟民族地区的资源还没有开发，劳动力少，技术不够，没有各民族特别是汉族的帮助，也不可能单独发展。

第三，中国的四个现代化是农业、工业、国防、科学技术四个方面全面的现代化。"我们的四个现代化，要同时并进，相互促进"。就工业和农业而言，周恩来指出，一个是基础，一个是主导，把两者很好地结合起来，才能实现四个现代化。就国防现代化与其他三个现代化而言，一方面国防是保障，另一方面国防现代化是以其他三个现代化作基础的，没有前三个现代化，也就没有国防现代化。就科学技术现代化与农业、工业现代化而言，一方面科技是关键，另一方面科技也不能孤立地片面地发展。"必须在好的农业基础上、好的工业水平上，尖端技术才能突破，不然是不可能的。当然，也可能单独搞一项，那是不能持久的。我们可以在尖端技术这方面努力，但必须是平衡的，当然不是绝对平衡，是相对的。农业要发展，工业水平要提高，然后突破尖端技术，这三者是相互有关系的。"

第四，周恩来对农业现代化、工业现代化、国防现代化、科学技术现代化分别进行了探索，提出了十分重要的见解。

周恩来认为，农业现代化的主要内容是机械化、水利化、电气化、化肥化、良种化，等等。1963年8月9日，他同来华访问的索马里总理舍马克谈话时说：为了发展农业，使农业现代化，我们现在提出要实行"四化"：（1）机械化。包括耕种、收获、排灌、运输和加工。美国差不多在近40年才在这方面实现了机械化。所以这需要的时间很长；（2）化肥化。现在我们主要靠人畜粪肥、绿肥和河泥，但这些都不够；（3）水利化。我们有1.3亿公顷耕地，其中只有一半是有灌溉的，另一半是靠天收；（4）电气化。水利化、机械化都必须靠电力。现在我们农村许多地方还没有电力。为了使农业现代化，我们必须实行这"四化"。对于良种化，他早在1957年11月28日接见日本社会党亲善使节团时就赞扬日本70%的农田使用了改良品种，这方面中国要向日本学习。后来，他又强调"土、种是根本"，"种子要经过实验也需要时间，试验了还要年年选种，良种时间长了也会退化。"实现农业现代化决定性的因素是要掌握和运用现代的科学技术，解决化肥、种子、农药、机械、水利、土壤等问题，这些都和科学技术有关。

对于工业现代化，周恩来认为"没有现代化的技术，就没有现代化的工业"。工业现代化主要的是工业技术现代化，基本内容是工业生产机械化、自动化、电气化和化学化，用世界最新的技术把工业的各方面装备起来。他主张从压缩劳动力中提高劳动生产率、提高工业生产水平。其第一步是从"小土群"转向"小洋群",变人海战术为运用技术提高机械化水平。"小洋群"还不是工业现代化,但与"小土群"相比,显然会极大地缩短与工业现代化的距离。要实现工业现代化还要进一步掌握和运用原子、电子、喷气等最新技术。"现在是20世纪60年代的工业水平了,是原子、电子、喷气这样的水平了。这样的工业水平,品种也多了,质量也高了,规格也严了,技术也复杂了。"特别是周恩来把管理现代化看成工业现代化的重要内容之一。他在50年代就不断强调推进工业的专业化和协作。60年代在讨论试办托拉斯问题时,他提出要否定大而全、小而全的方向,主张"托拉斯要按照经济的办法来办,按照经济规律的要求来管理"。

什么是国防现代化?周恩来说:"尖端的国防,即原子、电子、导弹、航空要更快地搞起来,从而建立起现代化的国防工业和现代化的国防力量。"国防现代化主要的是掌握和运用尖端科学技术基础上的国防工业和国防力量的现代化。国防现代化的核心是建设一支强大的现代化的革命军队。这支军队"对现代化装备不仅要懂得运用,还要懂得它的性能、原理"。在现代化装备方面,除了尖端还有常规。1962年6月8日,周恩来指出:"现在的常规不是第二次世界大战时的常规了,尖端主要是指原子、电子、导弹、超音速飞机等,其他都是常规,是现代技术水平上的常规。"

周恩来在探讨农业现代化、工业现代化、国防现代化时都自然而然地联系到科学技术现代化。科学技术现代化主要是用世界最新的技术把中国各方面装备起来,使中国在科学技术方面达到国际先进水平。当时,周恩来所指的科学技术现代化的具体标志是掌握和运用原子、电子、超音速等现代的科学技术。1962年6月8日,周恩来说:"现在既不是30年代,也不是40年代,接近70年代了,是原子、电子时代,技术水平提高很快,这在第二次世界大战时是没有的。原子、电子时代改变了很多东西。在这个意义上来说,只能是逐步实现,逐步提高,不可能一步攀登高峰,要有个正确的认识。"这里他不仅指出了科学技术现代化的具体标志,而且提出了"逐步实现,逐步提高"的方法。尤其是他提出的四个现代化的关键是科学技术现代化的思想,是经过反复探讨和深思熟虑的理论上的深入和思想上的升华。

实现四个现代化的方法

周恩来在这方面的理论探索涉及的领域十分广泛。概括起来,最突出的在以下几点。

第一，重视技术力量，培养和造就专门人才。

实现四个现代化需要调动全国人民的积极性，需要依靠工人、农民、知识分子的兄弟联盟，但是最需要的是掌握现代科学技术知识、具有现代劳动管理技能的专门人才。早在经济恢复时期，周恩来就指出"现有的专家是不够的"，"我国的科学家不是太多而是太少。""一五"计划建设时期，在为国家工业化而奋斗时，周恩来呼吁"培养技术人才是我们国家建设的关键"，"我们国家最需要的是建设人才"，"培养大批的建设人才，是我们现在最中心的问题"。1959年12月24日，周恩来在提出四个现代化目标的同时，指出：要加快建立强大的自然科学技术队伍和社会科学理论队伍。他说："搞独立的经济体系和尖端技术，没有人才是不行的。要建立经济体系，掌握尖端技术，关键在于人才，一个是自然科学方面的人才，一个是社会科学方面的人才。"他认为，"像我们这样一个大国，不可能设想不产生广大的建设人才，问题就在于我们抓好科学、教育这一环。所以，发展科学、教育，也是现在一个中心的任务。"1962年12月24日，周恩来在冶金、水利、水产、华侨农场、手工业、共青团中央、华北山区工作等7个专业工作会议上讲话，大谈技术力量的重要性："技术力量在建设中对技术革新、技术革命都起很大作用。这不仅因为过去我们落后，而且因为时代不同，任务也不同了。""第二次世界大战以后17年中，原子、电子、超音速等，其发展速度比过去任何时候都快，比过去一个世纪还快，可以说是日新月异。要赶上去，就要做艰巨的工作。这就需要重视科学、重视实践和重视技术人才"。

第二，重视国民经济的综合平衡，搞好各部门、各方面之间的协调发展。

1959年6月17日，周恩来在会见朝鲜郑一龙副首相时，总结了"大跃进"经验教训，指出：工业各部门之间相互的联系很密切；农业也要各种条件，如水利、改良土壤、肥料、防治病虫害等等，所以要有综合平衡。如果比例失调，总是上不去的，不是这个上不去，就是那个上不去。他说：现代化的东西，要各方面衔接。

他以煤炭生产为例，认为煤炭生产需要与器材、设备、坑木生产部门及运输部门相衔接。针对钢铁生产指标过高问题，他强调"必须使钢的前后左右能够协同前进，不要造成寅吃卯粮，毫无余地，左支右绌、前后脱节的形势"。他多次解释调整就是为了使国民经济各方面的发展取得平衡。"国家计委要搞综合平衡，各个部门、各个地方都要搞综合平衡"。即使抓尖端科技攻关，也不能忽视综合平衡，抓住一点不及其余，那是不能长久的。"我们可以在尖端技术这方面努力，但必须是平衡的，当然不是绝对平衡，是相对的。""文化大革命"期间，他重申尖端工程必须列入国家计划，带动其他工业发展，"要全面平衡，不能把别的项目挤掉了。"针对钢铁生产的不协调，他再次批评道："前后左右不衔接，出了钢不能轧材，白白消耗了热能。"

第三，正确处理自力更生同国际合作的关系，积极开展技术引进，尽量采用先进技术，争取后来居上。

在为国家工业化的目标奋斗时，周恩来就指出"主要是自力更生，但不放弃争取外援"。自力更生不是关门建设，需要同世界各国发展经济、技术、文化交流。即使实现了工业化，也不可能一切都完全自足，仍然需要发展国际经济技术交流。20 世纪 60 年代以后，在提出为四个现代化的目标而奋斗时，周恩来进一步发展了上述思想。

他说："我们是大国，整个国民经济都要自力更生，这有战略意义，永远如此。"我们要"从本国的具体情况出发，依靠本国人民的辛勤劳动，充分利用本国的资源来进行建设。"对世界各国的科学技术要择其先进、适用的，设法引进。"外国一切好的经验、好的技术，都要吸收过来，为我所用。学习外国必须同独创精神相结合。"只要发挥本国人民的聪明才智，善于取人之长，我们在追赶现代化过程中完全可以后来居上。"我们落后于世界先进水平，但是我们有先进经验可以学习，有最新科学技术成果可以利用，这样可以扩大我们的眼界，所以我们前进的步伐可以加快。"

第四，按步骤，分阶段，积极稳妥，循序而进。

周恩来认为理想与现实、目标与步骤、战略与战术要很好地结合起来，既不能胸无大志，也不能好高骛远，而要实事求是。1962 年 6 月 8 日，他说："科学研究、尖端技术，要循序而进，不可能一步登天，要在一定的基础上逐步往上爬，要有步骤和秩序。登珠穆朗玛峰，也要分几个阶段，一个阶段、一个阶段地上去。"

在三届全国人大一次会议上，周恩来提出了"两步走"的思想，他说："我国的国民经济发展，可以按两步来考虑：第一步，建立一个独立的比较完整的工业体系和国民经济体系；第二步，全面实现农业、工业、国防和科学技术的现代化，使我国经济走在世界的前列。"1956 年，周恩来在党的八大和八届二中全会上，系统地阐明了建立独立的比较完整的工业体系的思想。进入 20 世纪 60 年代,周恩来一方面指出"建立独立的工业体系,我们提了多年,现在我们必须有一个新的认识,就是60年代的工业体系。"另一方面,他又指出"提建立独立的国民经济体系比只提建立独立的工业体系更完整。"这些都说明,周恩来在探索实现四个现代化的富强之路过程中,认识是不断丰富、不断深化的,充分体现了周恩来一贯坚持的实事求是、循序渐进、积极稳妥的科学精神。党的十一届三中全会以来,邓小平领导社会主义现代化建设,强调科学技术是第一生产力,强调知识分子、人才的作用,强调对外开放,这些都是继承和发展了周恩来的四个现代化思想。从工业化目标向四个现代化目标的转变是探索走中国自己的建设道路的结果。从这个意义上说,周恩来的四个现代化思想是邓小平建设有中国特色的社会主义理论的重要渊源之一。

三、躬亲治水

百废待举治水为先

周恩来为中国的富强、中国的四个现代化而奋斗,特别重视两件事:一个是治水,一个是以"两弹一星"为核心的科技攻关。1972年11月21日,周恩来在长江葛洲坝工程汇报会上意味深长地说:"20年我关心两件事,一个上天,一个水利。这是关系人民生命的大事,我虽是外行,也要抓。"这段话绝非即兴之言,而是反映了周恩来抓经济建设始终坚持的一条指导思想:经济建设需要国民经济各部门按比例地协调发展,其间,工业特别是重工业处于主导的地位,农业处于基础的地位,水利、交通运输、地质勘测处于先行的地位,科技处于关键的地位。

一位外国学者曾说:"称中国为河川之国,其意义不仅在于它有众多的河流,而且在于因为对河川进行了治理而极大地影响了它的历史。"中华民族悠久而丰富的历史,从一定的意义上可以说是一部生动而光辉的治水史。起源于春秋战国时代的黄河大堤,始于东晋时代的荆江大堤,开创于东汉时期的江浙海塘,都是可与万里长城相媲美的巨大的防洪工程。从春秋时期开始,经历隋唐到元明清完成的京杭大运河,把西东走向的江、淮、河、汉通连了起来;秦始皇时期建成的广西灵渠,沟通了长江和珠江的水系,扩大了我国内河航运的范围。为解决干旱问题,我国很早就修建了技术水平很高的灌溉工程,岷江上的都江堰,造就了著名的天府之国;黄河河套灌区,创造了塞外江南的奇迹。周恩来说,中国历史的特点,水利是大事,是中华民族的大事,任何朝代均以能否治水来衡量是否得民心。古代治水的人,功劳最大、最受后人颂扬的要属大禹。

但是,清朝末年帝国主义侵入中国以后,帝国主义垄断了中国海关大权,控制了中国财政命脉,却荒废了中国的水政。河流失修,水患频繁是旧中国的一个突出现象。中华人民共和国成立后,周恩来总理国务,提出"我们今天必须用大力来治水"。他说:"我们所接收的旧中国满目疮痍,是一个破烂摊子。要在这个破烂摊子上进行建设,首先必须医治好战争的创伤,恢复被破坏了的工业和农业。我们决不能随随便便地在破烂摊子上建设高楼大厦,那是不稳固的,必须先打好基础才行。""在国家建设计划中,不可能百废俱兴,要先从几件基本工作入手,"要从兴修水利和兴修铁路做起。

在百废待举的情形下,为什么要治水为先?第一,周恩来认为,兴修水利对配合土地改革有着重要意义。土地改革就是要使农民从旧的生产关系桎梏中解放出来,其直接目的是要发展农业生产。"如果土地不涝就旱,那就是土改了也没有用。"第二,国以民为本,民以食为天。水利是农业的命脉,直接关系着全国人民的温饱问题。如果旱则赤地千里,涝则汪洋一片,必将给人民生命财产造成极大损失。发展农业,一是扩大耕地面积,一是提高土地生产率。水利密切关系着单位面积增产,是影响土地生产率的重要因素。第三,兴修水利,不仅对恢复和发展农业是个基本工作,而且对恢复和发展工业、交通乃至整个国民经济也是个基本工作。基本不固就会影响全局。早在1949年11月周恩来接见解放区水利联席会议部分代表时就指出,水利部的工作和各方面都有关系,必须要搞好,否则全盘的计划都会受影响。

怎样治水?周恩来进行了艰辛的探索和有力指导。

第一,由于水资源在时间和空间上分布不均衡,干旱时滴水贵如油,水涝时良田成汪洋。周恩来认为水天天需要,须臾不可少,但又须臾不可多;单纯地蓄水或单纯地泄水都不能达到除害兴利的要求,光当鲧不对,光当禹也不行,水的走和留都不能只强调一面。他主张鲧禹结合、蓄泄兼筹。

第二,治水为先,但如果对一切河流全面铺开进行治理,如果毕其功于一役,急于根治,则为人力、物力、财力所不允许。周恩来主张分清缓急、标本兼治。他反对只治标而不治本的狭隘做法,"我们不能只求治标,一定要治本,要把几条主要河流,如淮河、汉水、黄河、长江等修治好";也反对不讲治标只图治本的急躁行为。他说,治水虽是好事,一下子做多了是被动的。

第三，治水要协调不同部门、不同方面之间的关系，既要注意综合的经济效益，也要注意整体的社会效益和长远的生态效益；既要处理好一利与多利的关系，也要处理好利与害的关系。不能抓住一点不及其余。对此，周恩来的思想是"综合利用、除害兴利"。1950年确定治淮原则时，周恩来精辟地指出，治淮既要重视泄洪入海，也要有利于灌溉农田，还要注意配合发电、配合航运。后来，他进一步指出，水利工程要力争做到防洪、发电、灌溉、航运、养殖五利俱全。

第四，治水要协调上中下游、左右岸不同地区之间的关系。周恩来主张分工合作、同福同难。他以国民党时期治淮由江浙人管事，只管下游，不管中上游，闹地方主义为戒，反复强调水利工作不能明哲保身，更不能以邻为壑，要反对地方主义。他说。治水要各方面配合，比如治淮，就要上中下游配合，要豫、皖、苏三省配合。治理长江，更要14省的配合。工作如果失去了步骤，失去了联系和配合是不易做好的。

第五，治水要协调人民群众和水利专家之间的关系。周恩来主张依靠群众、尊重专家。他说，治水，群众力量是一个基本问题。水利工作要想做好，一方面政府要提倡，另一方面还要依靠广大农民去做。同时，他又强调，治水必须有专家去指导才行，光有热情不懂技术，拼命做不是办法；人民的热情纵然可嘉，但做错了也会劳民伤财。

第六，治水还要协调国民经济各部门之间的关系，才能实现综合利用。周恩来认为，为了协调好以上这些关系，做好各方面的工作，克服分散主义、地方主义和片面性，必须做到"统一规划、集中领导"。

周恩来领导国家建设，把治水作为基本的和先行的工作，并坚持正确的治理原则，尽最大可能减少了重大水利决策的失误，这就为从经济上、技术上、社会政治上解决许多复杂问题创造了有利的条件。

精心部署江河治理

淮河是周恩来部署治理的第一条河流。1950年6月至7月，淮河发大水，人和蛇都逃到树上，有的人被蛇咬死。毛泽东为此落了泪，并于7月20日、8月5日、8月31日给周恩来写了3封批示信，提出了根治淮河的战略。

周恩来急淮河大水，开治淮会议，发治淮决定，建治淮机构，调治淮资财，倾注了大量心血。针对豫、皖、苏三省在治淮办法上存在的意见分歧，他反复召集各地负责干部讨论、协商，并个别谈话，征求意见。他3次专门听取水利部长傅作义和副部长李葆华、张含英，华东水利部副部长刘宠光，以及河南、皖北、苏北三省区负责人吴芝圃、曾希圣、肖望东等参加的关于淮河流域灾情和治理规划的汇报，亲自把治淮工程的任务及所需要的经费和粮食在河南、皖北、苏北三省区落实下来。他对三省区负责人说：只要你们三个"诸侯"统一了，就好办了。他强调中央政府要从人力、物力、财力上保证治淮的需要，"凡紧急工程依照计划需提前拨款者，亦望水利部呈报中财委核支；凡需经政务院令各部门各地方调拨人员物资者，望水利部迅即代拟文电交院核发。"在周恩来部署下，到1951年7月20日，根治淮河的第一期工程胜利完成，初步解除了水患威胁，并为以后的全面治理与开发打下了基础。

万里长江，险在荆江。荆江的容量不能安全承泄川江最大洪水来量，历来是当地人民心中一大忧患。周恩来继治淮之后，筹划修建荆江分洪工程，以求缓解长江上的燃眉之急。1951年1月12日，他说：荆江分洪工程在必要时就要用大力修治，否则，一旦决口，就会成为第二个淮河。面对历史上一直存在的江湖矛盾引起的湖南、湖北两省矛盾，周恩来提出并始终坚持了"要使江湖都对人民有利"的重要方针。他通过写信、主持召开各方会议，调解两省纠纷，兼顾两省利益，终于统一了意见。1952年3月31日，政务院发布《关于荆江分洪工程的决定》。4月5日，荆江分洪工程全面开工，6月20日主体工程竣工。1954年，长江遇到几十年没有的大水，荆江分洪工程发挥了蓄纳超额洪水的重要作用。

荆江分洪工程减轻了洪水为害的程度，但还不能根本改变"万里长江，险在荆江"的严峻局面。1956年6月，毛泽东提出了"高峡出平湖"的战略设想。1958年，周恩来挂帅直接领导长江流域规划工作，实地察勘三峡坝址，提出了"统一规划，全面发展，适当分工，分期进行"的治理、开发长江的十六字方针。他把三峡水利枢纽作为长江流域规划的主体工程，要求为之准备条件、积累经验。但他认为正式兴建三峡工程的条件尚不成熟，时机尚未到来。他主持的长江流域规划和三峡工程的讨论，作出了先上汉江丹江口工程的重大决策。1970年，他支持了先上葛洲坝水利枢纽工程的重大决策。这就两度避免了贸然进军三峡，又为三峡工程的建设开辟了前进的道路。

1970年12月24日，周恩来写信给毛泽东，认为"在'四五'计划中兴建葛洲坝水利工程是可行的"。"至于三峡大坝，需视国际形势和国内防空炸的技术力量的增长，修高坝经验的积累，再在'四五'期间考虑何时兴建。"毛泽东在12月26日，即在他77岁生日的当天写了"赞成兴建此坝"的批示。但是，在当时

"左"的思想指导下，葛洲坝工程上马后，"边施工、边设计、边勘测"，险象环生，漏洞百出，骑虎难下。1972年11月8、9、21日，周恩来抱病3次主持召开葛洲坝工程汇报会，果断决定葛洲坝工程停工修改设计，并成立林一山、钱正英、张体学、王英先、马耀骥、沈鸿、谢北一、袁宝华、廉荣禄9人组成的葛洲坝工程技术委员会，使葛洲坝工程技术有了一个强有力的领导核心，挽救了一个近乎失败的工程。长江第一坝的胜利建成，开辟了通向三峡工程的天梯。

历史上黄河经常决口改道，洪水泛滥所及，北至天津，淤塞破坏海河水系；南至淮阴，淤塞破坏淮河水系，被称为"中国的忧患"。三门峡工程是新中国治理、开发黄河最大和最重要的综合性工程。在三门峡工程修建过程中，周恩来三上三门峡，在水库工地度过了8个日夜。三门峡工程蓄水后出现严重的淤积问题，周恩来决定召开并参加了北京治黄会议。1964年12月，治黄会议上不动派、炸坝派、拦泥派、放淤派争论激烈。周恩来引导大家互相听取不同见解，辩证地看问题。他提出治理黄河总的战略方针是："要把黄河治理好，把水土结合起来解决，使水土资源在黄河上中下游都发挥作用，让黄河成为一条有利于生产的河。"他博采众长，作出了对三门峡工程进行改建的重大决策。第一次改建工程，1965年1月开工，1968年8月全部竣工，大坝左岸增建两条隧洞，改建了4根发电引水钢管；第二次于1970年至1973年12月挖开8个施工导流底孔和改建了8个电站坝的进水口。这两次改建，基本解决了库区的泥沙淤积问题。1974年12月20日，新华社刊登了《三门峡水利枢纽工程改建获得初步成功》的文章，周恩来在重病中看到这一报道，要人打电话问钱正英："三门峡改建成功的报道是否属实？"他在生命的最后的日子里，仍旧惦记着治理黄河的伟大事业。

海河水系是我国北方的重要水系。海河流域的特点是：雨量在时间上集中于7、8两月，在空间上集中于山前地带，春天易旱，秋天易涝。周恩来部署治理海河，十分重视兼顾防旱和防涝两个方面。

官厅水库是根治永定河的重点工程，也是治理海河的第一个工程。周恩来说：永定河"清朝的皇帝封它为'永定'，它还是时常泛滥。不去治它，只是封它，有什么用？"1950年，在治淮的同时，周恩来主持批准修建永定河上的官厅水库，以控制永定河的洪水，并作为首都工农业的水源。官厅水库工程1951年10月开工，1954年5月竣工，总库容22.7亿立方米，是继根治淮河一期工程、荆江分洪工程后的又一项举国瞩目的重大水利工程。

20世纪50年代后期，周恩来亲自过问岳城水库、岗南水库、黄壁庄水库、十三陵水库、怀柔水库、密云水库的修建工作。特别是密云水库，周恩来从勘选坝址、组织拦洪到处理基础渗漏、水库移民等问题，无不一一过问。在庐山开会期间，他担心密云水库工程，几乎每天打电话询问。密云水库总库容43.75亿立方米，今天，密云水库之水已成为北京的生命水。

1963年海河发大水，周恩来带领钱正英等到天津部署抗洪救灾，研究如何根治海河。1965年，海河流域大旱，1966年初，旱情仍在发展，1966年1月至2月，周恩来主持召开北方8省市区抗旱会议，决定成立北方农业小组，周恩来任组长并兼任河北、北京组组长，直接部署抗旱打井工作。"文化大革命"中，他继续抓华北的机井建设，对扭转南粮北调的局面发挥了积极的作用。

珠江是西江、北江、东江的总称，是广西、广东两省最大的水系。珠江为我国第五长河，但径流量却仅次于长江，约为黄河的8倍。周恩来部署全国的水利建设，十分重视珠江的治理与开发。20世纪50年代初，他就强调做好珠江的防洪工作。直到1970年，他还对外宾说：在中国"如果说水多的地方，那要算广东珠江三角洲了。那个地方大水一来就淹掉很多地方，有的地方有一些堤岸。有的地方没有堤岸"。珠江"还有很多问题"，还"需要修理"。

西江支流郁江上的西津水库是韦国清找水利部提出要求，经周恩来批准后修建的一个低水头电站。施工进入高潮时，材料供应不上，周恩来亲自批示解决西津水库的材料问题。

北江支流的南水水电站，虽只是一座装机7.5万千瓦的中型水电站，但设计方案和施工办法特殊。1960年12月14日下午，周恩来召集李葆华等人开会，专门讨论和研究南水水电站的建设问题。

由东江引水到深圳解决香港供水困难的石马河供水工程，周恩来给予了极大的支持与关怀。1963年12月8日下午，他在广州陶铸家中，听取了该项工程方案的汇报，作出了这项工程由国家举办，列入国家计划的决策。这项工程的胜利建成，不仅在当时发挥了重要作用，而且在今天随着深圳和香港经济的发展更加显示出它的重要性。

我国南方水多，北方水少，为解决北方缺水问题，除了打井抗旱，根本的办法之一是南水北调。周恩来部署江河治理，及时地把南水北调规划工作提到议事日程。1958年8月31日，他在北戴河长江会议上指出："江水北调有4条引水线路，长江的上中下游都可以设想，要搞一个全面的规划。"1959年春，他主持了南水北调讨论会。他任总理期间，水利部门进行了南水北调的前期准备工作，个别地区还修建了部分南水北调工程。

治水必须治山，森林植被的破坏是水土流失和沙漠化的根源。周恩来把做好水土保持工作作为江河治理的长期性、根本性工作之一。他说：在水利工作方面，除一般水利工程外，还需要注意到植林，我们的祖先把许多山上的树木砍伐过多，以致形成严重的水土流失。因此，现在要注意植林以做好水土保持工作。

20世纪70年代，周恩来对江河治理，突出强调水资源的保护问题。他提出要注意把工业污水处理好，搞工业不能给人民生活带来不利，不能把废油、废水、废渣倒进江里把鱼都弄死了。1972年11月，针对京津唐水质污染问题，他指示余秋里趁早抓污水等公害的治理，他说："秋里呀，要早搞，要把这个计划提到重点上。"

许多江河和水利工程不仅有周恩来筹划的心血，而且留下了周恩来亲临现场的足迹和参加劳动的汗水。1958年2月至3月，他顶风雪，抗严寒，视察荆江大堤；溯江而上，勘选三峡坝址；他的60岁生日是在狮子滩水电站度过的。他三上三门峡，每次都不顾疲劳，深入现场，掌握实情，直接解决具体问题。1958年7月，黄河出现了特大洪水，黄河铁路桥被冲垮。周恩来坐飞机赶赴现场，冒雨召开群众大会，指挥抗洪，恢复交通。

也许有人会说，黄河、长江事关重大，所以总理要亲临现场。那么，请看看北京的水利工程吧，他视察过官厅水库、怀柔水库，3次到十三陵水库工地参加劳动，7次到密云水库工地指挥修建工作。

也许有人会说，北京的水利工程是"近水楼台先得月"。那么，请看看北疆延边，他曾在那里询问水源状况和水土流失问题；请看看南疆琼岛，他在那里询问松涛水库的建设并题写库名；请看看西双版纳，他在那里嘱咐要保护森林，做好水土保持；请看看岳城水库、岗南水库、黄壁庄水库、新安江水库，那里都留下了他的足迹。他无论走到哪里，只要有水利工地，一定要到现场看看。他到安徽肥西、河南陕县，给幸福水库和胜利水库的建设者们留下了难忘的回忆。为了研究、部署抗旱打井工作，1966年4月2日至5日，周恩来到河北魏县、大名县、临漳县、城安县、磁县，跑了许多社队。他不辞劳苦，深入基层，深入实际，不仅解决了许多具体问题，而且极大地增强了当地人民抗旱夺丰收的信心。

1950年，周恩来在中华全国自然科学工作者代表会议上说："从新民主主义开步走，为我们自己和我们的子孙打下万年根基，'其功不在禹下'。大禹治水，为中华民族取得了福利，中国科学家的努力，一定会比大禹创造出更大的功绩。"

周恩来要求科学家所做的，也正是他自己努力实践的。他在中国人民的心中，是一位躬亲治水，"其功不在禹下"的人民的好总理。

四、突破科技尖端

酝酿研制原子弹、导弹

当中国共产党人用小米加步枪抗击日本侵略者时，德国人在佩内明德渔岛上建造了世界上第一个导弹研制基地，从那里发射导弹轰击英国伦敦。美国人于1945年7月16日在新墨西哥州的沙漠中实现了地球上第一次核爆炸。1945年8月6日、9日，在日本广岛和长崎，美国人投下了两颗原子弹，两座城市顿时化为废墟，夺去了成千上万人的生命。此时，往返于延安与重庆之间，对世界局面了如指掌的周恩来，感觉到了原子能火箭时代的到来。

朝鲜战争期间，骄横一世的美军在遭受失败之后，曾叫嚣要使用原子弹。这引起了中国总理周恩来的严重关注。平衡来源于力量，和平依赖于威慑。约里奥－居里对他的中国学生杨承宗说："你回去告诉毛泽东，要反对原子弹，你们必须自己有原子弹。"毛泽东、周恩来对此深信不疑。

1952年5月，在周恩来主持下，朱德、彭德怀、聂荣臻、粟裕等中央军委领导人在研究国防建设五年计划时，曾正式酝酿研制原子弹、导弹等尖端武器问题，并征询过有关科学家的意见，从各方面进行准备，积极创造条件。

1952年11月8日，周恩来看到一份关于鞍钢一位职工寄来一小木箱铀矿石的报告后，当即请毛泽东、朱德、高岗、陈云、邓小平、薄一波传阅；提出请苏联政府即派专家来华共同勘察铀矿，并需将出产该矿石的区域划为禁区，不得参观和自由采石。11月11日，周恩来又为此与李四光面谈了一次。1953年，钱三强向国家提出了发展原子能事业的建议。1954年6月至10月，地质专家高之杕等对发现过铀矿物的辽宁海城和广西富钟杉木冲等地进行了考察，并从杉木冲带回了铀矿石标本。时任地质部副部长的刘杰把这个情况及时报告了毛泽东和周恩来，他们对此极为重视，认为在国内找到足够数量的铀矿资源是大有希望的。这年冬，根据周恩来的指示，在国务院第三办公室下设立地质部普查委员会第二办公室，开始中国铀矿资源的开发工作。此外，周恩来对调集专家开展实验与研究，争取苏联帮助等方面，也采取了相应的措施。这些为此后作出研制原子弹、导弹的决策铺设了一定的基础。

研制原子弹、导弹的决策

1955年1月14日下午，李四光、钱三强应约来到中南海西花厅。周恩来向他们询问了我国核科学研究人员和设备、资源等情况，还详细地了解了核反应堆和原子弹的原理以及发展核能技术所需要的条件等。周恩来告诉他们：中央要讨论发展原子能问题，届时要他们带着铀矿石和简单探测仪器，进行汇报并操作表演。

1月15日，毛泽东主持召开了有刘少奇、周恩来、朱德、陈云、彭真、彭德怀、邓小平、李富春、薄一波等参加的中共中央书记处扩大会议，听取了李四光、钱三强、刘杰的汇报。根据周恩来会前的嘱咐，李四光、钱三强用铀矿标本和探测器进行现场表演，当探测器接近铀矿石发出"嘎嘎"响声时，大家都高兴地笑了。接着毛泽东询问了发展原子能事业的有关问题，周恩来坐在毛泽东身旁，一边插话补充情况，一边提醒李四光、钱三强抓住重点，讲得尽可能详细和通俗一些。听完汇报后，毛泽东十分高兴地说："这件事总是要抓的。现在到时候了，该抓了。"

这次会议作出了发展原子能事业、研制原子弹的决定，拉开了中国核科学技术研究和核工业建设的序幕。

在中共中央作出这个重大的决策后，国务院、中央军委即开始研究发展导弹技术的有关问题。1955年10月8日，在周恩来外交努力下，钱学森从美国归来。这年冬初，钱学森去东北看中国的工业，到哈尔滨时，陈赓大将特地从北京赶到哈尔滨接见、招待钱学森。陈赓问钱学森的第一个问题是："中国人能不能搞导弹？"钱学森答道："为什么不能搞！外国人能搞，我们中国人就不能搞？难道中国人比外国人矮一截？"陈赓听后高兴地说："好！"彭德怀元帅在会见钱学森时，和他共同讨论了研制近程导弹等问题。不久，叶剑英元帅和陈赓大将与钱学森一起去见周恩来，周恩来交给钱学森一个任务：写个意见——怎么组织发展航空、导弹这个研究机构！

在周恩来启示下，钱学森于1956年2月17日提出了《建立我国国防航空工业意见书》，对中国发展航空及导弹火箭技术，从领导、科研、设计、生产等方面提出了建议。钱学森认为：健全的航空工业，除了制造工厂之外，还应该有一个强大的为设计而服务的研究及试验单位，应该有一个作长远及基本研究的单位。自然，这几个部门应该有一个统一领导的机构，做全面规划及安排的工作。钱学森还提出，应调派高校毕业生到苏联去学习飞弹火箭制造工艺，同时请苏联专家为我国设计飞弹火箭制造的一系列工厂，预备到1958年生产我国自制的飞弹及火箭。

周恩来非常重视钱学森的意见书。2月21日，他逐字逐句地审阅了意见书，对个别标点、字、句作了修改，并在标题下写上"钱学森"3个字。看完后，他吩咐秘书打印6份。2月22日，周恩来在送请毛泽东审阅的意见书打印稿上写道："即送主席阅，这是我要钱学森写的意见，准备在今晚谈原子能时一谈。"

此后，周恩来亲自主持军委会议，决定组建导弹航空科学研究方面的领导机构——航空工业委员会，由周恩来、聂荣臻、钱学森筹备。5月26日，周恩来再次出席中央军委会议，作出了发展导弹的决定。会上，周恩来说，中国发展导弹不能等待一切条件都具备了才开始进行研究工作，应当采取集中力量，突破一点的方针。

研制原子弹、导弹的起步

周恩来不仅是中国研制两弹的主要决策人之一，而且是一步一步地、一个方面一个方面地落实这一决策的主要组织者和领导者。他在确定目标、组建机构、组织力量、争取苏联帮助等方面，一一进行了细致的筹划与安排。他主持制定的《1956—1967年科学技术发展远景规划纲要（草案）》，把原子能技术、喷气与火箭技术排在几项重点规划的前列，被视为重中之重。他提出并分别组织成立了原子能委员会和原子能事业部、航空工业委员会和导弹管理局与导弹研究院，以加强对原子弹、导弹研制的领导。他从尊重人才、专家归队与培养人才、造就人才两方面解决原子弹、导弹研制的技术力量问题。在他的关心与过问下，促成中苏签署了《关于生产新式武器和军事技术装备以及在中国建立综合性原子能工业的协定》，为中国的两弹研制争取了时间，缩短了差距，赢得了速度。

正当中国研制两弹及其尖端科技刚刚起步的时候，苏联政府全面毁约停援，中国发展尖端技术的工作受到了卡脖子的威胁。1959年7月，周恩来坚定地说：不理他那一套，自己动手。从头摸起，准备用8年时间搞出原子弹。

在苏联毁约撤走专家的同时，国内遇到了"大跃进"的失误和严重的自然灾害，全国人民的吃饭问题出现了紧张的局面。两弹试验基地也一度受到饥饿的威胁。在那艰难的日子里，周恩来日夜为解决全国粮食问题而操劳，两弹试验基地的粮食问题在他心中更是占有特别重要的位置。当他接到酒泉火箭基地断炊的消息后，忧心如焚，急忙赶到军委会议会场，专门去为火箭部队募集粮食。他动情地说，导弹，这是共和国的鲲鹏，只有让它吃饱，才能飞得高……在周恩来呼吁下，粮食很快运到了酒泉火箭基地。张爱萍回忆说："60年代初，全国都在困难中苦斗，我们在戈壁大漠里自然就更艰难一点。恩来同志听说我们的生活情况后，立即设法从各地调拨生活物资支援我们。不久，原子弹试验基地运来了大米、面粉，还有治疗浮肿病的药品，年节时，我们还吃上了云南火腿，喝上了贵州茅台酒。他在电话里嘱咐：要让科学家们、技术工人们、军队的干部战士们吃饱，不能让他们饿着肚子研制原子弹。"

面对苏联毁约停援和国家严重的经济困难，两弹研制是上、是缓、还是下？这是最高决策层必须考虑并予以回答的问题。1961年7月，北戴河国防工业会议提出"两弹"是"上马"而不是"下马"。毛泽东、周恩来支持这个意见。陈毅甚至表示，脱了裤子当当，也要把我国的尖端武器搞上去。他还风趣地对聂荣臻说："我这个外交部长的腰杆现在还不太硬，你们把导弹、原子弹搞出来了，我的腰杆就硬了。"7月16日，中央作出了关于加强原子能工业建设若干问题的决定。中央派国防科委副主任张爱萍上将到全国各地调查原子能工业的具体情况。

"多难兴邦"，"置于死地而后生"。1959年至1961年，中国研制两弹的事业在磨难中前进，它凝聚着中华民族威武不屈、发愤图强的精神。

担任中央15人专门委员会主任

经张爱萍、刘西尧到全国各科研单位、工厂调查后得知，只要满足各科研单位一切条件，1964年或1965年即可进行原子弹试验。1962年8月，二机部部长刘杰在向中央的报告中提出争取1964年，最迟1965年进行第一颗原子弹试验的奋斗目标。10月30日，罗瑞卿向中央呈送了发展我国尖端事业的报告，建议成立中央15人专门委员会以加强对尖端事业的领导。毛泽东在报告上作了"很好，照办。要大力协同做好这件工作"的批示，支持这个建议。随后，刘少奇提出："这件事要请总理出面才行。"11月17日，成立了中央15人专门委员会，由总理周恩来、副总理贺龙、李富春、李先念、薄一波、陆定一、聂荣臻、罗瑞卿以及国务院和中央军委有关部门的负责人赵尔陆、张爱萍、王鹤寿、刘杰、孙志远、段君毅、高扬等组成，周恩来任主任。

在中央15人专门委员会成立后的半个多月时间里，周恩来连续主持召开了3次专委会议。听取汇报，研究措施，进一步加强二机部的科技力量以及党和行政的领导力量，审议二机部提出的1963年、1964年的原子弹研制计划（简称"两年计划")。

行家们认为,原子弹的理论设计是整个核试验系统工程的"龙头",龙头搞对了,龙身龙尾才能摆动起来。不抓龙头,原子弹出不来。有人说,研制原子弹,全国的关键在二机部,二机部的关键在九院,九院的关键在理论部,理论设计是龙头的三次幂。

早在1958年8月,在钱三强推荐下,邓稼先就挑起了"龙头"的重担,担任起二机部九院理论部主任。苏联撤走专家之后,邓稼先率领同事们在极其困难的条件下,曾经历了艰苦的9次运算的历程。二机部敢于提出1964年爆炸我国第一颗原子弹的两年计划,敢于立下这样的军令状,其重要原因之一是"龙头"的"立方"已经有了一个眉目。1963年3月,邓稼先领导的理论部正式拿出了第一颗原子弹的理论设计方案。对这个方案,周恩来内心充满着喜悦。他鼓励道:要相信中国人民的智慧,外国能够搞出来的,我们也一定能够搞出来。他主持第五次专委会,批准了二机部提出的两年计划的具体进度安排和措施。

继第一颗原子弹的理论设计方案完成之后,实验科研人员进行了上千次的爆轰试验,终于于1963年12月24日在西北核武器研制基地进行的聚合爆轰中子试验中,获得了成功。兰州铀浓缩厂在攻克了一个又一个技术难关后,于1964年1月14日拿到了可以作为原子弹装料的合格的高浓铀产品。对此,毛泽东批示:"很好。"周恩来批示秘书:"请转告刘杰同志,庆贺他们提前完成关键性生产和解决了关键性的技术试验,仍望他们积极谨慎,坚持不懈地继续完成今后各项任务。"

第一颗原子弹爆炸成功

1964年9月16、17日,周恩来主持中央专委会,听取张爱萍、刘西尧关于首次原子弹爆炸试验的准备情况和正式试验安排的汇报,对选择爆炸试验的时机进行了慎重研究。当时有迹象表明,某超级大国企图阻止中国掌握原子弹,有破坏中国核设施的动向。为此,中央专委提出了两个方案:一个方案是早试;另一个方案是晚试,先抓紧三线研制基地的建设,择机再试。周恩来于9月21日和22日向毛泽东报告了首次核试验的准备情况和中央专委制定的正式试验的方案。毛泽东决定按早试的方案进行。

9月23日,周恩来召集贺龙、陈毅、张爱萍、刘杰等传达了毛泽东的决定,对首次核试验的有关工作作了周密的部署:为防备敌人万一进行破坏,由总参谋部和空军作出严密的防空部署；由刘杰负责组织关键技术资料、仪器设备的安全转移；由陈毅组织外交部做好对国外工作的准备；张爱萍、刘西尧赴试验现场组织指挥；刘杰在北京主持由二机部、国防科委组成的联合办公室，负责北京与试验现场的联络。周恩来还对首次核试验的保密工作提出了严格的要求。

10月9日，试验党委根据气象预报，建议试验时间在10月15日至20日之间选定，并派专人于10日晨乘专机去北京，向周恩来呈送试验准备工作情况及试验时间的建议报告。周恩来同意报告所说的一切布置。10月14日晚，张爱萍报告，据对气象情况的分析，确定10月16日正式试验。周恩来批示同意。

10月16日14时30分，张爱萍用保密电话向周恩来作了简要汇报，周恩来批准按时起爆。周恩来拿着话筒听现场发出倒计时的命令。当话筒中传来爆炸声时，周恩来急切地问：是不是原子弹爆炸？15时4分，张爱萍兴奋地报告："蘑菇云已经升起！是原子弹爆炸！根据爆炸景象判断是核爆炸，试验成功了！"周恩来鼓励说：国家为你们骄傲，人民感谢你们，请代表党中央、毛主席祝贺并慰问大家，并要求迅速查明试验结果。17时30分，张爱萍向周恩来报告，确认实现了核爆炸，初步估算爆炸威力为两万吨以上TNT当量。

当天晚上，毛泽东、刘少奇、周恩来等中央领导人在人民大会堂接见音乐舞蹈史诗《东方红》的3000多名演职人员。周恩来向大家宣布：报告大家一个好消息，我们的第一颗原子弹爆炸成功了！会场立即欢腾起来，人们兴高采烈欢呼跳跃。周恩来风趣地说：大家可不要把地板震塌了呀！

晚上10时，中央人民广播电台播出了我国首次核试验成功的新闻公报和详细阐述中国对于核武器问题严正立场的《中华人民共和国政府声明》。10月17日，周恩来致电世界各国政府首脑，阐明："中国政府一贯主张全面禁止和彻底销毁核武器，中国进行核试验、发展核武器，是被迫而为的。""中国政府郑重宣布，在任何时候、任何情况下，中国都不会首先使用核武器。"

中国的第一颗原子弹爆炸成功，向世界各国展示了中国人民的智慧和力量，中国是不可欺侮的！

第一颗氢弹空爆成功

1964年10月16日我国第一颗原子弹试验成功后，周恩来立即指示二机部要加速研制氢弹。周恩来问刘杰："研制氢弹是怎样安排考虑的？"刘杰回答："现在还有许多问题吃不透，大约需要三五年时间。"周恩来说："5年是不是太慢了。"

此后，二机部经过反复论证，向中央专委报送了《关于加速发展核武器问题的报告》。1965年2月3日和4日，周恩来主持第十次中央专委会，审议并批准了二机部的报告，决定"力争1968年进行氢弹装置爆炸试验"。当时，法国对氢弹已经研制了4年多，但还没有搞成功，广大科技人员下决心抢在法国的前头实现氢弹爆炸试验。

原子弹的理论设计是整个原子弹试验系统工程的"龙头"。同样，更为艰难的氢弹的理论设计是更为复杂的整个氢弹试验系统工程的"龙头"。称邓稼先为中国的原子弹、氢弹元勋，盖源于此。周恩来最清楚由原子弹到氢弹的飞跃，关键是理论上的突破。他指示二机部要把氢弹的理论研究放在首要位置上，并注意处理好理论和技术、研制和实验的关系。当二机部在《关于加速发展核武器问题的报告》中，把原理探索作为突破氢弹技术的首要措施提出来时，得到了周恩来的首肯。后来，正是由于理论上有了重大突破，才有氢弹新设计方案的形成和付诸试验，并得到了完全的胜利。

由于"龙头"的作用，我国在1965年底掌握了氢弹原理，随之产生了氢弹试验的"三部曲"：1966年5月9日，含有热核材料的原子弹即加强型原子弹空爆试验获得成功，为氢弹理论研究提供了实测数据；1966年12月28日，氢弹原理试验获得成功，试验结果表明，氢弹研制的关键理论和技术问题都获得了解决；1967年6月17日，中国首次全当量氢弹空爆试验取得圆满成功，这是中国核武器发展的一个飞跃。

从原子弹到氢弹，美国用了七年零四个月，苏联用了四年，英国用了四年零七个月，而中国只用了两年零八个月，赶到了法国前面。为什么经济技术落后而又受西方和苏联严密封锁的中国，核科技的发展能有这样惊人的速度、惊人的成就？奥秘之一是，中国有邓稼先等一批卓越的核科学家，有周恩来这样卓越的当家人，有他们共同具有的为国家富强"鞠躬尽瘁，死而后已"的奉献精神，有社会主义制度所特有的全国一盘棋、集中力量办大事的团结协作精神。

"两弹"结合试验成功

第一颗原子弹爆炸成功之后，发展导弹核武器，解决运载工具问题已成为紧迫任务。周恩来及时提出，立即抓加强型原子弹、氢弹和导弹，特别指出"两弹结合试验"为下一步的工作重点。

1965年3月，中共中央及时作出了中央专委除管原子能工业、核武器研制外，还要管导弹的决定，增补余秋里、王净、邱创成、方强、王秉璋、袁宝华、吕东（接替王鹤寿）等7人为中央专委委员。中央15人专门委员会也随之改称中央专门委员会。周恩来指示杨成武安排由吴克华抓紧组建第二炮兵；指出"两弹结合"试验，要从"东风2号"抓起；设法保证中央专门委员会的工作重点顺利地转移到战略导弹和人造卫星上来。

1965年12月底和1966年3月11日，周恩来两次主持中央专委会议，分别慎重地研究了二机部和国防科委关于"两弹结合"试验方案的建议和报告。过去美国的导弹核武器是向大洋里的岛屿进行发射试验，苏联是向北极进行发射试验，弹道下面主要是海洋，风险小。我国没有这种条件，导弹的发射、路径、爆点都在本土及其上空，风险很大。在"两弹结合"试验的准备过程中，周恩来一再指示要"绝对保证安全"，指示七机部要保证导弹正常飞行，指示二机部要做到在导弹掉下来的情况下不发生核爆炸。根据周恩来的指示，二机部核武器研究所对核装置和引爆控制系统进行了一系列试验，并对引爆系统和自毁系统的可靠性多次进行论证，得出了可以保证安全可靠的结论。七机部组织有关厂、所保质保量按计划完成导弹生产任务，并进行了弹体自毁试验，证明安全系统工作可靠。

1966年6月，周恩来出访罗马尼亚、阿尔巴尼亚、巴基斯坦等国。30日，他离开拉瓦尔品第返回北京途中，在西北综合导弹试验基地停留，观看了中近程地地导弹发射试验，检查了两弹结合试验的有关准备情况。回北京后，他又检查了核弹头准备工作。9月25日，周恩来主持中央专委会议，原则同意国防科委关于在10月初进行"两弹"结合自毁试验，10月中旬进行飞行"冷"试验（不装核燃料），并根据这两项试验的情况，再决定进行飞行"热"试验（装核燃料）的时间安排。10月7日，西北综合导弹试验基地进行"两弹"结合安全自毁试验达到了预期的目的。10月13日第一次飞行"冷"试验，10月16日第二次飞行"冷"试验，均获成功。10月20日，周恩来召集专门会议，对飞行"热"试验的准备情况和安全问题进行了全面检查。10月27日，装有核弹头的中近程地地导弹点火发射，核弹头在预定地点上空实现了核爆炸，试验获得圆满成功。

此后，我国的导弹、运载火箭的研制，虽经"文化大革命"动乱的磨难，但在周恩来领导的中央专委的具体负责下，仍然不断地取得重大发展。

第一颗人造卫星发射成功

在中国的国土上进行的每一次导弹飞行试验、核武器试验，以及每一项大规模的工程项目，美国和苏联都不告自知，露之报端。他们的侦察卫星对中国的国土进行地毯式的拍摄，这已经不是什么秘密。"礼尚往来"，中国需要研制人造卫星！太空，中国不能缺席！

我国为研制人造地球卫星正式开展工作，是在1965年5月周恩来主持召开的第十二次中央专委会议之后。1965年元旦前后，著名气象学家、地球物理学家赵九章和著名科学家钱学森，提出了研制人造卫星的建议，得到了聂荣臻的赞同。国防科委为此专门组织了可行性论证并报告中央专委。5月，中央专委批准了这个报告。8月，中央专委原则同意中国科学院提出的发展人造卫星的规划方案和第一颗人造卫星在1970年左右发射的安排。

到1970年1月，我国先后完成了运载火箭、卫星的研制和地面台站第一期工程的建设。2月，国防科委下达了发射"东方红1号"卫星的任务。酒泉卫星发射中心随即制定试验方案、组织试验队伍、开展卫星综合操作演练，进行试验设备质量检查和测控安全系统的联试、校飞。3月底，"东方红1号"卫星和"长征1号"运载火箭运至酒泉卫星发射中心。4月10日，完成星、箭的技术测试，待命转运。4月中旬，周恩来在京主持会议，通过各方论证，认为可以发射，并征得在京中央政治局人员同意。4月16日，周恩来电话通知国防科委：中央同意对卫星发射的安排，批准卫星和运载火箭转运，每天要及时报告情况。17日下午，卫星和运载火箭转运至发射场，开始进行发射前测试。测试中发现卫星超短波信标机主载波功率下降、谐波功率增大的问题，经校正和更换仪器后，得到解决。4月23日，国防科委向周恩来呈送报告："建议批准我们根据气象条件于4月24日21时或25日上午5时发射我国的第一颗人造卫星。"

4月24日7时，周恩来报告毛泽东："现拟同意于今夜发射，请主席批示。"对发射中心，中央专委批准加注燃料，实施发射。毛泽东接读周恩来的报告批示："照办"。20时，控制室在对星、箭进行最后检查时，突然发现卫星应答机对地面触发信号失去反应。周恩来接到电话报告后，同意推迟发射，并强调必须把应答机故障认真解决好。21时16分，周恩来获悉应答机故障已妥善解决时，满意地指出：关键是工作要准确，不要慌张。要沉着，要谨慎。21时35分，"长征一号"运载火箭吐着烈焰，直上云天。21时48分，星、箭分离，卫星入轨。接着，湘西站、海南站将接收录制的《东方红》音乐信号磁带，专机送往北京，由中央人民广播电台向全世界广播。

"东方红1号"卫星发射成功，中国成为世界上第5个能发射人造卫星的国家。此后，周恩来又领导和组织了"实践1号"卫星、返回式遥感卫星的成功发射。他生前还高度重视发展中国的气象卫星和通信卫星，为以后中国的气象卫星、通信卫星遨游太空打下了重要的基础。

中国要搞核电站

周恩来在运筹发展中国的原子能事业时，从一开始就指出："原子能给人类提供了无比强大的新的动力泉源。"当中国的原子弹、氢弹先后试验成功之后，发展核动力成了周恩来主持的中央专委会的重要议题之一。一方面，核潜艇的研制进程加快了；另一方面，周恩来提出，二机部不能只是"爆炸"部，除了搞核弹以外，还要搞核电站。

1970年，周恩来先后3次提出我国要搞核电站。1970年2月8日，他在一次国务院会议上指出，从长远看，要解决上海和华东用电问题，要靠核电。这就是著名的"728"指示，秦山核电站工程也因此以"728"为代号。1970年7月，在审议核潜艇陆上模式堆的中央专委会议上，周恩来指出，这是核动力的起点，也是奠定核电站的基础。1970年12月15日，周恩来在人民大会堂底层小会议室听取了上海"728工程"汇报。周恩来请国防科委、二机部、清华大学和上海的有关专家参加，用两天时间进行论证。按照周恩来的要求，二机部的专家准备了关于国外核电站发展情况的资料，包括有多少类型、功率多大、特点如何、发展前景等，并在会上作了汇报。会上，周恩来明确提出我国发展核电站的方针是"安全、适用、经济、自力更生"。

1974年3月31日、4月12日，是周恩来生前主持召开的最后一次中央专委会议。会议的第一项议题是审查代号为"728工程"的核电站建设方案。那时周恩来已重病在身，他跟叶剑英元帅一起审查批准了上海核电站工程（现在的浙江秦山核电站）的建设方案。周恩来要求核电站建设绝对安全可靠。他指示：有关部门要选派好的设计人员支援上海，通过这个工程锻炼一支又红又专的技术队伍；二机部、七机部、国防科委、国防工办，要总结经验，指派专人抓这件事；在南方选址要注意防潮、防腐蚀、防风化；要从体制上整顿被林彪一伙搞乱了的尖端科研队伍。他一再叮嘱：核电站的设计建设，对放射性废水、废气、废渣的处理必须长远考虑，以不污染国土、不危害人民为原则，要想到21、22世纪，要为子孙后代着想。

1983年6月1日，我国第一座核电站建设在秦山拉开帷幕；1991年12月15

日，秦山核电站并网发电，实现了周恩来发展核电的遗愿。

聂荣臻说："事实证明，通过攻关，不但各单位、各部门帮助了'两弹'过关，而且通过'两弹'过关，也带动了国民经济建设中大批新型原材料、仪器仪表和大型设备的发展，带动了许多新的生产部门和新兴学科的建立和发展。"周恩来呕心沥血致力于"两弹一星"事业，致力于中国科学技术的发展，对中华民族的崛起，对实现国家富强，具有无法估量的重大影响。

第八章
高山流水，知音知己
——文艺工作领导者周恩来

周恩来对我们党和国家的文艺事业,怀有始终如一的浓厚兴趣。他对文艺工作有深刻的了解,处处尊重文艺规律和文艺工作人员,同广大文艺工作者结下了深厚的情谊,对毛泽东文艺思想的形成和发展作出了突出贡献。他在社会主义文艺理论方面的探索和实践,至今仍是一个有待于继续深入发掘的领域。

说起周恩来和文艺的缘分,还得从他的青年时代开始。

一、同文艺的不解之缘

"扪虱倾谈惊四座,持螯下酒话当年。"这两句诗,出自周恩来1916年初写的《送蓬仙兄返里有感》中的一首。全诗共8句:"相逢萍水亦前缘,负笈津门岂偶然。扪虱倾谈惊四座,持螯下酒话当年。险夷不变应尝胆,道义争担敢息肩。待得归农功满日,他年予卜买邻钱。"抒发了作者不忘国耻,不满封建专制,"道义争担敢息肩"的远大志向。在诗中,周恩来借用"扪虱"的典故,通过东晋名士王猛拜见桓温"扪虱而言,旁若无人"的往事,使人一睹南开时期一批志同道合的青年人,针砭时弊,慷慨激昂的风采。此诗虽不及毛泽东1925年作的《沁园春·长沙》雄浑豪放,但仍与"指点江山,激扬文字,粪土当年万户侯"有异曲同工之妙。

当时,周恩来正在天津南开学校三年级读书。从这时起,他便与进步文艺结下了不解之缘。写戏剧、诗歌、散文、主办刊物……成了他多彩生活的一部分。上面提到的那首诗,就是在他主办的《敬业》学报上发表的。

当时占统治地位的,还是为统治阶级服务的半殖民地半封建的旧文化。对这样的文化他深恶痛绝。强烈地吸引他,令他如醉如痴,并引起思想重大变化的,则是反帝反封建的提倡科学与民主的新文化。

从这时起,直至五四运动以后的一段时间,新文化对周恩来具有双重作用。

一方面,它是刺向敌人的投枪和匕首,是周恩来用以针砭时弊、唤醒民众的有力武器；另一方面，它又是周恩来扩大视野，了解外部世界，寻求真理的重要窗口和途径。它使周恩来在不断地改造外部世界的同时，也在不断地改变自己的精神世界，舍弃"旧我"，铸造"新我"，逐步地向马克思主义接近。

周恩来在1919年留日期间的一首诗中写道："人间的万象真理，愈求愈模糊；——模糊中偶然见着一点光明，真愈觉姣妍。"正是作者在寻求真理过程中心境的写照。

南开时期和五四运动时期，周恩来对文艺领域的涉猎是极其广泛的，展现出非凡的才华。如果遇到今天这样光明昌盛的时代，他很可能会成为一位杰出的诗人、散文家或剧作家……

周恩来作过诗。入南开学校仅半年，16岁时就写了《春日偶成》二首。这是迄今看到的最早的周恩来诗作。"极目青郊外，烟霾布正浓。中原方逐鹿，博浪踵相踪。""樱花红陌上，柳叶绿池边。燕子声声里，相思又一年。"全诗对仗工整，韵味酣浓。由此推想，作者涉足诗坛绝非始于此时。此后，他又不断有新作发表和传诵。与众不同的是，周恩来从不把诗词看作士大夫们自我欣赏的"雅好"，故作无病呻吟。他深谙诗作的真谛，从诗言志，以诗达情，从中透视民族兴亡的时代脉搏。《春日偶成》如此，《送蓬仙兄返里有感》如此，著名的《大江歌罢掉头东》更是如此。

"大江歌罢掉头东，邃密群科济世穷。面壁十年图破壁，难酬蹈海亦英雄。"这首七言诗作于1917年9月周恩来从天津东渡日本留学之际。寥寥几笔，一个怀抱"愿中华腾飞于世界"远大理想的热血青年的形象跃然纸上。他踏上的，不仅是艰难人生的方舟，更是不断求索真理，将中国引向光明的道路。

周恩来不仅喜欢作古体诗，还爱好新体诗。1919年仲春，他在旅日期间来到京都。春雨给如画的京都又增添了几分诗情。

周恩来触景生情，诗兴勃发，接连作了4首新体诗。诗中，他由"潇潇雨，雾蒙浓；一线阳光穿云出"，联想到自己对真理的执着追求；由不假人工的自然美，想到那些统治者愚民的种种骗局和粉饰；由满园的繁花，联想到贫民女子的孤影绰绰。在这里，自然美与社会丑形成巨大的反差，使人感到强烈的不公正。作者愈是赞美自然，也就愈使人对眼前丑恶的社会现实强烈愤慨，一种变革社会的强烈愿望跃然而出。这种寓于诗内又超然诗外的感染力量，也许正是周恩来所追求的艺术效果。

经过五四运动的洗礼，周恩来的新诗更为成熟、深刻。作于1919年12月的

《死人的享福》，通过第一人称"我"在隆冬时节乘坐人力车的感受，衬托出人力车夫的艰辛劳动，道破了所谓"共同生活"不过是谎言，是"活人的劳动！死人的享福！"1920年6月作于天津地方检察厅看守所的《别李愚如并示述弟》诗，描写的又是另一番景象。这时，周恩来已抱定旅欧勤工俭学，到马克思主义的故乡寻求真理的决心。"出国去，走东海，南海，红海，地中海；一处处的浪卷涛涌，奔腾浩瀚，送你到那自由故乡的法兰西海岸。""到那里，举起工具，出你的劳动汗；造你的成绩灿烂。磨炼你的才干；保你天真烂熳。"此刻，他的眼界，已不仅在中国，在东方，而且随着对真理的追求，扩展到了全世界。

周恩来对在狱中即兴作的这首诗，也很满意。他在诗后附注："今天我从下午4点钟做起，做到6点半钟，居然成功了。这首诗的成绩，在我的诗集里总要算是'上中'了。"

周恩来还编导过话剧，展示了他的戏剧艺术才华。在南开学校，他先后参加《恩怨缘》《老千金全德》《华娥传》《仇大娘》《一念差》等10多个新剧的编导和演出，还参加学校的新剧团，担任布景部副部长。在南开学校成立11周年的纪念会上，新剧团演出的《一元钱》轰动一时，在北京青年会公演，同样深受好评。

当时，社会风气仍受"男女授受不亲"的旧意识影响，男女不能同台演出。周恩来在这出戏里担任女主角，把青年男女对自主婚姻的执著追求出色地表现了出来。在北京公演时，京剧大师梅兰芳观看了演出，并和演员们座谈。直到新中国成立之后，周恩来还和梅兰芳旧事重提，说："30多年前，南开校庆，我们排演了话剧《一元钱》，北京文艺界曾邀我们演出。"梅兰芳也说："我想起来了，您在《一元钱》里演一个女子。演过之后，好像我们还开了座谈会。"周恩来笑道："对，虽然那是青年时代的事，但我们可以说是同行。"

由于周恩来在新剧团的出色表现，南开学校的《同学录》上写了这样的评语："君于新剧尤其特长，牺牲色相，粉墨登场，倾倒全座。原是凡津人士之曾观南开新剧者，无不闻君之名；而其于新剧团编作布景，尤极赞助之功。"

当时，话剧这种新的戏剧形式，如同白话文一样，兴盛一时，其影响超出了艺术本身。由于它通俗易懂，最贴近生活，最易于表现生活，便成了先进知识分子启发民智、宣传进步思想的有力武器。周恩来对此体会深刻，在1916年9月发表了《吾校新剧观》，认为"是知今日之中国，欲收语言文字统一普及之效，是非藉通俗教育为之先不为功。而通俗教育最要之主旨，又在舍极高之理论，施以有效之实事。若是者，其惟新剧乎。"可见，当周恩来以浓厚的兴趣和饱满的热情投身于话剧艺术时,总是用社会效用来审视话剧的。

小说和散文的创作,同样展现了青年周恩来的艺术才华。他写的散文《射阳忆旧》,热情赞美善良和淳朴的劳动人民,同时也流露出对兵荒马乱的社会和追名逐利世风的憎恶。他在五四运动之后写的《警厅拘留记》,生动地记述了天津爱国学生在各界人士支持下,同北洋军警展开狱中斗争的事迹,鞭挞了统治者的媚外专制,是一篇难得的纪实散文。此外,他还写过小说《巾帼英雄》、小品文《赵君遇匪》等。

总之,南开时期和五四运动时期的周恩来,跻身于进步文艺运动,成果极为显著,为周恩来日后指导文艺工作奠定了坚实的基础。同时,从中培养了自己多方面的艺术兴趣,结识了一批志同道合的热血青年。特别是在艺术与革命之间,他一开始就选择了二者结合的道路;而在人生取向上,他最终选择了革命,选择了一条充满荆棘和危险的职业革命家的道路。这是一条通向"地狱"之路,然而,中国革命成功了,周恩来成功了!中国历史写上了一个非凡的名字——周恩来,中国的革命文艺也因此有了一个不可多得的指导者和知音。这是中国人民的荣耀,也是中国文艺界的幸事!

二、高擎抗战文艺大旗

抗日战争时期,国共两党实现第二次合作,抗日民族统一战线建立,中共中央指派周恩来领导统战工作及长江流域国民党统治区的党的工作,先后在武汉、重庆主政长江局和南方局。这一时期,他以相当精力指导抗战文艺工作,团结人民,教育人民,打击敌人,作出了出色的成就,同大后方的革命文艺战士结下了深厚友谊,并为新中国培养造就了大批优秀的文艺人才。

团结在抗日救亡的旗帜下

1937年12月中旬,周恩来到达武汉时,国统区的文艺界是一个复杂的局面。

大革命失败后,坚持战斗在国统区的革命文化战士作出了出色的成绩,但在国民党的文艺专制和文化"围剿"下,屡遭打击,组织瘫痪,元气大伤,迫切需要党的领导和帮助。特别是在抗日救亡高潮的推动下,文艺界涌现出一批积极抗战的后起之秀,其中不少人受中国共产党感召奔向延安,但更多的人仍留在大后方,他们迫切需要党的指引。这时的国民党当局,虽然对中国共产党采取了联合态度，但是仍然坚持一党专制和文化专制政策，是大后方革命文艺凝聚、生息、发展的最主要障碍。周恩来的到来，犹如久旱逢雨，给大后方的进步文艺界带来了勃勃生机。

周恩来利用自己担任国民政府军事委员会政治部副部长的合法身份，首先抓了文艺界的组织建设，使来自祖国四面八方的进步文艺人士拧成一股绳，团结在抗战救亡的旗帜下，形成了在中国共产党领导下的大后方抗战文艺统一战线。这里面，既有20世纪30年代党的革命文艺中坚，又有抗日救亡中涌现的大批后起之秀，更有不满国民党专制统治、赞同中国共产党全面抗战纲领的民主人士和其他进步人士。这条战线的形成，凝聚着周恩来的多年心血，它成为后来解放战争时期国统区爱国民主运动第二条战线的重要组成部分。

当时的武汉，各种进步社团、剧团如雨后春笋般涌现。在此基础上，周恩来亲自促成了中华全国文艺界抗战协会的成立。当时作家老舍从山东到武汉后住在冯玉祥将军家里，他说："我不是国民党，也不是共产党。谁真正的抗战，我就跟谁走。我是一个抗战派。"冯玉祥将军1935年在察哈尔抗战，是有名的抗战将军。周恩来主动到冯玉祥家中看望老舍，商谈抗日大计，请冯玉祥出钱，支持老舍出面，筹备成立中华全国文艺界抗敌协会。

在1938年3月27日的中华全国文艺界抗敌协会成立大会上，周恩来发表热情洋溢的讲话。他说："今天到会场后最大的感动，是看见了全国的文艺作家们，在全民族面前，空前的团结起来。"他认为，文协的成立，标志着文艺界抗日民族统一战线的形成。

这次大会，选举周恩来、蔡元培、宋庆龄、于右任等为名誉理事，选举老舍、郭沫若、茅盾、丁玲、邵力子、冯玉祥、田汉等为理事，由老舍负责协会工作。协会的这批中坚力量，不仅对抗战文艺作出了重要贡献，而且后来对新中国的文艺事业也起了举足轻重的作用。

如果说中华全国文艺界抗敌协会是在中共中央长江局和南方局指导下的文艺界统一战线的民间组织，那么国民政府军事委员会政治部第三厅则是这一战线的官方组织。二者犹如周恩来领导大后方抗战文艺的左膀右臂，成为进步文艺界的两面大旗和组织中枢。周恩来出任国民政府军事委员会政治部副部长后，利用公开身份，积极领导了第三厅的筹组工作。

第三厅负责文化宣传工作。蒋介石的如意算盘是，借重周恩来、郭沫若（三厅厅长）的声望，延揽文学艺术界的名流，既可装潢门面，又可羁縻人才。但是蒋介石提出安排刘健群出任副厅长，企图架空周恩来和郭沫若，以达到监视和控制的目的。周恩来据理力争，和郭沫若配合使其不得不收回成命。

1938年3月前后，周恩来和秦邦宪、董必武等多次商议第三厅的宣传方针、组织机构和人员安排、党的活动方式等重大问题，并对民主党派人士和社会贤达做了大量工作。

第三厅由德高望重的郭沫若出任厅长，下设三个处，分别由胡愈之、田汉、范寿康任处长，三厅的主任秘书是阳翰笙。科长、科员有：洪深、杜国庠、张志让、冯乃超、冼星海、光未然、董维述等。三厅通过这些知名人士，又把无数会聚在武汉的文化界进步人士团结起来。

根据周恩来的指示，第三厅还成立了中共秘密的特别支部，发挥战斗堡垒作用。三厅成为当时整个国民政府军事委员会中唯一一个受共产党领导的部门。虽然周恩来从青年时代就喜爱文艺，但此前还没有这样直接地领导过文艺。从这时起，周恩来与文艺界广大进步人士结下了深厚的友谊。

早在土地革命战争时期，我们党就通过左联等组织领导革命文艺工作，取得过不少成绩。但在那时，由于受"左"倾机会主义影响，再加上文艺界原有的门户之见，宗派主义和关门主义作风盛极一时，影响了革命文艺队伍的团结。如今，在周恩来的正确领导下，做了大量细致的工作，大后方的抗战文艺战线一扫宗派主义和门户之见，在中国共产党的旗帜下达到空前的团结。以三厅的名义组建众多的抗敌演剧队和宣传队，分赴各地抗日前线，鼓舞斗志，打击敌人。这是周恩来对党的文艺事业的第一个影响深远的突出贡献。

周恩来的又一个贡献，是提出一系列正确方针，积极指导抗战文艺，使大后方的文艺创作冲破国民党文化专制的牢笼，有力地配合了全民族抗战和根据地的反顽斗争。

1938年3月，周恩来告诫文艺界要认清身上的担子，对抗战文艺、民族文艺和世界文艺负有重大责任，要多多取材前线将士的英勇斗争，更多地接触内地的人民生活，同时要继承祖先留下的优秀文艺传统，使我们的文艺在世界上也有辉煌的地位。因此，第三厅成立后的第七天，便主办了武汉各界第二期抗战扩大宣传周。周恩来和三厅反复研究了具体的行动方案，说这次扩大宣传，一要扩大宣传对象，二要扩大宣传范围。文字宣传要力求具体、生动；口头演讲要通俗扼要。艺术宣传更要普通、深刻和感人。宣传周的6天中，每天都有一个主要项目，如歌咏日、美术日、戏剧日、电影日、漫画日、游行等。4月7日这一天，周恩来在开幕式上发表了激动人心的演说，号召把武汉的扩大宣传周扩大到全国去，武汉要做全国宣传工作的模范。

在宣传周里，进步文艺工作者深入群众，深入军营，深入如火如荼的抗战前线，用文字、演讲、歌咏、美术、戏剧、电影等形式，宣传全面抗战的思想。

宣传周开始的第一天，恰好传来台儿庄会战的捷报，武汉三镇10万人举行集会、游行，抗战歌声响彻长江两岸。入夜，江岸和江面的数万枚火把相互衔接，有如奔腾的巨龙，象征着不愿做奴隶的民族精神。武汉，这座近代史上的英雄城市，重新焕发出英姿勃勃的革命青春。

在指导文艺宣传工作中，周恩来提出许多真知灼见。在文艺宣传为什么人的问题上，他提出要深入到劳动阶层中去，到工厂农村里去，到前线到战壕里去，目的是要提高广大群众的抗战意识，鼓舞激励战士们的杀敌情绪，并要使宣传扩大到敌占区和敌人队伍中去。他十分强调抗战文艺的普及性和全民性，注重教育和鼓舞斗志的作用。他要求文艺创作注意各阶层民众的觉悟程度和不同的喜怒哀乐，艺术宣传要普遍、深刻、激越感人：无论漫画、电影、戏剧，都要使人印象深刻，难以忘怀，使观众和听众感动得当场落泪，兴奋得矢志报仇。1938年8月1日，周恩来在抗敌演剧队的成立大会上说："宣传方式和形式要合民众的口味。你们要入乡随俗，老百姓才能喜闻乐见，才能收到宣传的预期效果。你们是演剧队、工作队，也是战斗队，除了演戏，还要做许多工作。"在演剧队、宣传队、孩子剧团的集训会上，他说："边远地区的老百姓还不懂得为什么抗战。只有全国的老百姓动员起来，才能陷敌于灭顶之灾的汪洋大海，你们要深入民众。做好战地政治动员工作。"他十分注意围绕党的中心工作指导文艺，纵然千头万绪，依然有条不紊。

1942年，毛泽东发表著名的《在延安文艺座谈会上的讲话》，系统阐述了文艺为工农兵服务和文艺工作者要同人民大众相结合的问题，以及文艺界统一战线等问题，为无产阶级革命文艺指明了根本的方向。而在此之前，周恩来在具体指导大后方抗战文艺的过程中，较早地涉及这些重大方针性问题，并且得出了正确的结论。

冲破迷雾的阳光

抗日战争进入相持阶段后，国民党上层出现了一股消极抗日、积极反共的逆流。周恩来指导大后方文艺界以文化斗争配合政治斗争和军事斗争，使之成为揭露国民党顽固派的独裁反共面目，宣传党的抗战、团结、进步口号和民主联合政府纲领的重要阵地。这是周恩来的第三个重要贡献。

1940年是大后方文艺界政治上的严冬。往日武汉大会战前后那种轰轰烈烈、热气腾腾的繁荣景象不见了，代之以解散、查禁和搜捕。国民党以改组政治部为名，撤销第三厅，郭沫若"卸"去三厅厅长职务。《救亡日报》等被查封，戏剧家洪深一家愤然自杀，上百位著名进步文化人士出走他乡……一连串不幸事件接踵而至，压得大后方文艺界透不过气来。大家都企盼着周恩来早日归来。

1939年6月，由于国民党在各地制造的摩擦事件愈演愈烈，周恩来离开陪都重庆，回延安同中央研究解决办法。在延安时，他不幸坠马，胳膊受伤。因有残废之虞，只得赴苏联治疗。

1940年5月，周恩来终于回到重庆。

周恩来到重庆后马上投入工作，首先找到政治部部长张治中，对他说："第三厅这批人都是无党无派的文化人，都是在社会上很有名望的。他们是为抗战而来的，而你们现在搞到他们头上了。好！你们不要，我们要！现在我们准备请他们到延安去。请你借几辆卡车给我，我把他们送走。"张治中听后表示：等我报告了蒋委员长再说。隔了几天，蒋介石突然召见郭沫若、阳翰笙、冯国庠、田汉等原第三厅的主要负责人。对他们说：现在正是国家用人之际，你们不能离开。我们想另外成立一个部门，还是由第三厅的人参加，仍然请郭先生主持。接着，蒋介石的机要秘书李维果说：委员长的意思，部里成立一个文化工作委员会，委员会的宗旨是对文化工作进行研究，现在研究工作也很重要，仍然请郭先生主持，请诸公参加，这样也就是离厅不离部嘛！蒋介石要求只许成立研究机构，不许下设团体。

阳翰笙等人请示周恩来："蒋介石分明要把我们圈起来，怕我们去延安，你看怎么办？"周恩来却胸有成竹地说："他画圈圈，我们可以跳出圈圈来干嘛！""我们处在无权无势时，还能在地下干，现在有一个地盘给我们站住脚，难道还怕干不成事吗？"面对国民党的政治高压和独裁，周恩来鼓励留在重庆的进步学者："形势不利于大规模地搞公开活动，但这也是一个机会。有研究能力的人，尽可能利用这个机会，坐下来搞点研究。抓紧时间深造自己，深入研究几个问题，想写什么书，赶快把它写出来。"他还诙谐地说："等革命胜利了，要做的事情多得很呢。到那个时候，大家就更忙啦，你们想研究问题、写书，时间就难找啦！"一席话，使大家茅塞顿开。

1940年10月1日，在周恩来的努力下，国民政府军事委员会政治部文化工作委员会成立，团结面比三厅时还广泛。大后方进步文化人士或著书立说，或写剧本、诗歌，或演戏拍电影，文艺创作再度出现生机。

皖南事变，是在抗战相持阶段发生的重大事件，国民党顽固派的反动面目暴露无遗。周恩来闻讯义愤填膺，重操久违的"旧业"，在《新华日报》上愤然命笔："千古奇冤，江南一叶；同室操戈，相煎何急！？"寥寥几笔，点出了皖南事变的实质，一字千钧。他还亲自部署，躲过国民党的新闻检查，使当天的《新华日报》迅速送到读者手里，轰动整个山城，产生巨大反响。这是周恩来运用文艺和新闻手段同国民党一党专制斗争的范例。1941年2月2日，长于诗词的毛泽东读了周恩来的这首诗，也从延安打来电报："报纸题字亦看到，为之神王。"可谓赞誉至极。

皖南事变，从政治上唤醒了大批天真无邪的人们。当时文艺界有的人士说："在武汉会战以前，作家都抱着一种天真的兴奋的情绪，歌唱胜利，憧憬光明，表现在作品中多半为英雄和英雄故事。""抗战转入相持阶段以后，作家逐渐看清了抗战的胜利决不会廉价地获得，于是批判地来描写光明，同时也暴露黑暗，扩大了写作范围。"这种变化的突出表现，就是对国民党一党专制、黑暗独裁的抨击。

大后方抗战文艺界开始复苏的时候，适逢郭沫若50寿辰。周恩来以敏锐的目光看中了这个时机，决定在重庆搞一次别开生面的纪念活动。他告诉郭沫若，这是一次意义重大的政治斗争和文化斗争，"通过这次斗争，我们可以发动一切民主进步力量来冲破敌人的政治上的和文化上的法西斯统治"。因为当时在国统区禁止举行公开的群众集会，周恩来这是在寻找一种扩大影响的斗争方式。

纪念会于1941年11月16日下午在中苏友协举行，到会的有2000多人。不但中共南方局的领导周恩来、董必武来了，文化界的朋友也来了，民主党派人士来了，连国民党中宣部的负责人也来参加了。

周恩来到会发表热情洋溢的讲话，并在当天的《新华日报》上以《我要说的话》为题刊载。他号召进步文化界人士效法郭沫若，具有丰富的革命热情，深邃的研究精神，勇敢的战斗生活。

周恩来的希望没有落空。在此前后，沉寂的山城兴起一股"话剧热"，锋芒所向直指国民党专制统治。在"话剧热"中，郭沫若一马当先，尽显才华。他的历史剧《棠棣之花》《屈原》《虎符》《高渐离》《孔雀胆》《南冠草》相继问世。周恩来最欣赏《棠棣之花》和《屈原》。《棠棣之花》作于皖南事变后不久，作者借战国时代义士聂政受严仲子之托刺杀亲秦的韩相侠累的故事，鞭挞国民党当局倒行逆施的罪行。这个话剧周恩来看了7遍，赞不绝口，说郭沫若特别强调"士为知己者死"这个主题绝不是封建思想，这是他对党感情之深的表现。

《屈原》是郭沫若戏剧创作的一个巅峰。激励他写成此剧的，正是周恩来。他说：屈原在当时受迫害，才忧愁幽思而作《离骚》，现在我们也受迫害，这个题材好。1942年1月11日，郭沫若怀着喜不自胜的心情写完《屈原》。他在当天的日记里写道："此数日来头脑特别清明，亦无别种意外之障碍。提笔写去，即不觉妙思泉涌，奔赴笔下。此种现象为历来所未有。"

围绕《屈原》剧本能否排演，内部有过争论。有的史学家认为郭沫若笔下的屈原不完全符合历史事实。周恩来反复阅读剧本后，给予充分肯定。他认为：研究历史，史学一定要尊重事实，以史实为根据才能对历史作出客观的评价。这是属于史学范畴。但历史剧则是艺术作品，经过作家创作的作品，只要大的背景和重大事件及人物不违背历史真实就可以，不必拘泥于非主要人物和细节。读历史和看历史剧应该是不同的概念。这个戏无论在政治上和艺术上都是很好的作品。对它肯定与否，不仅是艺术创作问题，更重要的是政治斗争。他对剧中的《雷电颂》尤为欣赏，说：屈原没有写过这样的诗，也不可能写出这样的诗。这是郭老借屈原之口对国民党压迫人民的控诉，好得很！

周恩来亲自过问话剧排演。演出阵容，包括金山、张瑞芳、白杨等当时第一流的演员。周恩来多次观看排演，还叮嘱演屈原的金山，在朗诵《雷电颂》时"尤其重要的是充分理解郭老的思想感情，要正确表达。这是郭老说给国民党顽固派听的，也是广大人民的心声。可以预计，在剧场中一定会引起观众极大的共鸣。这就是斗争。"

《屈原》公演获得极大成功，使饱尝郁闷之苦的进步文艺界终于扬眉吐气。郭沫若感激周恩来，从内心佩服这位久经患难的战友和艺术知音。他用诗一般的语言赞誉周恩来："我对于周公向来是心悦诚服的。他思考事物的周密有如水银泻地，处理问题的敏捷有如电火行空，而他一切都以献身的精神应付，就好像永不疲劳。"

周恩来对音乐、美术、小说、电影等也十分关注，给予热心指导，并要《新华日报》增辟《木刻阵线》《戏剧研究》等副刊。他还提醒抗战文艺界搞好同文艺界上层人士的团结，广交朋友，不要搞关门主义。

周恩来还把进步文艺界的交往扩大到国际上。1938年4月，荷兰著名电影艺术家伊文思来到武汉。周恩来特地到旅馆看望，和他多次交谈。伊文思此行，是要拍摄反映中国抗战的纪录影片。他希望到延安访问，遭到国民党当局拒绝，十分生气。周恩来当即作出安排，在武汉拍摄了中共代表团活动的镜头。这部名为《四万万人》的纪录影片，在国际上影响很大。

伊文思对周恩来印象深刻，认为周恩来"不仅是一个伟大的政治家，而且也精通军事和文艺，是一个兴趣极广的人"，"对周恩来的伟大、深谋远虑和文武全才有所体会"。临别，他把一部摄影机和3盒胶片送给周恩来。周恩来立即派人送往延安，使我们党的新闻事业得以开始。

1942年5月，毛泽东在《在延安文艺座谈会上的讲话》里指出，中国人民解放的斗争中有文武两个战线，即文化战线和军事战线，并对10年内战时期这两条战线在实际工作上没有互相结合起来感到遗憾。他欣喜地看到，抗日战争爆发后，革命文艺工作者来到延安和各个根据地的多起来了，出现了两支兄弟军队会合的局面。而周恩来为促成这一局面，做了大量的工作，同时，他还在国民党统治的广大区域，尤其是中心区域，团结造就了一大批革命文艺战士，同抗日根据地的政治、军事斗争遥相呼应，紧密配合。这是周恩来对党的事业最为重要的独特贡献之一。

三、社会主义文艺事业的奠基人之一

毛泽东的《在延安文艺谈座会上的讲话》，遵循革命文艺的政治要求和艺术规律，系统阐明了党的文艺方针，指明了文艺的新方向，成为中国社会主义文艺理论的奠基之作。其中涉及的不少问题，周恩来在指导文艺工作时都不断遇到并力求解决，他为贯彻和完善毛泽东文艺思想，殚精竭虑，有所创造，有所发挥，倾注了精力和智慧。有充分的理由可以说，在毛泽东文艺思想的发展和完善过程中，周恩来同样作出了重要贡献。

文艺工作者是工人阶级的一员

1956年1月，毛泽东提议，中共中央召开关于知识分子问题的会议，周恩来在会上作《关于知识分子问题的报告》。他根据我国加速社会主义建设总任务的要求，特别是根据知识分子思想改造和立场转变的实际情况，经过缜密的思考，明确提出："我国的知识界的面貌在过去6年来已经发生了根本的变化。""他们中间的绝大部分已经成为国家工作人员，已经为社会主义服务，已经是工人阶级的一部分"，他还提出，要最充分地动员和发挥知识分子的力量，发挥他们对于国家有益的专长，给他们以应得的信任和支持，给他们以必要的工作条件和适当的待遇，同时也要给他们以热心的帮助和批评。这就从理论上解决了长期争论的关于知识分子的阶级属性问题，为制定社会主义建设时期的知识分子政策和社会主义文艺政策，提供了正确的基点。

这个思想以及1962年《论知识分子问题》报告中重新肯定我国绝大多数知识分子属于劳动人民的知识分子的思想，是指导做好知识分子工作的最重要的思想观点。

周恩来看重理论，更看重实践。他模范地执行党的知识分子政策，把知识分子视为知音和朋友，给予热情的帮助和指导。他介绍程砚秋入党一事，就是广泛流传在文艺界的一段佳话。

程砚秋是著名京剧表演艺术家，程派艺术的创始人，享誉海内外。抗战时期，曾拒绝为日伪演出，保持了民族气节。新中国成立后，出任中国戏曲研究院副院长。他把周恩来视为知己，推崇备至。周恩来也经常关心他，爱护他，严格要求他。1957年周恩来介绍他加入中国共产党，还给他写了一封信：

砚秋同志：

我在你的入党志愿书上，写了这样一段意见：

程砚秋同志在旧社会经过个人的奋斗，在艺术上获得相当高的成就，在政治上坚持民族气节，这都是难能可贵的。解放后，他接受党的领导，努力为人民服务，政治上积极要求进步，这就具备了入党的基本条件。他的入党申请，如得到党组织批准，今后对他的要求，就应该更加严格。我曾经对他说，在他被批准为预备党员期间，他应该努力学习，积极参加集体生活，力图与劳动群众相结合，好继续克服个人主义思想作风，并且热心传授与推广自己艺术上的成就，以便提高自己的阶级觉悟，发扬为劳动人民服务的精神。

现在把它抄送给你，作为我这个介绍人对你的认识和希望的表示。

周恩来
一九五七年十一月十三日

程砚秋把这番话，作为刻骨铭心的教诲，努力实践它，直至走完人生旅程。

在"文化大革命"那些人妖颠倒的岁月里，知识分子像领导干部一样遭受迫害。周恩来虽无回天之力，但却不改初衷，始终把科教文卫等战线的知识分子视为朋友，视为同志，在力所能及的范围内给以保护，为他们排忧解难，在广大知识分子心中树起了一座丰碑，使他们即使饱受磨难和委屈，仍然坚信共产党的领导和正义的力量，仍然为党的科技、文化、教育等事业而献身。

系统阐发"双百"方针

1956年4月，毛泽东提出发展科学、艺术、文化事业的"百花齐放，百家争鸣"方针。对这一方针，周恩来积极拥护，多次加以阐发。1962年，文艺界迎来了又一个春天，周恩来及时支持《关于当前文学艺术工作的意见（草案）》批转全国，进一步落实"双百"方针。即使在"文化大革命"那样困难的时期，他还抓住"林彪事件"后各方面工作出现的转机，亲自过问电影、戏剧、音乐等文艺事业，指出："极左思潮不肃清，破坏艺术质量的提高。"贯彻"双百"方针不动摇。

也许是对文艺界多年来的曲折历程和风风雨雨了如指掌的缘故，周恩来对"双百"方针的意义有着深刻的认识，一有机会，就进行宣传。他坚信："经过科学上不同学派、不同见解的自由争论，艺术上不同形式、不同风格的自由竞赛，不要很久，我们的科学文化事业一定能够进入一个昌盛的时代，并且获得伟大的成就。"他还根据毛泽东的一贯思想，将"双百"方针进一步概括为四句话，即"百花齐放，推陈出新，百家争鸣，薄古厚今"，使"双百"方针更加切合文艺界的实际。

周恩来始终坚信，社会主义社会一定会产生伟大的作品。而"百花齐放，推陈出新，百家争鸣，薄古厚今"，既是社会主义文艺事业的指导方针，也是文艺创作所应遵循的重要原则。他对文艺创作中必须妥善处理的理想主义与现实主义、普及与提高、政治与艺术、古今、中外、新旧等关系，以及各个艺术门类和不同剧种之间的关系，都作了具体、辩证的论述。

理想主义与现实主义两大艺术手法孰优孰劣的问题，文艺界一直争论不休。周恩来赞成毛泽东的意见，主张革命的现实主义与革命的浪漫主义相结合，但侧重点又有所变化。新中国成立之初，文艺界面临着为社会主义事业服务的根本转变。周恩来提出社会主义现实主义是文化思想的主导，是文学艺术的方向。其目的，是要促成这种转变。20世纪50年代后半期，他感到文艺作品中，现实主义和浪漫主义都不够，尤其浪漫主义更欠缺，便又有针对性地提出："主导方面是理想，是浪漫主义。我们要提高我们的生活，使我们的生活和情操更美化、高化。"在总的"结合"过程中，根据实际的工作情况，在一个时期有一个时期的重点和特色，这是周恩来的主张，这样才能符合具体的客观实际。

周恩来论述最多的问题之一，是普及与提高的关系。当时文艺界的不少人士，从感情上完全赞同文艺为人民大众服务，但一遇具体问题，便担心普及会降低创作的艺术品位，不能正确对待普及与提高的关系。周恩来和毛泽东一样，都重在普及，主张在普及基础上的提高，在提高指导下的普及。他的独特贡献在于，把普及与提高同民族化、大众化紧密地联系起来，同艺术的发展紧密地结合起来，使之真正成为艺术发展的客观需要。他认为："文艺的提高，首先要普及，在普及的基础上提高，首先就必须民族化、大众化。""民族化主要是形式，但也关系到内容。要使广大工农兵看得懂，听得懂，能产生共鸣，必须民族化、大众化。"他还认为，普及不能没有艺术，同时艺术水平也不能脱离实际。"艺术的标准，要求作品是统一的，又是优美的、健康的，要有一定的水平。""在艺术水平上，我们提出的要求是优秀的而不是高度的，否则，大家都唱'阳春白雪'，'下里巴人'就没有人唱了。"他还坚持用发展的眼光看问题，认为艺术美是有条件的，人民的生活水平和审美观点也在逐步提高。"如果我们今天还拿以前的农村的水平用在现在，当然也不好。""我们的艺术形式应该是统一的，和谐的，应该在自己民族艺术的水平上来逐步提高。"

周恩来对"双百"方针的正确认识，还体现在他辩证地处理政治标准和艺术标准的关系。周恩来认为，政治标准和艺术标准必须并重，必须统一。政治标准不是把原有的艺术一概抹杀，而是取其精华，弃其糟粕，更好地为时代服务，为人民大众服务。"艺术的标准，要求作品是统一的，又是优美的、健康的，要有一定的水平。"两个标准的关系，具体地表现为思想性与艺术性的关系。他认为："思想性既然要通过艺术性表现出来，就不可能不影响艺术性；反之，艺术性低的，也就不能不影响思想性。""评论作品，首先看思想性，然后看艺术性，还必须看它在今天是否可取。"

政治标准和艺术标准、思想性和艺术性并重，并不是对艺术作品求全责备。周恩来在评价每一个艺术作品时，总是分清它的主流和支流，既不一棍子打死，也不降格以求，而是站在与被批评者平等的立场上，满腔热忱地具体指导，精益求精，不断提高，从来不主观武断地对待艺术作品。20世纪50年代末，他在住院治疗期间，还叮嘱当时主管电影的领导，对艺术创作的要求，要细致，不要粗暴，也不要求全。而当工作有了成绩时，他又及时肯定。1959年11月，他在一次讲话中说："在文艺方面，戏剧、电影可以说是开得最茂盛的两朵花，这是两朵兄妹之花。"

周恩来的一个可贵之处，是从不空谈政治标准和艺术标准。他十分注意使之具体化为实际工作者易于掌握的准则，加以贯彻推广。这是他领导艺术的重要方法。1963年8月，他在音乐舞蹈座谈会上，针对在政治标准和艺术标准问题上的不同认识，提出了艺术作品的四个标准，即：好坏的标准（阶级标准）；高低的标准（民族化、大众化标准）；好恶的标准（以人民的喜爱为标准）；多少的标准（厚今薄古，以我为主）。并且认为，这四个标准，要用艺术作品的思想内容尺度来衡量。思想内容的尺度是：阶级观点、战斗性观点、民族化观点、现代化观点。这四个标准和四个尺度，既是政治标准与艺术标准的具体化，又体现了政治与艺术的和谐、统一，是周恩来高超智慧和丰富经验的结晶。

在周恩来那里，具体化的过程，往往又是总结、概括、提高的过程。1963年4月，周恩来对社会主义文艺总方针（当时叫"社会主义革命文艺路线"）作过这样的概括：（1）文艺工作的对象，是为工农兵服务；（2）文艺工作的目的，是为社会主义服务；（3）文艺工作的方针，是百花齐放、百家争鸣；（4）文艺创作方法，提倡革命的现实主义与革命的浪漫主义相结合。这类事例，在周恩来指导文艺工作的言行中，不胜枚举。

周恩来看重文艺的思想性、现实性，但也从不否认它的娱乐作用。他说过："有人问我：文艺的教育作用和娱乐作用是否是统一的？是辩证的统一。群众看戏、看电影是要从中得到娱乐和休息，你通过典型化的形象表演，教育寓于其中，寓于娱乐之中。"重温这些论述，对今天繁荣社会主义文艺事业，仍有重要的现实意义。

在古今、中外、新旧的关系上，周恩来同样主张薄古厚今、以我为主、推陈出新。其主旨是要在继承和发扬中华民族优秀文化艺术传统的基础上，博采众长，为繁荣社会主义文艺、反映社会主义时代的精神风貌服务。这集中地体现在他千方百计保留和发掘地方剧种，精心指导外来音乐、舞蹈形式民族化的实践中。

周恩来不遗余力地扶植地方剧种，把它作为弘扬民族优秀文化传统的大事来抓。1952年，举办了第一届戏曲观摩演出大会。参加观摩的，不仅有京剧、越剧等大剧种，还有不少不知名的小剧种。正当评委们为孰高孰低而发愁时，周恩来到会讲话，认为评奖最好不要分等级，因为地方戏各有所长，也各有所短，不容易评得恰当。他提出一个方案：其他奖还照评委会意见，分等评奖，剧本奖不好分，就不分等了。他的提议，立刻博得全场掌声。他要求："我们一定要花一些力量，把埋没在民间的戏曲艺术，都要把它们很好地挖掘和发展起来。所以现在不要忙分高低，要让它们'百花齐放'。"

周恩来这样说，也这样做。昆剧是江南的小剧种，原已没有观众。后来，浙江昆剧团排演《十五贯》，受到热烈欢迎。20世纪50年代末，浙江昆剧团来京演出《十五贯》。周恩来看了高兴地说："一出戏救活了一个剧种！"他还在中南海紫光阁召集文化艺术界人士开会，让浙江昆剧团介绍经验，并勉励戏曲工作改革、创新，古为今用，为新中国搞出更多的好作品来。

在大力弘扬民族艺术时，周恩来十分注意吸收外国艺术精华，同时又告诫文艺工作者，切忌生搬硬套，破坏了民族艺术美。他说："话剧、电影是西方传来的艺术形式，但比较容易民族化。音乐、舞蹈不同，民族性很强，东方和西方的风格不同，很难和谐。硬搬西方音乐，必然损害了内容。"

为了更好地博采外国艺术精华，周恩来非常重视民族艺术的基本功训练。在1963年8月音乐舞蹈座谈会上的讲话中，他针对当时的一些倾向提出："艺术是精神产品，更加应从本民族出发，先分清界限，把基本功巩固，然后才能讲融合。"资华筠的独舞《白孔雀》曾获得极大的成功。但在排练中，有人提出这个节目有印象派倾向，不能上演。周恩来观看独舞后，给予充分肯定，并指出这个节目的民族风格不够浓郁。他还特地安排资华筠观摩关肃霜主演的《黛诺》，要她从中吸取民族艺术的养料。

周恩来长期主管外交和文艺工作，他的特长使这两个部门相互沟通配合。在他的关怀支持下，成立了东方歌舞团，通过一次次的走出去、请进来的演出，促进了与第三世界国家的文化交流，增进了亚非拉各国人民的了解和友谊，成为中国人民的艺术使者。

排除"左"的干扰，尊重艺术规律

周恩来多次强调，"百花齐放"不是不要党的领导，相反是重视党的领导。党的领导，首先是思想政治领导，但也包括艺术上的领导。党的领导干部不能甘居外行，要逐步变成内行。"所谓懂行，首先是说懂得本行的性能，好比炮兵司令要懂得大炮的性能，但不可能每种炮自己都会打"。在这方面，周恩来有独到的建树，堪称尊重艺术规律的楷模。

1958年"大跃进"期间，高指标、瞎指挥的错误同样影响到文艺界。

在这期间，文艺界显现出多上、快上，只图数量，不讲质量的局面，出了不少艺术粗糙的作品。这些情况，引起周恩来的注意。为全面了解情况，弄清问题，统一认识，1958年12月28日晚间，周恩来召集陆定一、张际春、周扬、胡乔木、夏衍、林默涵等到西华厅开会。周恩来鼓励大家消除顾虑，敢于讲真话。他不赞成要求文艺简单配合政策的做法，反对"拔白旗"，特别提醒大家要正确对待知识分子。

周恩来认为："物质生产的某些规律，同样适用于精神生产。搞得过了头，精神生产也会受到损害。""1959年我曾讲过，不能老去催作家，叫他赶写稿子。""搞指标、订计划、保证完成、一催再催，对于精神生产者是苦恼的事。"他说，精神生产不能划一化地要求，不能限时间限数量。"过高的指标，过严的要求，有时反而束缚了精神产品的生产。"

他用这样的例子说明这个道理："我们的领导人中，陈毅同志喜欢写诗，写得很快，是多产作家，是捷才。毛主席则不同，他要孕育得很成熟才写出来，写得较少，而气魄雄伟、诗意盎然。当然，陈毅同志的诗也很有诗意。我们不能要求毛主席一天写一首诗，也不必干涉陈毅同志，叫他少写。"一席话，说得在场的人心服口服。

1959年，在纠正已发现的"大跃进"错误的过程中，周恩来根据对立统一规律，总结多年的经验和教训，提出了文化艺术工作要两条腿走路的问题。其中包括：既要鼓足干劲，又要心情舒畅；既要力争完成，又要留有余地；既要有思想性，又要有艺术性；既要浪漫主义，又要现实主义；既要学习政治，又要和生活实践相结合；既要有基本训练，又要有文艺修养；既要政治挂帅，又要讲物质福利；既要重视劳动锻炼，又要保护身体健康；既要敢想、敢说、敢做，又要有科学的分析和根据；既要有独特的风格，又要兼容并包（或叫丰富多彩）等10个问题。提出这些问题，在当时有很强的针对性，强调了党领导文艺工作要遵循艺术规律这个道理。这是周恩来对社会主义文艺理论的一个独特贡献。

周恩来极为看重文艺工作要两条腿走路的方针。1961年6月，他在文艺工作座谈会和故事片创作会议上，旧话重提，以期引起应有的重视。

他说："我在1959年关于文艺工作两条腿走路方针的谈话，从今天水平来看，也不一定都是对的，里面也会有过头或不足的地方。使我难过的是，讲了以后得不到反应，打入冷宫，这就叫人不免有点情绪了。"他在以后的多次讲话中，进一步阐发了他的观点，对提高和推动有关领导干部对艺术规律的认识和研究，起了重要作用。

中共宣传部原来准备在1959年召开文化工作会议，根据周恩来两次讲话精神，进一步端正思想，纠正文化工作中"左"的倾向。

但是由于庐山会议确认当时的主要倾向是右，要继续反右，使原计划发生了变化，文艺界反而提出反对右倾机会主义和修正主义文艺思想，一些同志受到错误批判，如文化部主管电影的夏衍、陈荒煤同志。这样，就使周恩来原来准备纠正文艺工作中"左"倾错误的想法受到了干扰，"左"倾错误进一步发展了。

20世纪60年代初，中共中央开始纠正"大跃进"以来经济战线出现的"左"倾错误，贯彻实行"调整、巩固、充实、提高"的方针，这是1959年反右倾运动后全面纠"左"的开始。周恩来抓住时机，组织和支持召开一系列会议，检查总结几年来的文艺工作，研究调整文艺的方针政策。

1961年6月，由中宣部、文化部分别在北京的新侨饭店召开了文艺工作座谈会和故事片创作会，这就是著名的新侨会议。周恩来在会议代表中做了大量的调查，根据大家反映的情况，在讲话中，开宗明义指出会议的主题，是要解决艺术民主的问题。他认为"现在有一种不好的风气，就是民主作风不够"。对别人动不动就抓辫子、戴帽子、打棍子，这是一种很不好的风气，必须加以改变。

他强调要在文艺界树立民主作风，首先要从领导干部做起，"我们常常同文艺界朋友接触，如果我们发表的意见不允许怀疑、商量，那还有什么研究、商讨呢？我们的讲话又不是党正式批准的。即使是党已经研究通过的东西，也允许提意见。""我们要造成风气，大家都是站在社会主义立场上探讨问题，为了把文艺工作搞好，把文艺政策执行好。在这些方面各有所见，为什么不能讨论呢？"周恩来的这篇讲话，对于排除"左"的干扰，贯彻"双百"方针，鼓励人们解放思想，冲破禁区，发挥了重要的指导作用。

排除干扰，解放思想要有一个过程。那时，文艺界不少同志还戴着"右派"帽子，或背着"右倾"包袱。

1962年1月，中央召开著名的7000人大会，用毛泽东的话来说，是让大家出出气，意在进一步纠正"左"倾错误，发扬民主。在这个背景下，周恩来2月在紫光阁对在京的话剧、歌剧、儿童剧作家讲话，提出作家搞不出好作品，这与党委领导有关。他支持召开"广州会议",在3月2日会议上作了《论知识分子问题》报告。一个月后,在周恩来的指导下,《关于当前文学艺术工作的意见(草案)》("文艺八条"),由中宣部定稿,经中共中央批转全国文化艺术单位贯彻执行。这八条是:一、进一步贯彻执行百花齐放,百家争鸣的方针;二、努力提高创作质量;三、批判地继承民族遗产和吸收外国文化;四、正确地开展文艺批评;五、保证创作时间,注意劳逸结合;六、培养优秀人才,奖励优秀人才;七、加强团结,继续改造;八、改进领导方法和领导作风。周恩来责成文化部根据"文艺八条"的精神,制定了《加强电影生产领导32条》。

这一系列讲话和文件,是对1957年反右斗争的扩大化和"大跃进"时期一些"左"的错误,违反艺术规律,缺乏艺术领导民主,瞎指挥,浮夸风,混淆两种不同性质矛盾,盲目追求数量而忽视质量等等现象的纠正和批评,闪耀着马列主义、毛泽东思想的光辉,又是根据当时的新形势,对创作实践中发现的问题,作了具体的科学的分析,是对马克思主义的美学的丰富与发展。在其指导下,广大文艺工作者放下思想包袱,积极投身艺术创作实践,创作了一批高质量的艺术作品。电影工作者心中涌动着的创作激情再度发挥,20世纪60年代上半期每年都有几部优秀影片问世,综合构成60年代中国电影创作的第二个高峰(第一个高峰是1959年)。

四、文艺界的知己和挚友

提起周恩来,文艺界的人们就会激起真诚的、发自内心的感情。这感情,既有崇敬赞叹,更有感慨怀念。

冰心说过:"我所见过的和周恩来总理有过接触的人(不单是文艺界),无不感到总理对他和她,都是特别地关心和爱护。这并不奇怪,因为总理是中国亘古以来付予的'爱'最多而且接受的'爱'也最多的一位人物。"

萧乾写道:"许多雕像都是用金石铸造并置广场中央。周总理的雕像却矗立于每个中国人——尤其是知识分子的心中。他坚定而慈祥,能干而谦逊。他一生闯过多少大风大浪。在他自身难保时,还伸出双臂尽力拯救大家。他是位谁也不会忘记的中华民族的伟人。"

这些肺腑之言,表达了文艺工作者同周恩来的深厚友谊。这非同寻常的友谊,是周恩来这位社会主义文艺百花园的护花使者,用心血和真情培育的结果。

繁荣电影、话剧

新中国的电影事业,是在解放区新闻电影和20世纪三四十年代进步电影的基础上发展起来的。从无到有、从小到大、从残缺不全到全面发展,逐步形成各种规模和类型的制片厂及遍布全国城乡的影片发行放映渠道。电影机械、胶片、洗印等电影工业的创立和发展,为繁荣电影创作打下了必要的物质技术基础。这一切都凝聚着周恩来的心血,离不开他的关怀和领导。从1958年下半年起,在周恩来主持下,安排有关部门在经济建设和文化领域积极组织一批重点项目,拍摄国庆10周年电影献礼片就是文化建设中的一项。

1959年初,文化部领导向周恩来汇报献礼片创作安排的情况,他发现在题材内容上有关革命历史和现实生活的分量重,而缺少轻松愉快、寓教于乐的娱乐性影片,认为这类影片短缺,花色就单一。还缺少反映少数民族生活的题材。因此文化部又补充组织了《冰上姐妹》《五朵金花》《水上春秋》影片的创作和拍摄。

周恩来深夜到摄影棚看望《林则徐》摄制组,他将《青春之歌》的主要编导请到家里座谈,他审查《万水千山》的样片。就这样,中国影坛迎来了1959年的奇迹。在欢庆中华人民共和国成立10周年的大喜节日,举行了新中国成立以来规模最大的一次国产新片展览,有故事片17部,纪录片7部,科教片7部,美术片4部。在国庆节前后不到一个月的展映中,观众人次达1.2亿(当时全国人口还只有6亿),日后继续放映,1959年全年观众突破人次40亿。广大观众盛赞新片思想性、艺术性和电影技术水平所取得的新成就,还看到了第一批新创作的宽银幕立体声故事片。这批新片久映不衰。在1995年全国中小学开展的百部爱国主义影片教育活动中,1959年拍摄的新片就被选入6部,它们是《林则徐》《风暴》《青春之歌》《林家铺子》《聂耳》《红孩子》。电影工作者一致称赞"难忘的1959年"。

献礼片成功了。但由于受到庐山会议的影响,负责献礼片创作的文化部领导夏衍和陈荒煤,都受到重点批判,被指责为"右倾"。电影工作者尚未来得及欢庆自己的成就,又背上沉重的思想压力。周恩来伸出了温暖的手,他主动向文化部领导提出:应当为电影工作者的成就开个庆祝会。

11月24日,北京饭店大厅洋溢着一派节日喜庆景象。周恩来亲自到会,跟大家一起举杯共庆,发表热情洋溢的讲话:戏剧、电影可以说是开得最茂盛的两朵花;我们的电影已经开始创造出一种能够反映我们伟大时代的新风格。

周恩来同样重视话剧。

20世纪60年代，周恩来对话剧、电影至少有过3次重要讲话。一次是1961年6月19日，在文艺工作座谈会和故事片创作会议上的讲话；半年之后，1962年2月17日，又在中南海紫光阁对在京的话剧、歌剧、儿童剧作家发表讲话。其中他举例说：曹禺是有勇气的作家，是有自信心的作家，但他写《胆剑篇》也很苦恼。《胆剑篇》有它的好处，主要方面是成功的，但我没有那样受感动。作者好像受了某种束缚，是新的迷信造成的。

周恩来与曹禺相交很深，说话也无拘束。20世纪50年代在紫光阁召开一个小型座谈会，曹禺参加了。当主管文艺的中宣部副部长周扬进来时，曹禺起身让了个座。这本来是出于礼貌，周恩来看到了，却温和地说："曹禺同志，你是作家，作家是为民者清。我们是当官的，为官者俗。周扬来了，你就起身让座，可见也不太清嘛！"言语中，饱含对知识分子的爱护。如今，他以《胆剑篇》为例，说明新的迷信束缚之重，绝非批评曹禺，而是弦外有音。

接着，他又以曹禺的话剧为例："有人问：为什么鲁大海不领导工人革命？《日出》中为什么工人只在后面打夯，为什么不把小东西救出来？让他去说吧，这意见是很可笑的，因为当时工人只有那样的觉悟程度，作家只有那样的认识水平。这是合乎那个时代进步作家的认识水平的。那时还有左翼作家的更革命的作品，但带有宣传味道，成为艺术品的很少。"

在重庆时期，周恩来就对话剧《日出》极为赞赏。1956年，辽宁人民艺术剧院重排《日出》，并到北京公演，周恩来特意观看演出。他叮嘱大家，演《日出》要注意历史背景，要请曹禺同志来看看戏，多听各方面意见。他还建议，陈白露头上不应该戴粉花，而应该戴白花，并联系她的出身、性格等说明了理由。周恩来就是这样，时时处处注意历史地、具体地看问题，厌恶那些程式化、教条化的东西。在话剧艺术和电影艺术上，就是如此。

周恩来的第三次重要讲话，是在1964年5月31日看过话剧《豹子湾战斗》之后。这是中国青年艺术剧院排演的一部反映延安大生产运动的话剧。周恩来、朱德、董必武、陈毅、贺龙、叶剑英等先后观看演出。话剧把观众带回一个熟悉的、充满革命乐观主义精神的年代，场上场下融为一体，气氛十分热烈。

周恩来因为有事，第一次只看了一半。几天后，又到国务院小礼堂看完下半场，并同青艺的同志交谈。他充分肯定《豹子湾战斗》是个好戏，也指出戏中噱头多了些，活泼不要超越"团结、紧张、严肃、活泼"这八个字。同时，戏杂了一些，人物显得闹了一些，要割爱，使主题更紧凑。

他还谈到典型人物的问题。他认为，先进人物主导方面是先进的，但也要有"两分法"。先进人物是各种各样的，发展变化的，要通过特殊、个别来反映一般。他指出：现在不少作品把先进人物神化了，概念化了。反面人物则写得一无是处。其实，反面人物有时也说几句好话，问题是不够现实，这是立场决定了他。

周恩来以满腔热忱，扶植了一大批优秀的话剧和电影作品。其中，也有不少好的题材，是他从话剧或戏剧中发现，建议移上银幕的。

话剧《霓虹灯下的哨兵》《第二个春天》还未上映就引起争论，有人认为剧中写工农分子犯错误是丑化工农。周恩来亲自看话剧、召开座谈会。在周恩来的关心、过问下，这两出话剧终于公演。周恩来将《霓虹灯下的哨兵》推荐给毛泽东，1963年11月29日，毛泽东观看后，称赞："演得好，演得好！"不久这些剧目拍成电影。

电影《在烈火中永生》已被江青"枪毙"，是周恩来出面干预，才使这个电影得以与广大观众见面。

胡洁青说得好："没有他（周恩来）的慧眼卓识，有的戏，包括《龙须沟》和《茶馆》在内，恐怕都是另有一番命运。"《龙须沟》是老舍在新中国成立之初的力作。问世后，曾有人担心演《龙须沟》脱离现实，因为当时全国上下都在宣传抗美援朝。周恩来听了不以为然，认为它对确立新政权的威望很有好处，很有现实意义。于是他将此剧推荐给毛泽东看，成为毛泽东进北京后观看的第一部大型话剧。《龙须沟》上演果然大获成功，还拍成电影，风靡全国。老舍也被授予"人民艺术家"称号。

《梁山伯与祝英台》，是新中国第一部彩色戏曲艺术片。周恩来亲自审看样片，并建议在"楼台会""山伯临终"之后，加上祝英台思念梁山伯的场面（"思兄"一场），解决了因影片时间压缩使剧情不够连贯的问题。周恩来1954年出席日内瓦会议时，带去了梁祝影片，邀请电影大师卓别林观看。卓别林看后十分赞赏，认为该片贯穿了中国几千年的文化。

《达吉和她的父亲》是一部有争议的影片。导演王家乙提心吊胆，怕被人批评为"人性论""人道主义""温情主义"。在1961年6月召开的故事片创作会议上，曾对这部影片有过讨论。周恩来得知此事，在到会讲话中表示："《达吉和她的父亲》，小说和电影我都看了，各有所长。小说比较粗犷，表现了彝族人民的性格，但粗糙些。电影加工较小说好，但到后来该哭时不敢哭，受了约束，大概是怕'温情主义'。"一席话消除了会议的紧张气氛。周恩来还批评了"左"的倾向:"几年来有一种做法:别人的话说出来,就给套框子、抓辫子、挖根子、戴帽子、打棍子。""《达吉和她的父亲》,认为是'温情主义',先立下这个框子,问题就来了,就要反对作者的小资产阶级温情主义。"

周恩来的讲话,使原先比较沉闷的会场立刻活跃起来。据参加这次会议的人回忆:"在总理的鼓励下,大家比较能够敞开心扉,在会议上互相交流几年来的切身感受。有的同志讲到慷慨激动处,不免声泪俱下。"

关心戏剧改革

提起戏剧改革,人们就会想到 1964 年前后的京剧改革。其实,早在新中国成立之初,周恩来就把戏剧改革列入政府工作的议事日程,当作一项长期的文艺建设来抓。可以说,周恩来是戏剧改革的首倡者和领导者。

1949 年 7 月,周恩来在中华全国文学艺术工作者代表大会的报告里,提出了改造旧文艺的任务。

他认为:"凡是在群众中有基础的旧文艺,都应当重视它的改造。这种改造,首先和主要的是内容的改造,但是伴随这种内容的改造而来的,对于旧形式也必须有适当的与逐步的改造,然后才能达到内容与形式的和谐与统一。""这种改造工作无疑地将是长期的巨大的工作,希望一下子改造得尽善尽美,也是不可能的。"

1951 年 5 月 5 日,周恩来签署发布了《中央人民政府政务院关于戏曲改革工作的指示》(简称"五五指示"),其中规定:"目前戏曲改革工作应以主要力量审定流行最广的旧有剧目,对其中的不良内容和不良表演方法进行必要的和适当的修改。"明确指出了社会主义时期"改戏、改人、改制"的"三改"任务,使戏改工作有了第一个以政令形式出现的指导性、纲领性文件。

从此,全国的戏曲改革工作正式起步。当然,这时的戏曲改革,还只限于改造原有剧目,不可能立即提出创作反映时代精神的现代剧目的任务。但因改革涉及全国大大小小几十个剧种,又是一项新生事物,任务仍十分艰巨。周恩来在指导戏曲改革中,注意防止急躁情绪和粗暴手段,首先从最容易着手又最容易得到多数艺人同意之处开始,逐步推广。

1952 年深秋,在北京举行了全国第一届戏曲观摩演出大会,检阅戏曲改革的成果。周恩来观看了部分演出,并在闭幕典礼上讲话,称赞这件事标志着我们的戏曲工作前进了一大步。

这一时期的戏曲改革，尽管是初步的，但经过对传统剧目的认真整理，去其糟粕，扬其精华，涌现出一批内容健康、思想进步的优秀传统剧目。

新凤霞主演的评剧《刘巧儿》，几乎到了家喻户晓的程度。周恩来对这出戏十分赞赏。但在第一届戏曲观摩演出大会上，评委们对《刘巧儿》却颇有争议，评了个四等奖。周恩来看过名单，提出：新凤霞的《刘巧儿》唱得全国人喜欢，该评一等奖。

汉剧《宇宙锋》也是受到观众喜爱的剧目，第一届戏曲观摩演出大会上给予好评，主演陈伯华因此获演员一等奖。周恩来专程到住地看望演员，对陈伯华说：你一个《宇宙锋》的演出，就反映了汉剧艺术的丰富，你是有功劳的，汉剧是大有发展前途的。从此，周恩来成为汉剧的热心观众。一次，陈伯华在北京主演《二度梅》。周恩来观看后，让当时主管《人民日报》的邓拓发表评论。邓拓以"石千山"的笔名，发表了《传奇的艺术——评陈伯华同志主演的〈二度梅〉》。在周恩来关怀下，1962年成立了武汉汉剧院。

周恩来祖籍是浙江绍兴，绍剧是他的家乡戏。一次，他陪外宾到上海，特意要浙江绍剧团赶来演出《闹天宫》，还会见了扮演美猴王的章宗义。周恩来对他说：我是绍兴人，看绍剧可还是第一次，你们演得很好，外宾看了很满意。他高兴地抱起章宗义的儿子小六龄童，举过头顶，转身对章宗义说：你的武功不错，文艺事业需要接班人，你要多培养几个小六龄童呀！

进入20世纪60年代，戏剧演员的素质、生活经历以及观众的要求，都有一些变化。随着戏剧改革的深入，排演现代剧目已逐渐成为客观要求。1963年2月8日，周恩来在文艺工作者春节联欢会上发表讲话，提出："古装戏曲也可以演现代戏，当然，这要尝试，还不成熟，但演现代戏才会有生命力。"由此他谈到京剧改革的问题："今天在座的京剧大师很多，京剧要有生命力，要不断传下去，就不仅要演历史故事，推陈出新，而且还要演新人新事。"但"歌颂新人新事，并不否认古典的东西，只是在分量上要摆得适当"。

在随后的一次讲话中，周恩来谈到了越剧的改革问题。他说："越剧，现在有些同志要革命，要演现代戏，这种精神很好，但究竟怎样革命还要研究。10年前我说过，越剧先要解决男女合演的问题。"他还表示："戏曲改革是很值得做的一件工作。京剧、地方戏占多数，是戏改重点。提倡新人新事现代题材的重点是电影和话剧。京戏、地方戏的重点工作是改革、移植。""有些地方剧种、曲种，能够表现现代生活，就可以着手演现代戏。我们可以一手改旧的，另一手演新的。"

周恩来关注越剧男女合演的问题，认为解决好这个问题，越剧才有可能演好现代戏，走戏剧改革的路。早在新中国成立初期，他就向袁雪芬等越剧艺术家详细了解越剧发展的历史，了解越剧女演男是怎样形成的。他问袁雪芬，越剧和绍剧有什么关系？是否是一个系统？还当场要她唱了一段绍剧。他了解到越剧部分曲调吸收了绍剧的唱腔，便说：越剧的音乐是要改革，是否可以继续研究吸收绍兴大班的唱腔呢？在周恩来的过问下，从1954年起，越剧团陆续培养了一批男演员，还在上海成立了第一个男女合演的越剧团。1965年，周恩来在上海专门看了男女合演的越剧现代戏。

事实上，用传统戏剧表现现代生活的改革尝试，早在20世纪50年代末就已开始。新中国成立10周年之际，中国评剧院推出反映红军长征业绩的《金沙江畔》。周恩来观看了演出，十分称赞，还请班禅一起观看。主演这出戏的是小白玉霜和新凤霞。当他得知新凤霞被划为"右派"时，立即表示：新凤霞是贫苦出身的民间艺人，我们了解。他要人通知剧院负责人，赶快摘去"帽子"，取消处分。

1964年，周恩来和陈毅访问非洲归来，在昆明观看中国评剧院上演的反映当代生活的《会计姑娘》。接见演员时周恩来高兴地说：女会计说得对，会计是把住国家财经大门的当家人。回到北京，他还推荐主管财经工作的李先念观看《会计姑娘》，并让剧院为正在召开的全国财经代表会议举行专场演出。

1965年，中国评剧院根据越南抗美战争的题材，又排演了《阮文追》。周恩来在中南海小礼堂看完戏，兴奋地说：戏演得好，又有新的唱腔，好极了。第二天，他请剧组成员到家里吃饭，称赞新凤霞演的中国刘巧儿，朝鲜的春香，越南的潘氏娟，都有创新。

京剧改革起步稍晚，但涌现出一批优秀现代剧目，表现出雄厚的人才实力和生活根底。1964年举行了京剧现代戏观摩演出大会，《红灯记》《芦荡火种》（后改名《沙家浜》）、《智取威虎山》《奇袭白虎团》等纷纷登台亮相，盛况空前。6月23日，周恩来在这次观摩演出大会的座谈会上发表长篇讲话，充分肯定了京剧改革的成果和方向。指出戏曲改革不仅是时代的要求，也是艺术发展的客观要求。他说："民族戏曲都要演现代的革命的事迹，是有它的困难，但只有走这条路才有前途。我们青年一代学老京戏，唱、念、做、打这些基本功都学到手了，如果内容人家不愿意看，不愿意听，那你还不是没有前途？"他回顾了新中国成立以来戏曲改革的历史："戏曲改革，从开国以来就讲了，那还是初期，是把旧的东西加以整理，坏的去掉，好的提倡，加以修改，然后把不好不坏的暂时保留下来，将来逐步地去代替它，那还是一个改良的做法。那时新的只是提倡，产品很少，没有着力去做。那是初期，还许可，因为时间、条件还都不成熟。"他认为，现在的戏剧改革，主要是创作现代戏，是戏剧界的一次革命。在现阶段，要多注意从普及中提高，多强调思想性，然后再来提高艺术性。要多演，多观摩，多修改，强调生活实践，这样来提高艺术性。

周恩来还谈了反映现代生活的剧本创作问题。强调作为精神产品的剧本，也要走实践、创作、再实践、再创作，反复提炼修改的道路。他说："先到工农兵的生活中去体验，去实践；然后找到一些典型的事例，群众的语言，群众的形态，把它更加典型化，写成剧本。这就是说，通过生活的实践，变成精神的产品——剧本；然后，再通过舞台的表演，看它是不是能够通得过，如果不行，就再到群众中去，再去实践，再去考验，再去琢磨，然后又重新提高起来。这样，经过多次的实践，才能使一个艺术品完整起来。"周恩来的这番话，用辩证唯物主义认识论观点扼要阐明了戏剧创作的全过程，将从群众中来、到群众中去和实践第一的观点融汇于戏剧创作之中。今天读来，仍具有现实和指导意义。

周恩来在讲话中，对几出京剧现代戏也提出具体修改意见。如《奇袭白虎团》，他认为在思想上、艺术上都有成功的地方，但对朝鲜人民军和朝鲜人民的斗争，反映不够。因此，他提出这个戏在修改以前还不能推广。

《在京剧现代戏观摩演出大会座谈会上的讲话》，是比较全面地反映周恩来关于戏曲改革思想的重要著作。它真实地记录了周恩来对戏剧改革，尤其是京剧改革所作的贡献。遗憾的是，京剧改革的成果，在"文化大革命"的混乱年代中，被江青等人所利用，借以抬高自己，打击他人，搞得文艺界百花凋零，最终也损害了京剧改革本身。这是一个值得认真记取的教训。痛定思过，重读周恩来的讲话，不能不叹服周恩来的先见之明。

《东方红》的"总导演"

1964年，在庆祝新中国成立15周年之际，北京人民大会堂隆重上演了音乐舞蹈史诗《东方红》。它以不同历史时期流行的革命歌曲为主线，配以气势磅礴的音乐舞蹈，再现了创建新中国的艰难历程。《东方红》公演后，轰动全国，党和国家领导人包括毛泽东，都观看演出，可谓盛况空前。

这次演出，会集了人民解放军各专业文工团和地方各文艺团体的演员3000余人，不少著名演员，如王昆、郭兰英、才旦卓玛、胡松华等，都登台献艺。这是新中国成立以来对社会主义文艺事业的一次大检阅，而担任这次检阅的总设计和总指导的，正是周恩来。文艺界中恭逢其盛的人们，谈起这段往事，都称周恩来是《东方红》的"总导演"。以如此巨大的精力组织、实施如此浩大的艺术工程，这在党领导文艺的历史上，是绝无仅有的。

此时的文艺界，正在为日益发展的"左"倾阴霾渐渐笼罩。1963年5月，江青组织对新编昆剧《李慧娘》和"有鬼无害论"的批判，文艺界气氛顿感紧张。这年12月，毛泽东根据上报材料批示："各种艺术形式——戏剧、曲艺、音乐、美术、舞蹈、电影、诗和文学等等，问题不少，人数很多，社会主义改造在许多部门中，至今收效甚微。""许多共产党人热心提倡封建主义和资本主义的艺术，却不热心提倡社会主义的艺术，岂非咄咄怪事。"他还多次批评文化部是"帝王将相部""才子佳人部""外国死人部"。随后，文化部和文艺界开始整风学习。接着，又对《北国江南》《早春二月》等电影发动批判。

文化部是国务院领导的一个部门；文艺工作，是周恩来长期主管的一项工作。文艺界中受批判的不少人，早在抗战时期就在周恩来的领导下，为革命文艺事业作出过重要贡献。受到批判的电影、戏剧、音乐、舞蹈等艺术形式的剧目，有些就是周恩来亲自看过并且肯定的。

直到1963年8月，他还对文艺工作作过这样的总体性估价："14年来，我们在文艺战线上有很大的建树，音乐舞蹈方面，也有很大成绩。"

数月之后，面对突如其来的急剧变化，周恩来会作何考虑呢？据说，周恩来看了陈荒煤的检讨发言稿，承认电影界"已经形成了一条修正主义路线"，说过一句话："不知道荒煤怎么想的。"可见他当时的心情并不轻松。

如此复杂多变的局面下，提议组织3000人演出《东方红》，让文艺界的著名演员、权威亮相，当然是对这些人的保护。歌颂党、歌颂工农、歌颂毛泽东思想，《东方红》是在用事实证明15年来文艺界的成就是伟大的。

为了这一次检阅的成功，周恩来特别谨慎、特别细致地导演着。

7月18日，周恩来主持召开国务院各部党组书记会议，做了国际形势报告，从上午10时讲到下午1时半，最后他说："我们这回国庆就要大庆祝一下，这回我到上海去，陈总把我拉去看了一个上海3000人的歌舞大会，很动心，我看还不错,是写我们大革命的。请周扬同志、徐冰同志,还有有关方面的同志,你们都是作家,你们大革命都参加过的,你们帮助搞一下。总之,要有人写,不然没有法子表演出来的。现在离国庆只有两个月了,有这么一个想法,就是最好在这个15周年国庆,把我们革命的发展,从党的诞生起,十月革命一声炮响,后来的'五四'运动,到大革命,然后又到井冈山,举起了红旗,都贯穿着毛泽东思想,通过这个表演逐步地体现出来。上海那个歌舞,它是一个国际歌一唱,下一幕马上就是到了井冈山,这个也太突然了。还有少奇同志领导的工人罢工斗争,也是在毛主席的思想影响下。然后农民运动,从江西时候起一直到秋收暴动,也只有毛主席的领导才上了井冈山,不然毛主席的工农兵的思想怎么能够形成?这样才能把毛主席的思想、革命的思想体现出来。因此,就要写几首壮烈的史诗。这个事情就只能说空话了,没有办法。请周扬同志主持一下子。当然,北京要跟上海合作了,因为这次东方歌舞团出去了,不能搞出很多东西来,至于歌舞还是有的,曲子也不难,主要是作品。"

两天后,7月20日,周恩来在人大会堂福建厅召集外办、对外文委、文化部负责人研究"北京音乐节"问题,提出反映革命历史的大歌舞,几千人的大合唱,上海搞了"在毛泽东旗帜下高歌猛进",空政有"革命歌曲大联唱",已有飞渡泸定桥等舞,以此为基础可以搞一个。

7月30日,在西花厅前厅,周恩来拍板决定和上海合作。考虑到毛主席已发出号召全国学习解放军,决定由部队做骨干,总政是主力,但不能骄傲。中央歌剧团、中央乐团、东方歌舞团均参加。周恩来亲自定下这台节目的领导班子,并且定名为《东方红》。

《东方红》指挥部同志,每天晚上和总理办公室联系;动员100个工厂改大会堂的舞台。

为了排好《东方红》,周恩来亲自审定全剧的总体构思和实施方案,以及歌词、歌曲、乐曲、朗诵词的设计,并一字一句修改朗诵词。包括服装、道具、布景等等,思虑遍及每个环节。他还抽出时间,审看分场排练,提出具体意见。预演8场,他看完了5场,还主持座谈会,倾听各方面意见。周恩来是《东方红》名副其实的"总导演"。

周恩来以很大精力过问选调《东方红》的主要演员。他要求要选调全国最优秀的舞台演员,从现场演出到拍电影,各个角色都统一由一个演员担任,不要别人配音。按照他的指示,一大批优秀的艺术家会聚《东方红》剧组,成为文艺界空前的一次盛会。

一场人民革命波澜壮阔的史诗，浓缩在小小的舞台上，这是艺苑的一次盛举。周恩来陪毛泽东观看《东方红》，还向毛泽东推荐新中国培养的藏族歌手才旦卓玛，而当毛泽东称赞王昆演唱的充满湖南风情的《农友歌》时，周恩来报以会心的微笑。

这台节目的成功，已经不是一项短暂的庆祝活动，周恩来意识到，它将成为一部文艺经典流传下来。当舞台演出还在持续的时候，他便提出把《东方红》拍成电影。但是这个建议遭到江青的反对。周恩来坚持正确的意见，他邀请拍《东方红》电影的导演同志、文化部领导，以及江青开座谈会。他说：搞这个大歌舞的过程是很仓促的，远不是什么经过千锤百炼了，才只经过几锤几炼，还要不断改进。不过，我既然背上了这个包袱，我也不害怕。艺术无止境，好了还要更好。

然后江青发言，她从《球迷》《哥俩好》《霓虹灯下的哨兵》《烈火中永生》到《东方红》通通批了一通。她的讲话给大家泼了冷水，许多人都愣住了，冷场了。

周恩来说：电影一定要搞好，只能比舞台有改进和提高，不能落后，这是中心思想。电影应该标社会主义之新、立无产阶级之异。内容与形式要统一，内容又是主导的。我们不搞小圈圈和宗派主义。至于20世纪30年代，也有好的，在座的就有周扬同志、江青同志你们这些人嘛！今天看来，总理这几句话，掷地有声，言简意赅，直接回答了江青的责难。

江青一当上中央文革小组副组长，马上向《东方红》开刀。这次盛会给文艺界带来的喜悦和憧憬，很快由于"文化大革命"的骤起而消失了。但是，这部革命与艺术完美结合的精品，却永久地留存青史！

危难识人心

1966年，"文化大革命"爆发，文艺界首当其冲深受其害。还在山雨欲来之际，这年2月，江青受林彪委托，在上海召开部队文艺工作座谈会。她在会上宣称："在文艺方面，有一条与毛主席思想相对立的反党反社会主义的黑线"，"这条黑线专了我们17年的政"。叫嚣"该是我们专他们政的时候了"。随后形成的《林彪同志委托江青同志召开的部队文艺工作座谈会纪要》，4月以中共中央文件下发。座谈会期间，江青还调看了百余部国产电影，横加指斥，几乎全盘否定，颐指气使,不可一世。

此刻,周恩来的处境十分艰难。他要重振乾纲,把搞乱的经济秩序重新运转起来;他要会见外宾,维系中国的国际交往和外交关系;他要出席各种会议,批阅数不清的文件,保证中央与各地的指挥中枢不至阻断;他要接见各种造反派组织,回答各种问题,像消防队员那样排除政治险情。然而,这一切困扰和操劳,对于善于巧妙地化解各种错综复杂矛盾的周恩来,尚游刃有余,而真正使他防不胜防的,还是来自江青、林彪、康生等人的冷枪暗箭。在他面前满是荆棘和陷阱的险路,他必须处处谨慎,不能讲错话,办错事。这对于日理万机的周恩来来说,才是真正难以应付的考验。

周恩来眼见自己的战友一个个被"打倒",自己亲手奠基、培育的文艺事业遭受摧残,自己了解和信任的文艺界朋友被打成"叛徒""特务""黑帮""黑线"而痛苦万分。

周恩来是一个顾全大局的人,有时不得不委曲求全,但他决不是一个明哲保身的庸人。只要有一分可能,他都要伸出带伤的手臂,千方百计去救助那些危难中的战友、同志和朋友。

老舍,是"文化大革命"初期就含冤早逝的人民艺术家。周恩来在重庆时期就信任他,待他亲如手足。他喜爱老舍的作品,《龙须沟》《茶馆》等不朽之作,他都看过,提出不少好的建议。老舍视周恩来为可敬的兄长,两次关键的转折,都是周恩来影响了他的人生。一次是在1938年,周恩来邀请他负责中华全国文艺界抗敌协会,领他走上了通向光明之路。另一次是在1949年新中国成立前夕,那时他正在大洋彼岸的纽约,又是周恩来的邀请,使他毅然走上了回国之路。从此,老舍的创作和人民中国结下不解之缘。在"文化大革命"中蒙受不白之冤,老舍一再对夫人说:"总理最了解我。"

1966年8月24日,老舍在北京含冤自尽。这使周恩来极为震惊。他责成专人了解老舍的死因,并把了解一些情况的王昆仑约到家里竟夜长谈。

数年之后,周恩来病倒了,在北海附近养病。8月24日,他在湖边散步,望着水面沉思不语。突然,他转身问医护人员:"你知道今天是什么日子吗?""今天是老舍先生的祭日!"在他的心底,留下了永久的遗憾。

"文化大革命"中,周恩来保护了一大批老干部、民主人士、文艺界人士。有些,他责令解除看管,立即释放。更多的,他用各种巧妙的方式把他们保护起来,等待机会落实政策。

1971年"九一三"事件以后,党和国家的工作有了转机。周恩来在千头万绪之中想到的一件大事,就是要把散在各地的文艺骨干设法集中起来,让他们"重操旧业"。

中央歌剧院,是周恩来关怀创建的,"文化大革命"期间未能幸免于难。江青对剧院采取釜底抽薪的办法,企图抽走骨干,最后解散。周恩来将计就计,指示中央直属文艺单位下放到北京军区各部队,边学习,边劳动,中央歌剧院才得以保留下来。

1972年秋,柬埔寨首相西哈努克亲王在北京过50寿辰,提出请中国歌唱家演唱他自己创作的歌曲,办一场祝寿音乐会,还特地提出,不要那种闹哄哄的演唱,要抒情优美的。周恩来抓住这个机会,把中央歌剧院等单位的歌唱家李光羲等人调回北京,在人民大会堂演出。这是一场非常成功的音乐会,也是一次文艺界在艰难曲折中复苏的音乐会。

"文化大革命"十年浩劫,耗尽了周恩来的精力。在最后的几年里,他利用一切可能的机会,试图排除极左思潮对文艺界的禁锢和摧残。

1972年4月9日,周恩来在广州观看部队文艺演出。在谈观感时,他直言不讳地指出:"极左思潮不肃清,破坏艺术质量的提高。你们的歌越唱越快,越唱越尖,越唱越高。革命激情要和革命抒情结合,要有点地方的色彩。"

1973年元旦,周恩来和中共中央政治局其他成员会见电影、戏剧、音乐工作者。在讲话中,他对电影太少表示不满,认为"这是我们的大缺陷"。他说:"第四个五年计划已过两年了,75年电影技术要在许多方面赶上去就好。这和工业水平是平行的,也是互相推进的。过去帮助关心不够,抓迟了,还剩下3年,要赶上去。"他还指出:"我们电影还要发展很长时间,要到20世纪末吧。我们还有几亿农村人口呢。电视我们太少了,农村里还没有,城市也很少。"

周恩来说这番话时,心中也许充满了遗憾。他本来是可以在有生之年尽力弥补这些缺憾的。然而,在那极左思潮泛滥,"四人帮"横行的年代里,又怎能允许他一展宏愿呢!

周恩来是带着遗憾离开人间的。这遗憾,饱含着他对党和人民事业的无限忠诚,也饱含着他对社会主义文艺事业的热爱和眷恋。他为开创社会主义文艺事业建立的伟绩,将永远激励后人为更加美好的明天而奋斗。

第九章 高山仰止,景行行止
——周恩来的人格风范

古人把立德、立功、立言当作人生不朽之盛事，周恩来可以说三者兼而有之。他之所以赢得人民特殊的爱戴和持久的怀念，不仅是因为他功勋卓著、学识渊博、才智过人，而且还因为他人格高尚。胡耀邦为淮安周恩来故居的题词是："全党楷模"；李先念讲："中国共产党确实因为有周恩来同志而增添了光荣，中国人民确实因为有周恩来同志而增添了自豪感。"

周恩来精神是我们党和国家宝贵的精神财富。研究学习周恩来的人格风范，对于造就具有坚定的共产主义、社会主义理想和信念，具有高尚道德人格的领导者和接班人，有着重要的现实意义和深远的历史意义。

一、争做大事，不争当大官

古今中外，凡干大事者，最不易处理好的可能就是伟大事业与个人功名地位的关系问题。鲁迅曾写道："夫激荡之气，利于乘时，劲风盘空。轻蓬振翩，故以豪杰称一时者多矣，而品节卓异之士，盖难得一。"周恩来品节卓异，光彩照人，事业与道德都流芳千古，他很好地解决了伟大事业与个人功名权位的关系问题。

立大志，不存大"己"

立志是事业的大门。周恩来在立大志及为实现大志的奋斗中，形成了他卓异的人格，从青少年时代起就自觉地把"立大志"与"不存大己"有机地结合了起来。

什么是大志？当大官、赚大钱不是大志，真正的大志，是要在认清社会发展的客观规律基础上，自觉地按照社会发展规律推动社会发展和进步，做有益于社会和人民的人。周恩来与毛泽东一样，都是从社会发展规律的高度来确立自己的志向的。

周恩来出生于一个败落的封建仕宦家庭。两个妈妈对他的成长产生了积极影响。生母万氏性格开朗，办事精明；继母陈氏性格文静，才学出众，从小教周恩来读书写字，5岁时就给他讲《天雨花》《西游记》等爱国性和人民性很强的故事。乳母蒋江氏是纯朴的劳动妇女，她培养了周恩来对劳动群众的感情和敦厚朴实的品质。在这种家庭环境影响下，周恩来从小就富有正义感和同情心。

周恩来的故乡淮安是人才荟萃，文化昌明之乡。南宋抗金英雄梁红玉，清朝抗英名将关天培等均是淮安人。这些英雄的故事在幼小的周恩来的心灵里深深地扎了根。

周恩来的青少年时代，已是中国濒临列强分割，中华民族处于存亡危急之时，这激发了他忧国忧民的爱国之情。他12岁到东北上学，在进步思想的影响下阅读了陈天华的《警世钟》《猛回头》、章炳麟的《驳康有为论革命书》、邹容的《革命军》等著作，更增强了他救国救民的使命感和责任感。当他还是个13岁的孩子时，老师问："读书为了什么？"他就能这样回答："为了中华之崛起。"由此可看出，他立志的起点比较高，从一开始就把个人志向与国家、人民的命运紧紧连在一起。

从忧国忧民出发，周恩来开始了艰苦的救国之路探索。他东渡日本去寻找救国良方，后失望而归。经过五四运动革命实践的锻炼，又远渡重洋到马克思的故乡探寻救国之路。经过博览群书、攻读马列、探求比较，以及对日本、西欧社会和工人运动的实地考察，他认清了社会主义必然代替资本主义是人类社会发展的客观规律，在各种主义、各种思潮中，马克思主义最科学，由此把自己的志向"定格"在为实现共产主义而奋斗上，从不动摇，从不退缩，从不消极，终生向着青年时代确定的既定目标前进！

有些人虽然怀着"大志"，却也带着"大己"走进革命队伍：他们既想革命，又想做官，既为公又为私。这种人当"大己"的欲望与党和人民的利益发生矛盾时，自私自利之心便迅速膨胀，把"大己"摆在第一位，把革命事业摆在第二位，不惜以"大己"去损害"大志"，轻者消极，重者叛党而去。

周恩来从青少年时代就注重培养自己"不私于个人"的道德品质。周恩来是个很重感情的人，他远离家乡，思念亲人，常使他非常痛苦，因而他对学校和同学格外的依恋，"以校为家，以同学为兄弟"，认定一个人不能脱离集体，不能只顾自己而生活。在作文中他曾写道：人立足于世界上，即不能像草木禽兽那样只靠自己生活，必须靠公众的扶持，"而服役之事乃为人类所不可免"。他甘于默默地做那些为公众"服役"的事情，从不吝惜自己的时间和精力，而且不图回报，

"无时无地而不有责任系诸身",完全是一种品行本色的自觉行为。从南开毕业时,《同学录》中对他做了这样一段评语:"君性温和诚实,最富于感情,挚于友谊,凡朋友及公益事,无不尽力。"

周恩来在谈到立志时,明确写道:"彼志在金钱者,其终身恒乐为富家翁;志在得官者,百计钻营不以为耻;此志卑之害也。故立志者,当计其大舍其细,则所成之事业,当不限于一隅,私于个人矣。"接受了马克思主义后,他把这种"不私于个人"的品格完全融入全心全意为人民服务的宗旨,完全遵循"过去的一切运动都是少数人的或者为少数人谋利益的运动。无产阶级的运动是绝大多数人的、为绝大多数人谋利益的、独立的运动"的教导,立大"志",而不存大"己"。

重事业,不重个人权位

周恩来"立大志,不存大己",所以他重事业,不重个人权位。作为政治家,要实现自己的大志,当然不能回避权力、地位问题。周恩来把权力看成实现大志的手段,看作为人民服务的责任,而不是人生追求的目标,更不是谋取私利的工具。

在南开学习时,他和同班同学张瑞峰等发起组织"敬业乐群会"。会员由最初 20 几人,发展到 280 多人,占全校学生的 1/3。周恩来对"敬业乐群会"的发起和组织做的工作最多,但他却积极推荐张瑞峰担任会长,自己仅担任智育部长,后来才先后担任副会长、会长。年轻时就表现出注重干实事,淡泊个人权位的品质。

投身革命后,他的一个突出特点,就是脚踏实地地为党做工作,从不在党内争权。

当大家折服于他的才干、人品,主动把权力地位交给他时,他也要衡量衡量是否对革命有利,如果不利于革命事业,有损于他人时,他会坚推不受,更不会干那种落井下石,墙倒众人推,踩着别人往上爬的事。这正是无产阶级政治家与资产阶级政客的区别。1931 年 12 月底,他由上海到达江西中央革命根据地。当时在由周恩来、毛泽东、项英、任弼时、朱德等组成的苏区中央局中,周恩来担任书记,他在党内的地位比毛泽东高。1932 年 7 月,中央局提议由周恩来兼任红一方面军总政委,周恩来没有接受。他两次向中央局提出由毛泽东担任红一方面军总政委,反复陈述:"如果由自己任总政委,将会弄得多头指挥,而且使政府主席将无事可做。"而毛泽东"以政府主席名义在前方,实在不便之至","泽东的经验与长处还须尽量使他发展",并强调"有泽东负责,可能指挥适宜"。中央局接受了周恩来的建议。10月,在宁都会议上,许多人批评毛泽东右倾,提出把毛泽东召回后方,专门负责临时中央政府的工作,而由周恩来负战争领导的总责。周恩来不同意把毛召回后方,认为"泽东积年的经验多偏于作战,他的兴趣亦在主持战争","如在前方则可吸引他贡献不少意见,对战争有帮助"。他坚持两种办法选一,由周负指挥战争全责,毛留前方助理;或由毛指挥,周监督。可以看出,这两种办法都是为了把毛泽东留在前方,发挥他的长处。

而当周恩来认为别人在自己的领导位置上对革命事业更为有利时,就自觉自愿地让位于他人。遵义会议主要是纠正"左"倾军事路线。会上博古发言,强调第五次反"围剿"失败的种种客观原因,来掩盖他们军事指挥上的错误。周恩来在第五次反"围剿"中,虽然与李德发生了多次争论,因而被召回后方,一度实际上被剥夺了军事指挥权,但他在发言中并未为自己开脱,也不像博古那样掩盖错误,而是明确指出第五次反"围剿"失利的主要原因是军事领导的战略战术错误,并且严于律己,主动承担责任,作了严肃的自我批评,同时也批评了博古和李德,而且他还全力推举毛泽东领导红军今后的行动。会议决定取消"三人团",仍由最高军事首长朱德、周恩来为军事指挥者,而周恩来是党内委托的在军事指挥上下最后决心的负责者。会议结束后,中央常委开会分工,以毛泽东为周恩来军事指挥上的帮助者。后又成立三人军事指挥小组,周恩来是组长。在这种情况下,周恩来从革命的最高利益出发,自觉地退居助手地位,让毛泽东全权指挥红军军事行动,这对于保证毛泽东对全党的实际领导地位,实现党的历史性大转折,起了特殊作用。从那时起,周恩来一直把毛泽东当作领导者,自己心甘情愿地做毛泽东的助手,与之配合默契,全心全意支持和帮助毛泽东工作。一直到新中国成立后,他都是毛泽东最得力的不可缺少的助手。

周恩来在50多年的革命生涯中,始终以事业为重而淡泊个人权位,始终能上能下,而且上不自傲,下不气馁(包括在受到错误的打击、排挤时也是如此),一切都是那么坦荡、那么自然。他完全超越了自我,把个人融入了人民的事业中。因此,他的业绩、他的品格为世人敬仰。

重名誉,不重个人名位

周恩来"立大志,不存大己"的高尚人格,还表现在他正确对待个人名位,他看重品德、名誉,不重个人名位。

周恩来青年时代就重视个人品德的修养，既努力学习"做事"，又努力探索"做人"。做大事要立志"革新"，做"伟人"要立志"革心"。他很珍惜道德意义上的个人名誉，甚至把个人名誉看作"人生第二生命"，但他反对追逐个人利益的名位，指出不能"有邀名之心，当以正义以绳其轻重"，否则或成"汲汲于名，犹汲汲于利之徒"。

确立共产主义信念后，他更加深刻地认识到无产阶级要获得解放必须组织起来，个人离开组织是微不足道的。他时时把自己看成党组织中的普通一员，在党安排的任何岗位上都竭尽全力地工作，毫不计较个人的名位。他从内心认为，自己所做的一切，都是应尽的职责，都是党的领导和人民支持的结果，一切荣誉应归功于党、归功于人民。所以他从不宣扬自己，也不希望别人宣扬他。在重庆时，他不让《新华日报》刊登他的照片；他出国时，发现我驻外使馆挂有他的像，便恳切地让他们取下来；他坚决不同意把他在延安、淮安的故居辟为纪念馆；参观农民讲习所旧址，看到他的照片比别的教员大一些时，就要求换成小一些的，说："那几位同志都为革命牺牲了，我的像不应超过他们"；他到工厂、农村、部队视察工作时，总是再三地对随从摄影记者说："少拍我，多拍其他领导同志，多拍人民群众"，等等。这样的事例，举不胜举。

他不追求个人名位的行动，是高尚品质的自然流露，是崇高人格的外化，而不是做给别人看的。聂荣臻元帅回忆说，中共六届三中全会时，周恩来是这次会议的实际主持人，但他很谦虚，出头露面的事总是让别人干。他把瞿秋白推到前台，让他主持会议、做报告、发表总结性的意见。事实上，从1928年到第四次反"围剿"这一段时间内，他常常是全党工作的指导者和组织者，但他从来没有当过名义上的第一把手。红军长征时，张国焘以红四方面军人多为筹码，要挟中央，如不解决"组织问题"（要求给他更大的权力）便"无法顺利灭敌"。在非常危险的情况下，为了顾全大局，为团结张国焘，周恩来同毛泽东商议后，把自己担任的红军总政委的职务改由张国焘担任。这与那些延揽权位、争功诿过、突出个人，甚至欺世盗名的人形成了多么鲜明的对比！

周恩来淡泊名位，却很珍惜名誉，特别是处处注重维护党的名誉。20世纪50年代初，他身边的工作人员制定了一个工作细则。其中提出"三保"，即医生为总理保健康，警卫保安全，秘书保工作。周恩来看后又加了一保，即："我、邓颖超同志及你们要共同保党的政治影响。"他要求自己和别人一言一行，都要从党和人民利益出发，只能给党增添光彩，绝不能有损党的声誉。他终生实践了这一点。他不以权力为亲属谋取任何私利；不为家乡开后门，批任何"条子"；到学校视察工作，和学生一同排队在食堂买饭就餐；到外地出差不买，也不许身边工作人员买所住宾馆或招待所卖给他们的便宜东西，需要什么，到市场去买……1966年邢台地震时，他冒着危险3次前往震区。有一次坐火车去，由于震区流行脑膜炎，下火车前，医生让总理吃两片抗菌素，周总理说：保健康是你的责任，但是绝不能脱离群众。周恩来到一家农户察看灾情时，见一中年妇女带了两三个孩子，丈夫不在家，家中乱糟糟的，他坐在炕上与这位农妇亲切交谈。农妇不认识他，只知是从北京来的客人，便拿起碗来倒了一碗水。医生一看，碗没有刷，碗上还沾着玉米面糊糊，刚想张嘴劝总理不要喝，但看见总理瞪了自己一眼，于是没敢吭声。周恩来端起粗瓷大碗一边喝水，一边嘘寒问暖，亲如家人。晚上回到住地，总结一天的工作时，周恩来表扬了医生：你今天表现不错，没有干涉我的行动。他意味深长地说：我们所以能取得革命胜利，还不是靠人民群众真心实意地支持！战争年代，我们共产党人和老百姓滚在一个炕上，群众身上有多少虱子，我们身上就有多少虱子。现在解放了，我当了总理了，连群众给我的水都不敢喝了，那还叫什么人民公仆？！在人民眼里我们还叫什么共产党员？！我们还如何得到群众真心实意地拥护？！这是一个把群众观点、党的宗旨融入血肉，化为灵魂，把"保党的政治影响"视为义不容辞责任的共产党人的肺腑之言！

二、廉洁奉公，鞠躬尽瘁

周恩来是忠实、高效、廉洁的人民公仆，他一生都在实践着党的全心全意为人民服务的宗旨，做到了鞠躬尽瘁，死而后已。

全天候总理

周恩来是党内做工作最多的人，也是最忙的人。他为国家的富强、人民的幸福呕心沥血，日夜操劳，一天的工作时间总超过12小时，有时在16小时以上，一生如此。被外国人称为"全天候总理"。

周恩来在世时的几个发展国民经济的五年计划，都是他主持制定和组织实施的。祖国每条大江大河的治理，每项重点工程的建设，原子弹、氢弹的研制成功，人造卫星的上天，无不凝结着他的心血。他在日理万机中送走了一个个不眠之夜，又迎来了一个个繁忙的早晨。他规定，一天24小时，凡有重要紧急的事情，不论他是在睡觉还是在吃饭，主办急件的同志要随时向他报告。有一次河南省发大水，为处理此事，周恩来几天几夜没怎么合眼。那天刚睡下，又来了急件，秘书想总理太累了，等睡醒了再向他报告吧，就没有叫醒他。他醒来看了急件后，严肃地批评了秘书。秘书心疼地说："总理，你几天几夜不睡觉，要累垮的。"总理说："我的时间不属于个人。我少睡点觉算什么，发大水关系到几百万人的生命财产安全问题。以后要坚决按规定办。"难怪越南的胡志明主席对周恩来个人提出的唯一请求是："请为了中国人民和世界人民的利益每天多睡两小时。"难怪华侨称他是不知疲倦的"钢人"。

在北京如此，到外地视察工作同样如此。1966年邢台地震时，周恩来亲赴震区视察灾情。4月1日那天，他从早晨5时起，一直工作到晚上9时，16个小时没顾上吃饭，一刻也未休息。

"文化大革命"中，他忍辱负重，苦撑局面，每天只能睡两三个小时。有一次，周恩来忙完了白天的工作，晚上又安排了七八个会。他在人民大会堂接见红卫兵时，肝区突然剧烈疼痛，只好站着，用椅子背顶着肝区与红卫兵谈话。工作人员请他坐下，他小声说："我不能坐，坐下就睡着了。"他就是这样，忍受着巨大的疼痛和劳累了一天的疲惫，坚持站着同红卫兵进行交谈。有一次接见红卫兵后，他的心脏病发作了。工作人员心疼得不行，不得不联合起来写了一张大字报，"造总理一点反"，要求总理改变一下工作方式和生活习惯，注意一下身体。邓颖超以及当时看到这张大字报的叶剑英、陈毅、李富春、李先念、聂荣臻等都签名支持。周恩来看后，在大字报上工工整整地写了8个字："诚恳接受，要看实践。"但由于大量工作需要处理，他仍然继续忘我地工作着。

1972年，周恩来患了癌症，还是同样拼命地工作，直到动手术了，他才住进医院。从1974年6月1日入院到1976年1月8日去世，他动过6次大手术，5次小手术，平均40天一次。在这种情况下，他还与领导同志及各方面人士谈话谈工作216次，会见外宾63次，与陪同人员谈话17次，在医院召开会议20次，离开医院到外面开会21次，找人谈话7次。同时还远飞长沙，和毛泽东长谈，商定四届全国人大组阁名单。76岁高龄的老人，患了晚期癌症，还能这样工作，这在世界上也是少有的。

周恩来在民主革命时期就讲过："要诚诚恳恳、老老实实为人民服务"，"应该像牛一样努力奋斗，团结一致，为人民服务而死"。1966年，他又对杨虎城之子杨拯民讲："一个人应该不怕死，如果打起仗来，要死就死在战场上，同敌人拼到底，中弹身亡，就是死得其所。如果没有战争，就要努力工作，拼命工作，鞠躬尽瘁、死而后已。"他是这么说的，也确实是这样做的。

吃的是草，挤出的是奶

艰苦奋斗是共产党人的政治本色。周恩来是党的这一优良传统作风的化身。

新中国成立后，国务院（1954年9月第一届全国人代会召开前叫政务院）在中南海办公，办公室都是老式平房，条件很差，有人建议修建政府大厦，并做出模型请周恩来看。对这一建议，周恩来说：现在国家还很困难，有钱也只能用在发展生产上，改善人民生活上。国务院要始终保持艰苦奋斗、勤俭建国的精神，在我任职期间，绝不修政府大厦。国务院小礼堂的通风条件不大好，有人建议拆掉顶篷，进行修理。刚拆了一个小角，周恩来看到了，对此提出了批评，让把拆掉的房角补上，继续使用。国务院开会，有时间长了，与会者就在周总理那吃饭。传统菜是大烩菜，一桌一个大盆，里面有白菜、豆腐、丸子，桌边放几小碟咸菜。一人盛一碗大锅菜，边吃边谈，十分愉快。周恩来称赞这个菜既经济、省事，又有营养。在他的带动下，国务院开会，外宾有茶，内宾就是一杯白开水。中央领导开会，桌上放一个大盘，盘里有一小包一小包的茶叶，谁喝茶，自己取1包，交1角钱。盘中有烟，都标着价，谁抽烟，按价付钱。

周恩来的个人生活极为俭朴。进城后，一直住在西花厅。那是一座前清留下的老式旧平房院，多年失修，墙皮出现碱印，窗户裂开大缝，柱子的油漆已脱落，大块方砖铺的地比较潮。厕所不在卧室内，上厕所还要走一大段路。有关方面几次提出要修缮房屋，均被他拒绝。1959年，趁总理外出，有关方面从保护建筑物角度提出修房，总理同意只做一般维修。主管同志从总理健康和工作方便考虑，做了修缮，未出格，也不豪华，只是增添了一些必要的办公和生活用品。周恩来从外地回来，一进门，发现房间里铺上了地板，新增添了地毯、沙发，换上了新窗帘等，便退了出去。他找到主管同志，严肃地批评了他，让人把地毯、沙发、灯具、新窗帘等，凡是能拿走的都拿走，恢复了原来的旧东西，这才住了进去。为此事，他在全体国务委员会议上作了多次检讨，承担了全部责任。有人说：总理别再检查了，再检查我们都要落泪了。他则说："我做检查是应该的。我最不安的是，我的房子修了，带了头了，这是个很坏的头。副总理、部长们的房子修不修？我心中不安。"其实，他的住房设施非常简单，办公室连个沙发也没有，还是他查出癌症后，毛主席送给他一个特别的单人沙发。他的笔筒就是个普通玻璃杯。他日夜批阅文件，连个台灯也不让买，还是中南海的工人用铁棍、铁皮给他制作了一个。

周恩来的衣物总是修了又修，补了又补。一条浴巾用了20多年，正反两面补了14块补丁。他出访埃及时，我驻开罗使馆的女同志争着给总理洗衣服，当看到总理的内衣打着补丁时，大使夫人徐克立责备总理身边工作人员："我们几亿人口大国的总理，你们怎么就让他穿这么破的衣服？是不是总理没布票？我出钱给总理买衬衣！"的确，邓颖超曾经向周恩来的侄女借过布票，人们也看到过使馆女同志写的给总理补内衣的文章。

周恩来的饭菜也非常简单，一般是两小碟菜，一荤一素，一碗汤，一碗饭。有时他忙得顾不上吃饭，就在汽车里吃点干粮。三年困难时期，他和毛主席一样，带头不吃肉，每顿饭就是两小碟素菜，还和大家一同吃小球藻、树叶打的小饼子等代食品。周恩来到外地视察和工作，饭菜也极为简单。1962年去东北，他对管生活的同志"约法三章"，不做鱼、肉、蛋，肉制品也不能吃。如果厨师做4个素菜，他就让端走两个，留到下顿吃。大家看到他每顿饭只吃两小碟素菜，一个汤，非常心疼。一次，管理员买了点香肠，切成碎末，拌在咸菜里。他发现后，说服大家今后再不要买了，并把香肠分给了工作人员。

周恩来和邓颖超没有儿女，工资都不低，他们靠自己的工资吃好一点，穿好一点，合情合理，谁也不会说什么。但他们3000元、4000元地交党费，却终生过着非常俭朴的生活。有人劝邓颖超："总理那么辛苦，把饭菜给他搞好一些吧。"邓颖超说："他端起碗来，就想到我国还有些人吃不饱肚子，搞好了，他咽不下去。"俭朴的生活，反映了周恩来"先天下之忧而忧，后天下之乐而乐"的情怀和为最大多数人谋取最大利益的崇高人生追求。

两袖清风，一身正气

周恩来虽然身居高位，但从来不谋私利。他外出喝茶、吃饭、洗衣都是自己付钱。看戏、上公园自己买票，连陪同人员的票也一同买。用车去医院、理发、会见私人朋友等，都是自己付汽油费。有一次从西花厅到人民大会堂开会，他中途要先到北京饭店理发、刮脸。从北京饭店出来，上车后，他轻轻拍拍司机老杨的肩膀，提醒他："从这里到人大会堂才是公事，你不要又笼统地搞错了。"每次工资发下来，他必定检查是否扣除了私事用车费。

周恩来从不收礼。凡是送给他的礼品，一律退回，不能退的，就付款，或交有关部门处理。为了表达对周总理和邓大姐的敬意，家乡淮安县委曾托人捎给他一点藕粉、莲子和小工艺品。由于是托人顺便捎来，不好退回，总理收下后，即委托办公室写信批评淮安县委"这样做是不好的"，并附寄了一份《中共中央关于不准请客送礼和停止新建招待所的通知》，让他们仔细研究，严格执行，还邮汇去100元钱，大大超过了物品的价格。第二次县委书记到京开会，给总理送了些淮安的特产小吃——馓子。总理委托办公室原封不动地退了回去，并给了一份中共中央关于不许送礼的文件，亲自在上面批示："请江苏省委、淮阴地委、淮安县委负责同志认真阅读一下，坚决照中央文件精神办！"周恩来很理解家乡人民的心情，但他认为请客送礼不仅加重了人民的负担，更重要的是助长了一种腐败风气。他常说："我和大家都一样"，"我们都是自己人"，"既然如此，你们就没有必要给我送礼，我也没有理由接收礼品嘛！"周恩来到太原出差返回时，上了飞机，见有人搬上一箱太原产的葡萄汁，便问这是怎么回事，当地同志说："能降血压，让总理尝尝。"因为飞机已发动，不好再搬下去。他便急忙按原价付了30元钱。给外宾的礼品，凡是以他个人名义送的，他都自己付钱。一次，外交部礼宾司建议以总理个人名义给一位外国王后送些橘子，这样更亲切些。周恩来说："这个主意好，就这么办。但既然以我个人名义送，一切费用由我本人负担。"当秘书把他唯一的仅有400元钱的存折拿给礼宾司时，大家都深为他清正廉洁的品质所感动。

周恩来从不利用职权为自己的亲属谋取任何私利，而且对亲属提出的要求比一般人更加严格，有时甚至到了苛刻的程度。他唯一的胞弟周同宇解放前利用商人的身份为共产党做了一些事情。新中国成立前夕，他进华北大学学习，后分配到冶金部钢铁工业局工作，是个普通工作人员。后来因病不能坚持正常上班，被有关部门安排到内务部当参事。周恩来得知后对内务部长曾山讲："周某人弟弟在内务部做参事，不管是什么原因去的，总没有好影响。他在工业部门时能够工作，我不干涉，现在当参事等于拿干薪，就要考虑了。""他不能坚持正常工作，就应按有关规定办理因病退休手续，如果他因此生活上发生困难，我个人给予补贴，……"曾山没有照周恩来的话办，总理再次严肃地说："我给你讲的绝不是客气话，是要你们按着规定去办的。"周同宇办理了因病提前退休的手续，因孩子多，生活上有困难，周恩来每月都从自己的工资里拿钱补贴他，不给组织增添负担。

周恩来不仅不用手中的权力为亲属谋私，而且总是说服动员自己的亲属带头响应党的号召，到祖国最需要的地方去。中央号召机关干部下基层劳动锻炼时，他教育侄儿周荣庆从北京到河南农村当农民，语重心长地说："布衣暖，菜根香，读书滋味长。"鼓励他好好学习科学文化知识，学习劳动人民的优秀品质和劳动技能，做有文化的社会主义建设者。中央号召知识青年建设边疆时，他又教育和鼓励侄女周秉建下乡到内蒙古。周秉建在内蒙古应征入伍，回到北京。他问："你怎么回来了？"周秉建说："我确实没走后门，是按正常手续应征入伍的。"他说："女兵这么难当，多少个人才挑一个，怎么就偏偏选上你？那还不是看在我们的面子上。这样影响不好，我们不能搞这个特殊。"他劝侄女脱下军装，经组织批准又回到内蒙古当了牧民。周秉建在当地表现很好，内蒙古自治区（党委）任命她担任自治区团委宣传部长。周秉建向周恩来汇报了这件事，周恩来说："你怎么能当宣传部长？你又没经过逐级锻炼。我不反对你们知识青年为人民多做工作，但做工作也只能从基层干起。"为此自治区党委撤销了这项任命。周秉建还在村里劳动。

后来，当地人民又推荐周秉建上大学，周恩来知道后，说，我不反对你上大学。但上大学不是为了跳出大草原，而是为了更好地为牧民们服务，如果你上大学，我建议你学蒙语。周秉建果然学了蒙语，毕业后又回到内蒙古草原，并与蒙古族青年结了婚，在内蒙古安家落户。此事，在内蒙古人民中传为美谈。

心中装着亿万人，唯独没有他自己

冰心老人说，周恩来"是中国亘古以来付予的'爱'最多而且接受的'爱'也最多的一位人物"。诗人臧克家说："你会觉得心的太阳到处向你照耀，当你以自己的心去温暖别人。""我以为周总理就是这样一个人。""他，很少想到自己，处处时时关心别人。""死后，他的遗爱像阳光，普照人心。"的确如此，周恩来终生关心着全国各族人民，心中装着亿万人，唯独没有他自己。

他关心工人。1956年4月，国务院常务会讨论关于职工伤亡事故报告规程时，有关部门谈到旅大市的两只渔船沉没，原因是渔业公司领导对群众的生命安全不负责任，气象部门发出大风预报，渔业公司压了24小时才通知渔船；通知开头不是让他们转移到安全地带，而是问鱼捕得怎么样。周恩来听后十分气愤，严厉批评说：封建时代马厩被烧了，孔子还问人不问马，"益贵人贱畜"，我们今天共产党的干部却问鱼不问人！

他责令有关部门起草安全生产指示，要以事例说明：关心工人，事故就少；不关心，事故就多。关心人，贵人，是每个干部的责任。在这次会上，他提出鞍钢矽尘损害工人健康,"像现在这样,工人在那里劳动几年,就得死掉,事故死亡是看得见的,这是看不见的。""越是在这些'看不见'的地方,我们越是要关心工人。"他要求有关部门赶快去解决这一问题。1970年大庆"铁人"王进喜住院,他亲自过问王进喜的病情,并要求医生经常向他汇报病情和治疗情况。王进喜病危时,他正参加一个会议,立即从会场赶到医院,听取抢救情况的汇报。王进喜不幸病逝,他又亲自过问事后安排,并接见王进喜的家属和大庆的同志。这些行动极大地激励了广大工人的积极性。

他关心农民。在遵化县"穷棒子庄",他与农民们促膝谈心,一同吃饭。老贫农王荣激动地说:他老人家让我这样一个旧社会要饭的叫花子跟他同桌吃饭,真叫我不知说什么好。他们从内心呼喊:"共产党好!""社会主义好!"

他关心知识分子。"文化大革命"中想方设法保护了一大批专家、学者。他亲自介绍京剧表演艺术家程砚秋入党。程去世后,程夫人非常悲伤。他和邓颖超同志趁一些演员到京演出的机会,专门请程夫人、常香玉等来家中聚餐,陪程夫人散心。常香玉想到旧社会,唱戏的人地位低下,路死路埋,沟死沟葬,新社会有成就的艺术家去世了,几亿人口大国的总理不仅关怀着他们生前为之奋斗的事业,而且对他们的遗属也体贴入微,她从内心赞叹:"多么令人敬爱的总理!多么值得热爱的社会!"

他关心干部。在"文革"那种极其困难的情况下,他千方百计、竭尽全力保护了一大批党和国家的干部。为了保护陈毅同志,他甚至多次去陪斗。他不仅保护了一批共产党的干部,而且也关心和保护了一批民主党派人士和无党派代表人士。这一巨大功绩,深深地刻在广大人民的心里。

他的心胸像海一样宽阔,总是装着亿万人民。在北戴河办公,夜晚下起大雨,他立即让邓颖超同志给值勤的战士送去雨衣;冬天,他看到交通警察站在呼啸的北风中,便让有关部门给他们发放护膝和皮大衣;百忙中,他还惦念着父母双亡的5个孤儿,春节期间亲自接见照顾这5个孤儿的田大婶;坐飞机飞经喜马拉雅山上空时,他打电报慰问驻守在高山之巅的雷达战士们;在他自己生命垂危时,还惦记着《辞海》修订的事,并派秘书找到有关方面人士,告之"如有杨度的词条,一定要把他最后加入共产党的事实写上"……

周恩来一生中付出的爱太多太多,所以他得到的爱也最多最多。正如一首歌所唱的:"人民的总理人民爱,人民的总理爱人民;总理和人民同甘苦,人民与总理心连心。"

三、豁达大度，温厚敦信

周恩来是把理性与情感、原则性与灵活性结合得恰到好处的政治家。他立场坚定，原则性强，在关系党和国家及人民利益的大是大非问题上，他不退让；在该坚持的原则问题上，他不动摇。但他又非常重感情，讲信义，通情达理，为人敦厚热情，党内党外，国内国外，都有他许许多多的知心朋友。在人们心目中，他是领袖、伟人，又是良师、益友，是与人民同呼吸、共命运、心连心的好公仆。

富有人情味的共产主义者

周恩来秉性善良，气度纯正，富于同情心，对领袖、对同志、对人民、对朋友、对家人，都怀有真诚的深厚感情。同那些冷酷狡诈、无信无义、又"厚"又"黑"的政客们形成了鲜明的对比。

周恩来对领袖有深厚的革命情。从他认识了毛泽东思想的正确性，自觉退居助手地位，协助毛泽东工作起，对毛泽东一直怀有非常真挚的革命情谊。不仅在工作上与毛泽东配合默契、相辅相成，而且在生活上也对毛泽东关怀备至。毛泽东到重庆谈判时，环境险恶，危险很大，周恩来对此极为警惕，坐在毛泽东隔壁房间里一夜未睡，名为办公，实际上是亲自保卫毛泽东的安全。在各种宴会上，凡是敬给毛泽东的酒，他都代饮，主要是为了毛泽东的健康与安全。新中国成立后，凡是毛泽东去人民大会堂开会或上天安门城楼，所要走的路，周恩来都事先走一遍，看看地面滑不滑，灯光刺不刺眼。毛泽东晚年眼睛不好，给他用的眼药水，周恩来总是自己先试一试，看看刺激性强不强。1975年，周恩来的病已经很重了，还时刻不忘毛泽东的安全，躺在病床上问：主席现在住在哪里？主席的安全谁负责？游泳池有个边门是不是封好了？丰泽园的后门是不是关起来了？还没等到回答，就晕过去了。

周恩来对战友有真挚的同志情。他把战争年代牺牲同志的照片，长期带在身上，激励自己拼命地工作，总想把牺牲战友的那份工作也担起来，以告慰他们的在天之灵。他把烈士的子女当成自己的子女一样关心、照顾。他对那些在极端困难条件下无私奉献出一切的革命者怀着深深的敬意。长征过草地时，周恩来患肝脓肿，连续高烧，无法行军。兵站部部长兼政委杨立三等组成担架队并表示，抬也要把周恩来抬出草地！抬着担架在草地上行军极端困难，每迈出一步都要付出艰苦的努力。周恩来不忍心让战友受那么大累抬自己，多次挣扎着要爬下担架，又一次次被战友们按倒在担架上。同志们顶风冒雨，抬了6天6夜，终于走出了草地。刚走出草地，杨立三就昏倒了。在这6天的拼搏中，杨立三磨破了肩膀，扭歪了脖子。战友的深情厚意，周恩来深深铭记在心。1954年11月，杨立三不幸逝世，周恩来出席追悼会，并致悼词。他在悼词中讲述了杨立三井冈山时期对后勤工作的功绩，当他讲到过草地的情景时泣不成声，泪流满面，在场的同志无不为之动容。会后，他亲自执拂为杨立三送葬，表现出对战友真挚的情谊和深深的敬意。在周恩来生命的最后日子里，他常常怀念起那些为革命献身的战友们：有一次他对工作人员讲，想喝六安瓜片茶。这并不是很有名的茶，工作人员奇怪，总理为什么忽然想喝这种茶？喝完茶，他才对工作人员说：想喝六安瓜片，是因为想起了叶挺将军。抗战初期，叶挺任新四军军长时，送了我一大桶六安瓜片茶，喝了这茶，就好像见到了叶挺将军。听着一个生命垂危的人这样深情地怀念战友的话语，工作人员感动得热泪盈眶！

  他对人民有着鱼水情，公仆情。他一生中最痛恨的是误国误民的官僚主义，最难过的是看到我国一部分人民群众还没有解决温饱问题。看到解放多年了，老区人民还吃不饱肚子，他深深地自责，难过地落下了眼泪。特别是1961年初，为解决粮食短缺问题，他向毛主席提出以国际价格较高的大米换小麦粉的意见。毛主席同意后，他立即组织有关方面，出口很少量的大米，分批大量进口面粉。国际粮商若知道我国严重缺粮，粮价会立刻暴涨。为稳定国际粮价，用有限的外汇购买尽可能多的面粉，总理没有让茅台酒厂关门，以迷惑国外粮商。他组织铁道部等单位用最快的速度把进口粮食调运到各地，真是做到千方百计，殚精竭虑。

  他对朋友，始终保持着相互信任和牢固的友谊。特别是当朋友遇到困难和挫折时，他便送去温暖、支持和信任。熊瑾玎和夫人朱端绶是我地下党的杰出工作者，在白色恐怖下，熊瑾玎以"老板"、朱端绶以"老板娘"身份为掩护，为党作出了特殊贡献。"文化大革命"中，熊瑾玎被打成"资产阶级大老板"。在他们被批斗、被诬陷的最困难日子里，周恩来并没有忘记他们。有一天，他翻着日历说："熊老板该过生日了！"吩咐工作人员准备了两瓶酒，亲自赶往熊瑾玎家。熊瑾玎一开门，见是总理，夫妇俩都愣住了："这个时候，你怎么还到我们家里来呀！"他说："同事嘛，怎么能不来！我来看看你们，并给老板过生日嘛。"一向热情的"老板娘"搓着手说："可我们现在什么都没有，吃什么呀？"周恩来马上接过来说："哎，你不是会煎荷包蛋么，老板娘！炒花生米，花生米总有吧！""老板娘"流着热泪，兴奋地说："有，有，我这就去炒。"这个"生日"成了熊瑾玎夫妇一生中最难忘、最温馨的回忆。

他对党外朋友胸怀坦荡，一片真诚。周恩来与张治中虽属两个党派，可在感情上却是多年的朋友，有着很深的私交。早在1924年第一次国共合作时，两人就已相识，周恩来是黄埔军校政治部主任，张治中是入伍生总队长。在周恩来革命思想的熏陶下，张治中对共产党有了认识，并对周恩来大公无私，献身革命的精神十分钦佩。土地革命时期，张治中为了不与共产党作战，既不带兵，也不参政，当了10年军校教育长。1945年重庆谈判时，张治中腾出自己的房子给毛泽东住，又接受周恩来建议，亲自陪送，以确保毛泽东的安全。在新疆兼任省主席时，张治中受周恩来嘱托，释放了被国民党关押的共产党干部及其家属，并安排专人专车，将他们送回延安。对这样一位为中国革命作出特殊贡献的有功之人，周恩来始终给予真诚的关怀。1949年4月1日，张治中率代表团到北平与中共代表团谈判。张治中虽认清了国民党的腐败及必然灭亡的结局，但受封建忠君思想束缚，不能毅然决然站到人民一边来。周恩来诚恳地同他多次交谈，设身处地地为他着想，明确指出："代表团不管回上海或广州，国民党特务分子是不会放过的。"他动情地说："我们共产党人，从不做对不起朋友的事。西安事变时，我未能及时拉住一个姓张的朋友，今天我再也不能对不起你了。"为了解除张治中的后顾之忧，周恩来又亲自作了精心安排，把张治中的夫人及女儿安全地接到北京。周恩来的真情深深感动了张治中，使他毅然站到了人民一边。

周恩来与许多外国朋友也一直保持着深厚的友谊。在战争年代，美国记者埃德加·斯诺向世界真实地报道了我解放区的情况，传播了中国共产党的革命主张。新中国成立后，斯诺又为实现中美关系正常化作了贡献。当斯诺身患癌症时，周恩来征得毛泽东同意，亲自派去医疗队为他治病，使斯诺十分感动。斯诺去世后，周总理在北京接见了斯诺夫人，并用英文与她进行了长时间的交谈。周恩来逝世的消息传到美国，斯诺夫人把周总理的照片放大到一面墙壁那样大，她要经常看着这位世界伟人，不忘他的友谊与关怀。

周恩来与邓颖超互敬互爱的夫妻情，过去鲜为人知。其实，他们的结合，是思想和灵魂的结合，是共同信仰、共同理想的联结。婚后，他们把互爱、互敬、互助、互勉、互商、互谅、互信、互让（简称"八互"）作为相伴终身的准则，在共同的革命斗争中，他们的爱情不断升华，成为人们心目中成功、忠诚、美满、幸福的革命伴侣和生活伴侣。

周恩来日理万机，仍无微不至地关怀邓颖超的健康。他有夜间办公的习惯，有一次，开了一天会，凌晨4时才驱车回到家。西花厅分前后院，司机将汽车滑行到前院便停下来。当工作人员抱着文件准备从正门走向后院时，周恩来竖起一根指头在嘴前，轻嘘一声说："走这边。"工作人员立刻明白了，是怕惊动邓颖超，便与他蹑手蹑脚地从屋后的小道绕行。到了办公室，他才说："小超最近身体不好，你们要注意一些。"周恩来怕吵醒邓颖超经常走西厢房后面的小道的事，给外交秘书陈浩留下深刻的印象，她给这条小道起名为"周恩来小道"。

有一次会见客人，按组织上安排，邓颖超与周恩来一起见客。平时是在楼上会见客人，秘书正要做准备，总理到了，吩咐说："今天小超也参加，就在楼下见客吧，省得让小超上楼了。"事情虽小，但让人体会到关心之细微，爱情之深厚。

参加万隆会议时，周恩来在一个星期中只睡了13个小时的觉，他怕邓颖超担心，回国前对秘书说："不要让小超操心，她身体不好，我睡得少，回去补上就行了。"周恩来与邓颖超的爱情经久不衰，老而弥坚。1951年，邓颖超身体不好，在杭州疗养，周恩来给她写了一封"情书"：

超：

昨天得到你23日的来信，说我写得是不像情书的情书。确实，两星期前，陆璀答应我带信到江南，我当时曾戏言：俏红娘捎带老情书。结果红娘走了，情书依然未写，想见动笔之难。现时已绿满江南，此间方始发香，你如在4月中北归，桃李海棠均将盛开。我意4月中旬是时候了。忙人想病人，总不及病人念忙人的次数多，但想念谁深切，则留待后证了。

周恩来和邓颖超之间表达感情和思念的方式，有时也是十分独特、非常高雅而又有生活情趣的。1954年，周恩来到瑞士出席日内瓦会议。此时，西花厅院子里海棠花已盛开。邓颖超知道周恩来非常喜欢海棠花，特意压了一枝，连同原来压好的红叶，一同装在信封里寄去。信中还写着："红叶一片，寄上想念。"周恩来回报邓颖超的问候，托人带回了压制好的日内瓦有名的芍药花和玫瑰花。这两地相思的花和叶，后来装在一个镜框里保存着，成为一件象征他们永不褪色爱情的工艺品。

解放全人类的胸怀

周恩来豁达大度，有着解放全人类的广阔胸怀。他主张在社会主义革命和建设中要团结一切可以团结的力量，要争取多数，"那个多数一直要包括到敌人营垒中的少数开明分子"；"凡是有群众的地方一定要进去工作"，包括黄色工会。他教育党员要有"团结广大人民群众一道前进"的气概，"要划一个最大的圈子"，把党外凡能团结的人都团结起来，共同建设社会主义。他批评一些人对党外人士另眼看待，指出，党团员总是少数，"少数人自己划个圈子把自己圈起来，用中国的古话来说，就叫'画地为牢'。"他主张建设社会主义不仅要依靠工人、农民、知识分子，团结城市小资产阶级，同时要团结改造民族资产阶级，即使对地主，也要通过劳动把他们改造成为新人，甚至对末代皇帝也要进行有效的教育和改造；不仅要团结有共同信仰的人，而且要团结有不同信仰的人；不仅要团结先进的人们，而且要团结思想落后，有各种缺点的人们。无产阶级只有解放全人类，才能最后解放自己。

周恩来立党为公，与人为善，不仅能团结与自己意见一致的人，而且能团结反对自己反对错了的人。解放初期，有一个老部长，对他讲的正确意见不理解，不执行，还骂骂咧咧。但当周恩来得知有关方面要调离这个人的工作，并降职使用时，明确表示："不能这样做，他想不通，可以让他继续想想，可以等待。工作变动一下可以，但不能降职。"这个老部长知道此事后，感动得大哭一场。后来这位同志去世时，周总理送去了花圈，并出席了追悼会。

周恩来不仅能团结反对过自己的人，甚至为了党的事业，还能与曾经陷害过自己的人一同工作。抗战时期，张冲是国民党与中共联络的代表，是国民党中央执委、组织部调查科总干事、CC派大将、中统重要首领，也是20世纪30年代陷害周恩来、制造"伍豪事件"的主谋。1932年2月，周恩来已离开上海进入中央苏区，由张冲主谋伪造了一份所谓《伍豪等脱离共党启事》（"伍豪"是周恩来的化名），在上海各报刊载。可以说，周恩来与张冲既有公仇又有私怨。但在抗战中，张冲赞成国共合作，共御外侮。周恩来从党和人民的利益出发，豁达大度，不咎既往，不计个人恩怨，与张冲建立了良好的合作关系，"由公谊而增友谊"。张冲也不顾国民党顽固派的攻击，多次对周恩来的工作给予真诚合作。1941年，张冲病逝，周恩来在《新华日报》上发表悼念文章，并亲自参加了追悼会，送挽联："安危谁与共，风雨忆同舟"，对张冲在团结抗日中的作用，给予了充分的肯定。这在国民党上层人士中产生了良好的影响。周恩来讲过，作为一个领导者，

"在必要时应忘记他所受的侮辱",他做到了。

重义守信,待人以诚

周恩来很欣赏"言必信,行必果","己所不欲,勿施于人"这两句中国古话,他正是重义守信、待人以诚而赢得了人心。

1963年底,英国英中了解协会会长格林来到北京。当周恩来接到格林希望周恩来会见他的请求时,离他率团出访非洲仅有一天时间了。尽管有大量繁重的出访准备工作要做,但他还是接受了格林的请求,请格林在旅馆等候通知。下午2时、4时、6时均有电话通知格林:"对不起,请您等候。"晚上10时,再次通知:"周恩来总理仍然很忙,请您再等。"格林想,周恩来一定很疲倦了,请求另行安排时间。电话中传来对方坚决的话语:"周恩来总理已同意见您,他一定会见您,请再等等。"午夜时分,格林终于与周恩来会面了。两人在无拘无束的友好气氛中进行了长谈。对格林提出的问题,周恩来都作了耐心细致的回答。谈话使格林对中英两国关系正常化的前景充满信心,十分高兴,话题滔滔不绝。而当格林猛然想到会见早该结束时,已是凌晨2时30分了。格林后来发现报纸头版醒目地登载那天"周恩来总理于早晨6时乘机前往非洲访问"的报道时,终于明白了周恩来为何让他一等再等。想到谈话结束到周恩来率队出访,满打满算也不超过3个半小时,格林感到十分不安,深为周恩来言而有信所感动。此事在英国传为美谈。

四、克谨守纪,民主平等

周恩来是一位具有高度民主精神和高度组织纪律性的共产党员。他平等待人,多谋善断,充分发扬民主,善于听取不同意见;同时,他又"戒慎恐惧"地工作,严格遵守党的纪律,坚持集体领导,识大体顾大局。民主与集中,自由与纪律,个人与组织,上级与下级,守纪与创新,这一切,在他身上都得到了辩证的、完美的统一。

平等待人的典范

周恩来是一位具有民主精神的共产党人,从他内心自然地流露出对别人的尊重与平等。"总理"这个职务对他来讲,是意味着责任和服务,丝毫没有高人一等的含义。他始终把自己视为劳动人民中普通一员，在人格上与他人完全平等。他认为高高在上、脱离群众、搞特殊化是低级趣味，干部被人看成凌驾于人民群众之上的官老爷，这是一种耻辱。他到戏院看戏，让秘书去买票，悄悄地坐在群众之中，与老百姓一同看戏，他认为理当如此；照相时，他和大家一样排队，当别人让他先照时，他微笑着谢绝；上电梯时，服务员看到他走了过来，就让已登上电梯的人下去，请他先上，他批评了服务员的做法，坚持让别人先上电梯，自己在后面等候。

长征时，他的警卫员魏国禄由张云逸提名当了党小组长，开始他不想干，认为自己是个小小的警卫员，怎么能领导首长？周恩来亲切地对他说："我们既然同意你当，就会服从你的领导"，鼓励他大胆工作。魏国禄看周恩来实在太忙，有几次开党小组生活会没有通知他。周恩来知道后，严肃地对小魏说："我是个党员，应当过组织生活，如果确实有事不能参加，我自己可以向你请假。你不通知我，是你的不对呀！""在我们党内，每个人都是普通党员，谁都要过组织生活"，"以后开会，可一定要通知我啊。"

当记者为了抢拍毛泽东与外宾握手照片，把照像机的长镜头放在了周恩来肩上时，周恩来笔直地站立，尽量保持平稳，甘为记者当摄影支架。记者拍完照片，发现长镜头竟然放在总理肩上时，十分内疚和不安。总理却微笑着点点头，似乎是在说：同志，没关系，这有什么呢？

有一次，由于周恩来的汽车驰入中南海时车速较快，警卫战士韩良举没有看清规定的汽车出入信号，就挥起指挥旗拦住了汽车。但当小韩看到周总理在车内向他微笑致意时，顿时不知所措，竟忘了向总理立正敬礼。周恩来从小韩紧张的神态中觉察出他背上了思想包袱，所以一下车就给警卫处领导通了电话，请转达对小韩的歉意，并热情地赞扬小韩坚持原则的负责精神。

周恩来对身边的工作人员也平等相待。工作人员的爱人生了孩子，他让邓颖超给送去老母鸡。谁家有了困难，他总是解囊相助。他批评身边工作人员，也有批评错了的时候，当弄清情况后，总是亲自道歉，作自我批评。他从不认为领导者处处比别人高明，总是虚心向内行人学习。有一次，一位司长向他汇报工作，谈完后，他诚恳地说："今天，你教会了我很多东西。"这位司长觉得很不好意思，但这确实是周恩来的真实想法。

周恩来所以能够平等待人，因为他是一个彻底的历史唯物主义者，他认为人民群众是历史的创造者，领导者是人民中的一员，是人民的公仆。

1962年4月,他在全国政协三届三次会议上说:"大家都承认共产党是领导党,共产党的领导是集体领导,……起着领导作用的,主要是党的方针政策。而不是个人。个人都是平等的,如果从工作上说,大家都是人民的勤务员,彼此平等地交换意见,决不能个人自居于领导地位,个人离开了集体,就无从起领导作用。""要平等待人才是好勤务员。"由于周恩来有高度的民主精神,主张人格平等,因此和他共事的人,都既把他当成自己的领袖,又当成知心的朋友。

民主才能多谋,多谋才能善断。周恩来在工作中,总是让各方面人士充分发表意见,以平等态度听取意见,尤其是重大问题的决策,更是多方讨论,取各家意见之长,补自己主张之不足。他称赞有党外人士(非共产党的副总理和正副部长)参加的政务院会议与党内会议不一样,使我们可以听到各方面更多的意见,听后能启发思想。在讨论问题时,他的意见同样允许大家讨论和否定,哪种意见对人民的事业更有利,就采纳哪种意见。

他讨厌那种看领导眼色行事,人云亦云的作风,鼓励干部独立思考,敢于发表不同意见。1961年,在一次国务院会议上,财政部的同志就一个问题谈了看法后,杨波同志又代表国家统计局讲了一些不同意见。听了双方发言,周恩来基本上同意财政部的意见,对杨波的发言略有批评之意,但未作最后结论。当他征询"还有不同意见没有"时,杨波再次作了不完全同意财政部意见的发言。这时,时间已晚,周恩来让他们会后再商量一下,尽快把意见统一起来,早日做出明确规定。散会后,大家在周总理那里吃饭。杨波心中有些不安,认为,总理发言后,自己不该再提出不同意见,就坐在最靠边的一个桌子旁闷着头吃。这时,周恩来叫杨波过来坐在一起吃,亲切地说:"你为什么坐得那么远?不要紧张,你敢于讲不同意见,这好嘛!我们讨论问题就是要听不同意见,不然还讨论什么!有不同意见的争论,就可以把要决定的问题考虑得更周到些。"杨波同志深为总理平等待人的民主作风所感动,心中充满敬意。

严守纪律的楷模

民主与集中,自由与纪律是一个问题的两个方面。一个真正具有民主精神的人,也必然是一个严格遵守纪律,认真执行决议的人。周恩来是发扬民主的模范,也是执行纪律的模范。

邓颖超说,在党内几十年的政治生活中,"我亲眼看到一个始终严格遵守党的保密纪律的共产党员——周恩来同志。"邓颖超说,她和周恩来入党时间不同,地点各异，原来谁也不知道谁是什么时候入党的。周恩来旅欧时，他们两人经常通信，在信中从来不说党的纪律不许说的事情。直到周恩来回国后，经组织沟通，彼此才知道两人都是共产党员了。新中国成立后，周恩来仍然严格遵守党的保密纪律。我国第一颗原子弹爆炸时，要求绝对保密。他对试验负责人讲，这次试验要绝对保密。邓颖超是我的爱人，党的中央委员，这件事同她的工作没有关系，我也没有必要跟她说。事后，原子弹爆炸成功，报纸发了号外，邓颖超才和大家一块知道我们的原子弹上了天。周恩来的办公室及保险柜的钥匙，他总是自己带在身上，晚上睡觉压在枕头下面。只有出国时，才把钥匙交给邓颖超。周恩来回国后，邓颖超见到他的第一件事，就是把钥匙交给他。在"文化大革命"中几乎是无密可保的情况下，周恩来对中央会议的内容，回到家中仍然守口如瓶。邓颖超从大字报上看到一些内容，问他是怎么回事。他还反问："你是怎么知道的？"邓颖超开玩笑说："我联系群众，有我的义务情报员呀！"两个人一笑就过去了。

周恩来患癌症后，有一次对邓颖超说："我肚子里装着很多话没有说。"邓颖超也说："我肚子里也装着很多话没有讲。"双方都知道最后的诀别不久就会残酷无情地出现，然而他们终生遵守党的纪律，把没有说的话永远埋藏在各自的心底了。严守纪律，率先垂范，这就是周恩来的风格。

五、自勉自励，生生不已

马克思从唯物史观的高度深刻指出："人格的本质不是人的胡子、血液、抽象的肉体的本性，而是人的社会本质。"周恩来高尚人格的形成，既受家庭和社会客观条件的决定，也是他进行严格的自我修养和自我完善的结果，二者缺一不可。英籍女作家韩素音曾经说，她之所以要写《周恩来与他的世纪》这本书，其中一个重要原因是："青年渴望英雄，渴望那些能够向他们揭示人生真谛的人物，而不是现在西方宣扬的那些被扭曲了的人生'价值'。"周恩来的一生，不仅向青年揭示了人生真谛，而且也揭示了如何成为"英雄"的"奥秘"。

东西方优秀文化铸成的"合金钢"

周恩来是马克思主义科学理论武装起来的坚定的共产主义者，也是在优秀的东西方文化熏陶下成长起来的伟人。正如一位学者所说，中国儒家的入世、忧患意识及追求道德的自律与完善，道家对外在功名利益的相对超脱和达观，墨家的勤苦和为群体的事业不惜一切的献身精神，纵横家审时度势的机敏才智以及法家的严谨与务实，似乎都可以在周恩来身上找到一些影子。他是中国人文精神的骄子。与他交往，使人感觉到一种高尚的人格，优雅的风度，在他的身上表现出一种特殊的东方文明和东方型的人格美，表现出从心灵深处所透露出来的对人的肯定、尊重和爱。具有欧洲文化修养的联合国第二任秘书长哈马舍尔德，深为周恩来的人格、风度、修养、神韵所折服，深深感叹："在周总理面前，竟使我无法不感觉到自己是个'野蛮人'。"

周恩来的成长同时吸收了西方文化的精神。他青年时代远渡重洋到欧洲寻找救国救民的真理。在欧洲，他不仅确立了自己为之终生奋斗的"主义"，而且也吸收了欧洲科学与民主等现代文明的精华。当他成为共产党的一名高级领导干部后，仍然注意用东西方优秀文化的精华来铸造自己。他在《怎样做一个好的领导者》中研究了列宁等苏联领导人的领导艺术："不可跑得太前，也不可落在运动后面，而应抓住中心一环，推向前进。"他也论述了毛泽东的领导艺术："要照顾全局，照顾多数，以及和同盟者一道干。"他学习列宁的工作作风："俄国人的革命胆略；美国人的求实精神。"同时也学习毛泽东的工作作风："中华民族的谦逊实际；中国农民的朴素勤勉；知识分子的好学深思；革命军人的机动沉着；布尔什维克的坚韧顽强。"以此来塑造自己的人格。

外国朋友也深深感到，在周恩来身上闪烁着东西方的文明与智慧。一位外国友人讲："周既是一个信仰共产主义的革命者，又是一个儒家君子；既是始终不渝的思想家，又是会权衡利害的现实主义者；既是内部政治斗争的能手，又是善得人心的和事佬。能力略逊一筹的人，如果担任这种错综复杂的角色，思想和行动上都会不知所措。而周对任何一个角色都能胜任愉快，或融会贯通好几个角色，而丝毫不会显得优柔寡断或前后矛盾。""这是一个性格复杂，思想深邃的人多方面的表现，也足以很好地说明他的政治生涯之所以能如此长久和丰富多彩的原因。"他"像几种金属融在一起的合金，融化物比之个别成分要强得多。"人们称赞周恩来是东西方最美好、最优秀品格的化身。

自我完善的自觉实践者

周恩来之所以能超凡脱俗，成长为人们公认的一代楷模，成为东西方优秀文化铸成的"合金钢"和具有崇高人格品德的伟人，正是他几十年如一日，刻意进取、自我完善的结果。他在领导人民改造自然、改造社会的同时，也率先改造、完善着自我，成为自我完善的典范。

自我完善贵在自觉，贵在坚持，贵在实践。

周恩来具有极强的自我完善意识，在提高自身素质方面具有高度的自觉性。青少年时代，他受到中国传统文化，特别是儒家"修身、齐家、治国、平天下"思想的影响，注重对自身道德品质的修炼。随着年龄增长和忧患意识、责任感、历史使命感的增强，周恩来把担当救国救民的历史重任和培养担当大任所需要的品德、才干、人格紧紧地结合起来：

五四运动时，他把"革新"与"革心"作为觉悟社的宗旨，这也是他对自己的要求。"革新"是要进行彻底的反对帝国主义、封建主义的斗争，根本改造中国社会。"革心"是要清除头脑中的封建主义思想、资产阶级利己主义以及阻碍改造中国、实现"革新"宗旨的形形色色的错误思潮。不"革心"，难以实现中国的"革新"；不投入"革新"社会的斗争，难以实现自我的"革心"，要自觉地把改造客观世界与改造主观世界结合起来。他批评了那种只知道社会不好，人心不好，却对"改造社会和人心""连一点毅力和奋斗精神也没有"的懦夫思想，也批评了那种只图个人"显亲扬名"，"只知道有家庭，不知道有社会"的个人主义思想。他提倡觉悟社社员"到民间去"，接近劳动群众，与工农结合。为了"革心"，他还提出了"批评自己—批评别人—接受批评"的公式，并作为组织原则列入觉悟社会章。此后，他一直在革命实践中，运用批评和自我批评的武器，净化社会、升华自己。他东渡日本，西赴欧洲，如饥似渴地学习马克思主义，联系中国社会实际和自己的思想，不断剥离思想中的"杂质"，抛弃"军国主义""贤人政治""无政府主义"等思想影响，使思想不断升华，逐步由革命民主主义者转变为真正马克思主义者。

认定"主义"之后，他把实现共产主义作为自己的最高理想。而实现共产主义不仅要彻底消灭剥削、消灭阶级，还要铲除剥削阶级意识，造就具有共产主义觉悟的全面发展的新人，实现人的自由全面的发展。周恩来指出：无产阶级要完成自己的历史使命，必须"对其他劳动者实行团结、教育、改造的方针"，而无产阶级只有首先清除掉自己身上沾染的旧社会的污泥，给其他劳动阶级做出榜样，才能带领他们共同前进。因此，"无产阶级首先要进行自我改造"，共产党员是工人阶级先锋战士，更要带头进行改造。而领导干部担负着组织群众、宣传群众、教育群众的责任，身教重于言教。"其身正，不令则行。其身不正，则令也不行。"因此，周恩来一再指出"只有能自我改造的人，才能改造别人"，"没有人是专门改造别人的。自居于领导,自居于改造别人的人,其实自己首先需要改造。""任何共产党员都不是十全十美的","人生有限,知识无限,到死也学不完,改造不完"。"我的确常说我也要改造这句话,现在还在改造中。我愿意带头。我希望大家都承认思想改造的重要性。要承认各种关系各种事物都会影响个人的思想。要经常反省,与同志们交换意见,经常'洗澡'"。周恩来一生都在主动、严格地改造自己,1943年写了《我的修养要则》,提出"要与自己的、他人的一切不正确的思想意识作原则上坚决的斗争","适当地发扬自己的长处,具体地纠正自己的短处"。他是党内对自己所犯错误和缺点做自我批评最多的领导人之一。他要求领导干部进行党性修养,要过好"五关",即思想关、政治关、社会关、亲属关和生活关。这实际上也是他本人对自己党性修养和自我改造的要求及经验总结。

周恩来常讲"生生不已","生生"是中国哲学术语,承认事物在发展变化中时时有新的事物产生,因而自我完善和改造不仅要有高度的自觉性,而且要有持久性。他把加强党性修养看作党员,特别是领导干部终生的必修课,"活到老,学到老,改造到老,坚持不懈地自我完善、自我改造。"周恩来一生功勋卓著,为中国革命和建设事业,以及世界进步事业作出了巨大贡献,这是跟他不断地提高党性修养,不断地完善和提高自己分不开的。

完善自己,贵在实践。周恩来理论联系实际,言必行,行必果,说到做到。有些人把改造自己、完善自己只是写在纸上,讲在嘴上,实际上并不实行。他们也讲全心全意为人民服务,但只是讲给别人听,写给别人看,要求别人干,自己却处处打着个人利益的小算盘,争名争利,争权争位。或满足于能够应付工作,不思进取。周恩来则言行一致,心口如一,表里如一,始终如一。他用自己的实际行动,真正实践了党的全心全意为人民服务的宗旨。凡是要求党员干部做到的事情,他首先带头做到;凡要求别人不做的事情,他带头不做。

周恩来离开我们40多年了,他身已去,功不朽,浩气长存。他那高尚的品德、卓越的人格、伟大的精神,对党、对人民、对后世已经产生并将继续产生深刻的影响,成为中华民族宝贵的精神财富,成为塑造社会主义新人和建设中国特色社会主义的强大精神动力。

第十章
经纬万端，各得其宜
——周恩来的领导艺术

在20世纪伟大人物展现的历史画廊中,周恩来以其绝妙的领导艺术显示了无穷的魅力。

他的领导艺术不仅得到人民的衷心爱戴,而且,在国际上也赢得了许多政治家的赞佩。

如果说一个伟大的领导人需要具备优秀的品格、卓越的才能、智慧和极高的威望,那么所有这些要素在周恩来身上都有机地统一起来,而且达到了炉火纯青的境界。用他自己的话说,就是"领导群众的方式和态度要使他们不感觉我们是在领导"。

这样一种领导效果和境界,连同他的领导思想和领导实践,就不能不成为中华民族领导科学宝库中的一笔重要的财富、一颗璀璨的明珠。

一、照顾大局抓中心

周恩来之所以是一位杰出的领导者,在于他总是不断研究和探讨领导艺术,要求自己努力做一个好的领导者。早在民主革命时期,他就对此有系统而深入的阐发。尤其是他极力推崇列宁、斯大林"不可跑得太前,也不可落在运动后面,而应抓住中心一环,推向前进"的领导艺术、毛泽东"要照顾全局,照顾多数,以及和同盟者一道干"的领导艺术。照顾大局,抓住中心,是周恩来领导艺术的生动写照。

着眼全局,整体运筹

唯物辩证法认为,世界上的一切事物是普遍联系的。任何事物内部的各部分之间和各事物的相互之间,都不彼此孤立,而是有机地联系着。以唯物辩证法为指导,现代系统论进一步揭示了事物联系的整体性,要求人们从事物的整体出发,从整体与部分之间,整体与环境之间的相互联系、相互制约中,综合地考察对象，立足整体，统筹全局，择优选取总体上最好的方案，以达到最佳处理问题的目的。周恩来虽没有写过哲学专著，但他把唯物辩证法运用得最好；尽管他没有使用过"系统论"这一概念，但却最有效地运用它的科学原理，在长期的领导实践中善于正确处理全局与局部的关系，以全局统率局部，站得高看得远，从事物的相互联系中，把握事物的规律，把握革命和建设的规律，从而作出正确的判断和决策。

早在青少年时代周恩来就从民族振兴这个"大局"着眼，表达爱国思想，参加爱国运动，当他成为党的核心领导成员担任重要领导职务之后，在处理中国革命的一系列重大问题上，都是大局着眼、整体运筹的。

1930年是党的历史上极端困难、十分艰险、濒于分裂的一年。周恩来两次挽救党于危局。一次是纠正李立三错误，使党遭受很大损失的局势得以缓解；一次是六届三中全会后在王明哄闹，中央破产的情况下，维护了党的统一。

这年3月，周恩来离开上海去莫斯科参加联共（布）第十六次代表大会，向共产国际汇报中国共产党的工作，同时处理中共驻共产国际代表团同共产国际间的一些分歧问题。6月11日，中共中央政治局根据李立三的报告，通过了《目前政治任务的决议——新的革命高潮与一省或几省首先胜利》，"左"倾冒险主义在中共中央取得了统治地位。在这个"左"倾错误领导下各地发生了盲动，使近两年健全、发展起来的党组织和工人队伍遭受很大损失，各地红军和根据地也遭到了不同程度的损失。

周恩来是反对盲目暴动的。共产国际也认为李立三"一个严重的错误，就是决定在好几个城市中实行武装暴动"，并要周恩来、瞿秋白回国纠正李立三的错误。

8月19日，周恩来先回到上海。他采取思想上说服教育，工作上稳步纠正的办法，对李立三不排斥，以同志式态度共同讨论，并通过9月下旬的六届三中全会，和瞿秋白一起，妥善纠正了立三路线，端正了党的方向，形成了团结合作的气氛。

可是，正当局面已经扭转、工作走向胜利的时候，共产国际一反常态，将立三错误的性质升级为"反国际的政治路线"。

这样，六届三中全会就被扣上了调和主义的罪名。周恩来、瞿秋白遭到责难。这时在党内，王明写了《两条路线底斗争》的小册子，形成宗派，反对中央，党内十分紊乱，在白色恐怖环境中处于极危险的境地。

事情很清楚，共产国际要把王明等人扶上台，并派东方部米夫来华直接着手中国共产党的内部事务（共产国际规定各国共产党是它的支部，必须在它领导下进行工作）。

周恩来、瞿秋白开始进行申辩，说明三中全会是按共产国际的精神召开的。后来看到情况已发展到濒临中央破产、党内分裂的痛心局面，他们照顾大局，相忍为党，不再辩解，表示接受国际决定，认为自己既已错误，应退出政治局，辞去在中央职务，并希望过去曾反对过立三错误的各方面的人团结在一起，来执行国际路线。

对于周恩来、瞿秋白的辞职，米夫采取拒瞿留周的方针。米夫说：对周恩来是要批评，但不是要他滚蛋。王明也宣称：为的是实际工作便利和给周恩来以改正错误的机会。这不是米夫、王明对周恩来的偏爱，而是党的工作离不开周恩来，周恩来在党内的威信和领导才能使他们不能抛开周恩来。因为王明这些留苏学生均是二十几岁的毛头小伙，根本没有实际工作经验，更不要说在中央工作的经验了。

周恩来的辞职未获批准，他服从组织决定，继续工作，处于痛苦中的周恩来，从大局出发，忍辱负重，埋头苦干，维护了党的统一和团结。

社会主义建设时期，周恩来提出做好领导工作要有"整体观念"问题。他作为总理，心系人民的衣、食、住、行，考虑祖国的繁荣、昌盛，同样全局在胸，运筹帷幄。

1949年12月22日、23日，他对参加全国农业会议、钢铁会议、航务会议人员发表讲话时说："诸位这次来北京开会，除了讨论本部门的业务以外，有权要求了解全面的政策，了解全国政治、军事、经济和文化等方面总的方针。只有这样，你们才能知道本部门的业务同总的方针怎样配合，才能有整体的观念。不然，你们业务的进行就会是孤立的，迷失方向的，成为盲目的工作。"

20世纪50年代末，周恩来还提出过一个著名的口号："全国一盘棋。"例如，对于全国与上海的关系他提出："全国支援上海，上海支援全国。"上海是我国最大的工业城市和经济中心。"一五"建设时期上缴给国家的利税约占全国财政收入的六分之一。但在50年代末，由于上海只有东、西、北郊三个郊区，面积很小，难以满足市区居民的副食品尤其是蔬菜需要。对这个关系上海经济稳定和社会安定的重要问题，党中央、国务院十分重视，由周恩来亲自批准，将与上海毗邻的江苏省淞江专区和崇明县划归上海，使上海扩建副食品基地有了条件。1960年，上海严重缺粮，周恩来听取汇报后，立即要求华东各省紧急调运大批粮食支援上海。为了充分发挥上海这个老工业基地的作用，促进和带动全国的经济建设，周恩来要求上海顾全大局，从物质产品、建设人才、机器设备、科研教育等方面支援全国。于是，上海一批高等院校和企业陆续迁入内地，大批物资调往全国，有力地支援和促进了全国经济的发展。总之，上海与全国相比，全国是大局，上海是局部，因此上海必须支援全国；上海虽然是局部，但却是关键的局部，是全国这盘棋中一颗举足轻重的棋子，必须走好这步棋，否则，"一着不慎，全盘皆输"，势必对全国这个大局造成严重影响，所以，全国同样要支援上海。

周恩来不仅自己通盘考虑建设中的各种问题，而且经常教育各级领导干部要识大体，顾大局，立足全局观察和处理问题。1961年1月，他出访归来，途经昆明停留休息。一天，周恩来参加昆明军区组织的文艺晚会，路旁一座即将落成的大厦引起了他的注意。当他得知这是军区新建的国防教育展览馆时，蹙了蹙眉头，态度忽然变得严肃起来，说："北京已经有了军事博物馆，你们在这里就不要再搞这类建筑了嘛！现在国家经济困难，还搞这么多楼堂馆所干什么？"他要求昆明军区把这个大厦交给云南省，并加重语气说："全国一盘棋，要讲全局嘛！交给地方也是支援国家建设，比你们留着用处大。"后来昆明军区负责完成全部工程，连地皮一起无偿地交给了地方，建立了云南博物馆，这件具体事情反映出周恩来着眼全局、整体运筹的领导艺术。

突出中心，抓住关键

唯物辩证法认为，矛盾是事物发展的源泉和动力，而矛盾又有主要矛盾和非主要矛盾之分。前者是在事物发展过程的一定阶段上规定和影响着其他矛盾的存在和发展，起着主导和决定作用的矛盾；后者是处于次要和服从地位的矛盾。周恩来在领导艺术上，善于抓主要矛盾，抓"关键问题""决定环节"和"中心工作"，从而带动次要矛盾的解决。

统一战线是中国革命胜利的三大法宝之一。周恩来则是全党公认的"为建立、巩固和发展中国共产党领导的统一战线作出了杰出贡献，不愧是我们党建立以来从事统一战线工作的第一个模范"。而他在领导统一战线工作实践中，就是从众多矛盾中抓住主要矛盾或矛盾的主要方面，根据不同历史阶段的不同情况，正确地确定不同时期的工作中心和关键的。

抗日战争时期，他在给毛泽东的一份电报中明确提出：抗日民族统一战线应以国共两党为主,以代表性人物为主,必须紧紧抓住无产阶级领导权这个关键。

以国共两党为主,这是因为国民党是执政党,掌握着国家的政权和财权,拥有几百万军队和广大地区,抗战开始后担负正面战场的作战任务;没有国共两党的合作,就不可能有全民族的抗战。如果国共关系处理不好,共产党领导的抗日武装就会处于腹背受敌、两面作战的艰难境地,就会给日本帝国主义以可乘之机。因此,必须把搞好国共关系作为统战工作的重点。以代表性人物为主,是因为社会各界,各党派团体的头面人物,有较高的社会声望或地位,他们的言行往往对全局产生影响。因此,周恩来十分注意区别不同情况,做好代表性人物的工作。比如对国民党的宋庆龄、何香凝等进步人士,与她们保持经常联系,建立了长期的合作关系。对国民党上层爱国人士张冲、张治中、邵力子、于右任等,周恩来在与他们的交往中晓以民族大义,并通过他们爱国言行制约蒋介石的反共投降政策,收到了积极的效果。

新中国成立后,周恩来紧紧抓住发展生产力和经济建设这个中心。在1956年后忽视发展生产力的日子里,周恩来排除干扰,经济工作仍然摆在他的工作首位,为发展生产和人民生活而殚精竭虑。

1952年,他亲自主持起草《中国经济状况和五年建设的任务(草案)》,提出了"全党领导和工作重心转到经济建设方面"的任务,明确了经济建设是"重心"。

1954年9月在第一届全国人民代表大会的《政府工作报告》中,周恩来郑重宣布:"经济建设工作在整个国家生活中已经居于首要的地位。"

如果说此前周恩来有关经济建设是"中心"的论述还不十分明显的话,那么到1956年上半年,在语言表述上就讲得十分清楚了。例如,这一年的4月10日,他在国务院常务会议讨论国家计委《关于1956年基本年建设计划安排和要求增加部分投资的补充报告》时发表讲话说:"生产是中心,三大改造也要以生产来推动。一切都要靠生产,生产是主要环节。"在这里,周恩来讲"生产是中心",是"主要环节",并要以此为"中心"推动三大改造,正确阐明了以经济建设为中心,同三大改造的相互促进作用。

此后,即使在最动荡的"文化大革命"中,他也不放松经济工作。1973年10月,他在会见一位外国记者时曾说:"我们现在最主要的是把中国自己搞好,这是我们最急迫的事。像中国这样一个人口众多的国家,要把经济发展起来,还要几十年的时间,至少20世纪做不完。"在"念念不忘阶级斗争"的口号响彻

960万平方公里大地的年代，周恩来念念不忘的是"要把经济发展起来"，对比是何等的鲜明！没有对人民、对国家的一腔赤诚，是做不到这一点的。

周恩来抓经济建设，把经济建设放在首要地位，其他各项建设事业均以此而展开，并为此服务，使它们紧密配合，协调发展。比如在经济建设同文化建设的关系上，他要求发展文化事业，为经济建设服务。再如在经济建设同国防建设的关系上，他一方面要求创造一个和平的国际环境和稳定的国内环境，国防建设要搞好，另一方面又提出国防工业的规模要适度，规模太大就会影响经济，炮弹造多了不能吃也不能穿。再比如，对于内政和外交工作，周恩来曾说，外交的目的是什么呢？就是要争取一个和平、稳定、内外交流、互通有无的国际环境；内政又是为了什么呢？内政就是要建立和开创一个稳定、民主、和谐的局面。而所有这一切的努力，都是为了把我国尽快地建设成为一个繁荣、富强的社会主义国家。正如一位同志所说的：全国解放后，在第一个五年计划开始时，我被调到国家经济部门工作，和周总理的接触增多了，恩来同志处在总览全局的关键岗位上，党务政务，内政外交，日理万机。在繁忙的领导工作中，他始终把经济工作放在重要地位。

与突出中心工作相联系，周恩来在领导工作中还善于抓关键。所谓关键，就是事物最紧要的部分，起决定作用的因素。新中国成立不久，他在全面阐述了社会主义改造应当是包括政治、经济、文化各方面的全面改造后，又进一步指出："总之，经济是基础，经济改造是一切改造的基础，而国家工业化又是实现经济改造的关键。"从而抓住了"经济改造"和"工业化"这两个关键问题。

在"四个现代化"当中，他敏锐地看到了科学技术的巨大作用，提出了科技现代化是关键的思想。

需要指出的是，周恩来长于突出重点，善于抓住关键，但他从来不是把重点和一般对立起来，或者只强调重点，丢掉一般，而是把两者最有效地结合起来，既突出重点，又照顾一般，比如，在建设资金的分配上主张重点建设与全面安排相结合，在国民经济各门类的关系上主张农、轻、重协调发展等等。他历来反对"一点论"，时刻不忘"两点论"。

细致周到，以"小"促大

古人说："千里之行，始于足下"，"不积跬步，无以至千里；不积小流，无以成江海。"唯物辩证法认为，小事与大事是辩证统一的。任何大事都由小事组成,只有扎扎实实做好每一件小事,才能从整体上干好大事。当然,小事要与大事联系起来,才能有明确的奋斗目标和方向。作为领导者,当然不应事无巨细全部包揽,更不应陷入眼前小事而不能自拔,但是对那些牵动全局的小事,却千万不能忽视。这类小事做好了,可以起到堵塞漏洞,消除隐患,积小成大,小中见大,以小促大的作用,为解决大事创造良好的条件。周恩来在领导活动中,一贯重视抓主要矛盾和重大问题,把"目光始终放在主要问题上"。但他抓大事不忘细微,从不拒绝做小事,而是以很大的精力,关注和处理那些与全局利益、与中心工作息息相关的小事,表现出如同郭沫若所赞扬的"电火行空"和"水银泻地"的风格,这是周恩来领导艺术的突出特色。

比如,他经常教育外交人员"外交无小事",必须做过细的工作。

1954年4月,周恩来率领中国代表团出席日内瓦会议。为了让世界了解新中国,在国际舞台上树立我国的良好形象,他做了许多具体工作,连会议期间的新闻、宣传工作都亲自过问,通过细致周到的工作,使代表团圆满地完成了任务。

1972年,美国政府终于结束了几十年来不承认中华人民共和国政府的错误政策,尼克松总统亲自访华。这是中美外交史上十分引人注目的重大事件。周恩来全面负责谈判和接待工作。他的精细作风给美国客人留下了深刻印象。尼克松发现,周恩来具有一种罕见的本领,他对琐事非常关注,但又不拘泥于琐事之中。"对于周恩来来说,任何大事都是从注意小事入手这一格言,是有一定道理的。他虽然亲自照料每棵树,但也能够看到森林。"尼克松回忆说:"我发现,在机场欢迎我们的仪仗队是周恩来亲自挑选的。这些士兵身体健壮、魁梧,穿着整洁。周本人还亲自为乐队挑选了晚宴上为我们演奏的乐曲,我相信,他一定事先研究过我的背景情况,因为他选择的许多曲子都是我最喜欢的,包括在我的就职仪式上演奏过的《美丽的阿美利加》。"

周恩来在几十年的领导工作中,不辞辛劳,不避琐碎,事无巨细,一抓到底,既是他无私奉献精神的充分体现,又是他领导艺术多姿多彩的映照。

二、组织严密善决策

举世公认的组织艺术

国内国际都承认周恩来是组织大师。他精细严密,善于协调,见机而作,求同存异;在统一中把握对立,在对立中把握统一,组织、领导、协调艺术极为精湛。他领导组建新中国政府便是突出的例证之一。

1948年4月30日,中共中央颁布了五一劳动节口号,号召全国各民主党派、各人民团体、各社会贤达迅速召开政治协商会议,讨论并实现召开人民代表大会,成立民主"联合政府"。这一号召得到李济深、何香凝、沈钧儒、马叙伦、蔡廷锴、谭平山、郭沫若等各民主党派和无党派民主人士的广泛响应,通电国内外各界及海外侨胞,共同策进,完成大业。为筹备新政协,周恩来做了精心的组织和周密的安排。

9月,他拟定了一份邀请爱国民主人士到解放区商讨召开新政协问题的77人名单,并指示上海局、香港分局安排各方人士在1948年冬春进入解放区。9月22日,他又提出名单邀请在北平、天津的著名人士参加新政协。

应中共中央邀请,原在国统区的爱国民主人士从1948年秋开始陆续奔赴解放区。为了保证他们平安到达,周恩来对其起程路线、安全护送和衣食生活等都做了周密细致的安排。他指示:先安排这些人从各地到香港。在香港,对外以租用外轮运货名义,秘密将他们分批送往东北和华北,沿途安排专人负责接待。周恩来一再电示:一定要把前往解放区的民主人士接待好,安全地送到目的地。这些人士进入解放区后,大多集中在哈尔滨,部分直接进入平山县李家庄中共中央统战部所在地。

1949年1月19日,周恩来又与毛泽东联名写信给留居上海的宋庆龄,告以"新的政治协商会议将在华北召开,中国人民革命历尽艰辛,中山先生遗志迄今始告实现。至祈先生命驾北来,参加此一人民历史伟大的事业,并对于如何建设新中国予以指导。"随后派邓颖超和廖梦醒亲往迎接。

1949年春,在筹备中共七届二中全会的紧张时刻,周恩来亲自审阅修改《关于新的政治协商会议诸问题的协议》等文件。3月25日到北平后,马上邀集抵达北平的民主人士座谈,听取他们关于建立新中国的意见。6月11日,新政协筹备会举行预备会议,周恩来担任临时主席,致开幕词。次日,他作《新政治协商会议筹备会组织条例(草案)的说明》,指出筹备会议的主要任务是,协商确定参加正式会议的单位和代表人数,决定召开正式会议的时间、地点、议程,拟定新政协组织条例草案,起草共同纲领,协商政府领导人人选等。会上通过了新政协筹备会常务委员会名单,周恩来被选为常委会副主任,兼任第三小组组长,负责起草《共同纲领》。为了起草《共同纲领》,周恩来把自己关在中南海勤政殿一个星期,亲自执笔,全神贯注地写出了初稿全文。稿子写出后,他又组织了七次不同规模的讨论和修改。9月17日,周恩来主持筹备会第二次会议,审议并基本通过包括《共同纲领》在内的三个主要文件,同时决定将新政治协商会议定名为"中国人民政治协商会议"。

周恩来之所以精于组织,善于协调,并且取得最佳效果,原因是多方面的,其中,最基本的因素有两点:首先,他为人谦和、忠厚、诚实、民主、平等,这样一种性格特点,决定了他具有巨大的凝聚力,从而易于把方方面面的人士团结起来、凝聚起来,完成宏伟大业和各项重大任务。其次,他以身作则的表率作用更是一种巨大的力量。"鞠躬尽瘁,死而后已"是周恩来一生的光辉写照。他克己奉公,德服天下,身教重于言教,这是他善于治政和协调的原动力。

果断灵活的决策艺术

决策就是对实践目的和计划的选择和确定,它是领导者的首要职能和领导工作的核心环节,它对领导者素质提出了全面的要求。在中国革命和建设的长期斗争中,在风云变幻的国际舞台上,周恩来逐渐形成了严谨、细致、周密、坚定、灵活、果断的优良素质和特殊魅力,也形成了他高超领导艺术的另一个方面——果断灵活的决策艺术。

果敢决断。《兵经百篇》中说:"有智而迟,人将先计;具而不决,人将先发;发而不敏,人将先收。难得者时,易失者机,迅而行之,速哉!"它说明,人们光有智慧还不行,还必须正确地分析形势,把握最佳时机,及时作出科学决断,这是事业成败得失的关键。周恩来就是这样审时度势,抓住有利时机,大胆果断地作出正确决策,从而把革命和建设事业推向前进。

战争年代,周恩来的果断决策为人称颂。在和平时期处理外交内政问题上,他同样当断即断,及时决策。1954年,在日内瓦会议上,印度支那问题的焦点集中到如何划分交战双方集结区这一点上。越南代表坚持以北纬16度线为界,法国代表坚持以18度线为界,各不相让,谈判陷于僵局。刚上台的法国总理孟戴斯－弗朗斯十分焦虑,因为他已向法国人民做出承诺,7月21日实现和平。否则,他领导的内阁将会垮台。但是,美国阻挠实现和平,法国主战派也在积极活动,谈判随时有逆转的可能。从印支和平着眼,周恩来分析各方面情况后,建议越南以北纬17度线为界划分集结区,他特别提醒越方要警惕美国干涉从而导致战争国际化的严重后果。最后,越法双方以17度线为界达成了印度支那和平的协议。当时,如果不果断地抓住这一时机尽早达成协议,一旦法国主战派占上风,战争必然拖延和扩大，美国染指印支进而侵略中国的图谋就可能达到。周恩来在日内瓦会议上对解决印支问题的卓越贡献，使得新中国在国际舞台大放异彩。

机动灵活。"兵无常势，水无常形，能因敌变化而取胜者，谓之神。"周恩来决策艺术的另一个方面，就是他能根据客观形势的变化，机智灵活地作出决断，从而达到最佳的效果。

在外交领域，周恩来以原则的坚定性和策略的灵活性而著称，他把二者恰到好处的结合起来熔于一炉，达到了炉火纯青的艺术境地。1963年，法国政府表示愿意同中国谈判建交，并表示将不管别国的意见独立自主地作出决定。但在具体做法上，希望中国不要坚持让法国先主动同台湾当局断交。周恩来考虑到中法两国的一些共同点以及法国在中国问题上的态度不同于美国，认为在法国承认中华人民共和国政府是中国惟一合法政府的条件下，可以对中法建交的具体步骤采取灵活态度。因此，周恩来接受了法国提出的中法先宣布建交，从而导致与台湾当局断交的方案。果然，中法建交后，台湾当局的代表不得不从法国撤离，实现了中国同西欧关系的重大突破。

具体问题具体分析是马克思主义活的灵魂。这就要求领导者要善于随着形势、条件的变化采取机动灵活的做法，随机决断而不应循规蹈矩，拘泥刻板。周恩来作出的许多机动灵活的决策，都是非常成功的。

李先念曾说：周恩来是一位既有革命胆略，又有求实精神的共产主义战士。他在每一次重大斗争中，善于把这两者结合起来。每件工作他都要弄清实际情况，考虑到前前后后，正面反面，以及当前和长远、国内和国际的种种条件及实际效果。现实生活中的事物是错综复杂、发展变化的，要实事求是作出正确的决策是很难的。怎么办呢？周恩来认为："首先要通过认真的调查研究。"通过调查研究，弄清决策对象的全面而真实的情况，是科学决策的可靠途径和基本保证。早在1929年，他在《中共中央给红军第四军前委的指示信》中就提出："关于调查工作应切实去做。""前委应指定专人去做，这个工作做得好，对于了解中国农村实际生活及帮助土地革命策略之决定有重大意义。"1943年，周恩来阐述什么是正确的领导时，认为"首要的条件就是必须正确地决定问题"，而要做到这一点，又"必须经过最实际的调查研究"。新中国成立后，他又说："要使我们的建设搞得更好，首先就要实际调查，才能知道实际情况，如实反映情况，才有具体材料，具体经验可供讨论和研究。"可见，调查研究既是坚持实事求是的根本要求，又是实现科学决策的前提条件。

1961年5月,周恩来亲自赴邯郸地区农村调查研究,妥善解决了解散食堂等重大问题,明确肯定生产责任制好。三门峡工程的兴建,葛洲坝工程的停工整顿等科学决策,也是他周密调查研究的结果。为了实现决策科学化民主化,周恩来调查研究的足迹遍及祖国的大江南北,长城内外,甚至在饭桌上、理发椅上,在一切可能的场合,他都不放过调查研究的机会。由于他掌握了大量真实的材料,从而保证了各项决策的正确性。

总之,长期的革命斗争锤炼和领导工作实践,造就了周恩来的非凡气度和特殊魅力:他目光敏锐,善于把握历史潮流,洞悉政治风云,密切注视形势发展的趋势,抓住有利时机,果断大胆地作出决策;他气魄宏大,胆略超凡而又刚毅坚决,敢于排除干扰,勇于承担风险,坚定地实行正确决策;他思想敏锐,机智灵活,善于开拓创新;在突如其来的危急关头,他处变不惊,从容镇静,力挽危局;他考虑问题周密细致,从不偏执一端,局限一隅;他严谨认真,长于理论分析,善于把握事物的质、量、度,决断总是准确而科学。他提出"求同存异"能找到使各种人都能接受的方案,能作出令各方面都比较满意的决策;他在维护基本原则的前提下灵活变通,保持整体的平衡与稳定。所有这些,使他在中国革命和建设的历史舞台上,出色地导演了一幕幕精妙绝伦的活剧。

三、知人善任用其长

党的路线和政策确定后,干部是决定的因素。因此,坚持德才兼备的干部标准,和保证最大限度地调动一切积极因素,大胆提拔和正确使用干部,是无产阶极革命取得胜利和推进社会主义建设事业的根本保证。作为伟大无产阶极革命家、政治家的周恩来深谙此理,他在选拔干部,使用干部,爱护干部方面,都提出了一系列重要的思想,创造了科学的用人艺术。

知人善任,用得其当

周恩来认为,对于人才,"有了政治信任,用得其当(适时适地适合条件)也很重要。"这是他一贯坚持的选人用人观。

特别是举荐党外人士担任政府要职,更体现了周恩来知人善任的用人艺术。

1949年初春,中国革命的胜利已成定局,大批民主人士先后来到北平,参与新中国的筹建工作。这时,周恩来开始考虑对民主人士和起义将领的安置问题。

对于傅作义将军，考虑到他对和平解放北平的重大贡献，还考虑到他曾治理河套水利工程，周恩来提名他担任水利部部长，并支持他抓好工作。对于黄炎培先生，周恩来提议他任政务院副总理兼轻工业部部长。黄炎培闻知周恩来的提名后，感慨地说："以往我坚拒做官不愿入污泥，今天是中国共产党领导下的人民政府，我做的是人民的官啊！"在周恩来的精心安排下，各民主党派的主要领袖或社会贤达、知名人士，差不多都安排了重要职务。在政务院4名副总理中，党外人士有2人；15名政务委员中，党外人士9人，在政务院所辖34个部、会、院、署、行中，担任正职的党外人士有14人，充分体现了中国共产党人的宽阔胸怀和周恩来知人善用的高尚风格。

周恩来不但知人善用，用得其当，积极推进民主建国，而且在聘用人才方面也不拘一格，虚怀若谷。新中国成立初期，为了充实中国科学院，中央有关部门准备调著名历史学家顾颉刚到中国科学院历史研究所工作。当时误传顾颉刚要求每月薪金500万元（指旧币，折合新币500元），不然就不去北京。这件事被周恩来知道了，他非但不生气，反而说：中国有几个顾颉刚？他要500万就给500万嘛，但一定要请他到北京来。顾颉刚听说此事深为感动，向有关领导说明并无要求高薪的意思，表示马上进京。事后顾颉刚不无感慨地说：我从周总理的身上看到了团结大多数人一道工作的真正共产党人的光辉形象。

周恩来十分重视用人所长，多次批评和制止那些用人不当的机关、单位和领导干部。1956年1月14日，他在《关于知识分子问题的报告》中尖锐地指出："在许多机关里，因为工作分配的不适当，或者工作组织得不好"，还有少数知识分子有"闲得发慌"的情形，"在全国高等学校里，还有少数老师没有开课"；"在社会上也还有极少数失业而还有相当劳动能力的知识分子"；有一部分专家，"被指定担任他们所没有学过的工作"。为了最充分地动员和发挥知识分子的力量，周恩来明令"必须采取坚决的步骤"来纠正这种错误，而且"必须把专门的人才用在最需要的地方"。

总之，知人是为了用人。周恩来的用人思想，注重于"用得其当"，即因人而异，量才录用，最合理地使用各种人才，最大限度地发掘人的潜能，使所有人都能够尽其所能，做最大的贡献。所以，人们都把周恩来当作知人善任的典范，都把他当成自己的知心人。

用人不疑，疑人不用

周恩来认为，用人的中心问题，在于对所使用的同志给予充分的信任，授权明责，使他们从领导者的信任中感受到自己的价值和尊严，产生对上级的信任感、敬重感，对自己的自重、自尊感，从而积极主动地创造性开展工作。如果用而不信，下级就会产生猜疑防范心理。彼此戒备猜疑，就不会有上下团结一心，奋发向上的合力。这是用人之大忌。周恩来曾说：对任何一个同志，必须有一个基本估计，就是基本上是可以信任的还是不可信任的。如果有充分材料说明他不可信任，那党就应该对他采取排斥或怀疑的态度。如果是可以信任的，那就不管他有多少错误，思想作风有怎样的毛病，党对他还是应该给予信任，在信任中批评他的错误，端正他的作风。周恩来对所使用的人，在政治上放心，工作上放手；被使用的同志也心情舒畅，努力工作，锐意进取。

1927年夏，周恩来结识了国民革命军第二十军军长贺龙。当时贺龙还不是共产党员，但他是国民党的左派将领，打了许多胜仗，并决意跟着共产党走。周恩来代表中共前敌委员会任命他为南昌起义军总指挥。这次武装起义，打响了武装反抗国民党反动派的第一枪。贺龙在党的培养教育下，成为战功赫赫的元帅。

土地革命战争时期，红五军团的基本队伍是在赵博生、董振堂领导下，由国民党第二十六路军在江西宁都暴动后参加工农红军的，经过整顿和教育，清理和淘汰了不坚定分子、反动分子，这支队伍成了真正的人民军队，在同国民党军作战中，坚决勇敢，尤其擅长阵地战，为革命立下了许多功劳。可是，在第五次反"围剿"时，竟有人诬蔑这支部队及其领导人已同国民党建立了联系，准备组织部队反水。这使得有些同志神经紧张，部队也议论纷纷。然而，五军团党委及保卫局的同志却没有慌乱，因为周恩来曾经对他们作过明确指示：以赵博生、董振堂为首的五军团的同志们，反蒋革命是很坚决的，他们领导了中国革命历史上少见的宁都起义，在革命斗争中，许多人参加了我们党，不少人在艰苦的斗争中，英勇地献出了自己的生命。对这样的同志，我们应当完全信赖他们，尊敬他们，要坚定地以增强革命团结为前提，去开展五军团的政治思想工作。军团党委及保卫局本着对五军团信任的态度，经过认真调查终于发现这是敌人使用的反间计，于是把诬蔑材料交给了董振堂军团长，粉碎了敌人的阴谋，避免了一场自乱阵脚的惨剧。董振堂感动得连声说："共产党伟大，共产党伟大！"

1958年4月，吴文藻教授被划成右派，这场意外的灾难使吴文藻和冰心夫妇陷入深深的苦闷之中。当时吴文藻被定的罪名是"反党反社会主义"。对此，吴文藻当然不服气。他对冰心说:"我若是反党反社会主义,我到国外去反好了,何必千辛万苦地借赴美的名义回到祖国来呢?"正当他们夫妇深感委屈之时,周恩来派来一辆小车,把冰心接到了中南海西花厅。冰心见到周恩来,再也控制不住自己的感情,把一腔怨愤都倾诉出来。周恩来听完之后说:"这时最能帮助吴教授的人,只能是他最亲近的人了,你要劝他思想别太狭窄。"一番话语重心长,使冰心的怨气消释了许多。冰心回家后,把这一情况告诉了丈夫。吴文藻听出了周恩来的弦外之音,说:"心里是感到委屈和苦闷,但我坚信事情终有一天会弄清楚的。"一年之后,1959年12月,吴文藻被摘掉了右派分子帽子。此后,周恩来一如既往地关心他们的创作,对冰心说:"从作品中看出你是爱国爱人民的,要常常写。"给这对老知识分子以无限的信任。

20世纪50年代末,筹建原子弹研究院时,根据宋任穷的建议,院长必须是上过大学的少将,西藏军区副司令员李觉符合这个条件。可是李觉当时正在接受"反右倾"的审查批判,周恩来力排众议,批准了这一任命。李觉上任后没有辜负党的期望,短期内原子弹爆炸成功。

不拘一格,大胆使用

只要是人才,一旦看准,周恩来敢于突破资历、年龄等常规,不受某些议论的影响,大胆使用。这种不拘一格、选贤任能的魄力,是他用人原则的重要方面。

他特别重视对年轻人的培养和使用,办法是交给任务,压上担子,让他们在实践上增长才干,在使用中得到提高。

土地革命战争时期,蒋介石对我中央苏区的第四次"围剿"被粉碎之后,又纠集70多万人力,准备进行第五次"围剿"。霎时,战争的乌云又布满中央根据地上空。为了进一步激发青少年参军参战的革命热情,发挥青年在革命战争中的突击作用,在周恩来的提示下,总政治部青年部向团中央提出成立"少共国际师"的建议。团中央非常重视这个建议,遂作出《关于创立"少共国际师"的决定》。

有一天,正在前线的萧华突然接到电话,说是周恩来总政委叫他迅速赶回总部。萧华赶回总部后,周恩来亲切地对他说:"经过军委研究,决定你去'少共国际师'担任政治委员。"萧华当时只有18岁,虽在营、团一级当过政委,在青年部工作过,但还缺乏独立带兵打仗的经验,现在要领导1万多人的"少共国际师"担子的确太重了。周恩来理解萧华的顾虑，但他还是爽朗地笑着说："正因为你年轻，才叫你去嘛。年轻干部带年轻的兵，这样部队更有朝气。只要认真地学习，经过斗争的磨炼，就会逐步走向成熟。"听周恩来既是鼓励，又是鞭策，更是希望的话语，萧华表示："坚决服从军委决定。"

周恩来的一位秘书谈到周恩来的用人观和人才标准时说："总理说我们的革命和社会主义建设是前无古人的伟大事业，没有一批有知识、有勇气、有才气而又忘我奋斗的人，是不行的。所以他非常尊重那些有知识，有才华的人，求贤若渴，礼贤下士，热心照顾他们，精心培养他们，大胆使用他们。因此他走到哪里，就有一批尖子人物出现在哪里，哪里的工作就呈现出新局面。"

这，就是周恩来用人艺术的威力所在。

严格要求，支持帮助

周恩来对有才华的人，决不是顺其自然，任其发展，而总是对他们严格要求，热情帮助，悉心培养，使之不断走向成熟。

周恩来的严格要求，主要体现在两个方面：一是对所使用的人提出较高的目标要求；二是发现缺点、错误，及时批评和帮助。

就前者来讲，他在《怎样做一个好的领导者》中，阐述了三条，其中第一条便是"必须正确地决定问题"。对此，他还有三项具体要求："首先，要估计环境及其变动，并找出此时此地的特点。其次，要依此与党的总任务联系起来，确定一时期的任务和方针。再次，要依此方针，规定当前适当的口号和策略。最后，然后据此定出合乎实际的计划和指示。这一切必须经过最实际的调查研究，并使这些实际材料与党的原理原则联系起来。"第二条是"必须组织正确决定之执行"。第三条是"必须组织对于执行这种决定的情形之审查"。显而易见，这些都是对各级领导干部提出的目标要求。

就后者来说，周恩来早在他任黄埔军校政治部主任期间，在《通告第一师党部诸同志》中，就要求各级党部的会议必须有"同志间互相批评，以党的见地为中心"。以后在漫长的革命和建设时期，他反复强调要运用批评与自我批评这个思想武器。他对干部的批评并非表现为"大声喝斥""严辞训戒""动容发怒"，相反，他非常讲究批评的艺术，总是晓之以理，循循善诱，最突出地表现在及时中肯，批中有帮。

在周恩来逝世20周年之际，一位老将军追忆了这样一件事，他说："长征到陕北后，我奉命到军委骑兵团工作，在陕甘地区配合红军主力东渡黄河开辟抗日战场。胜利完成任务后，在返回途中追击敌人时，不料突然遭到另一支敌军的伏击，尽管击退了敌人，但我们也遭到不应有的损失，我自己也负了伤，我懊恼极了。回到瓦窑堡，我就向周恩来副主席检讨了指挥上的错误。他对我进行了令人心折口服的批评教育。后来中央军委给我通令撤职的处分。我完全同意这样处理。这件事令我终生难忘，时时向我敲着警钟。周恩来同志就是这样，在革命工作中讲求原则不徇私情，对自己熟悉的部下更加严格要求，既不姑息同志的错误，又十分体谅犯错误同志的心情，温暖地给你希望，鼓励你前进。"

钱正英说："周总理对干部是严格要求的，这种严格是出自一种恨铁不成钢的爱护，而且发自一种亲自表率的伟大力量，使人们心悦诚服。" 1959 年，水电部在密云水库附近兴建一座水利建设成就展览馆。有一天在西花厅开会时，周恩来忽然问："钱正英，贺老总告诉我，你们在密云水库那里修一个相当高级的楼，有没有这回事？"钱正英回答："有，是一座水利展览馆。"周恩来沉默了一会儿，摇摇头，只轻声地说了一句："没有想到你们也会办这种事。"钱正英听了羞愧得无地自容，心里很难过。回到水电部后，立即在党组传达讨论，一致同意，将这座价值四百多万元的建筑，无偿转让给第一机械工业部的精密机床研究所，并向中央写了一个深刻的检查报告。谈到这件事，钱正英不无感慨地说："如果按现在某些干部的观念，周总理既未严厉批评，又未责成处理，我们既无纪律处分的威胁，更无'丢官'的危险，完全可以蒙混过关。但当时在周恩来总理伟大人格力量的感召下，我们自觉自愿地作了处理。"这就是周恩来批评艺术的特殊效应！

四、驾驭复杂关系的大师

做领导工作，实际上就是解决矛盾，处理关系，推动事物发展。如果说，毛泽东是驾驭诸多复杂矛盾的大师，那么，周恩来则是驾驭诸多复杂关系的大师。许多貌似杂乱无章、理无头绪的关系，在他的手下都会迎刃而解，井然有序。关系越复杂，越是险象环生，便越显出他的睿智、胆识和领导艺术。在那些复杂多变的领域里，如外交、统战、财经等战线，他都作出了举世公认的独创性的贡献。这里仅从皖南事变后周恩来对国民党、对中间势力、对英美、对苏联的工作，看他驾驭和把握复杂关系的艺术。

抗日战争爆发后，国共实现第二次合作，但是，皖南事变蒋介石露出了杀机。1941年1月17日晚，在国民党军事委员会通令和发言人谈话里，竟诬称新四军是"叛军"，取消番号，还声言将军长叶挺交军法审判。

此刻，在许多有识之士的脑海里闪过一个念头：这是不是又一次"四一二"？

这种疑虑并非没有道理，因为这次皖南事变，新四军军部及所属部队九千余人奉令北移，在安徽泾县遭到国民党军队的包围袭击，除两千人突围外，大部壮烈牺牲或被俘。但在这时，周恩来有他独到的见解。他敏锐地意识到，蒋介石尽管在军事上占了便宜，却在政治上丢了分，中间势力对国民党大失所望，痛感争取自由、民主、团结和反内战的必要，对蒋介石的离心力迅速增长。国民党中的有识之士也因此对蒋不满，貌合神离。英美等国虽然赞同蒋介石的反共限共政策，但又不希望国共冲突酿成内战，妨碍实现牵制日本的战略总目标。

因此，当有人问起国共会不会从此破裂，抗战会不会因此夭折时，周恩来坦然地说："党的方针，就是争取时局好转，同时也准备更坏的时局出现。至于抗战能不能继续下去，那决不是蒋介石一个人所能决定的。"他还向中共中央建议，实行政治上的全面进攻，使蒋介石陷于孤立。毛泽东对此深表赞同。于是，在国民党统治的中心——重庆，周恩来发起了凌厉的政治攻势。这攻势是被逼出来的，是后发制人的，但却切中要害。

周恩来重点做民主人士的工作。他深知，中间势力在中国政坛上起着举足轻重的作用。依靠进步势力，争取中间势力，才能最大限度地孤立顽固势力。他亲自登门拜访，求得民主人士的理解和同情。国民党的元老冯玉祥说，周先生这个人识大体，明大义，同时又很能忍耐。新四军抗战有功，妇孺皆知，此次被政府消灭，政府方面实没有方法能挽救人民的反对。地方实力派和杂牌军中的多数人，对蒋氏下令解散新四军也有唇亡齿寒之感，因而同情中共。

周恩来还不失时机地做英美等国的工作。他曾应邀到英国驻华大使卡尔家中晤谈。英国政府收到卡尔的报告后，告诫蒋介石：内战只会加强日军的攻击。美国总统罗斯福也十分关注中国政局。这年2月，派代表居里来华访问，专门提出要见周恩来。周恩来抓住美国担心日本南进的心理，向居里说明，蒋介石如不改变反共政策，势必导致中国内战，使抗战停火，便于日军南进。居里深以为然，他在见蒋时正式声明，美国在国共纠纷未解决之前，无法大量援华。美国态度的变化，使国民党高层发生意见分歧。国民参政会秘书长王世杰主张，严令国军不妄发一弹，以防破裂。蒋介石此刻也尝到了四面楚歌的味道，在日记里承认："新四军问题，余波未平，美国因受共产党蛊惑，援华政策，几乎动摇。"

周恩来还同苏联驻华使节保持联系。抗战以来，苏联已向国民政府提供了大量援助，对蒋介石的所为也表示强烈愤慨。苏联大使潘友新会见蒋介石时说："对中国来说，内战将意味着灭亡。"

周恩来对这些复杂关系的正确处理简直是对蒋介石釜底抽薪，令他难以忍受。在这次交手中，周恩来并没有同蒋介石直接交锋，但却着着打在他的身上，蒋介石不得不佩服周恩来，也不得不畏惧周恩来。他慨叹，在他的麾下没有这样的人才。

毛泽东对周恩来的临机应变极为满意。他在给周恩来的电报中说："蒋从来没有如现在这样受内外责难之甚，我亦从来没有如现在这样获得如此广大的群众（国内外）。""一月十七日以前，他是进攻的，我是防御的；十七日以后反过来了，他已处于防御地位，我之最大胜利在此。"兴奋之情溢于言表。

第十一章
疾风劲草,大雪青松
——「文化大革命」中的周恩来

中共中央《关于建国以来党的若干历史问题的决议》，对"文化大革命"中的周恩来评价说："周恩来同志对党和人民无限忠诚，鞠躬尽瘁。他在'文化大革命'中处于非常困难的地位。他顾全大局，任劳任怨，为继续进行党和国家的正常工作，为尽量减少'文化大革命'所造成的损失，为保护大批的党内外干部，作了坚持不懈的努力，费尽了心血。他同林彪、江青反革命集团的破坏进行了各种形式的斗争。他的逝世引起了全党和全国各族人民的无限悲痛。"这个评价恰如其分、实事求是。

实践证明，"文化大革命"不是任何意义上的革命或社会进步，而是一场给党、国家和各族人民带来严重灾难的内乱。"文化大革命"开始时，周恩来既拥护、紧跟毛泽东的战略部署，又不理解、跟不上；而当林彪、江青反革命集团利用"文化大革命"的错误为非作歹，妄图篡夺党和国家最高权力时，周恩来义无反顾地同他们的倒行逆施进行了艰苦卓绝的斗争，尽最大力量减少损失，在中国的一个特殊历史阶段，为中华民族作出了新的重大的贡献，赢得了全党、全军、全国人民的崇高敬意。

一、"文革"突起，被动卷入

老革命遇到新问题

1965年初，江青在上海组织写批判《海瑞罢官》的文章，中共中央政治局常委除毛泽东外，无人知晓。文章起草出来送北京征求意见时，江青特意交代："不叫周恩来看。"后来，当上海市委书记张春桥得知周恩来看到了刊载讨论该文内容的《文汇情况》时，十分紧张，立即决定改出不编号的《记者简报》，每期限印12份，由他自己控制分发，继续向周恩来等中央领导封锁消息。11月10日，姚文元的《评新编历史剧〈海瑞罢官〉》在上海《文汇报》发表；11月30日，《人民日报》被迫转载该文。转载前，周恩来亲自为《人民日报》修定"编者按"，强调学术讨论要贯彻"百花齐放,百家争鸣"的方针,要"实事求是,以理服人"等。这说明周恩来当时并不了解真情,也没有想到这是发动"文化大革命"的导火索。

1966年5月,中共中央政治局扩大会议通过了正式发动"文化大革命"的《五一六通知》,并决定停止彭真、陆定一、罗瑞卿中央书记处书记的职务,停止杨尚昆中央书记处候补书记的职务的决定,成立隶属于中央政治局常委的中央文化革命小组(简称"中央文革")。5月25日,北京大学聂元梓等人贴出了将矛头指向该校党委和北京市委的大字报。6月1日,毛泽东在杭州批准中央人民广播电台于当晚向全国广播这张大字报,并称这是"全国第一张马列主义的大字报"。随即全国各大学和部分中学都出现了把矛头指向校领导的大小字报。为了有效地领导运动,在北京的中央领导向各大、中学派了工作组。

7月24日,毛泽东回到北京之后,主持召开有中共中央政治局常委和中央文革小组成员参加的会议,在会上批评刘少奇、邓小平等派工作组是压制"文化大革命",作出了撤销工作组的决定。周恩来也参加了这个会议,他说:派工作组的问题,留在北京中央工作的我们几个人都要负责。工作组"绝大多数的干部都是好的",是"我们没有很好地交代,也没有召集他们开会"。这里他一方面主动承担了责任,一方面也为工作组的同志讲了话,事实上是在保护这些干部。

为了继续全面发动"文化大革命",毛泽东于8月1日至12日主持召开了中共中央八届十一中全会,并发表《炮打司令部》的大字报,矛头直指党的副主席、国家主席刘少奇。在"左"的气氛笼罩下,会议通过了《中共中央关于无产阶级文化大革命的决定》(简称"十六条"),进一步确认了"文化大革命"的指导方针、打击对象、依靠力量和方式方法等。12日,全会根据毛泽东的提议,通过了改选中共中央政治局常委的决定,常委由原来的7人增加为11人。其中最引人注目的变化,是刘少奇由原来的第2位降为第8位,林彪由原来的第6位升为第2位。全会没有重新选举中央副主席,但会后唯有林彪一人被称为中央副主席。

这时,周恩来所能做的就是尽量争取毛泽东的支持,尽量缩小打击面,采取一些具体办法,减小"左"倾错误的程度。在会议讨论"十六条"时,他与中央文革顾问陶铸商量并向毛泽东建议,删掉了原稿中"黑帮""黑线"一类提法,加进一些限制性的政策规定:严格区分两类不同性质的矛盾,正确区分和对待干部,团结95%以上的干部和群众,保护作出过贡献的科技人员,搞运动不要同发展生产对立起来,抓革命、促生产,要文斗,不要武斗等。

但是,"文化大革命"究竟怎么搞,搞多长时间,要达到什么目标,周恩来并不清楚。正如他自己所承认的,是"老革命遇到了新问题"。他主张时间不要持续太长,免得影响生产。为此,他曾于1966年8月请示毛泽东,提出中央和国务院机关的运动到10月中旬告一段落的设想。

"我不入地狱,谁入地狱"

1966年8月18日,毛泽东在天安门检阅全国红卫兵,引发了全国性的大串连,红卫兵由此走上社会。运动迅速从北京发展到全国,从学校发展到各级党政机关,"造反""火烧""炮轰"之声不绝于耳,各种造反派组织纷纷成立。

10月,中央文革提出批判"资产阶级反动路线"的口号,将批判工作组进一步上升为"资产阶级反动路线"。周恩来从《红旗》杂志第13期社论上看到这个提法十分不理解,去请教毛泽东。他说:党内历来提路线问题,都是说"左"倾或右倾,并没有"资产阶级反动路线"这样的提法。这样提合适吗?毛泽东对这一提问没有理睬。

后来,周恩来在接见群众代表时,仍坚持自己的理解,强调执行"资产阶级反动路线"的同志是认识问题,属于人民内部矛盾。对一般犯错误的人不能采取无情打击、残酷斗争的态度。对此,林彪、江青等人十分气恼,诬称他是"和稀泥""折中主义"。江青还曾在中央文革内把周恩来比作三国后期蜀国投降派代表谯周,说"谯周是老臣"。

到1966年底,全国除解放军野战部队外,各级党政军机关基本上陷入瘫痪或半瘫痪状态,全国出现"打倒一切"的大动乱。对此,党内外广大干部忧心忡忡,希望中央稳住局面,恢复生产。

这时,周恩来殚精竭虑,努力设法取得毛泽东的同意,团结党中央、国务院其他领导同志,领导一些尚能工作的党政部门,尽力维持社会安定、正常生产和国家政权职能的运转。

他对副总理、部长们说:这场革命方兴未艾,欲罢不能,势不可当,要因势利导。副总理、部长们正在挨斗,他们十分气愤,认为自己不是走资派,就是走资派也不应该像对待地主一样挨斗。周恩来劝他们主动做检查,因为在当时只有做了检查才有可能得到群众的谅解,才有可能出来工作。他希望他们尽快出来工作,因为经济生产一天也不能停。

他还对派到国务院协助抓工业的负责干部余秋里、谷牧不无担忧地说:你们可得帮我把住经济工作这个关啊！经济基础不乱，局面还能维持；经济基础一乱，局面就没法收拾了。所以，经济工作一定要紧紧抓住，生产绝不能停。生产停了，国家怎么办？不种田了，没有粮食吃，人民怎么能活下去？还能闹什么革命？同时，他还曾对副总理李富春说："我不入地狱，谁入地狱。"这表明了他要扭转混乱局面的坚定决心。

在这种思想指导下，周恩来从"文化大革命"一开始就采取各种措施，全力以赴保护生产少受损失，尽力保证人民生活的基本要求。

1966年7月14日，在周恩来的支持下，李富春主持召开国务院各部门负责人会议，强调各部门不要放松当年生产计划任务的落实和完成，要注意督促检查。

8月下旬，周恩来与陶铸商量起草了一个保护要害部门和党与国家机密的通知，包括军事、公安、电台、外事、铁路、港务及尖端技术部门等。然而，这一正确行动却遭到江青的反对，她送毛泽东批阅，扣下未发。

9月初，周恩来又亲自主持起草了《有关红卫兵的几点意见（未定稿）》，提出红卫兵的行动要有组织纪律性，要按党的方针政策办事，要保证党和国家职能部门对内对外工作及国民经济动脉的铁路运输等"不受影响""正常行使"。这些正确的意见，却被中央文革的顾问康生等人否定了。

9月5日，周恩来在北京市中等学校红卫兵座谈会上讲话，明确提出革命的目的还是为了促进生产。工厂和学校不同，不能把生产停下来，放假闹革命。我们既要革命，还要生产，否则吃什么？用什么？他不厌其烦地把这些道理讲给狂热的红卫兵听，力图使他们的行动纳入有领导、有秩序的轨道。

8—10月，是学生进京"大串连"的高潮阶段，给铁路运输造成极大的压力。周恩来亲自过问，要求业务部门妥善处理好串连与生产建设的关系。毛泽东第三次接见红卫兵时，周恩来对他说：已经见了好几百万了，火车、吃饭、住宿一切都免费，再来就困难了。毛泽东说：现在才开始，要接见成千上万。于是，周恩来又毫不推辞地承担起一切组织接待、生活安排、宣传教育等工作。与此同时，他每天还要亲自过问和审看工交部门的生产报表、铁路货运的计划、煤矿产量、原料供应等。他特别要求铁道部要精心编制铁路运输计划明细表，多次指出："无论多么困难，都要妥善处理好学生串连与生产建设的关系。首先，必须安排好维持生产建设所必需的货运量，然后安排好客运计划，在客运计划中留有一定余力以应付学生串连之需。总之，无论如何不能让生产受到影响！"他对协助抓铁路工作的谷牧说:"多拉一些学生是有困难,但我更担心的是铁路停断和阻塞。铁路是国民经济的大动脉,一旦停断,整个国民经济就瘫痪了。"他让谷牧在9月底突击起草了一份不得随便干扰铁路、航运秩序的通知稿。9月16日,他在谷牧起草的关于学生不能进驻各部、委机关的报告上批示:"坚持不让学校革命师生进入部、委设联络站,但可派联络员经常到部、委、办联系。"10月31日,由他主持起草的《中共中央关于处理无产阶级文化大革命中档案材料和其他有关问题的规定》进一步要求,红卫兵"不应干涉机关内部革命或妨碍机关正常工作,不应率领群众进出机关办公科室,进驻或封闭机关","机密、要害部门、新闻、广播部门和中央局首脑部门,一律不进行革命群众的内外串连。"文件特别强调,上述办法同样适用于革命学生与农村公社、城市企业、事业单位和科研设计机构之间的革命串连,"也不应干涉他们本身的革命和生产、业务问题"。

9月14日,在周恩来的努力下,中共中央下发了《关于抓革命、促生产的通知》和《关于县以下农村文化大革命的规定》两个文件。文件要求,各个生产地区和业务部门应"立即加强或组成各级生产业务指挥机构";"各生产企业、基本建设单位、科学研究、设计和商业、服务业的职工,都应当坚守岗位","学校的红卫兵和革命学生不要进入";"县以下各级的'文化大革命',仍按原'四清'的部署结合进行";"北京和外地的学生、红卫兵","均不到县以下各级机关和社、队去串连",等等。这两个文件传达后,有利地支持了各地党委的工作,受到基层生产第一线的干部群众普遍欢迎,维护了社会生产和县乡厂矿等基层单位的相对稳定。如果说提出"抓革命、促生产"的口号是周恩来抵制"左"倾错误的第一次努力,那么这两个文件的通过就是周恩来的第二次努力。

10月,在中央工作会议期间,周恩来依然抽空听取有关经济建设的情况汇报。11月9日,他主持讨论《人民日报》社论稿《再论"抓革命、促生产"》(9月7日,该报就曾发过《抓革命、促生产》的社论)。这篇社论严肃批驳了只强调"革命",不讲生产建设的错误观点,突出强调"抓革命、促生产"的方针适用于一切单位和部门,是"必须坚决遵守、时刻遵守的";"国民经济是一个整体","只要某一部门脱节,就可能影响全局",而"工农业生产稍有间断,就会影响到人民的经济生活"。

对此,林彪、江青等人十分恼火,公开污蔑周恩来是"救火队长",国务院其他领导同志是"救火队员"。中央文革成员王力在一次会上说:工人闹革命的两次高潮,被两篇"抓革命、促生产"的社论压下去了。11月13日,陈伯达将中央文革起草的关于工交系统开展运动的 12 条规定交国务院，要求尽快答复。这个规定提出了"允许工厂成立派系组织""允许学生到工厂串连"等旨在突破"文革"发动范围的条款，与周恩来的意见大相径庭。当拿到工交座谈会上讨论时，遭到各地与会者的一致反对，发生了尖锐的争论。

周恩来听取李富春、余秋里、谷牧汇报座谈情况后，明确指出：工交战线搞"文化大革命"，必须在党委领导下分期分批地搞，坚持 8 小时工作制，不得擅离工作岗位，不得内外串连。他还根据座谈会提出的问题，决定成立国务院业务组，负责管理经济工作及工交企业的生产，并要他们立即起草工交企业进行"文化大革命"的若干规定。这样，就产生了一个有 15 条内容的修改稿，对陈伯达的 12 条规定作了几处实质性的修改。

然而，周恩来的努力因遭到林彪和中央文革的反对而失败了。12 月 4 日，林彪主持中央政治局会议，听取谷牧的汇报。会上，林彪及中央文革严厉批判这个汇报提纲是"以生产压革命"。一连 3 个半天，谷牧遭到围攻。周恩来承担责任说："这个提纲是我要他们写的，是开夜车搞出来的，来不及征求意见。"

6 日，林彪继续主持政治局会议，否定了汇报提纲。并荒谬地说：我们搞"文化大革命"，在一定时期也可能降低生产，如果用生产成绩大小来评议"文化大革命"的成败，是大错特错的。生产受一点损失，其他方面得一点收获，在政治上得到收获也是重大收获。他还说：这次运动就是批判干部的运动。这就将运动的重点从反对"走资本主义道路的当权派"扩大为所有的干部，大大增加了打击面。他在这次讲话中又将刘少奇、邓小平的问题进一步上纲，说：刘、邓不是 50 天的问题，而是 20 年的问题。

最后，会议通过了陈伯达修改而成的《中共中央关于抓革命、促生产的十条规定（草案）》（简称"工业十条"）。文件否定了党委对运动的领导，允许学生到厂矿串连和厂际间串连，允许工厂企业成立群众组织。工交被突破了，农村、财贸也随之突破。与此同时，中央下发了《关于农村"文化大革命"的指示》，提出把"四清运动纳入文化大革命中去"。这些文件否定了周恩来于 9 月 14 日定稿的中共中央《关于抓革命、促生产的通知》（即"工业六条"）和《关于县以下农村文化大革命的规定》（即"农村五条"）。至此，"文化大革命"的风暴遍及全国城乡各行各业，终于酿成了"打倒一切""全面内战""天下大乱"的局面。

1967 年新年伊始，《人民日报》《红旗》杂志发表经毛泽东审定的元旦社论，宣布本年"将是全国全面展开阶级斗争的一年"，号召"向党内一小撮走资本主义道路的当权派和社会上的牛鬼蛇神，展开总攻击"。张春桥、姚文元等首先在上海刮起夺权的"一月风暴"。这个行动得到毛泽东的肯定，从此"文化大革命"进入全面夺权的阶段。夺权引发武斗迭起、派性纷争、经济受损、每况愈下的混乱局势，致使1966年的计划未能完成，1967年的计划不能如期制定，困难重重。但周恩来仍矢志不移，在更艰难的环境中抓生产、抓业务。

首先，他积极采取措施，保护各级党政部门的领导同志，尽力使国务院健全的领导系统不被打乱。1967年1月4日，他在一次谈话中明确地说："中央的精神是一般不轻易罢官"，即使某些领导人有错误，也"应当给他们有改正错误的机会"。同月下旬的一次中央常委会上，周恩来进一步提出："走资派""犯严重错误的"是极少数，"犯个别的一般性错误的是极大多数"，因此，"撤职查办要少，撤职查办的，也要叫他们工作，不要扫大街去"。

这一时期，周恩来将各省主要负责人接到北京保护起来，将国务院各部长轮流接到中南海，让他们得以休息。他还根据毛泽东说过各省的夺权"要国务院批准"的话，同各副总理分工管理各省，严格把关，直到1967年2月中旬只有上海等5个省市的夺权得到承认。这说明，周恩来试图通过保护干部来保证党政机关生产指挥系统的正常运转。

其次，采取紧急措施保护重要部门和单位的工作秩序，继续限制动乱波及的范围。大夺权开始后，周恩来清醒地认识到仅靠原有的领导抓生产还不行，非常时刻要有非常措施。为此，他取得毛泽东的支持，在中央军委副主席、秘书长叶剑英等的配合下，采取军管的办法维护党和国家职能部门的工作。1967年1月11日，中共中央、国务院、中央军委发出关于银行一律由解放军和公安部门负责保护，不准冲击的通知，保证了金融系统秩序的相对稳定；同时，各地广播电台也实行军管。19日，党中央、国务院再发通知，对粮食、物资仓库、监狱及中央规定必须保护的单位实行军管。26日，全国航空系统被解放军接管。据统计，到2月中旬，全国实行军管的单位共6900多个，29个省、市、自治区中实行军管的有10个，从而使国民经济、国防、舆论宣传、交通、治安等要害部门牢牢掌握在党中央、国务院手中。

再次，教育群众，制止派性纷争。"大夺权"不仅造成铁路的运输困难，而且派性武斗更给交通系统以极大的破坏。因此，铁路运输问题牵扯了周恩来相当大的工作精力，正如他1968年同外宾谈话时所说：一年来，我都在管铁路运输工作，每星期都过问。运输上发生问题，这是"文化大革命"的副作用，两派争吵不休嘛！夺权前后，周恩来不断强调革命一定要体现在生产发展上，多次批驳所谓"革命抓好了，生产就会自然而然地上去"的错误观点。他不止一次地对造反派讲：搞革命，就要使工作有起色。难道搞革命就是为争权吗？他强调说，每个部门一定要把革命跟业务和工作结合起来，再不能只抓革命，不管工作。每个部门的造反组织如果不抓业务，你就不能算一个完全的革命派，你就是口头革命，因为你不去实践嘛。

二、协助毛泽东，机智处理林彪事件

党的八届十二中全会和第九次全国代表大会，不仅从政治上肯定了"文化大革命"和"无产阶级专政下继续革命"的理论，而且将林彪确定为毛泽东的唯一接班人，并写入党章。此后，林彪、江青这两个集团受政治野心的驱使，由以前的相互勾结、相互利用逐渐转变为相互间的明争暗斗，明抢暗夺。林彪一方面拼命抓权扩权，一方面又担心中央文革的势力超越自己，密谋提前"接班"，其基本策略就是"称天才"、坚持在宪法修改案中设国家主席和阴谋发动武装政变，夺取最高权力。一场斗争势不可免！

九届二中全会上的斗争较量

1970年8月23日至9月6日在庐山召开的中共九届二中全会，是由毛泽东主持的。会议日程原定是讨论修改宪法、国民经济计划和战备等问题。

8月23日下午3时，毛泽东一宣布全会开幕，林彪就抢先发表讲话，仍然坚持设国家主席的主张，并利用宣传"毛泽东是天才"，任何时代或社会都需要天才等观点，把矛头指向江青、张春桥、康生。中央委员都知道林彪是毛泽东的接班人、中共中央副主席，因而认为他的讲话是代表中央的，没有感觉出这个讲话有什么特别意思。然而，善良正直的人们哪里知道，他的讲话事出有因，已策划多时，是抢班夺权的信号。

1969年11月，国家主席刘少奇被迫害致死，主席的位子空缺。筹备召开四届全国人大时，毛泽东认为国家主席以不设为好。如他在1970年3月的中央政治局会议上，就明确提出要取消国家主席的职位。此后又几次打过招呼，提出自己不担任国家主席。

林彪等人认为不设国家主席对他们是一种压制。正如叶群在庐山会议前对吴法宪等人所说:"不设国家主席,林彪往哪里摆?"于是,林彪亲自给毛泽东写信,并在4月11日的中央政治局会议上提议保留这个职位。他不好说自己当国家主席,遂提议让毛泽东当。毛泽东批评说:"我不能再作此事,此议不妥。"

  林彪等人不死心,坚持己见,继续在宪法修改问题上搞阴谋活动。当时,中央成立了一个宪法起草委员会,毛泽东任主任,林彪是副主任,成员有康生、陈伯达、吴法宪、张春桥等政治局和军委办事组的成员。根据毛泽东的意见,宪法的一条重要修改就是不设国家主席。起草委员会讨论时,陈伯达、吴法宪等坚持要设国家主席,并要加上"天才的""伟大的"几个词,康生、张春桥则按毛泽东的意见不设国家主席,也不写副词。这些争论是在小范围内进行的,一般的中央委员都不清楚。

  林彪等人认为庐山会议是一次好机会,决意再次提出设国家主席的意见,挑起争论,策略是"称天才"。

  正是在这样的背景下,林彪事前没说要讲话,开会时却第一个发言,搞突然袭击。林彪讲话的当天晚上,周恩来主持组长会议,吴法宪突然提出:林副主席的讲话十分重要,要中央委员听这次讲话录音,认真学习。这就改变了会议的日程。第二天上午,全会又听了两遍林彪的讲话录音,下午分组讨论时,陈伯达、叶群、吴法宪、李作鹏、邱会作等按事先的密谋和林彪讲话的主旨,抓住设国家主席和"称天才"两个问题,在华北、中南、西北、西南各组发言点火。陈伯达在华北组说:在宪法中肯定毛主席的伟大领袖、国家元首、最高统帅的地位,非常重要,这是经过很多斗争的。他讲了一番"天才论""天才创造历史,天才改变世界"和设国家主席的好处之后,闪烁其词地煽动说:有人反对毛主席,"利用毛主席的谦虚,妄图贬低毛泽东思想"。有人听说毛主席不做国家主席了,就高兴得手舞足蹈。这番讲话引起了一些到会代表特别是从基层来的中央委员的纷纷议论,进而义愤填膺地发言,要求揪出反毛主席的人等。

  24日晚,华北组发出了登载上述发言内容的第2号简报(全会的第6号简报),在不明真相的同志中引起更大的义愤和混乱,发言都集中到了所谓有人反对毛主席的问题上。会议议程被打乱,根本不可能讨论国民经济等问题。

  面对这一突发事件,毛泽东及时识破了林彪等人的阴谋,8月25日主持召开中央政治局常委扩大会议,决定立即停止讨论林彪的讲话,收回华北组2号简报,责令陈伯达检讨。31日,毛泽东给中央委员写了一封信,题为《我的一点意见》,严厉批评陈伯达是搞"突然袭击""煽风点火""大有炸平庐山停止地球转动之势",揭穿了"称天才"的骗局。全会闭幕时,党中央宣布对陈伯达隔离审查,毛泽东名为批评陈伯达,实际打在林彪的身上,挫败了林彪等人用"和平"的办法抢班夺权的阴谋。

在庐山会议上的这场斗争较量中,周恩来积极配合毛泽东,具体处理了有关问题。全会前后,他的身体一直不好,常发作心脏病,却仍积极参加筹备工作,不仅关心起草宪法,还主持制订国民经济计划,并在8月22日下午的中央政治局常委会上介绍了工农业情况。开会后,他要组织各组讨论,落实全会议程。当登载陈伯达发言的简报出来后,周恩来首先反对,说毛主席相信群众、相信人民,并将听到的情况报告毛泽东。8月25日,中央政治局常委会决定,当晚由周恩来召开各大组召集人会议传达,中央政治局关于对陈伯达进行批判和调查的决定。从26日到30日的5天中,周恩来同其他常委一起,协助毛泽东分别找人谈话,他先后同陈伯达、吴法宪、李作鹏、邱会作等人谈,要求他们端正认识、作出检查。有一次,他因工作时间长达36小时而昏迷。全会后,周恩来按照毛泽东的提议,主持召开华北会议,领导"批陈整风"运动逐步展开。1971年4月15日至29日,中央召开批陈整风汇报会,林彪集团的主要成员黄永胜、吴法宪、叶群、李作鹏、邱会作被迫作了书面检查。周恩来在最后一天的总结讲话中明确指出:他们"在政治上是方向路线错误,在组织上是宗派主义错误"。

处变不惊,坐镇指挥

本来,毛泽东在《我的一点意见》中只点陈伯达的名字,是为了争取林彪,给他一个改正的机会。会后进行的"批陈整风"就是党中央、毛泽东在等待林彪等人改正错误,但他们并未从九届二中全会的失败中吸取教训,悬崖勒马,彻底向党交代问题,反而变本加厉地提出"我们搞文的不行,搞武的行",进而加紧准备反革命武装政变。

1971年2月,林彪带着叶群、林立果等到苏州的一所别墅,开始策划政变。3月21日,林立果和其同伙在上海巨鹿路一幢楼房的密室里,制订了武装政变具体计划,取名为"'571'工程纪要"("武装起义"的谐音)。3月23日,林立果又在上海秘密召集有南京、上海、杭州三地反革命集团骨干参加的所谓"三国四方会议",具体研究了实施政变的若干问题,并确定了政变"指挥班子"。他们踌躇满志,举杯相庆,准备为建立"林家王朝"大干一场!

正当林彪一伙精心准备、紧锣密鼓地策划武装政变的时刻,毛泽东于1971

年8月14日踏上了南巡的旅程。沿途,他同5个大军区和10个省、市负责人谈话,点名批评了林彪及其同伙,反复强调"要搞马克思主义,不要搞修正主义;要团结,不要分裂;要光明正大,不要搞阴谋诡计"。并说回到北京要同林彪谈话,希望林能改正自己的错误。毛泽东在长沙还派华国锋先回北京,向周恩来传达了他在南巡途中讲话的内容。

对于毛泽东的例行性巡视活动,林彪等人异常关注,千方百计地打探他的南巡路线和谈话内容。9月6日,当他们得知毛泽东谈话已经点了林彪的名之后,心慌意乱,紧张至极,以为全部阴谋败露,遂悍然决定破釜沉舟,铤而走险,对旅途中的毛泽东采取谋杀行动。9月7日,林立果向同伙下达进入一级战备的命令。9月8日,林彪写下了"盼照立果、宇驰同志传达的命令办"的手令。林立果和周宇驰拿着林的手令,到北京布置,准备对毛泽东下手,搞政变。同时,也计划把周恩来、朱德等几位老帅"干掉",提出用坦克冲撞中南海、用导弹打、飞机炸等方案。

南巡途中的毛泽东并不确切知道林彪一伙的政变谋杀计划,只是凭着其丰富的政治斗争经验和敏锐的观察分析能力,在沿途听到一些异常情况的报告后有所警惕,并采取了改变行程时间、地点等防范措施,于9月12日下午提前返回北京。

这一消息似惊雷,击碎了林彪等人的黑色幻梦,他们深知大势已去,决定私调飞机,南逃广州,另立中央。

这是谋杀毛泽东不成后的所谓"第二方案",但由于毛泽东提前返京,周恩来追查256号专机去山海关等事,更使他们惊恐万状,难以实施。于是,林彪、叶群、林立果等人遂决定北逃,叛国到苏联去。

9月12日晚,周恩来在人民大会堂福建厅开会,主持讨论四届全国人大《政府工作报告》草稿。晚10时半左右,他突然接到中央警卫局的报告,称林彪之女林立衡向8341部队负责人报告:有一架飞机停在山海关机场,林彪住处一片忙乱,出现了一些异常情况。

周恩来一面指示警卫部队随时报告情况,一面给吴法宪打电话,追问256号专机去北戴河一事,并令飞机立即返回北京,不许带任何人。但他们却谎称飞机发生故障,拒不执行命令。晚11时半左右,周恩来又接到叶群从北戴河打来的试探电话,说林彪要动一动。周恩来立即追问调了飞机没有,林彪要天上转还是地上转?叶群谎称没有调,露了马脚;稍后又说有一架专机,是他儿子坐着来的。如果明天天气好，林彪要上天转一转。周恩来问叶群："是不是要去别的地方？"叶群回答说："原来想去大连，这里的天气有些冷了。"周恩来以夜航不安全为由劝阻，并说："需要的话，我去北戴河看一看林彪同志。"

周恩来放下电话后，自言自语地说："这是阴谋！"他判断这里面有鬼，随即给李作鹏打电话命令：256号专机不能动。要动，必须有我、黄永胜、吴法宪和你4个人一起下命令才能飞行。他还令8341部队密切注视林彪动向，如他走，就以夜航不安全为由加以劝阻，并指示警卫部队派人去山海关机场把那架飞机控制起来，但派的人在去机场的路上，被林彪的高速轿车超过。零时22分左右，红旗轿车开到256号专机下，林彪等人跌跌撞撞地登上飞机，未等机组人员上齐，便紧急发动。10分钟后，飞机强行滑出跑道，仓皇起飞。

周恩来接到报告后，不知林彪为何深夜起飞，也不知道他要飞向何处，但他处变不惊，镇定自若。

为了防止出现意外，他马上下达全国禁飞令，命令开动全部雷达监视天空，并派陆军进驻机场。同时，命令中央警卫局负责人杨德中与吴法宪一起到西郊机场，并命令在京的军队负责人李德生和纪登奎分别到空军司令部和北京军区空军坐镇，与他保持直接联系。

随后，他让调度人员向256号专机呼叫，表示希望他们飞回北京，不论在北京哪个机场降落，"我周恩来都到机场去接"。然而，这一行动未得到任何回应。当飞机将出境时，周恩来请示毛泽东是否拦截？毛泽东说："林彪还是我们党中央的副主席。天要下雨，娘要嫁人，都是没法子的事，由他去吧！"13日1时50分，空军调度室报告：飞机越出国境，进入蒙古，从荧光屏上消失了。周恩来把手中的电话一摔，气愤地说："叛徒！"

他马上到中南海，同毛泽东谈了约半小时，又回人民大会堂作紧急部署。为防不测，他建议毛泽东从中南海游泳池转到人民大会堂118厅办公、居住。随后，周恩来召开中央政治局会议，通报了有关情况。会后，全体成员一律在新疆厅集体办公。他又亲自用保密电话给各大军区负责人打电话，通报林彪事件，要求紧急备战，进入一级战备状态，对林彪外逃事件要严格保密等。这时一架直升飞机在北京沙河机场起飞，情况紧急，周恩来马上指定北京市负责人吴德、吴忠等负责北京的紧急备战工作。随后又下达命令：

一、要监视和搜索外逃被迫降的直升机，要人、机并获，将情况直接报告中央，也就是直接报告毛主席、周总理。二、派卫戍区部队封闭控制北京郊区的几个机场，没有命令，任何飞机不准起飞，也不允许任何飞机降落。在没有接到允许飞机起飞的命令或通告时，发现有飞机起飞，要将其击落。三、卫戍区要加强对新华社、广播电台、人民日报社等警卫目标的警卫工作，对中南海、人民大会堂等附近地区也要增派部队，加强警卫。四、各部队进入一级战备，并部署北京地区防空降的作战任务。

林彪事件后，周恩来在人民大会堂连续工作3天，周密安排，指挥调度，以防突发事变。当时的重点，是内防政变，外防侵略。为此，根据党中央的指示，北京军区命令三十八军的3个机械化师、坦克一师、六师和炮兵六师共6个师归北京卫戍区统一指挥，加强了北京地区的紧急战备力量。

9月14日，我国外交部接到驻蒙古使馆加急电报，得知256号专机13日2时半因油料不足，着陆未成，在蒙古境内温都尔汗附近的荒野上爆炸起火，林彪等9人落了个粉身碎骨、暴尸荒野的可耻下场。9月16日，周恩来指示中国驻蒙古人民共和国大使向蒙古方面道歉，说明是中国民航飞机误入蒙古境内，要求把死亡人员的尸体运回国内。后来他又同意蒙方尸体就地安葬的建议，指示大使馆派人到埋葬现场进行察看和拍照。照片很快送回国内后，周恩来在人民大会堂看照片，听汇报，马上召集政治局开会，宣布了林彪自我爆炸这个令人震惊的消息。

此后，中央等待黄永胜等人悔过自新，向党作出认真交代，但他们却拒不坦白，只是忙着在住地烧毁文件、搞串连、统一口径等。

9月18日前，根据周恩来的指示，所有参与实施《"571"工程纪要》的林彪集团骨干亲信分别隔离审查，但黄永胜、吴法宪、李作鹏、邱会作4人仍是中央军委、各总部的负责人，中央尚没有对他们采取措施。周恩来曾召开了一次中央政治局会议，让到会的黄永胜等人看林彪等人外逃时留下和截获的一些材料，并询问有关情况。为了预防万一，周恩来让服务员事先将桌子上的茶杯、烟灰缸都拿走，让服务员不要进来，而他不怕危险，和林彪的死党一一谈话，表现了正气凛然、大无畏的精神和处变不惊、沉着机智的工作风格。

9月23日晚，经毛泽东同意，周恩来在人民大会堂再次召开中央政治局会议，决定对军权在握的黄永胜4人采取处理措施，以防危险。24日，周恩来等代表党中央同他们4人分别谈话，宣布他们离职反省，彻底交代自己的问题。10月3日，经周恩来向毛泽东提议，中央又决定撤销军委办事组，成立由叶剑英主持的军委办公会议，负责日常工作。毛泽东在接见办公会议成员时特别说："凡讨论重大问题，要请总理参加。"中央同时决定成立周恩来为组长的中央专案组，负责审查林彪集团的罪行。国庆节后，中央又逐级传达了林彪事件的有关材料，使全党全民了解事情真相，林彪集团身败名裂，彻底覆灭。

林彪自我爆炸事件，正如《关于建国以来党的若干历史问题的决议》指出的："这是'文化大革命'推翻党的一系列基本原则的结果，客观上宣告了'文化大革命'在理论和实践上的失败。"同时，这一事件也为周恩来纠正"左"的错误提供了一定的条件。

三、纠"左"的努力与曲折

林彪事件后，周恩来在毛泽东支持下主持中央日常工作。他紧紧抓住这一历史契机，顺应党心民意，抱着多病之躯，以超人的毅力和卓越的领导才能，为纠正"文化大革命"的某些错误，作了坚持不懈的努力，各方面工作出现转机。

落实党的干部政策

林彪事件后，纠正干部问题上的极左思潮，落实党的干部政策，是周恩来首先抓的一项重要工作。

1971年4月24日，《人民日报》发表经周恩来审批的社论《惩前毖后，治病救人》，强调经过长期革命斗争锻炼的老干部，"是党的宝贵财富"，应该认真落实党的干部政策。他克服江青等人制造的种种障碍，采取让老干部出席会议、名字见报、住院治病、允许家属探视等办法，使一批干部被解放，或走出"牛棚"，或从干校回到北京，或被安排工作。

落实干部政策，周恩来最大的贡献是想方设法让邓小平复出工作。他利用毛泽东讲的邓小平的问题属于人民内部矛盾和对邓小平的信作了肯定性批示的良机，于1972年12月18日致信纪登奎、汪东兴，特意写道："邓小平同志一家曾要求做点工作，请你们也考虑一下，主席也曾提过几次。"从1973年2月下旬到3月初，周恩来连续主持中央政治局会议，专门讨论邓小平的复出问题。经过与江青集团的斗争，3月10日，周恩来亲自写报告给毛泽东，汇报讨论情况，并建议由中央正式作一决定发至全国各基层党组织，将关于恢复邓小平党的组织生活和国务院副总理职务一事通报全党及党外群众。毛泽东当日即批示"同意"，中央的决定也于当天正式下发。这是邓小平第二次复出的开始。

3月，邓小平从江西回到北京，周恩来带病与李先念等领导同志会见他。随后，周恩来又安排邓小平与毛泽东在中央政治局会上见面，商定邓小平参加业务组工作，以副总理的身份参加外事活动，列席政治局会议。

4月12日晚，周恩来在人民大会堂主持盛大宴会，热烈欢迎柬埔寨国家元首诺罗敦·西哈努克亲王的来访。周恩来特地将邓小平介绍给西哈努克。邓小平首次以国务院副总理身份公开露面，引起国际社会的广泛关注。

此后，邓小平开始参加国务院业务会议，行使副总理职权。5月下旬，周恩来安排邓小平出席他主持的为筹备党的十大而召开的中央工作会议，在此期间他强调：党中央关于恢复邓小平同志职务的文件，是一个有代表性的文件，对此，绝大多数同志都是满意的。8月，邓小平作为主席团成员，出席党的第十次全国代表大会，并当选为中共十届中央委员。12月中旬，经毛泽东提议，党中央决定由邓小平担任中央政治局委员和中央军委委员，同时还是国务院副总理，参与中央重大决策。毛泽东在中央政治局会议上高兴地说："小平同志是中央政治局请回来的，不是我一个人请回来的。小平同志进政治局，是给政治局添了一位'副秘书长'。" 12月22日，周恩来亲自起草中共中央关于邓小平担任党中央和中央军委领导职务的通知，这个重要文件迅速传达到全党、全军、全国人民，得到人民的衷心拥护。在邓小平及一大批老干部的复出工作中，不知倾注了周恩来的多少心血！

1972年12月，毛泽东在被关押的原铁道部副部长刘建章妻子的来信上批示，要求"一律废除""法西斯式的审查方式"，并责成周恩来处理此事。据此，周恩来大力组织保护老干部的工作，要求有关部门"在狱内做一次彻底清查"。不到4个月，仅中央交办北京市负责审理的100多人中，就有一半以上获得解放。同月，在中南海的书房里，毛泽东看了周恩来送上的贺龙夫人薛明写的材料后，愤怒地说：看来贺龙同志的案子假了。怎么打倒了那么多干部？我本无意把他们都打倒嘛！

1974年9月，经周恩来提议，毛泽东批准，中共中央发出通知，为1969年6月含冤去世的贺龙元帅恢复名誉。

总之，这一时期周恩来不断呼吁，落实干部政策要先解决上头，"上头的'解放'了，政策就明确了；'标杆'有了，下边就会跟着落实。难度大的，先从容易的入手；容易的解决了，难的也就容易了。"这是纠正干部问题上极左错误的一种高超的斗争艺术。他还明确规定："解放"干部的审查报告都必须送政治局最后讨论决定；中央由中组部负责落实省委常委以上的干部政策；国务院由总理办公室负责落实副部长以上的干部政策；军队由总政治部负责正军级以上的干部政策。这之后，在周恩来的直接过问下，先后有175名高级干部得以恢复工作。

人们都说，周恩来对干部、知识分子的保护是"参天大树护英华"。邓小平称赞周恩来"保护了相当一批人"；陈云说："没有周恩来同志，'文化大革命'的后果不堪设想。他保了很多同志下来，我们这些人都是他保的嘛！"

这是历史和人民的评价！

调整党的经济政策，抓第二次技术设备引进

1972年的"两报一刊"元旦社论，强调要全面贯彻"抓革命、促生产"的方针，完成和超额完成国家计划。各地在批林整风运动中，结合工作实际，批判林彪一伙散布的"政治冲击一切""空头政治"等极左思潮，加强企业管理，恢复和建立合理的规章制度，理直气壮地抓生产、学业务、钻技术，经济形势有了好转。

实际上，早在1971年12月至翌年2月的全国计划会议期间，周恩来在听取国家计委汇报时就针对经济秩序的混乱提出：现在我们的企业乱得很，要整顿。据此，国务院主持起草了《1972年全国计划会议纪要》，提出了整顿企业的若干措施，规定企业要恢复和健全岗位责任、考勤、技术操作规程、劳动生产率等7项指标。《纪要》虽因张春桥等的反对未成文下发，但已在社会上宣传，得到广大群众和干部的拥护，在实际工作中有所贯彻。此后，周恩来进一步从抓产品质量入手，解决企业无人负责、无章可循的混乱状况。1971年12月26日，他同叶剑英、李先念等一起听取航空工业产品质量问题的汇报时，明确提出"质量是个路线问题"，"要恢复合理的规章制度"等。之后，他多次结合飞机和汽车生产质量问题作出批示，告诫质量问题不容忽视，关系重大，并责成国务院有关部门要对飞机等产品的质量事故发出通报，召集有关人员进行研究，分析查找存在的问题及原因。

农村经济受极左思潮的干扰破坏也很严重，分配不兑现，劳动计酬中的平均主义极大地挫伤了广大农民的生产积极性。周恩来深知农业在国民经济中的重要地位，着力于农业纠"左"工作。1971年12月，中共中央作出关于农村人民公社分配问题的指示，重申必须兼顾国家、集体、个人三者利益，坚持各尽所能、按劳分配的原则；要求各地不要硬搬照套大寨经验，不能把党的政策允许的多种经营当作资本主义去批判等，受到广大农民的欢迎。

由于长期的计划混乱和管理失控，周恩来发现当时的经济工作中出现了严重的"三突破"问题，即职工人数突破5000万，工资总额突破300亿元，粮食销售量突破800亿斤，周恩来称这是"警戒线"。为此，他责成国家计委于1973年1月起草了《关于坚持统一计划，加强经济管理的规定》（简称"经济工作十条"），提出要坚持统一计划，搞好综合平衡，反对各行其是；基本建设要注意投资效果，不许乱上项目；职工总数、工资总额和物价的控制权在中央；要反对平均主义，加强纪律性，纠正无政府主义等不正之风。同年2月，周恩来在听取国家计委汇报时，历数无政府主义在企业中的表现，指出："林彪一伙破坏经济所造成的恶果这两年表现出来了"，国民经济"现在根本没有比例"，在计划工作上也"没有'王法'了"，等等。为了解决宏观决策中的某些失误，周恩来抓了对第四个五年计划纲要的调整。这些正确措施，对经济工作好转起了良好的指导作用，使1973年的国民经济得到一定的恢复和发展。

这期间，周恩来还在其他领导同志的协助下，积极执行毛泽东关于打开对外经济工作局面的重大决策，积极引进国外的先进技术设备，不断扩大经济交流活动。

1970年10月12日，他在审查外贸部核心小组的报告时，看到要求外国商人承认中国政治立场情况后，严肃指出："贸易就是贸易，商人就是商人，资本家怎么能把我们的'精神'拿去变'物质'呢？""现在让这些人钻进来做买卖，他们赚了钱，但我们国家强起来了，得到了好处"。

在这样的思想指导下，1971年周恩来提出，我们要从有限的外汇中尽一切可能挤出一部分，抓紧进口一批国外大化肥技术设备，发展自己的先进化肥工业。在周恩来指示下，李先念责成国家计委研究进口成套化学工业设备问题，他在听取了余秋里等人和国家计委及轻工部等单位的意见后，认为应抓住西方资本主义国家在经济危机中急于寻找出口市场、降低商品价格的有利时机，从国内急需的实际出发，进口成套化纤、化肥等技术设备，以促进国内经济的发展，改善人民生活。于是，李先念等联名向周恩来报送了《国家计委关于进口成套化纤、化肥技术设备的报告》，具体提出：引进化纤新技术成套设备4套、化肥设备2套，以及部分关键设备和材料，约需4亿美元。这些设备投产后，一年可以生产化纤2000万吨，化肥400万吨，所需的石油气、石油原料会得到较好的保障。2月5日，周恩来批示呈报毛泽东，得到批准。

1972年8月6日，国家计委又根据国务院领导的批示，正式提出了《关于进口一米七连续式轧机问题的报告》，得到毛泽东、周恩来的批准。同年11月7日，国家计委又提出《关于进口成套化工设备的请示报告》，建议进口6亿美元的23套化工设备。周恩来批示时，提出将总额33亿美元的另一进口方案送他一并考虑，准备采取一个大规模的一揽子引进方案。

在此基础上，1973年1月5日，国家计委提出了《关于增加设备进口、扩大经济交流的请示报告》，对1972年确定的引进项目作了分析总结，重点提出了今后对外引进的统一规划。报告建议，在今后三五年内要利用西方世界处于经济危机，引进设备对我较有利的时机，引进43亿美元的成套设备，包括13套大化肥、4套大化纤、3套石油化工、10个烷基苯工厂、43套综合采煤机组、3个大电站、武钢一米七轧机及透平压缩机、燃气轮机、工业气轮机工厂等项目。报告还提出了引进技术设备要坚持独立自主、自力更生的方针，要学习与创新相结合，要有进有出、进出平衡等6条基本原则，并建议由国家计委及各部委组成"进口设备领导小组"，"像第一个五年计划期间抓苏联156项工程技术及设备"一样。这就形成了我国第二次大规模引进高潮的"四三方案"。在此方案指导下，后来又陆续追加了一批项目，计划进口总额达到51.4亿美元。利用这些设备，全国共兴建了26个大型工业项目，总提交额约200亿美元，到1982年全部投产。这对我国经济建设的发展起到了重要的促进作用，为后来我国改革开放提供了良好的物质基础。

不仅如此，"四三方案"的批准实施还带动了当时对外引进工作的全面开展。从1972年起，我国的外贸、金融及与之相关的其他经济领域的交流也出现了新的局面。同年9月，国家计委成立了进口技术设备领导小组，负责审查进口设备和综合平衡及长期计划的衔接工作，还派出多个考察小组，检查进口设备的质量及性能状况。同时，在国内恢复举办科技先进国家的技术贸易展览会，学习外国先进技术和经验。

作为毛泽东的得力助手，周恩来借林彪事件后主持中央工作的有力时机，审时度势，周密安排，排除江青等人设置的种种障碍，为开拓整个对外经济工作的新局面进行了艰苦的工作，作出了重要的历史贡献。

恢复教育、科技、文艺界的正常工作

"文化大革命"中后期，周恩来不怕艰难，勇于批判"文化大革命"的重灾

区教育、科技、文艺界的极左思潮,为广大干部和知识分子排忧解难,落实政策,以恢复教育科技文艺界的正常工作。

1972年元旦社论《夺取新的胜利》,是周恩来主持起草的,其中明确强调:要提倡又红又专,为革命学业务、学文化、学技术。针对文艺界万马齐喑、百花凋零的局面,社论强调:"极左思潮不肃清,破坏艺术质量的提高","现在要提倡毛泽东思想指引下的百花齐放"。这就极大地启发了人们的思想认识。

当时,全国高校虽已招生复课,但教学科研并不正常,为此,周恩来特别提出要重视基础理论的研究。1972年7月14日,他在接见美籍华裔科学家杨振宁时,接受他的建议,当场对陪同接见的北京大学副校长周培源说:"你回去要把北大理科办好,把基础理论水平提高,这是我交给你的任务。有什么障碍要扫除,有什么钉子要拔掉。"7月20日,周培源致信周恩来,提到在北大传达了总理讲话后,广大群众心情激动,但仍有许多顾虑,"普遍的思想情况是不愿搞也怕搞基础理论研究","怕挨'理论脱离实际'的批评"。

对在极左压力下,广大知识分子欲罢不忍、欲教不成的心理状态,周恩来心中是有数的。7月23日,他就周培源的来信给国务院科教组和中科院负责人写信指示说:要以该信作依据,将此问题"在科教组和科学院好好议一下,并要认真实施,不要如浮云一样,过去了就忘了"。9月11日,周恩来又写信给张文裕和朱光亚,对二机部所属18位科学工作者来信中提到的发展高能物理研究的建议表示"很高兴",并明确指出:这件事不能再延迟了,科学院必须把基础科学和理论研究抓起来,同时又要把理论研究与科学实验结合起来。在抓紧基础理论研究工作的同时,他还提出了"中学毕业生要直接上大学"这一符合教育规律的正确意见。对于这个意见,邓小平是非常看重的,他在1977年说:"1971年全教会时,周恩来同志处境很困难。1972年,……在当时的情况下,提出这个问题是很勇敢的。这是要教育部门转弯子,但是教育部门没有转过来。"

10月6日,周培源根据周恩来的一系列指示精神,在《光明日报》发表题为《对综合大学理科教育革命的一些看法》一文,公开披露了这一时期周恩来的重要纠"左"思想,使受打击、受压抑的广大知识分子看到了希望,受到极大的鼓舞。

纠"左"中的曲折

"九一三"事件后,毛泽东对一些错误作了纠正和一定程度的自我批评,但是他仍然从总体上肯定"文化大革命"是及时的、必要的，是"七分成绩，三分错误"，不容许否定"文化大革命"。再加上江青等人掌握了很大的权力，不断地制造种种事端，设置重重障碍，借以攻击周恩来，这就决定了纠"左"工作的艰难性和曲折性。

严重的分歧，表现在对"批林整风"方向的引导上，即是批判林彪的极左还是极右。

批判极左思潮，这是周恩来在"文化大革命"中的一贯思想。1968年，周恩来即提过"极左思潮一定要批判"。1970年6月，他又提出"防保守，批极左，仍是当前主要任务"。1971年3月，在全国生产工作座谈会上，周恩来严厉批判了极左思潮，认为它"破坏纪律，无政府主义泛滥，只有自由，没有集中，为所欲为"，并说"否定一切，这也是极左思潮"。

随着"批林整风"运动的深入开展，广大干部和群众对极左思潮深恶痛绝，对极左思潮的批判在实际工作中产生了积极效果。从1971年底到1972年秋，在相继召开的全国计划、公安、交通、卫生、科学等方面的工作会议上，周恩来都鲜明地提出要把批判极左思潮和无政府主义放在重要地位，大声疾呼："'左'的没有批透，右的还会来"，"极左思潮各个部门都有，没有批深批透"，"极左思潮不批透，你们就没有勇气贯彻党的正确路线"。

1972年10月14日，《人民日报》根据周恩来的多次讲话精神，用一个整版刊登了3篇批判极左思潮和无政府主义的文章，触到了江青等人的痛处。他们立即攻击这些文章是"大毒草""右倾回潮"，是"否定文化大革命"，并指令上海《文汇报》组织反扑。于是，该报奉命召开工人座谈会，借工人之口反对这3篇文章；随后又整理了两期《文汇情况》，报送毛泽东阅批；张春桥、姚文元还在人民日报社内大反所谓"修正主义""右倾回潮"。

11月28日，外交部、中联部在起草的关于召开外事会议的请示报告上，提出要以彻底批判林彪反党集团煽动的极左思潮和无政府主义为中心内容的正确意见，得到周恩来的同意，却遭到江青等人的极力反对。张春桥阴阳怪气地说："当前的主要问题是否仍然是极左思潮？批林是否就是批极左和无政府主义？我正在考虑。"江青则直截了当地说："我个人认为应批林彪卖国贼的极右。"12月5日，人民日报社一负责同志给毛泽东写信，表示拥护周恩来关于批极左思潮的主张，并反映了江青等人的不同意见。毛泽东对这个问题作出了错误判断，于12月17日约周恩来、张春桥、姚文元等人开会，提出极左思潮少批一点吧，那封信我看不对。林彪路线是极左？是极右，修正主义，分裂，阴谋诡计，叛党叛国。这就不仅否定了周恩来的正确意见，而且给了江青等人只批右不批"左"以尚方宝剑。从此，批"左"成为禁区，江青等人更加神气十足地大反周恩来的所谓"右倾回潮"，中断了纠"左"的进程。

批林不批"左"，既触及不到林彪政治上的本质，又不能揭露林彪路线的认识根源，因此，"批林整风"难以取得预期效果，纠"左"带来的形势好转被扼杀，中国又要在内乱的道路上继续曲折发展。然而，周恩来在一年多时间领导的这次斗争，毕竟在社会上产生了广泛影响，为后来党内健康力量继续同江青反革命集团进行斗争打下了思想基础和群众基础。

四、鞠躬尽瘁，死而后已

"文化大革命"中，周恩来胸前始终挂着一枚"为人民服务"的徽章，他对别人说："我就喜欢这个。"这是他一生的人格写照。他全心全意地为人民服务，做到了表里如一、始终如一、言行一致。面对个人的安危、健康乃至生命，他置之度外，全然不顾，以至于在身患绝症后仍然不分昼夜地工作，把全部心血完全彻底地倾注在党和人民的事业上。正如他所说：既然把我推上历史舞台，我就得完成历史任务。

带病飞赴长沙向毛泽东汇报，主持筹备四届全国人大

尽管批极左思潮受挫，但周恩来尽力纠正"文化大革命"错误的斗争并未停止。特别是他带病到长沙，与毛泽东共同决策，打破了江青等人让王洪文当委员长、江青当后台老板的"组阁梦"，对党和国家的长治久安起了积极作用。

在1973年8月召开的中共第十次全国代表大会上，一些遭受排斥打击的老同志，如邓小平、王稼祥、乌兰夫、李井泉、谭震林、廖承志等进入中央委员会，标志着党内健康力量的增强。但是王洪文却当选为党的副主席，他和江青、张春桥、姚文元在中央政治局内结成"四人帮"，对主持正义的周恩来恨之入骨，多次制造事端，兴风作浪。早在十大召开前的8月6日，江青在政治局会议上传达毛泽东关于儒法斗争的谈话时，就提出把"评法批儒"的内容写进十大政治报告。周恩来说："对此需要理解消化一段时间，不必马上公布。"周恩来的意见得到政治局多数同志的拥护，挫败了江青的企图。

这年秋冬，江青在政治局会议上又攻击周恩来"迫不及待"地要夺权，说同周恩来的斗争是"第十一次路线斗争"，并且要求增补她本人和姚文元为政治局常委。毛泽东既肯定这次批评周恩来"错误"的会"开得很好"，又说："有人讲错了两句话，一个是讲十一次路线斗争，不应该那么讲，实际上也不是。一个是讲总理迫不及待。总理不是迫不及待，江青自己才是迫不及待。"对江青要求增补常委的意见，毛泽东说"不要"。

一计不成，江青等人又在"批林批孔"运动中批"周公"，把矛头指向周恩来、叶剑英、邓小平等老一辈革命家和一大批党政军领导干部。

林彪事件后，毛泽东十分关注且甚为忧虑的一个问题，就是如何巩固"文化大革命"的成果。为此，他一直在探索林彪的思想根源，并从1973年3月开始一再强调批林要和批孔联系起来，说林彪"尊孔反法"。毛泽东的这一想法使江青等人有机可乘，便组织写作班子编出《林彪与孔孟之道》的材料，于1974年1月12日送毛泽东，建议转发全国，开展"批林批孔"运动，得到批准。江青等人如此热衷于"批林批孔"，实际上是"醉翁之意不在酒"，他们不批林、假批孔，却大肆煽动什么"批林批孔"要批"走后门"、批"周公"、批"宰相"、批"现代大儒"等。而此时周恩来病情加重，癌症复发，每天便血100毫升，医生一再提出让他住院治疗。周恩来为了不使权力落到"四人帮"的手里，每周输血两次，坚持每天工作十几个小时。特别是他对邓小平的事情放心不下，担心江青等人趁他住院时对邓小平下手，所以他不能离开工作岗位。直到4月19日下午5时，周恩来到机场欢迎邓小平率代表团出席联合国大会归国后，回到家里深夜2时才会见医疗组，研究他自己的治疗方案。此时，周恩来考虑的不是自己的身体，而是国家的命运、前途。所以他抓紧有限的时间，拼命工作。据统计，在1974年1—5月共139天里，周恩来每天工作12—14小时有9天，14—18小时有74天，19—23小时有38天，连续工作24小时有5天，只有13天的工作量在12小时以内。1974年6月1日，周恩来住进中南海附近的305医院，住院的第二天就做了第一次大手术。从此，他便把办公室设在了病房。王洪文开始主持中央政治局日常工作。

7月17日，毛泽东主持在京中央政治局成员会议，周恩来抱病出席。在会上毛泽东尖锐地提出了"四人帮"问题，指着江青说："她算上海帮呢！你们要注意呢，不要搞成四人小宗派呢！"在筹备四届全国人大期间，毛泽东于10月4日正式向中央提出由邓小平出任国务院第一副总理。

受到批评的江青等人野心难耐，认为已经到了"组阁"的关键时刻，于是千方百计地攻击周恩来，排除邓小平。10月6日晚，江青迫不及待地直到医院，向周恩来提出一连串关于四届全国人大人事安排及军队总参谋长人选的意见。周恩来机智应付，对实质问题一个也没表态，江青无可奈何。10月17日，江青等人又在政治局会上利用所谓"风庆轮事件"向邓小平发难，邓小平愤然退场。会后，江青恶人先告状，背着周恩来和中央政治局派王洪文去长沙向毛泽东告周恩来、邓小平的状，说"自己是冒着危险来的"，"北京现在大有庐山会议的味道"，"邓有那样大的情绪，是与最近酝酿总参谋长人选一事有关"，"周总理虽然有病，但昼夜都忙着找人谈话，经常去总理那里的有邓小平、叶剑英、李先念等"。毛泽东听后批评王洪文，叫他不要跟江青搞在一起，回去后多找总理和叶剑英谈谈，跟小平同志搞好团结。告状碰壁后，江青又在10月19日找外交部的王海容、唐闻生，让她们陪外宾到长沙时，向毛泽东反映国务院"崇洋媚外"和邓小平"大闹政治局"，是又一次"二月逆流"。但王、唐二人连夜赶到周恩来处，向他报告这个情况。周恩来此时早已了解了"风庆轮事件"的经过，便让她们捎话给毛泽东：此事不像江青她们说的那样，而是他们预先计划好要整邓小平同志，小平同志已经忍耐很久了，对这件事还要继续做工作，慢慢解决问题。王、唐到达长沙后，向毛泽东汇报了江青等人的活动，又转达了周恩来的意见。毛泽东仔细听了后说：总理还是总理，四届全国人大的筹备工作和人事安排由总理和王洪文主持。毛泽东再次建议邓小平任国务院第一副总理兼中国人民解放军总参谋长。

周恩来自从8月10日做了第二次大手术以来，8月16日就开始会客，10月6日以后会客次数增多，到10月最多时一天会客5次，谈话时间最长时一次超过两个半小时。周恩来对医生说：既然把我推上历史舞台，我就得完成历史任务。12月23日，周恩来不顾重病在身，亲自飞赴长沙向毛泽东汇报四届全国人大各项工作筹备情况。

从23日到27日，毛泽东同周恩来、王洪文进行了多次谈话，毛泽东又和周恩来单独长谈，最后确定了四届全国人大、国务院有关人事安排。周恩来坚决同意和拥护毛泽东提议邓小平任中共中央副主席、国务院第一副总理、中央军委副主席兼总参谋长。毛泽东再次严厉批评了王洪文，告诫他"不要搞'四人帮'！不要搞宗派"，并明确指出"江青有野心"。他高度评价了邓小平，说"他政治思想强，人才难得"。毛泽东对周恩来说："你身体不好，四届人大会后，你安心养病吧！国务院的工作让小平同志去顶。"

这一具有深远影响的"长沙决策",彻底打破了江青等人乘四届全国人大召开之机策划的"组阁梦",对党和国家的未来命运产生了不可估量的积极影响。

重申实现四化的宏伟目标,支持邓小平整顿

1975年1月13日,第四届全国人民代表大会在北京人民大会堂开幕,周恩来向大会作《政府工作报告》。10年前,也是在这个地方,他在《政府工作报告》中向全国人民发出了实现四个现代化的伟大号召。如今,他在5000字的报告中,再次重申了这个寄托着中华民族希望的宏伟目标:"在本世纪内,全面实现农业、工业、国防和科学技术的现代化,使我国国民经济走在世界的前列。"

会后,周恩来全力支持邓小平的工作。首先,他在医院召开中央政治局常委会议,讨论12位副总理的分工问题。他转告邓小平把各副总理的分工列出,说"他(指邓小平)不好讲,由我讲"。1975年2月1日,周恩来亲赴人民大会堂,主持国务院常务会议。他直截了当地说:"我身体不行了,今后国务院的工作,由小平同志主持。医院是不想放我出来,但我还是想争取每星期来和大家见一次面。"接着,他宣布了各副总理的分工,邓小平"主管外事,在周恩来总理治病疗养期间,代总理主持会议和呈批主要文件"。在随后主持召开的国务院各部委负责人出席的会议上,周恩来公布了各副总理的分工,并再次说:根据毛主席的指示和中央的决定,我们从今天开始来完成四届人大以后的工作。今天是开始,恐怕我也只能够完成这个"开始"的任务,将来这样的会,请小平同志主持。我希望,新的国务院成立以后,出现新的气象,争取今年第四个五年计划能够完成而且超额完成。殷切的期望,明确的要求,博得了全场的掌声。

其次,周恩来支持邓小平领导的整顿工作。他身在病房,心系国家大事,经常约见邓小平等人了解情况,支持他们全面整顿,大胆工作。1975年1月底,他在听了教育部部长周荣鑫的汇报后,明确表示支持他根据邓小平的意见,对教育系统进行整顿。4月16日凌晨,周恩来又约见由中央派到浙江省帮助整顿的纪登奎谈话,了解当地派性严重干扰经济生产的情况,要求按照邓小平的意见,制定出切实可行的整顿措施,解决好浙江的派性问题。

再次,周恩来支持邓小平主持政治局会议批评"四人帮"。全面整顿触及对"文化大革命"的评价,引起江青等人的仇恨,他们窥测时机,挑起事端,把攻击矛头指向周恩来、邓小平等老同志,批"经验主义"就是其中的一招。对此,邓小平挺身而出进行坚决的斗争,他向毛泽东表示自己不同意"经验主义是当前

主要危险"的提法,得到赞成,毛泽东还要求中央政治局讨论一下这个问题。

4月27日,在中央政治局会议上,邓小平、叶剑英批评江青等人大反"经验主义"等错误,江青被迫作出检讨。周恩来通过和邓小平及其他中央政治局委员谈话,了解会议情况,给予支持。

5月3日夜,毛泽东主持召开中央政治局会议,周恩来也从医院赶来参加。会上,毛泽东再次严厉批评江青等人是"只恨经验主义,不恨教条主义",再次重申"要马列主义,不要修正主义;要团结,不要分裂;要光明正大,不要搞阴谋诡计"。

第二天,周恩来同邓小平一起研究,根据毛泽东的要求,决定在政治局内进一步批评江青等人的错误。为确保开会成功,周恩来起草了关于政治局工作等问题意见稿,指出"强调反修正主义的一项经验主义,放过另一项教条主义,有些地方甚至连反修正主义都不提了,这不能不是一个错误"。并且写了"同意小平意见",支持邓小平主持政治局会议。5月21日,周恩来亲笔致信中央政治局成员,提议应进一步讨论吃透毛泽东5月3日的讲话。

5月27日和6月3日,中央政治局在邓小平主持下连续开会,进一步批评"四人帮",王洪文、江青被迫作了一些检讨。邓小平向毛泽东作了汇报,得到肯定,毛泽东还满怀期望地说:"把工作干起来!"邓小平坚定地说:"在这方面,我有决心就是了。"9月7日,周恩来在最后一次会见外宾时说:我现在病中,已经不能再工作。邓小平同志将接替我主持国务院工作。邓小平同志很有才能,你们可以完全相信,邓小平同志将会继续执行我党的内外方针。这番话,既对邓小平充满希望,同时也是对邓小平的高度评价。

人民的哀悼,生命的感召

1976年1月7日夜11时,处于弥留之际的周恩来微睁双眼,用微弱的声音对守候在身边的医护人员说:"我这里没有什么事了,你们还是去照顾别的生病的同志,那里更需要你们。"这是周恩来说的最后的话。次日9时57分,亿万人民敬仰的周恩来,终于走完了他78年的人生旅程,与世辞别。

消息传出,人民悲恸欲绝。国人清楚,周恩来几十年来如一日,全心全意为人民服务,特别是在十年"文化大革命"的严峻考验中,他顾全大局,任劳任怨,鞠躬尽瘁,心血耗尽。1976年,"四人帮"又掀起批判邓小平的恶浪,中国人民正需要周恩来的领导的时候,他却永远地离开了人民。这真是"天惊一声雷,地倾绝其维。顿时九州寂，无语皆泪水。相告不成声，欲言泪复垂。听时不敢信，信时心已碎。"

周恩来逝世后，江青等人限制人民悼念周恩来。然而，人民不会被几个野心家、阴谋家所左右，他们清醒地看到：德高望重的周总理不在了，敢于整顿的邓小平被打下去了，党和国家的命运难卜！人民再也不能忍受，再也不能沉默！他们敢违禁令，冒着生命危险汇集到天安门广场，形成强大的悼念周恩来、反对"四人帮"、拥护邓小平的群众运动（又称"四五运动"），为后来粉碎江青反党集团奠定了伟大的群众基础。

如今，结束"文化大革命"已经40余年，人们时时怀念周恩来的伟大历史贡献和伟大的人格风范。1980年邓小平在回答意大利记者提问时说，周恩来在"文化大革命"中"所处的地位十分困难，也说了好多违心的话，做了好多违心的事。但人民原谅他。因为他不做这些事，不说这些话，他自己也保不住，也不能在其中起中和作用，起减少损失的作用。他保护了相当一批人"。陈云在1979年1月4日的讲话中说："没有周恩来同志，'文化大革命'的后果不堪设想。他保了很多同志下来，我们这些人都是他保的嘛！"彭真说，有些事他不那样做，"就跟我一样进秦城监狱了"。新中国成立后曾长期跟随周恩来在外交战线工作的伍修权回忆说："十年动乱一起，我们党和国家遭受了空前大劫，周恩来同志也被推到了一个相当为难的境地。""他同党内绝大多数同志一样，对林彪、江青之流的反动行为和罪恶勾当是深恶痛绝的，但是在特定的历史条件下，特别是这场运动是毛泽东同志亲自发动和领导的，他作为中央领导人和毛主席的主要助手之一，不得不在组织上表示服从。特别是林彪、江青之流抓住他在遵义会议以前一度执行过'左倾'错误路线，要挟他不能再'反对毛主席'。他只得尽量克制自己，认真地贯彻执行毛主席的指示，拥护他作出的决定，为顾全大局而暂时委曲求全，力求缓和可能引起的党内冲突，他的心情和处境是可以体会和理解的。他一贯的善良厚德也曾经被别有用心之徒所利用。"特殊的历史，产生特殊的历史事件，造就特殊的历史人物。周恩来不平凡的一生，因"文化大革命"的痛苦磨炼而愈发显得丰富多彩，他在"文化大革命"中所作出的特殊贡献，人民必将永远铭记和怀念！

第十二章
革命伴侣，恩爱夫妻
——周恩来的爱情与婚姻

一、因为志趣相投走到一起

周恩来和邓颖超相识于 1919 年五四运动中。

在这场反帝反封和前所未有的思想解放运动中,周恩来和邓颖超脱颖而出。周恩来成为天津学生界的领导人,邓颖超作为"天津女界爱国同志会"执委兼讲演队队长也非常活跃。9 月 16 日,他们还一起加入了由周恩来等发起组织的青年进步小团体——觉悟社。

1920 年 1 月 29 日下午,被推举为代表的周恩来和于兰渚(于方舟)、郭隆真、张若名四人到省公署请愿时不幸被捕。周恩来和被捕代表们出狱后,觉悟社员考虑到他们的安全,一致主张周恩来等赴法国求学。

1920 年 11 月 7 日,周恩来和张若名、郭隆真一起从上海乘"波尔多斯"号邮船,漂洋过海远涉西欧勤工俭学。

周恩来初到西欧的一段时间里,与和他一起经过五四风浪考验并一同赴西欧勤工俭学的张若名比较接近。张若名 1902 年 2 月生于河北省保定地区清苑县温仁村。她聪慧美丽、才思敏捷、文笔犀利,不仅在五四运动中是和周恩来、郭隆真等一起冲锋陷阵的天津爱国学生领袖,还是旅欧中国少年共产党成员、国民党旅欧支部第一届评议委员,也是最早在国内外发表文章宣传马克思主义的中国女性。后经在法国努力奋斗,她成为中国最早留学法国的文学博士。但是由于 1924 年初,在法共里昂支部举行的追悼列宁的大会上,中国共青团在法国的主要领导人任卓宣,置在会前法共已得到的法国政府不允许外国共产党人参加这一活动的情报于不顾,硬是要张若名按组织决定参加大会,并在会上发言。致使会后张若名受到法国秘密警察询问,险些被驱逐出境,自此一直有法国警察对其跟踪盯梢。张若名的身份完全暴露,经过反复痛苦的思想斗争,作出脱离政治、退出组织,留在法国专心读书的决定。

张若名脱离革命队伍后,使早已确立了共产主义信念,并表示要"很坚决地要为他宣传奔走"的周恩来，对自己的择偶标准重新进行了审视和思考。周恩来经过慎重思考，他觉得既然自己决定献身革命事业，那就随时都有流血牺牲的危险，因此应该找一个志同道合、意志坚强、"能一辈子从事革命"，经受得了"革命的艰难险阻和惊涛骇浪"的伴侣。

这时，周恩来将目光投向了五四运动中充满革命热情、勇敢坚强的小妹妹邓颖超。

邓颖超于女师毕业后，先后在京师国立高等师范附小、京师公立女子第七高小任教。1922年8月，邓颖超受天津刚创办的私立达仁女校校长马千里之邀，到达仁女校任教。马千里是著名教育家、天津《新民意报》总编辑。他思想开明，主张妇女解放。"达仁女校在马千里先生主持和领导下，是一个开明、民主的学校，教员无拘无束地参加社会上各方面的进步活动，甚至入团入党都没有受到校方的压力和干涉。他所聘请的教员，绝大部分是五四运动中女师的积极分子，大家都很团结，认真工作。"在这样一个充满友谊和团结进步的氛围里，给思想活跃的邓颖超创造了积极参加各种社会活动的良好条件。

1922年春，邓颖超、王贞儒等组织成立了女权运动同盟会。1923年4月，邓颖超等发起成立了人员较精干的女权运动组织——女星社。1924年底，邓颖超等又组织成立了"女界国民会议促成会"。1923年4月25日，邓颖超和李毅韬、王贞儒、谌小岑等还创办了以讨论妇女问题为宗旨的刊物《女星》旬刊。同年，邓颖超和从法国回来的刘清扬及李毅韬、谌小岑又创办了《妇女日报》。中共中央妇女部长向警予曾高度评价《女星》和《妇女日报》所起的作用。

1924年1月，邓颖超参加组建并加入天津刚刚成立的中国共产主义青年团，任特支宣传委员。1925年3月，她又转为中国共产党党员，并按照中共中央的指示精神以个人身份加入国民党，担任国民党直隶省党部委员、妇女部长和中共天津地委妇女部长。

最令周恩来钦佩的是，不少五四运动中思想进步的女学生，有的失去了往日的锋芒和革命的意志消沉了，有的始终没有跳出旧礼教、旧习俗、旧观念和旧道德的怪圈，做了封建家庭的少奶奶，有的则沉湎于男欢女爱之中，迷失了前进的方向，唯有年龄最小的邓颖超，始终站在斗争的最前线，和她的同事们一起将天津的妇女解放运动搞得轰轰烈烈、有声有色。

周恩来早在五四运动中就对邓颖超有好感。1922年冬，周恩来等派遣李维汉回国，向党中央正式申请旅欧中国少年共产党加入中国社会主义青年团作为其旅欧支部时，曾委托李维汉到天津看望邓颖超，还给邓颖超带去一信。从邓颖超当时的表现中，周恩来感觉到邓颖超已经由一个积极参加救国图强运动的热血青年，成长为一个具有相当觉悟的马克思主义革命工作者。经过慎重的考虑，他认为既然自己已经下决心为共产主义事业终生奋斗，就应该找一个像邓颖超这样热情、坚强的终身伴侣。多少年后，周恩来曾对他的侄女说："当我决定献身革命时，我就觉得作为革命的终身伴侣，她不合适（指曾和他接近的那位姑娘），她不可能一辈子从事革命，她经受不了革命的艰难险阻和惊涛骇浪。这样，我就选择了你们的七妈（指邓颖超）。接着和她通起信来。我们是在通信中确定关系的。"

自此，从巴黎名城到渤海之滨的天津，周恩来与邓颖超通过鸿雁传书，增进了了解，增进了感情，确立了共同的革命理想，要为共产主义而奋斗。尤其是有一次，周恩来把印有李卜克内西和卢森堡像的明信片寄给邓颖超，并在明信片上写了"希望我们两人，将来也像他们两个人那样，一同上断头台"这样英勇的革命的誓言后，邓颖超也和周恩来一样下定了决心："愿为革命而死，洒热血、抛头颅，在所不惜。""五四"风浪中凝成的友谊和为共产主义而奋斗的献身精神，终于使他们由互勉互励的纯洁友谊，发展到相知相爱。

邓颖超在《从西花厅海棠花忆起》一文中曾非常形象地谈到她和周恩来确立恋爱关系时的情况："我不曾想到，在我们分别后，在欧亚两个大陆上，在通信之间，我们增进了了解，增进了感情，特别是我们都建立了共同的革命理想，要为共产主义奋斗。三年过去，虽然你寄给我的信比过去来的勤了，信里的语意，我满没有在心，一直到你在来信中，把你对我的要求明确地提出来，从友谊发展到相爱，这时我在意了，考虑了。经过考虑，于是我们就定约了。"

邓颖超决定和周恩来确定恋爱关系前，曾经征求与她相依为命的慈母杨振德的意见。杨振德见过周恩来，并对他的人品、才学很赏识，认为："恩来是个很重感情的人，是个感情很专一的人。"但是由于她自己婚姻的不幸，所以对女儿的婚姻大事，格外慎重。她对爱女说："恩来在国外，还是等他回国后再定吧！"慈母虽然这样说，但是邓颖超认为，人一生中找到一个理想的伴侣并非容易。既然她与周恩来志趣相同，心心相印，就应该尽快答复他，不能再让他为此伤神了。

也在这时，周恩来又来信了，他希望邓颖超把他们之间的恋爱关系确定下来。这时，邓颖超没有再按慈母的意见等待，而是非常明确地答复了周恩来：我们思想相通，心心相印，愿相依相伴，共同为共产主义理想奋斗终生！

从这时起，周恩来、邓颖超成为生死不渝的革命伴侣，并携手为中国人民的解放事业奋斗了整整半个多世纪。

二、幸福美满的婚姻经历血与火的考验

大革命中喜结连理

1924年夏，周恩来奉调回国，任于6月16日在广州市长洲岛成立的黄埔军校教官。1925年秋，任黄埔军校政治部主任、中共广东区委委员会委员长、常务委员兼军事部长。

这年1月11日至22日，周恩来到上海出席了中国共产党第四次全国代表大会。就在这次会议上，周恩来结识了中共北方区委负责人高君宇。会议间隙时，周恩来和高君宇两人相谈甚欢，彼此还互通了各人的恋爱情报。当高君宇得知周恩来的恋人是邓颖超时，高兴地称赞道："你俩真是珠联璧合的一对！"周恩来得知高君宇正热恋着才女石评梅后，也祝愿有情人终成眷属。大会结束后，周恩来拿出一封信来，烦请高君宇回北京时，将此信交给天津达仁女校的邓颖超同志。高君宇言而有信，在回北京的途中，果真到天津达仁女校去看望邓颖超，并将周恩来委托他带的信当面交给邓颖超。

得益于红娘高君宇鸿雁传书，邓颖超知晓了她日夜思念的周恩来在广州的近况。她企盼早日见到周恩来，与他倾诉几年的相思之苦，更企望早日投身到如火如荼的大革命策源地五羊城广州，与心爱的人一起在大革命的洪流中比翼齐飞。

真乃机缘巧合。这年为了声讨惩办五卅惨案和沙基惨案的肇事凶手，邓颖超响应党的号召，旋即汇入声势浩大的反对帝国主义的浪潮中。6月10日，邓颖超被选为代表天津80多万民众的天津各界联合会主席团主席。她以天津人民反帝爱国斗争总指挥的身份，从6月14日到6月底半个月的时间内，先后组织了四次十万、十几万、二十万人的爱国游行示威活动。邓颖超炽热的爱国行动和卓越的组织活动能力，在天津人民中产生巨大影响，却引起天津反动当局的恐慌。7月初，天津反动当局悍然下令通缉邓颖超。这恰恰促成了她南下与周恩来相会的机缘。

邓颖超在天津工作已经很危险。天津党组织考虑到她和周恩来的恋爱关系，经与广州党组织商议，决定要她火速南下，到广州去工作，并与周恩来完婚。

邓颖超在上海作短暂停留后，从水路乘船于1925年8月7日下午，顺利到

达广州珠江的佛山码头。但当天周恩来和邓颖超这对天南地北害相思的情侣，并没有相聚。因周恩来忙于同省港罢工委员会领导人苏兆征、邓中夏、陈延年等研究讨论工作，没法分身，便派精明机警的陈赓代他去迎接。陈赓带领邓颖超到设在越秀南路广东省总工会的省港罢工委员会，见到周恩来时，正在埋头工作的周恩来，只是立即抬起头来，迎着邓颖超炽热的目光，点点头，向她投来粲然一笑。周恩来开完会，连看也没来得及看她一眼，就和陈延年匆匆地走了。待到晚上10时许，周恩来处理完工作，派陈赓来接邓颖超回寓所的时候，原定12时多宵禁的时间忽然提前了两个小时。身为省港罢工委员会工人纠察队教练的陈赓，只好暂且将邓颖超安顿在省港罢工委员会住了一夜。

次日，由于周恩来一大早就到黄埔军校工作，邓颖超也急于到中共广东区委报到，所以直到傍晚，这对年轻的恋人才相聚于周恩来在广州的寓所文德楼这个属于他们自己的小天地里。

周恩来和邓颖超这对情侣相见后，邓颖超没有责备周恩来不到码头迎接，而是和周恩来互通了各自的入党时间。这也是他俩都急于想了解的，因为他俩恪守组织纪律，在通信中从未谈及此事。

接着，邓颖超谈了她南下广州时，母亲对她的叮嘱：到了广州，应该考虑考虑自己的婚事了。她还告诉周恩来，今天中共广东区委书记陈延年找她谈话时也谈到："党组织调你到广州来，一是做广东省的妇女工作，一是照顾你和周恩来主任完婚。组织决定你担任广东区委委员兼妇女部长。现在是国共合作，你同时要到国民党广东省党部妇女部，协助何香凝部长开展广东的妇女运动。"

之后，他们商议了要将结婚的消息告诉双方的长辈，告诉严修等师长。为了让长辈们分享他们喜结连理的幸福，他们还特意到照相馆照了张夫妻二人依偎在一起的照片。照片中，周恩来一身戎装、英俊儒雅，邓颖超白衣黑裙、青春靓丽。

就在山水秀丽的广州，在广卫路旁的文德楼上，周恩来和邓颖超海誓山盟，结为夫妻。正如邓颖超所说："我们那时没有可以登记的地方，也不需要什么证婚人、介绍人，更没有讲排场、讲阔气，我们就很简单地，没有举行什么仪式，住在一起。在革命之花开放的时候，我们的爱情之花并开了。"这一天是8月8日夜。

夜深了，邓颖超谈了对留在天津的慈母的担忧。周恩来则给邓颖超讲述了自己对两个母亲的哀思和对远在北京工作的父亲和两个弟弟的思念。

新婚之夜，因周恩来幼名大鸾，常自称"鸾"，邓颖超便娇嗔地称他"鸾"，后来也称他"来"或"阿来"。周恩来则昵称邓颖超为"超""小超"或"凤"。他们之间这样相称，一直保持到晚年。

最令后人钦慕的是，夫妻俩从新婚开始就将互爱、互敬、互助、互勉、互商、互谅、互信，作为夫妻和谐相处的准则。并达成协议，两人可以在一个地方或一个机关工作，但不要在一个具体部门共事。实践证明，这一协议不仅有益他们日后的工作，也显现了这对夫妻政治上的成熟。后来邓颖超将互爱、互敬、互助、互勉、互商、互谅、互信又扩展为"八互"，即互敬、互爱、互助、互勉、互信、互慰、互让、互谅。

多少年后，邓颖超忆起在羊城与周恩来的新婚生活时说："羊城，是多么值得纪念和易引起回忆的地方！它是我们曾和许多战友和烈士共同奋斗的地方，又是你和我共同生活开始的地方。"

同事们钦佩他们敢于冲破封建礼教束缚，自由恋爱的无畏精神，称他们的结合是无双的结合。事实也证明，正因为他们感情是建立在为革命、为共产主义而奋斗的基础上，所以经历了半个世纪的风雨洗礼，仍始终不渝，坚贞如初。

黄埔军校的许多同事们得知周恩来和邓颖超喜结良缘，非要见见新娘子。于是，周恩来和邓颖超商定，在离他们住处不远的广卫路太平餐馆内，摆两桌酒席，邀请黄埔军校的同事们和广东区委的同志们热闹一番。

陈延年、恽代英、彭湃、熊雄、邓演达、张治中、蒋先云、陈赓等来了，刚到广州的李富春和风度优雅的蔡畅夫妇也闻讯赶来。与周恩来时相过从、同为维护国共合作奋力的张治中教育长，不仅闹着一定要邓颖超站在板凳上报告恋爱经过，还和陈赓等一杯接一杯地向周恩来夫妇敬酒。

当时，周恩来月薪不少，但他将大多数交了党费，只留50元做生活开销，邓颖超月薪仅有20元。为了两人能安心工作，夫妻二人还雇了一个佣人帮助料理家务。生活虽然不富裕，但是由于他们工作上互相切磋、互相支持，生活上相亲相爱、相敬如宾，因此他们婚后的生活幸福、融洽、和谐、温馨。

婚后，周恩来照常有时到省港罢工委员会，有时到黄埔军校去工作。邓颖超则每天都到国民党中央妇女部去工作。当时，广东区委有组织部、宣传部、工人部、农民部、妇女部、军事部。妇女部的工作就由邓颖超负责。由于当时的妇女工作主要通过国民党中央党部妇女部和广东省妇女协会做，同时在任务需要时还要通过工、农、青各个组织去进行工作，所以邓颖超不仅联系面非常广泛，而且也使得她卓越的组织能力和活动能力得以充分发挥。在如火如荼的国共合作中的大革命的洪流中，周恩来夫妇携手前进，比翼齐飞。

但是，国共合作、风雷激荡的大革命瞬息万变。1925年7月1日在广州成立的国民政府十分羸弱、危机四伏。尽管以廖仲恺为首的国民党左派与中国共产党人协力同心地维护国共合作的大好局面，周恩来也创建了一套行之有效的政治工作制度，使黄埔军校面貌为之一新。然而斗争仍然是复杂而激烈的。

周恩来和邓颖超新婚后12天，即发生了帝国主义和国民党右派收买凶手刺杀廖仲恺事件。廖仲恺遇刺后，许崇智纠集粤军企图发动政变占领广州。蒋介石奉命实行宵禁，迅速控制了广州的局势。

8月21日晚，周恩来原本同蒋介石商定于11时戒严动手搜捕枪杀廖案凶手，不想戒严时间比原来提前了两小时，口令也临时改变了。待到周恩来的座车接近广州卫戍司令部时，门卫见对方复令不对，一串子弹立即向周恩来的坐车袭来。身负重伤的司机赶紧掉转车头，拐进小巷，随即倒下咽了气。周恩来在枪响的瞬间，急忙伏身车座下。车一停，他立即跳下车来，高喊："我是周恩来！"警卫才停止了开枪。这是周恩来不到两个月内第二次遇险。

6月23日，声援五卅运动的香港和广州各界人民群众游行示威途经沙基时，遭驻守在沙面租界的英国军警开枪扫射，造成五十余人惨死、一百七十多人受重伤的沙基惨案。这次事件发生时，周恩来正率领黄埔军校师生和校军两千多人参加游行示威，同他并排前进的左右两个人都中弹身亡，他幸免于难。

残酷的革命斗争，使周恩来、邓颖超这对婚后幸福美满的新婚夫妻，较早地认识到进行革命工作的风险。同时，周恩来由廖仲恺遇刺和自己遇险，也深感侦察保卫工作的重要性。也就从这时起，他领导中共两广区委开始筹建侦察保卫方面的组织。

夫妻新婚还不足两月，周恩来继2月参加讨伐军阀陈炯明部的第一次东征后，10月6日，又被任命为国民革命军第一军少将政治部主任兼第一师党代表、东征军总政治部主任，参加第二次东征，平定陈炯明残部，乘东征军主力回师广州，平定杨希闵、刘震寰叛乱之机，再次重占潮州、汕头。11月4日傍晚，周恩来率总政治部进入汕头市，以东征军总政治部主任的身份处理地方行政事务。因他将潮汕地区治理得有条不紊，国民政府于11月21日任命他为广东东江各属行政委员，主政东江。

周恩来主政东江期间，首先抓了新政权的机构、教育、宣传和工、青、妇群众组织的建设工作,并严厉制裁英帝国主义,依法惩办为非作歹的日本侨民,惩处民愤极大的贪官污吏。与此同时,他经请示中共广东区委同意,于12月成立中共潮梅特委,统一领导潮汕地区的党的工作。

作为中共潮梅特委负责妇运工作的邓颖超,11月20日受广东省党部妇女部的派遣,代表广东妇女解放协会,来到汕头开展妇女运动。邓颖超一到汕头,立即以合法身份召开会议,成立了国民党汕头市党部妇女运动委员会。11月22日下午,她又和周恩来一起参加了汕头市妇女联欢会。会上,周恩来的开场白和邓颖超《在汕头妇女联欢会上的演说》珠联璧合,使汕头妇女们深受启发。当场大家一致同意组织汕头市妇女解放协会。经过16天的筹备,潮汕第一个妇女群众组织——广东工农解放协会潮汕分会成立了。代表们公推邓颖超为第一任负责人。

出色的工作,使邓颖超在广东妇女解放协会第二次改选大会上,当选为广东妇女解放协会出版委员会委员。在国民党第二次代表大会上,当选为国民党中央第二届候补执行委员、中央党部妇女部秘书。

虎口脱险却痛失爱子

如火如荼的革命形势和由中国共产党人在一个地区范围内领导的地方政权的成立,令周恩来、邓颖超欢欣。但令这对新婚夫妻始料不及的是,在经过两次东征、平定杨刘叛乱,统一广东革命根据地后,羽翼渐丰的蒋介石认为夺权的时机已到。1925年12月8日,蒋介石在潮州西湖公园主持召开军政人员联席会议后,要周恩来把所有在黄埔军校以及军队中的共产党员的名单都告诉他,所有加入共产党的国民党员的名单也一并告诉他。遭到周恩来的断然拒绝。

为了打击蒋介石的反动气焰,周恩来12月底特意赶回广州,同中共广东区委书记陈延年,分析了局势,商定了打击右派、孤立中派、扩大左派的反击意见。但是,以陈独秀为总书记的党中央却作出予以否定的答复。

陈独秀为首的党中央的软弱,致使蒋介石于3月20日又制造了打击中国共产党人的中山舰事件。并把周恩来软禁了两天,威逼他同意共产党员退出第一军。面对蒋介石猖狂的进逼,周恩来同毛泽东商议,主张对蒋介石进行反击。但是以陈独秀为首的党中央非但没有采纳他们的提议,反而作出接受蒋介石条件的决定。于是,已经暴露身份的250名中共党员被迫退出国民革命军第一军和黄埔军校。周恩来也被免去第一军副党代表兼政治部主任的职务。由于陈独秀一再妥协退让，致使5月15日国民党二届二中全会通过了限制共产党员在国民党省、市以上高级党部任执行委员的人数和共产党员不能担任国民党中央各部部长的所谓《整理党务决议案》。多少年后，周恩来谈及陈独秀右倾机会主义对蒋介石的一次又一次让步，致使共产党失去领导权，内心还感到隐痛！

蒋介石在篡夺了大革命的领导权，当上国民党革命军总司令后，又发动了"四一二"政变。

血雨腥风中，成功领导上海工人第三次武装起义的周恩来，被二十六军第二师师长斯烈佯装邀请到师部议事予以扣押。多亏12日凌晨，罗亦农通过之前与二十六军党代表赵舒保持联络的共产党员黄澄镜从中营救，周恩来才虎口脱险！

这时，尚在广州的邓颖超正经历着痛失爱子的严酷折磨。邓颖超鉴于第一次怀孕时因自己幼稚、轻率打胎的过失，所以再次怀孕后她非常在意她和周恩来的这个爱情结晶。由于胎儿体重超常，在当时还没有实行剖腹手术的条件下，为保证失血过多的母亲的安全，医生只得动用产钳。结果邓颖超脱险了，孩子却因头颅受到严重损伤生下后就夭折了。邓颖超刚失爱子，又面临敌人的追捕，因产后过于紧张疲劳，没有休息好，子宫没有收缩，致使她以后再也不能怀孕了！

周恩来、邓颖超夫妇一生再也没有生育过子女。尽管他们没有自己的亲生骨肉，但是他们把爱心奉献给了祖国千千万万的孩子们。

三、白色恐怖下为革命事业奔波

1927年10月，邓颖超携慈母随中共中央机关从武汉迁到上海。八一南昌起义失败后乘一叶扁舟到达香港的周恩来，也于11月初来到上海。他是在接到中共中央决定召开紧急会议的通知后，乔装改扮从九龙乘船而来的。

历尽劫波，大难不死，夫妻二人四目相对，紧紧拥抱，千言万语不知从何说起。

望着妻子为斗争需要变换的特殊的衣着打扮，周恩来眼睛一亮，一个针锋相对，应付敌人突然袭击、确保党中央安全的计划在他脑海中勾勒出来。经过他认真思索，并和妻子邓颖超及同志们反复磋商，制定出了一套"机关社会化""机关家庭化"的保卫党中央、适应白色恐怖险恶环境的保密措施和保密办法。

1928年1月10日，中共临时中央政治局第七次会议决定周恩来任组织局主任。组织局由罗亦农、周恩来和李维汉组成，是在中央常委下设的一个局，负责领导组织、宣传、特务、调查、交通、文书、出版分配、会计等科以及妇委等。这样，周恩来就担负起了处理中共中央日常工作的重任。

对于周恩来依据变化了的环境制定的保密措施和保密办法，极富应变能力的邓颖超心领神会。她很快就适应了这种极其危险的地下工作环境。邓颖超要求自己甚严，有极强的自制力，耐得住寂寞。为了确保周恩来和党中央领导同志的安全，在白色恐怖的上海工作的四年多的时间里，刚刚二十三四岁、性格活泼、喜爱戏剧的她，为了工作需要，没有上过电影院，也没有到过饭馆和大商店，因为她怕给党的事业带来不应有的损失。

由于当时革命正处于低潮，许多不坚定分子退党、脱党，甚至叛变，每有情况突变时，邓颖超就得在接到通知后马上转移搬迁。有时一个月内就要搬两三次家。每次进入新居后，邓颖超所做的第一件事，就是将一盆刚刚买来的鲜艳夺目的月季花摆放在窗台上，用做联络信号。为了找房子，而且找到比较理想的有前后门的房子，以便情况有变时能够及时脱身，她不知走了多少路。她懂得革命需要保护自己，但是周恩来和党中央领导同志的安全比自己的生命更重要千百倍！

初到上海，邓颖超接任瞿秋白爱人杨之华的工作，任中共中央妇委书记。妇委的工作任务，主要是配合暴动深入到各个工厂发动女工进行游行示威等宣传工作。为了便于开展工作，邓颖超建议蔡畅、杨之华、李文宜、庄东晓等八位中央妇委委员按照上海女工和市民们结拜小姐妹的方式，结成姐妹。并在自家餐桌上放上麻将、纸牌，一旦有情况，盘查起来，就称是小姐妹们在一起聚一聚，玩玩麻将、纸牌。邓颖超在妇委中排行第五，又称五妹。邓颖超身穿旗袍，头梳发髻，完全是家庭主妇的打扮。她只有外出或和李文宜深入到女工家中了解工人们的生活、生产情况和被东洋厂主欺压情况时，才装扮成女工。周恩来见邓颖超这样装束不易引人注意，也多次提倡从事地下斗争的妇女同志们要头梳发髻，身穿旗袍，学会保护自己掩护同志。

周恩来则是或装扮成工人，或装扮成商人，或着西装，早出晚归，舍生忘死地为党的革命事业奔波。常常有这样的事，周恩来风尘仆仆地从外面回来，见邓颖超和姐妹们正在开会研究问题，他热情地和众姐妹打招呼后，便匆匆地下厨房帮助岳母杨振德给大家做饭去了。及至邓颖超和众姐妹会开完时，周恩来和邓颖超的母亲杨振德做的香喷喷的饭菜也端了上来。周恩来的拿手菜狮子头，颇得众姐妹赞赏。全国解放后，周恩来还在朋友们欢聚西花厅时偶尔露一手做做这道拿手菜。

当时党的经费奇缺，周恩来每月的生活费才有12元，邓颖超只有8元，外加他们分别为5元和3元的交通费，满打满算三人一月只有28元收入。这仅有的28元生活费，除了吃穿、交房租水电费外，每逢年节，还要按照当地的风俗习惯，请客送礼，以掩护他们的身份。慈祥的岳母倒是没有少给人瞧病，但是，收入也有限。可想而知，周恩来和邓颖超在上海的工作和生活是何等艰辛。

生活上的艰辛，对于在青少年时代就饱尝过辛酸之苦的周恩来、邓颖超夫妻来说，算不了什么！令周恩来夫妇痛心的是，在11月会议形成的盲动主义错误思想指导下，不少地方的党组织不顾敌强我弱的客观条件、不思仓促发动暴动的后果，一味蛮干，致使大革命失败后费尽心血保存下来的革命力量付之东流。尤其是12月的长沙"灰日"暴动和广州起义的失败，致使张太雷等许多优秀的革命同志牺牲了。

更为严重的是，广州起义失败后，以中央代表的身份到广州处理起义善后工作的李立三，不但没有冷静分析起义失败的原因、总结经验教训，反而在香港召开的中共广东省委扩大会议上，严厉指责广州起义的领导人。他在未请示中央同意的情况下，撤销了领导广州起义的叶剑英、叶挺、彭湃等同志的职务，分别给予组织处分，并派他们到广州、汕头、江门等反动势力最强的地方继续搞暴动。

1928年3月，周恩来受中共中央委托，处理广州起义的善后问题，撤销了李立三对原起义领导者们的处分，重新组织了省委。并派叶挺赴苏联向共产国际汇报广州起义的有关问题，送叶剑英等赴苏联学习。在此期间，周恩来还将2月被捕的新任中共广东省委书记邓中夏营救出狱。

但是，就在周恩来到香港处理广州起义的善后问题期间，罗亦农因被叛徒出卖不幸被捕。而出卖罗亦农的叛徒不是别人，正是罗亦农的秘书何家兴和其妻贺稚华。这一对夫妻，迷恋灯红酒绿的资产阶级生活，贪生怕死，在遭到罗亦农批评后，害怕被送往生活艰苦的苏区，最后竟以十万元钱和两张出国护照为代价，出卖了他们的上级。在此前后，还发生了因叛徒出卖或指认致使江苏省委组织部长陈乔年等被捕牺牲的事件。

为了确保党中央的安全，掌握敌人的动向，开展对敌斗争，周恩来将在武汉时组建的特务股改组为总务、情报、行动三个科，即中央特科。并挑选智勇双全的陈赓担任中央特科情报科科长，后来又增设无线电通讯科。1929年12月，周恩来又派中共党员钱壮飞打进国民党中央组织部调查科，任调查科主任徐恩曾的机要秘书。派中共党员李克农和胡底打入国民党特务机关，以协助徐恩曾建立国民党特务机构包括建立秘密指挥机关和各地基层特务组织的名义，筹建南京、天津情报网。同时发展杨度为秘密党员，并大胆利用与陈立夫兄弟时有过从，却不满他们做法的国民党中央组织部调查科派驻上海的特派员鲍君甫（后化名杨登瀛）的关系，将共产党员安插到国民党特务、军队、警察、宪兵机关和租界里帝国主义的巡捕房充当耳目。采取打进去、拉出来的办法，开始了以上海为主战场的隐蔽战线上的"无声的智慧之战"。

这一时期，周恩来派潘汉年任中共文委书记，调夏衍筹组左翼作家联盟，还派阳翰笙做工作，几经努力，终于平息了创造社、太阳社与鲁迅之间旷日持久的争论，于两年后成立了左翼作家联盟，促成力量雄厚的我国革命进步文化工作者的第一次大联合。

1928年6月，在莫斯科召开的中共六大上，周恩来继续当选为中共中央委员。六届一中全会上，当选为中共中央政治局委员、政治局常务委员，负责党的组织工作和军事工作，并兼任中央政治局常委的秘书长和中央组织部部长。

11月上旬，周恩来回到上海后，立即参加中共中央领导工作。当时的中央政治局常委由向忠发、周恩来、苏兆征、项英和蔡和森组成。蔡和森很快被撤销政治局委员和常委职务，又增补李立三为政治局委员和常委。苏兆征翌年2月才从苏联养病回国，当月就去世了。中共中央政治局主席、原武汉码头工人向忠发，缺乏组织领导能力，起不了核心领导作用。所以在此后相当长一段时间内，周恩来成为中共中央的实际负责人。

为了贯彻执行六大的精神，周恩来在理论上进一步强化秘密党必须遵循的机关要少而秘密、要职业化和社会化等六个原则；进而在组织上健全六大前已经组建的中央组织部、中央宣传部、中央军事部和总工会、团中央、中央妇委、中央秘书处等中共中央秘密机关，还增设中央秘密工作委员会，亲任主席；在制度上进一步建立党中央正常的工作秩序。

冬去春来，春过夏至。一年四季，周恩来总是先到中央组织部设在上海静安寺附近的秘密机关阅读各地送来的报告，听取汇报，解决和处理问题。他有时或到设在浙江中路112号中共中央及军委联络点，与各地来上海汇报工作的负责同志接洽。或在邓颖超陪同下到上海爱文义路和麦特赫司脱路两路交叉处的一幢三层花园洋房里，主持中央军委举办的军事训练班工作。有时他也到贺诚和柯麟以医生身份在威海卫路开办的达生医院召开会议，或为输送到苏区的同志饯行。

平时，他常到中共中央政治局设在上海的秘密机关——"福兴字号"开会和研究工作。

"福兴字号"，设在上海最繁华的天蟾舞台隔壁的二楼上。由中共党员、原湖南省立第一女师校长熊瑾玎，以经营纱布的商人身份任老板。为了掩护工作，熊瑾玎又从他原任校长的女师中挑选了一名思想进步、反应机敏、长相俊美的女学生党员朱端绶做老板娘。时间一久，熊瑾玎和朱端绶在工作中逐步产生了感情。1928年中秋佳节之夜，他们结婚的那天，邓颖超特意穿了一件粉红色的旗袍，打扮成一位少奶奶的模样，手拿一束娇艳的玫瑰花，代表周恩来前去祝贺。

当然，除了祝贺外，已改任中央妇委委员、中共中央直属机关支部书记的邓颖超，主要是前来查看"福兴字号"周围的环境，顺便布置支部工作的。因为日后中央政治局要在这里开会办公，必须确保百分之百的安全。邓颖超告诉朱端绶："中央成立了直属机关支部。你和熊老板编在一个党小组，和我保持联系。"由于邓颖超或半月、或一个月经常到此与熊瑾玎夫妇开会、过组织生活，周恩来也在每次开会时叮嘱熊瑾玎夫妇注意严守党的机密。加之熊瑾玎夫妇也格外谨慎小心，所以这个开办在上海繁华处的党的秘密机关从1928年起一直用到1931年，始终平安无事。

周恩来和邓颖超这对恩爱夫妻，为了确保党中央安全无恙，他们入乡随俗，不仅装束与上海常见的一般商人和家庭主妇毫无异样，而且不断变换住地和姓名。周恩来曾叫少山、伍豪、冠生，邓颖超曾叫逸豪、五妹、五美、小超。知道他们住处的仅有陈赓和顾顺章等特科的两三个人。为了麻痹敌特，周恩来刚刚30岁，就留起了胡须，党内同志们亲切地称他为"胡公"。他平时外出，也只挑里弄小道匆匆穿行，因此练就了一双硬脚板，行走如风。

就是在上海这样宪特密布、危机四伏、非常险恶的环境中，周恩来和邓颖超夫妇同一批优秀的共产党员冒着生命危险，不仅成功地保卫了党中央的安全，维系着党中央工作的正常运转，使在大革命失败后几乎陷于绝境的中国共产党的组织，又得到逐步恢复和发展，而且在发现党内、军内存在问题后，都及时予以处理。

1928年12月，周恩来赴天津解决中共顺直省委内存在的问题。一个月后，他又参与解决江苏省委存在的问题。

1929年，在全国红军中影响最大的由毛泽东、朱德和陈毅率领的工农红军第四军领导内部发生意见分歧后，周恩来及时邀陈毅到上海。在听取陈毅汇报，并与李立三、陈毅成立三人委员会仔细分析研究后，周恩来对红四军在处置领导内部分歧问题时的缺点进行批评，并作出维护毛泽东和朱德领导的决议。

1930年4月，周恩来赴苏联参加讨论中国革命等问题期间，主持中央工作的中央常委兼宣传部长李立三"左"倾思想急剧发展，并制订了以武汉为中心的全国城市武装起义和集中红军攻打中心城市的冒险计划。8月，周恩来回国后和瞿秋白召开扩大的中共六届三中全会，及时纠正了李立三主持中央工作时所犯的"左"倾冒险主义错误。

1931年1月7日，在共产国际代表米夫的干预下，在中共扩大的六届四中全会上，党中央的实权被王明、博古一伙掌握。在以王明为代表的"左"倾教条主义在中共中央占统治地位期间，周恩来为了维护党的团结，顾全大局、相忍为党，做了大量反对党的分裂、有益于党内团结和慰藉受排挤打击的干部的工作。

在李立三主持中央工作期间，邓颖超的中央直属机关支部书记的职务也被解除，分配给她的工作只是参与指导上海的工人运动。好在她淡泊名利不在乎担任什么职务，仍然一如既往地关心着妇女工作。她除多次发表有关妇女运动的文章外，还经常打扮成布衣布裤的女工模样，定期到与她保持单线联系的中共江苏省委委员、青年女工徐大妹的工作地点，与徐交谈，指导徐所在的杨树浦工厂区的工运工作。同时，她全力帮助和支持丈夫的工作。

周恩来编出中共机要史上第一套密码——豪密后，在上海培养了邓颖超和任弼时的妻子陈琮英两个译电员。经过多次试验后，红色电波沟通了党中央与中央苏区之间的联系。

1931年4月25日，周恩来收到钱壮飞获悉并派其女婿连夜送来的情报：中央政治局候补委员、参与领导中央特科工作的顾顺章，24日在武汉被捕叛变，并扬言在三天之内将设在上海的中共中央领导机关和主要领导人一网打尽。他沉着机智、细致周密地采取果断措施，当天就同陈云商定对策。并在聂荣臻、陈赓、李克农、李强等协助下，与敌人展开了一场抢时间、争速度的紧急战斗。当夜，中共中央、中共江苏省委和远东局全都搬了家。三天之内，所有的中央领导人也都搬迁到安全地带，妥善地保卫了党中央的安全。

在这种情况下，周恩来的处境已经很危险了。他不得不隐蔽起来。1931年12月上旬，在一个寒风凛冽的夜晚，周恩来在黄平的掩护下，离开工作了四年之久的上海，赴中央苏区就任苏区中央局书记。在党中央交通局负责人吴德峰的周密安排下，装扮成家庭妇女模样的邓颖超，于1932年5月1日抵达汀州。

四、海棠相伴，谱写感人篇章

定居西花厅

1949年10月1日，新中国成立后，周恩来、邓颖超夫妇定居在中南海西花厅。

西花厅位于中南海西北角，原是清朝末代皇帝溥仪的生父醇亲王当摄政王时盖的办公厅。西花厅分前后两个院落。前院的主要建筑是在院中央砖砌的高台阶上建有一座庄严肃穆的大厅。正门上方鎏金匾额上书写着清秀潇洒的三个大字——西花厅。后院是一排坐北向南的平房和几间东西厢房，曲径回廊将北房和西厢房联结在一起。西花厅院子里树木繁茂，枝叶扶疏，几棵高大挺拔的白桦树和4棵海棠树最为引人注目。在前院还有典雅的水榭，曲径回廊、小桥流水和一座玲珑剔透的小亭子，名曰不染亭。

1949年4月中旬，一个偶然的机会，周恩来到暂时成为北平军管会办公处的西花厅，找北平军管会主任叶剑英商量工作。正逢院子里4棵海棠树鲜花吐蕊、竞相开放。周恩来看到满院盛开的红黄相间的群花海棠，他爱上了海棠花，也就爱上了这个院落，并决定搬到这个院落来定居。

在周恩来和邓颖超未搬到西花厅前，他们从西柏坡进入北平后先住在香山，后住在中南海丰泽园。毛泽东从香山双清别墅迁到丰泽园后，周恩来夫妇就搬到丰泽园前院住。后来江青搬到前院，周恩来夫妇就搬到丰泽园松寿斋东厢房住了。

10月间，他们搬到了西花厅。这从周恩来当年10月11日给邓颖超的信中也可得到证实。

> 超：
>   我不愿在你睡熟的时候，再来搅你，特留字告你：今天正午十二时，用我俩的名义请了周苍柏夫妇、史良夫妇及袁雪芬同其编剧人共六位客人，在西花厅薛子正处午饭。我已托何谦办理此事。请你届时先往……晚上才决定的，望你谅我无法相商。……
>   政务院已决定搬入西花厅并扩大其范围，并已与聂、张、薛三人说好。

周恩来信中所说的聂、张、薛，即北平市市长聂荣臻、北平市副市长张友渔和北平市秘书长薛子正。从周恩来这封邀请出席中国人民政治协商会议第一届全体会议即将返回的代表周苍柏夫妇、史良夫妇及袁雪芬等的信中，不难看出，周恩来和邓颖超是在新中国建立后正式搬到西花厅定居的。

看到这封信也许人们会产生疑问，为什么周恩来、邓颖超夫妇同在一起，还要通过书信联络呢？这是因为，周恩来受毛泽东夜间办公的影响，从转战陕北期间就养成夜间办公的习惯，每天都要工作到凌晨四五点钟才休息。邓颖超由于身体一直比较虚弱，所以每晚10时必须入睡。这样一来，往往是周恩来刚刚睡下，邓颖超已到早上起床时间了。周恩来一觉睡醒，已是中午11时多了。所以周恩来夫妻俩，虽同在一起，作息起居却很不一致。上面这封信，正是工作了一夜的周恩来写给尚未起床的妻子的。

不过，周恩来夫妇偶尔也有一起吃早饭的时候。有一次，周恩来为修改《政府工作报告》，连续两天两夜没有合眼。第三天，他仍然像往常那样按照预定的安排，进行外事活动，接见外宾，晚上又是彻夜修改《政府工作报告》。周恩来已经两天两夜没有休息了，大家都十分焦急，邓颖超更是万分焦灼。她几次端着茶杯来到周恩来的办公室门前，想说一声"恩来，该歇会儿了"，但是看到丈夫是那样认真地伏案工作，丝毫没有休息的意思，她也不好硬劝，只好一次次转到周恩来办公室门前，又一次次悄悄地离开。因为她心里也清楚，这天下午周恩来就要到人民大会堂去宣读《政府工作报告》，不赶紧修改出来怎么行呢？

经过周恩来一夜辛劳，到天明时，报告终于定稿了。他情绪特别好，提议把茅台酒拿来，借此慰劳一下连日劳累的身边工作人员。于是，周恩来和邓颖超同工作人员们高高兴兴地吃了一顿早饭。周恩来只休息了几个小时，下午就到人民大会堂去作政府工作报告了。

每逢阳春4月间，海棠花盛开之时，身着中山装的周恩来常常在白天于繁忙的工作中抽几分钟在庭院中散步，或者在晚上工作劳累时，与身着列宁装的邓颖超一起站在甬道的海棠树前，抬头对繁花似锦的海棠花看了又看，赏了又赏，以便得到一些花的美色和花的芬芳。

在风和日丽的春日，或秋高气爽的金秋傍晚，周恩来工作不太忙时，夫妻俩会双双到人民剧场去观看京剧演出，有时也到中南海的西海沿散步。但是看演出，周恩来一般情况下都陪邓颖超看到十点钟即退席。因为邓颖超身体比较虚弱，晚上10时以后就休息了。他们到西海沿散步，时间一般也在20分钟左右。

每逢周日，周恩来夫妇也和卫士长成元功一起在中南海南海水面上泛舟。遇到怀仁堂有文艺节目或戏剧演出时，他们夫妇也一同去观摩。

开国伊始，百废待举，百业待兴。周恩来作为中共中央处记处书记，中央军委副主席，中国人民政治协商会议全国委员会副主席，政务院总理兼外交部长，内政外交肩于一身。他既要参与考察任命各级干部、组建党政军各级领导机构，迅速医治战争创伤和荡涤旧社会遗留的污泥浊水，恢复与组织领导经济生产，并针对美国等帝国主义对新中国的经济封锁，制定新中国的外交格局；又要治理水患灾害，解决因工厂停工、交通瘫痪、百万失业人口的就业问题及解决全国人民的温饱问题；还要解决因大规模的战争结束，百万人民解放军的转业问题，以及新中国成立不久被迫进行的抗美援朝战争，其工作真可谓千头万绪。

为了确保政务院工作任务的开展，周恩来推荐并经中央同意由陈云主持中央人民政府政务院财政经济工作，还从军队中抽调了一批将领充实外交部的工作，同时成立政务院的直属机构总理办公室，并配备了财经、政法、外事、军事、情报、文教、机要、行政各方面的秘书。秘书最多时达二十多个人，仅财经组就有刘昂、吴群敢、王伏林、顾明、杨纯、戚剑南、许明、李岩等八位秘书。

不过，在开国之初，这些秘书不是只为周恩来总理一个人服务，还为同在中南海办公的陈云、邓小平和陈毅副总理服务。周恩来曾多次嘱咐秘书们："你们要为我们四个人服务，不能光为我一个人服务！"但是由于陈云、邓小平和陈毅都有自己的秘书，而周恩来总理处的文件又特别多，所以总理办公室的秘书们更多的是为周恩来总理服务。

每当周恩来夜间十一二点钟从外面接见完外宾、开完会或者办完事回来，负责各方面工作的秘书，都纷纷要求周恩来批办自己负责的部门的文件。每一位秘书都负责联系几个部门，每天都会收到多方送来的请示报告、文件资料、统计报表、情况简报等厚厚的一摞，而每个报送文件部门的部长或者副总理都催着秘书想早一点要周恩来批办各自部门的事，秘书们也想早一点儿将压在自己手上的急件批出去。遇到特急件时，秘书们有时还要追到卫生间或饭厅。

周恩来的卫生间，也可以说是他的第一办公室。男秘书们有急事时就进去请示。周恩来的第二办公室就是他的餐桌，第三办公室是他正规的办公室，第四办公室就是汽车上，第五办公室就是在他散步、看电影等场所。

每当秘书们追到卫生间或饭厅时，邓颖超都心疼地说："你们那么多人都对着他一个！""你们不要老是这么紧追不舍，能不能给我们老两口一点儿说话的时间？"

但工作已经成为周恩来生活中的第一需要。一年三百六十天，天天他的台历上都排着满满的工作项目。他头一天的事还没有做完，就想着第二天的事了。

他每天一起床就把秘书找去，了解在他休息的那一段时间里发生了什么大事。他要求秘书：第一，如果国内和国际上发生了什么大事，不管他睡了没有，一律要马上报告，睡着了，就叫醒他；第二，如果毛泽东主席那里找他，不论什么时候，都要叫醒他。他精力特别旺盛，一工作起来就奋不顾身，什么都忘了。他已经把工作同自己的生命融为一体了。

对于心中只有党和人民，唯独没有自己的周恩来的忘我工作，邓颖超看在眼里，疼在心上。尽管开国之初，她肩上的担子也不轻，身为全国妇联副主席的她，或协助全国妇联主席蔡畅制定关于妇女解放的方针政策，或筹备组织召开亚洲妇女代表会议，或领导起草事关全国广大妇女切身利益的《中华人民共和国婚姻法》，1951年隆冬邓颖超还赴柏林参加了国际民主妇联第六次执委会，工作也很忙，但是，即使她的工作再忙，心中一刻也没有松懈对周恩来的关心。

为了调节周恩来的工作和生活，确保他以充沛的精力处理党和国家大事，邓颖超几乎把全部心思用在老伴身上！

诸如，如何维护开国总理周恩来大公无私、清正廉明的形象？如何使周恩来有一个比较安静的办公环境？如何协调周恩来身边工作的十几位秘书的关系，不致使他的精神常常处于紧张的状态中？如何处理周恩来和亲属之间的关系，使他既感受到亲情，又不至于影响他的正常工作？如何使周恩来保持健康的体魄，以便多为党和人民做些工作，而不至于被繁重的工作重担压倒等等。

克己奉公，保政治影响

20世纪50年代初，周恩来身边的卫士们提出对首长要进行"三保"任务，即"保工作，保安全，保健康"。邓颖超深深了解自己的老伴。周恩来对封建社会那套贪污、腐化、铺张、虚荣的庸俗做法深恶痛绝。从他认定共产主义为自己终生的奋斗目标那天起，他就决心背叛封建家庭，和旧的传统观念进行彻底决裂，做全心全意为人民服务的公仆，而不是高高在上、作威作福的老爷。作为周恩来的妻子，邓颖超认为，不论是她，还是周恩来身边工作人员，只有秉公处理每一件事情，并力求使之符合党和人民的利益，才不失自己的职责，才不会给周恩来造成不好的影响。因此，她经过慎重考虑，又添加了一条"保政治影响"的任务。

作为共和国的总理，执政党的领导人，周恩来深谙"公生明、廉生威"的深刻哲理，因此，他一言一行、一举一动，都以党和人民的利益为重。他严于律己、公而忘私、清正廉洁，率先垂范，毫不特殊。

周恩来不仅严格要求自己，而且首先严格要求自己的妻子。

开国之初，被毛泽东、朱德称为"内阁总理""好管家"的周恩来，在领导医治战争创伤、恢复经济生产的同时，亦在殚精竭虑地组建新中国的首届内阁——中央人民政府政务院。在酝酿政务院内阁名单时，不少党内外知名人士提出，应该在政府里给邓颖超安排一个职务，以做到人尽其才，使她在建设新中国的事业中发挥更大的作用。但是律己严格的周恩来，力排众议，坚决不予安排。

对于此事，就连20世纪20年代曾与周恩来、邓颖超在一起共过事的彭干臣烈士的妻子江鲜云，也为邓颖超鸣不平。1963年新年期间，江鲜云到北京看望正在北京外贸学院学习的儿子彭伟光时，应邓颖超邀请到西花厅后，没有谈及自己的事情，也没有探寻丈夫牺牲的缘由，却向周恩来提出一个问题："总理，邓大姐身体好，水平又高，你为什么不让她到政府里担任一项工作呢？"

周恩来没有反驳江鲜云，喝了口茶，笑了笑说："这个问题，不是你第一次提出的，过去已经有人提过。中华人民共和国成立初期，党内外人士也都这样提过。甚至有人还劝过我，但是我不能这样做。我是政府总理，如果小超再担任政府的一个部长，那么，我这个总理和她那个部长就分不清了；人家会把她那个部长说的话当成我这个总理的话，把她做的事当成我支持的。这样，家庭关系、夫妻关系、政治关系、政府关系，就都到一起去了。这就不利于我们党的事业，不利于我们的工作。"

他放下茶杯，看了看自己的妻子和江鲜云母子，又补充说："只要我当一天总理，邓颖超就不能到政府里任职！"

说完，他的目光扫视自己的妻子，邓颖超随即表示理解地点了点头。

1951年酝酿定级时，中央批准给邓颖超的工资待遇定为五级。这对从20世纪20年代起就从事革命工作的邓颖超来说，无论从资历还是能力，都是无可厚非的。但是，周恩来硬是给她压了一级。一开始，邓颖超心中也有自己的想法。但是她想到"无数的战士倒下了，我们这些幸存者"应该"继承他们没有完成的事业"，有什么理由计较个人得失呢？她想通后支持老伴这样做。

为了反对核威慑、打破核垄断、掌握核武器，和平利用原子能，1962年11月，经毛泽东批准，成立了由七位副总理和七位部长组成的中央十五人专门委员会，由周恩来任主任，加强对原子能工业的领导。对于这项被称为尖端的工作，从一开始，周恩来就向主管的负责人规定了严格的保密纪律，要求绝对保密，只准参加试验的人员知道，不能告诉其他同志，包括自己的家属和亲友。周恩来率先垂范，他说："邓颖超同志是我的爱人，党的中央委员，这件事同她的工作没有关系，我也没有必要给她说。"

当时，邓颖超只知道周恩来肯定重任在肩，但是并不知道他到底在忙什么。直到原子弹爆炸成功，当时任解放军副总参谋长兼第一颗原子弹爆炸试验现场总指挥的张爱萍从基地回来，到西花厅去向周总理报告具体情况时碰到邓颖超，邓颖超才知道周恩来是在忙原子弹的事。

作为周恩来的妻子，邓颖超处处事事克己奉公、清正廉明。

为了破除那种夫贵妻荣的传统观念，开国之初，邓颖超既是全国妇联副主席又是国家总理兼外交部长周恩来的夫人，根据西方国家大使与夫人在外交上的地位是相等的，而在苏联不论在国内或国外夫人完全被排除在外的一些做法，向周恩来提出："在外交上，夫人和她的丈夫，对国家的责任以及国家给予他的权利是有区别的。中国的大使出国，须经人大常委会批准任命，并没有给夫人任命。夫人和丈夫应有区别。因此，凡是你代表国家进行重要的国务活动和外交活动，只能以你周恩来的名义，不要加上我邓颖超。加上我的名字，不符合我们国家的社会主义制度和政治生活，不符合我国男女同志的独立性、共产党员的独立性。"

周恩来赞同妻子的建议，因此，周恩来在出国访问时，总是以他个人的名义出面，邓颖超从不随行；在国内招待外宾的请帖上，也总是以周恩来个人的名义，从不署邓颖超的名字。邓颖超亦是小心谨慎地奉行上述原则。

20世纪50年代初，一次因外交部礼宾司同志的疏忽，在宴请一位来访的亚洲国家的总理和夫人的请帖上，印上了周恩来、邓颖超的名字。邓颖超见到后，立即找周恩来谈自己的看法。她说："这请帖不符合规矩。你是以总理的身份请人家来的。你请客，我甘愿作你的家属招待客人。但是我不愿在请帖上印上我的名字。"周恩来同意妻子的意见，马上给外交部礼宾司打电话。幸好请帖尚未送出。

几年后，1954年，全国妇联邀请印度总理尼赫鲁的姐姐拉金·尼赫鲁访华。周恩来总理接见她时，她送了一份礼物给邓颖超，同时还转交了英迪拉·甘地夫人给邓颖超的一封信。按照惯例，不论是外宾赠送周恩来的礼物，还是赠送邓颖超的礼物都应该交公处理。但是由于上次外交部礼宾司办错过事，这次，他们非常谨慎，特意写一份报告向邓颖超征求意见。邓颖超接到外交部礼宾司的报告后，立即致信函复，非常郑重地谈了自己的处理原则：

> 同意你们所拟关于甘地夫人等来函的处理意见。
>
> 对于有关国际外交上的活动，我一贯是根据原则，按照具体情况，分别交有关方面议处和办理。即在国际外交活动方面，凡涉及我在妇联职务身份时，我都是交妇联有关部门办理，从未烦请外交部。同样凡涉及周外长老婆的身份时，我都是请外交部有关部门办理，也从未交妇联办理。
>
> 此次拉金·尼赫鲁夫人虽是由妇联邀请接待的客人，但她所赠送的礼品，不是以我在妇联职务身份赠送，而是在周外长接见该代表团时，当面交周外长转我的。这显然是因丈夫关系，纯系由于周外长老婆身份受礼的。甘地夫人的信也是冠以给周恩来夫人的，故我请外交部办理。因此，不需转告妇联。
>
> 上述原则，不仅过去，今后也将据此办理。为便于外交部有关部门和全国妇联能明确此项分工关系，便于今后工作，同时将此信抄给全国妇联办公厅、国际工作部一份。

1953年10月，周恩来因病手术后经毛泽东批准到上海休养。邓颖超放心不下，自费陪伴周恩来到上海休养。1963年底，周恩来经中央批准去浙江杭州治病。邓颖超还是不放心，又一次自费和身边一位工作人员赶到杭州照顾周恩来。连身边工作人员的差旅费和住宿费也是她承担的。

为了破除封建社会遗留下来的那种"一人得道，鸡犬升天"的腐朽观念，让亲属们理解早在1946年周恩来就谈过的"人生赖奋斗而存"的道理，1950年9月27日，邓颖超在写给中共中央华东局统战部部长吴克坚的信中，明确指出对于在家乡的周恩来的婶母，"千万不要因恩来同志的关系，而例外待遇，亦不因她有所请求，而越轨照顾。她有一子曾参加工作后牺牲，即按此应得待遇照顾之。务请转告行署及淮安县为感。"

对周家的亲属们，邓颖超在开国不久即提出要求：所有到北京出差或看病的亲属，住宿一律在国务院招待所；就餐一律到招待所食堂。有工作的自己买饭，没有工作的由邓颖超事后付伙食费；看文艺演出，要自己买票入场，不得用公家发的招待券；平时活动，不准动用公家的汽车；不准请客送礼；不准张扬炫耀自己同周恩来总理的关系。

1964年,在浙江萧山县工作的周恩来的表妹王去病,给邓颖超写信,提出想到杭州市妇联工作的要求。邓颖超认为她这样做不太合适,去信劝导说:"您过去既熟悉会计工作,近年又分配在商业部门任会计、出纳,正好安心作出成绩,也一样是为社会主义建设服务。至于您提到愿去杭州市妇联工作问题,因组织原则关系,我个人碍难介绍,希能谅解。"

由于邓颖超深明大义、公私分明,做任何事都以党和人民的利益为重,而不是凭借周恩来的权势以权谋私,所以人们交口称赞邓颖超不愧是周恩来的贤内助。

保障工作,调节生活

为了给周恩来营造一个安静的工作环境,邓颖超想了不少办法。

西花厅前院的大厅——西花厅,是周恩来会见外宾的客厅。西花厅后院自西向东,一排北房依次是周恩来的办公室、周恩来和邓颖超的会客厅兼饭厅、邓颖超的办公室兼卧室和周恩来的卧室。西花厅后院至前院整齐划一的一大排西厢房,是周恩来和邓颖超的秘书们的办公室。东厢房,在开国之初住着周恩来总理办公室副主任李琦一家和卫士长成元功一家。

在西花厅居住的,还有周恩来的弟弟周同宇和弟媳王士琴的大女儿周秉德、大儿子周秉钧和二女儿周秉宜,邓颖超的秘书张元的三个孩子,周恩来过去的卫士长龙飞虎的两个孩子,以及在西花厅前院居住的周恩来和邓颖超的其他几位秘书的孩子们。孩子们平时都寄宿在学校里,但是每到星期天或者节假日,他们都要回到西花厅来。

为了使西花厅保持安静,给周恩来营造一个好的工作环境,邓颖超给孩子们制定了严格的纪律。平时要求他们不许在院子里乱跑乱闹、大声喧哗,不许进周总理的办公室,不许进秘书的办公室,不许随便摘院内海棠树上的海棠果,吃饭要自己到中南海大饭堂排队去买。

到了假期,邓颖超把孩子们编成假期活动小组,由大孩子做组长,负责管理小一点儿的孩子。她还要求孩子们订出假期活动计划,并要求坚决执行。于是,孩子们每天一同起床、做操、吃饭,一同做假期作业,一同打扫西花厅前院的花廊和不染亭的卫生。看到孩子们井然有序地组织起来自己管理自己,邓颖超放心多了。

为了使周恩来和秘书们,不要天天都处在一种紧张、亢奋的工作状态中,邓颖超费了许多心思。她先和总理办公室主任罗青长、副主任童小鹏、李琦等及秘书们商量，比如由秘书向各位副总理通报周恩来总理的健康情况，请他们多批办一些事情，重要的向周恩来总理通报一下就可以了。还如，她鼓励秘书们发挥集体智慧，如有把握的事可以代总理答复，事后再报告等。即使这样总理还是要工作到深夜两三点钟。

邓大姐最理解自己的老伴，她对秘书们说："总理有个脾气你们不知道，他从来不怕工作多。他一看你们秘书来就兴奋，就控制不住自己。一看秘书们都在，就知道事情不少，正等着他办呢，他就静不下来。你们能不能少几个秘书，只留值班的秘书，有文件的留下来，或交待一下。总理一看人少，他就可以轻松了。"

后来，邓颖超与总理办公室主任、副主任及秘书们几经商议，终于订出夜间由秘书们轮流值班的制度。即由总理办公室主任协调，每天晚上有两个秘书值班，不值班的早一点下班，把任务交待给值班秘书办理。这样，总理办公室就清静一些了。但是随之值班秘书的责任也重了。因为，值班秘书必须清楚各位秘书交待的急需办理的文件的内容，以备周恩来批阅文件时，随叫随到、对答如流地答复一些周恩来提出的问题，而且必须答复得准确。周恩来最不喜欢秘书们说"大概、可能"一类不准确的话。办公室实行的秘书轮流值班制度一直坚持了下来。即使在1957年和1964年两次对秘书进行精简后，也没有改变。秘书们在同周恩来的接触中，也从他身上学到很多宝贵的经验和终身受益的好作风。

邓颖超不仅和罗青长、童小鹏、李琦等商定夜间由秘书们轮流值班的制度，而且要秘书关心心情苦闷的周恩来。

自1957年9月，毛泽东在中共八届三中全会上，对周恩来倡导的反对急躁冒进的主张提出批评后，又在同年12月底至1958年1月初召开的杭州会议上，和1月11日在南宁召开的中共中央总结"一五"计划的执行情况、讨论第二个五年计划和长远规划的会议上，及3月成都会议上多次批评反冒进问题。周恩来也两次作了检讨。身为政府总理的周恩来，从这个时候起，在经济建设的大思路上已经失去了发言权。他的心情非常苦闷。

据周恩来的理论秘书范若愚回忆，1958年4月间的一个夜晚，周恩来在准备中共八大二次会议发言稿时，对范若愚说：这次发言，主要是作检讨，因为犯了"反冒进"的错误，所以这次发言稿不能像过去那样由别人起草，只能是我讲一句，你给我记一句。周恩来在讲话的时候，说得很慢。范若愚觉察到周恩来总理内心有矛盾，找不到合适的话语来表达他想说的话。

就在这时，陈云打来电话。周恩来在接陈云的电话后，话说得更慢了，有时甚至五六分钟说不出话来。在这种情况下，范若愚建议，他暂时离开周恩来总理的办公室，让总理安静构思一下，等总理想好了再叫他来。周恩来同意了范若愚的意见，这时已经是午夜十二时了。

凌晨二时许，就在范若愚从周恩来的办公室退出来回到宿舍和衣睡下时，邓颖超把范若愚叫了去。她说："恩来独自坐在办公室发呆，怎么你却睡觉去了？"

范若愚把周总理同意他离开的情况讲了以后，邓颖超说："走，我带你去和他谈。还是由他口授，你整理成文字材料。"

这样，范若愚随邓颖超来到周总理的办公室。邓颖超和周恩来争论了很久，最后，周恩来勉强同意，还是由他口授内容，由范若愚整理记录。范若愚在整理到学习毛泽东思想问题时，引用了成语："我和毛主席风雨同舟，朝夕与共，但是在思想上还跟不上毛主席。"周恩来在审阅时，看到这句话，严肃地说：在关于我和毛泽东同志的关系上，在1942年整风以后，还可以引用这句成语，但是在整风以前，不能引用。这也说明你对党史知识知道得太少。周恩来讲这话时，几乎流出了眼泪，可见周恩来当时的心情是多么沉痛。

细心的范若愚发现，在周恩来起草中共八大二次会议发言稿的十多天中，他两鬓的白发又增添了许多。而在这十多天中，多病的邓颖超亦是天天寝食不安。在周恩来心情郁闷之时，与老伴同呼吸、共命运的邓颖超，同样心境难宁。

后来的历史事实证明，周恩来等在制定1956年、1957年计划和"二五"计划中，从中国国情出发，认为制订中国社会主义建设的计划应放在稳妥可靠的基础上，不能盲目冒进的理论和实践贡献，是正确的。

为了规范秘书们的工作秩序，周恩来自己也想了许多办法。比如，原先他找外事组秘书们办事时，几个秘书听到总理招呼，都跑了过去。为了制止这种混乱现象，周恩来让行政秘书何谦在他办公桌的第二个抽屉内安装了一组电铃。周恩来找哪个组的人就按哪个组的电铃。比如找外事组的马列、陈浩、邓光三位秘书，周恩来按一下电铃是叫马列，按两下电铃是找陈浩，按三下电铃是找邓光。这样做，秘书们是少跑腿了，但是周总理太费神了。这种办法用了不久，也就不用了。至今这组电铃还原封不动地保存在周恩来办公桌的第二个抽屉里。

为了使周恩来有一个健康的体魄，以便精力充沛地担负起处理党和国家大事的重任，而不至于被过重的担子压倒，邓颖超花了不少心思。

每天上午 11 时，周恩来起床后，只要邓颖超在家，她总要到周恩来的房间或卫生间去看望他。每逢这时，夫妻俩总是互相问候。

周恩来午饭和晚饭的菜单，邓颖超都要亲自过目。经常到厨房查看有什么食物，不要浪费。有些食物性燥，人吃了易上火。邓颖超便给他服用中药，并对中药的处方认真审核、推敲后才给周总理用。

有时，周恩来到外面开会，该吃饭了，该休息了，邓颖超都想在前面，经常打电话问卫士："总理吃饭没有？""吃点儿什么东西呀？"

邓颖超考虑问题非常细致，甚至连开会中间要卫士提醒总理上厕所这些细小的问题都想到了。有时会议时间长，或者见客人时间长，该吃饭又没有时间，她就想办法提议："是不是可以用茶杯装一点儿像稀饭、玉米粥之类的东西，端上去给总理先喝一点儿啊？"听说卫士和身边工作人员照样做了，邓颖超的心才放了下来。

邓颖超知道，周恩来每天深夜十一二点从外面回来，一进办公室就要先戴上套袖，打开墨盒办公，一坐就是很长的时间。累了困了，就用常备的清凉油擦一下，或用湿毛巾擦一擦。于是，她经常半夜醒来，把卫士叫去，问："总理休息了没有？"如果听说周总理还没有休息，她就让卫士去提醒总理休息一下再工作。周恩来一工作起来就被工作深深吸引住了，不停地批阅文件、思虑问题，对于妻子让警卫员来提醒他休息，他心意领了，却仍然工作不止。邓颖超让卫士提醒的次数多了，他才从椅子上站起来，围着办公桌转上一圈，然后又回到椅子上坐下工作，算是休息了。

邓颖超见让警卫员催促周恩来无效，她就采取按铃提醒丈夫的办法。她房中有一个电铃，直通周恩来办公室。每当邓颖超凌晨三四点钟醒来发现周恩来还在工作，她就亲自按电铃了。听到阵阵电铃声，秘书们都知道这是邓颖超催促周恩来该休息了。周恩来也知道是妻子催他去休息了。他就对秘书们笑笑，点点头，表示理解妻子的意思。有时总理批办的文件还没有处理完，而文件又不是非常紧急的，能拖到明天再批，他就去休息了；如果是急件，不能拖，他就只好说："还有一点儿，等我处理完再去休息。"说这话时，周恩来都是面带笑容的。他为妻子这样关心体贴而感到无限温馨。

如果邓颖超察觉到按铃提醒周恩来休息仍然无济于事，就索性穿衣起床，在周恩来办公室门前走一走，站一站，或对工作人员说："劝劝他，想办法叫他休息一下，哪怕几分钟也好。"或她自己推开周恩来办公室的门，探半个身子进去对老伴说:"恩来,休息一会儿,散散步吧!"

周恩来非常尊重妻子的意见,如果手头没有特别重要的文件要处理,他会停下来休息一会儿的。邓颖超对自己要求非常严格,很少进周恩来的办公室。周恩来办公室的钥匙和保险柜的钥匙他随时带在身边,只有出访时才把它交给妻子保管。

为了让周恩来在繁忙的工作中稍稍休息一会儿,有时周恩来从外面接见回来,秘书何谦就事先给邓颖超大姐打来电话,要邓大姐在西花厅门口迎接一下周恩来,以便陪他散会儿步,赏赏花。

为了让周恩来稍事休息一会儿,邓颖超和身边工作人员还曾动员总理学打桥牌。开始周总理还真学了几次,后来就不学了。他说:"打桥牌太费时间了,不学了,不学了。"

为了调节周恩来的生活,使他既能适当地放松一下,又能接触一些同志和友人,邓颖超有时邀请一些朋友来西花厅聚谈,或在星期六的傍晚建议老伴去跳跳舞;有时在星期天约工作人员带着家人或者孩子们来西花厅玩玩,陪周总理打打乒乓球,或者去公园散散步。

在海棠花盛开时,邓颖超征得周恩来同意后,还约请一些朋友或者文艺界的友人,来西花厅赏花聚谈。每当周恩来提议邓颖超演唱时,邓颖超会立刻即兴表演。即使是在著名的戏剧大师梅兰芳面前,邓颖超也敢一展歌喉。当然,邓颖超之所以这样做,主要是力所能及地活跃下西花厅的气氛,使周恩来在繁忙的工作中稍事休息。

对亲属关心爱护,又严格要求

为了不致分散周恩来的精力,邓颖超主动承担起照顾周恩来亲属的任务。新中国成立后,周恩来的大弟弟周恩溥一家只有弟媳王兰芳和侄子周荣庆。周恩溥原在山东潍坊做文书工作,1944年他病逝后,王兰芳便以给人做保姆的微薄收入勉强维持母子二人的生计。1948年初,王兰芳不满20岁的儿子被国民党军抓壮丁后,她毅然参加解放军,开始做后勤工作,后来被分配到幼儿园做保育员。1949年,她随幼儿园进入北平,转入中央军委保育院工作。1954年,部队实行义务兵役制,大量裁减女兵时,王兰芳复员回家,到她的儿子周荣庆所在的河南省焦作市卫生学校,与儿子一起生活。王兰芳对自己要求严格,她与儿子生活虽然清贫,但是从来不向哥嫂周恩来和邓颖超诉说。

三年困难时期，河南人民生活十分困难。邓颖超惦念王兰芳母子的生活，便委托一个去河南出差的同志顺便看望他们。这时邓颖超才了解到他们母子生活非常困难的实情。市委同志知道王兰芳母子的情况后，曾送去粮食，王兰芳不接受，说："我没有什么功劳，我不能要。"她还对她的妹妹说："咱们做对了没有什么，要是做错了，人家就会把错全栽到七哥（即周恩来）的头上。"

周恩来和邓颖超对王兰芳一家非常关心，从20世纪60年代到70年代的20年间，每月给她寄去几十元生活费。王兰芳患有哮喘病，每次她到北京看病时，邓颖超都为她安排食宿，并负担其住宿费和医药费。

对于周恩来的小弟弟周同宇一家，邓颖超尽到了一个嫂嫂应该尽的责任。1949年4月，北平解放不久，周同宇就和妻子王士琴带着四个年幼的孩子从天津到北平见兄嫂来了。周恩来派人把他们一家接到党中央所在地香山，利用深夜的时间和邓颖超一起抽空见了他们。交谈中，周同宇提出想参加革命工作的要求。周恩来却严肃地建议他先去上华北革命大学，然后再为人民工作。周同宇在华北革命大学学习一年后，于翌年被分配到北京钢铁局当科长，后又调冶金部工作。1963年6月周同宇提前一年办理退休手续后，周恩来夫妇每月给他经济补贴二百元。

对于要强的弟媳王士琴，邓颖超和周恩来同样理解和支持。当王士琴提出参加工作时，周恩来、邓颖超立即表示支持。并很快将四个侄女、侄儿分别安排在寄宿制的中学、小学和幼儿园。逢星期天和节假日时，邓颖超还派人将侄女周秉德、周秉宜和侄儿周秉钧接到西花厅，亲自过问他们的生活和学习。1951年和1952年当王士琴又先后生下幼子周秉和、幼女周秉建后，邓颖超为了不影响王士琴的教学工作，出资为王士琴请了两位保姆帮助照看小孩和料理家务。

对于周秉德、周秉钧、周秉宜、周秉华、周秉和与周秉建六个侄儿侄女，自从他们叫邓颖超"七妈"的第一声起，邓颖超便负起了照管教诲他们的责任。她要求这些侄儿侄女们自幼遵守纪律，不许特殊，不许他们讲自己同伯父的关系，不许讲西花厅的情况。他们稍大一些，邓颖超又规定，凡是别人委托转交给伯父的信，一律婉言谢绝；平时鼓励他们互相帮助，艰苦朴素；长大成人后，要求他们认真学习毛主席著作，关心国家大事，努力改造世界观，彻底背叛封建家庭；选择志愿时，说服他们服从党和国家的需要；入党后，要求他们不要辜负党的光荣称号；就连选择伴侣时，也要求他们将政治条件和品德放在第一位。

邓颖超除关心周恩来两个亲兄弟家庭外，对1938年在武汉时期过继给他们夫妇的一双儿女周保章和周保庄，也分心关怀照管。周保章和周保庄是周恩来三伯父周济渠的独生子周恩彦的四子和六女。1938年，在武汉三镇开展统一战线工作的周恩来和邓颖超，为了反击国民党反动分子攻击共产党"六亲不认"等反动宣传，由周恩来在南开学校的同学赵光宸出面，将周恩彦的四儿子周保章和六女儿周保庄过继给周恩来、邓颖超为嗣子女。对于这一双儿女，邓颖超以一个伟大母亲的爱心给予谆谆教诲和爱怜。当周保章生病时，邓颖超以自己在长征中战胜疾病的乐观主义精神鼓励他战胜病痛；当周保章的衣物被盗时，邓颖超立即给他寄去周恩来的新旧衣服以解燃眉之急；当周保章找女朋友时，邓颖超教诲他将政治条件放在第一位；当周保章新婚妻子刘淑梅患病时，邓颖超又热情地将她接到北京治疗。现存的邓颖超写给周保章和周保庄的二十八封书信，真实地记录了邓颖超对嗣子女的关怀、爱护和教诲。

此外，邓颖超对周恩来的婶母周八太和婶母家的弟媳陶华及其两个堂侄儿周尔辉和周尔萃，对周恩来六伯父周嵩尧及其孙子周华章，对周恩来二伯父周龢鼐的儿子周恩霔及其两个堂侄儿周尔流和周尔均，对周恩来的表哥万叙生和表妹龚志如，对周恩来的姑表妹王去病，都一一关心照顾。

当然，这种关心爱护是有限度的，是在原则范围之内的。

邓颖超既关心爱护又严格要求亲属们，并妥善而圆满地解决好了周家亲属的生活问题，解除了周恩来的后顾之忧。周恩来非常感激，曾不止一次地说过："我们周家是个大家族，亲戚来找我的太多了，都是小超替我料理。我家的事，不叫我操心，真感谢她了。"

每逢周恩来说这话时，邓颖超脸上都流露出满意的笑容。因为在她看来，做好周恩来亲属的工作，也是为社会减轻负担。要是不安排好这些人的生活，会分散周恩来的精力，甚至给总理带来不好的影响。

五、相互关爱，夫妻情深

丈夫对妻子的关怀无微不至

对于理智达观、热情支持自己工作的妻子，周恩来亦是关怀备至、体贴入微。

周恩来每天晚上从外面开会或者参加外事活动回到西花厅时，已是深夜一二点，他怕惊扰已经酣然入睡的妻子，总是要司机杨师傅将汽车轻轻地滑到西花厅后院。下车后他总要咳嗽一声。这是他在上海党中央进行地下工作时养成的习惯，多年来一直保持下来了。值班的同志听到他的咳嗽声，就知道是周总理回来了。周恩来到门口总是先要问问同志们："今天有什么大事吗？小超大姐在干什么？"

如果他听说小超大姐已经睡下了，怕吵醒她，就避开大门从西厢房的过道进来。久而久之，办公室的同志们称此过道为"周恩来小道"。

本来，周恩来一直称妻子邓颖超为"小超"，在只有夫妻俩时才称"超"。后来身边工作人员常叫邓大姐，于是不知从什么时候开始，他也跟着大家称"小超大姐"了。

邓颖超体弱多病，周恩来对她关怀备至，常对身边工作人员讲："小超最近身体不好，你们要注意一些。"

有时邓颖超患感冒，卧床休息。周恩来总是推门进来看望。邓颖超一见周恩来推门进来，急忙制止："别进屋，以免传染，影响工作！"周恩来见邓颖超如此认真，也就很顺从地退出去了。

1955年4月，邓颖超因病要动手术，周恩来赶在出国前和大夫缜密地研究了手术治疗方案。1961年6月10日，邓颖超在五年一次的例行妇科检查中，突然发现了卵巢囊肿。虽是一种良性肿瘤，但为了安全起见，还是做了手术。邓颖超入院那天，周恩来亲自送她住院治疗。邓颖超住院期间，周恩来尽管工作繁忙，仍然每天抽暇去医院看望，并从医务人员那里了解病情。有时实在去不了，也要托人打电话问候情况，了解病情。邓颖超出院前一天，周总理踱到秘书值班室，说："我担心门口那个高台阶，大姐手术后的孱弱之躯，迈上迈下于刀口不利。"周恩来问秘书们："能否帮助抬一下邓大姐？"

在周恩来细致而又周到的安排下，从医院回来的邓颖超，一下汽车就被身边工作人员们抬回了卧室。当她知道这是周恩来精心为她安排的以后，一股暖流涌上心头。邓颖超病愈出院后，周恩来还自费宴请参加手术的医务人员及医务部门的负责人，表示对他们的感谢。

一次，周恩来与邓颖超按照组织安排应在楼上会见客人，周恩来考虑到邓颖超身体较弱，就吩咐秘书："今天小超也参加，就在楼下会客吧，省得让小超上楼了。"

为了让邓颖超按时休息，无论周恩来看多么精采的节目，总让邓颖超晚上十点钟以前一定退席。周恩来即使和同志们欢聚时，也惦念着妻子。一次周恩来在紫光阁参加舞会，透过窗纱他发现那晚的月光格外皎洁明亮。当他得知那天是中秋节时，一曲终了，他匆匆赶回西花厅，陪邓颖超散步赏月后，才又转回紫光阁与同志们联欢。

有一次，邓颖超因感冒发烧，为了让她早点休息，晚上9时左右保健护士许奉生便给她吃了安眠药。邓颖超先坐在沙发上休息，待许奉生出去倒洗漱水时，邓颖超起身向床边走去。哪知药力很快发作，她差一点跌倒。许奉生忙扶她坐到床边，并打铃叫邓颖超的服务员高秀云来一起看护她。这时，邓颖超完全瘫软昏睡了。高秀云从来没有见到邓颖超这个样子，便着急地朝西厢房跑去请卞志强和张佐良两位大夫来。高秀云的跑步声惊动了正在客厅吃"午饭"的周总理。

周恩来闻讯赶紧跑了过来，情急之中俯身大声呼唤："小超！小超！"无限深情，全包含在这从心灵深处发出的震撼人心的呼唤中！

周恩来不只是日常生活中关心体贴妻子，在遇有危险和妻子患病时，他愈加关心和系念妻子。

由邓颖超保存、中央文献研究室编辑出版的周恩来和邓颖超夫妇从抗日战争时期到"文革"时期的74封通信，真实地反映了他们夫妻间深长、隽永的爱情。正如邓颖超所说："我们的爱情，经历了几十年也没有任何消减。"

早在抗日战争时期，因日寇逼近武汉，撤退到长沙的周恩来，深夜又遇国民党蓄意制造的长沙大火。他担心正在重庆参加国民参政会的妻子惦念他，百忙中致信报平安。

周恩来作为中共中央军委副主席、代总参谋长，协助毛泽东指挥解放战争时期，百忙中，"八月中秋"，"对月怀人"，"修写家书寄远人"，表达对远在平山参加全国土地会议的妻子的怀念。

1951年初春，组织上决定让患心脏病的邓颖超到历史名城杭州休养时，周恩来连续寄去三封"不像情书的情书"，伴随妻子战胜了疾病。

1953年，邓颖超旧病未愈又得了糖尿病。后来糖尿病的症状虽然没有了，但是由于邓颖超长期患病免疫力受到极大破坏，她的更年期也提前了。而且反应较一般人强烈。持续不退的五年低烧，使得她大脑皮质功能也受到影响，有时说了前言，忘了后语。在这种情况下，邓颖超只得遵从组织安排，暂停工作，在家安心静养。

妻子久病不愈，周恩来时常挂在心上。

1954年11月3日，周恩来飞赴广州，与毛泽东、刘少奇、李富春等一起审核修改第一个五年计划草案（初稿）。一次，他驱车外出，偶然间发现了他和邓颖超结婚时住过的广卫楼，思念之情油然而生。11月9日，他致信妻子，希望她能来广州休养。

周恩来自发信后，天天盼望得到妻子的来信，但盼了几天，没有收到妻子的来信。11月13日，他从邓颖超秘书张元给何谦的来信中得知，邓颖超身体极为虚弱，连执笔的力气都没有，更不能来广州。周恩来感到非常惋惜，连夜致信妻子。

超：

　　今午得读张元同志给何谦同志来信，知你体力仍弱，不能执笔，甚为想念。羊城之行不可能了，但望你安心静养，归京时能看到你有进步，那就最高兴不过了。明日将与你试通电话，如你尚不能起床，即与张元一谈。

　　南天月夜，写此寄意。

邓颖超在连续接到周恩来两封充满深情的信，并从千里之外的话筒里听到老伴对她的关切和问候后，于11月16日病后试笔复信周恩来。

恩来——我亲爱的老伴：

　　这次既未能与你同行一游旧地，倘又无只字复你两次来书，岂非倍增歉憾？！病后试笔，特书短笺寄意。

　　……这次你总算得到比较过去稍休闲的机会，可惜我因病不能偕行与你共游旧地，但我仍为你喜且美，每在静默中心向往之，当和你有不少共鸣的回忆。希望以后有机缘能和你再去共游也。……

收到妻子的信后，周恩来于11月23日给妻子复信，告知归期。

在周恩来的亲切关怀和无比温柔的体贴下，邓颖超经过疗养和尽可能的自我克制，并在体力恢复到可以做体育锻炼的时候，开始逐步地做一些适宜、适量的体育锻炼，终于度过被纠缠多年的更年期。

妻子对丈夫的感情真挚隽永

邓颖超对丈夫周恩来的感情亦真挚而隽永。

1944年11月10日下午，周恩来从延安赴重庆与国民党政府谈判建立联合政府问题。周恩来离开刚三天，邓颖超便写下充满柔情蜜意、思恋殷殷的书信："你走了，似乎把我的心情和精神亦带走了！我人在延安，心则向往着重庆，有时感觉在分享你与两岩内外故人相聚之欢呢！"当邓颖超得知蒋介石等对建立联合政府毫无诚意，丈夫要立即返回延安，旋闻又因天气恶劣等原因一次次推迟归期，她的心情也随之"由欢迎、期望、等待，以至转到失望、惘然！"从这种"'别时容易见时难''剪不断，理还乱'"的离愁别绪中，足见他们夫妻相爱情深。

新中国成立后，1954年4月20日，周恩来率领中国政府代表团赴瑞士参加日内瓦会议。邓颖超日夜惦念着首次登上国际舞台，参加重要国际会议的老伴。5月4日，她特意将几束盛开在西花厅的海棠花和在郊外山坡上采摘的少许野花，压制成标本。同时给周恩来写去一封热情洋溢的信，托信使捎给周恩来。5月30日晚，邓颖超又托信使捎去一片红叶。装红叶的袋子上和贴红叶的衬纸上分别写着："请交恩来留念，祝日内瓦会议获得成功。""红叶一片，寄上祝福。"

感情细腻的邓颖超，早在中央苏区时，就曾用霜重色愈浓的红叶传情，表达对在前方和朱德一起指挥作战的丈夫的思念。现在她又以鲜花、红叶压制成的标本和字里行间洋溢着激情的祝福书信，表达对参加充满风险和复杂多变的日内瓦国际会议的丈夫的支持和祝愿。

周恩来感谢妻子的惦念、牵挂、支持、期望，他在收到妻子寄给他的压制的鲜花、红叶标本及书信、祝词后，一面托身边工作人员采摘了一些瑞士莱蒙湖畔花山别墅驻地院子里的鲜花，压制成标本，一面于6月13日深夜4时复信给妻子。称赞她："你还是那样热情和理智交织着，真是老而弥坚，我愧不及你。""并附上托同志们收集的院花，聊寄远念。"

邓颖超收到周恩来的信和回赠她的日内瓦著名的芍药花后，精心地把它们镶嵌在一个镜框内。这特殊的工艺品，成了他们隽永爱情的美好象征。

1955年4月9日，正在住院准备进行手术的邓颖超，得悉国民党特务预谋在代表团租用的印度航空公司飞机"克什米尔公主号"上放置爆炸物的消息后，深为周恩来一行的安危担忧。4月10日，她写信给丈夫："这次蒋贼是蓄意决下毒手施行暗害的，他并从各方面的可能着手。因此往返途中停留时，飞机着陆后严加封锁，起飞前的严密检查，是必须而不可疏忽的。"

确如邓颖超所预料的，4月11日，台湾国民党驻香港特务机关收买启德机场地勤人员在"克什米尔公主号"飞机上放置定时炸弹的预谋得逞，致使机上我国和越南代表团工作人员及随行前往的中外记者11人全部遇难。周恩来因事先应约去仰光同缅甸、印度和埃及总理会晤，幸免于难。当时杀机四伏、险象环生，周恩来知道邓颖超一定非常担心他的安危，他和同志们商定对策后，赶在4月12日凌晨，给邓颖超写去一封信。信中写道："你的来信收阅，感你的好意和诤言。""有这一次教训，我当更加谨慎，更加努力。文仗如武仗，不能无危险"。"一切当从多方考虑，经过集体商决而后行。"

这两封信，可以说是在遇有危险时夫妻二人进行的心与心的交流。

十年"文化大革命"中，周恩来以"我不入苦海，谁入苦海？我不入地狱，谁入地狱"的大智大勇和自我牺牲精神，挺身而出，顽强抗争，尽量减少"文化大革命"所造成的损失。

与他并肩战斗近半个世纪、情深意笃的邓颖超，最理解他的艰难处境。在全国局势几乎失去控制，国民经济濒临崩溃的情况下，只有和周恩来朝夕相处的同志、战友、伴侣邓颖超，最清楚周恩来双肩上的担子有多么沉重，最明了周恩来为国为民的内心世界，最理解周恩来为使大权不致旁落，在违心地说一些话，做一些事后，内心是多么痛苦，思想上又承受多重的压力！

因此，在"文革"那种特定的形势下，老而弥坚的邓颖超，目睹一向精力充沛、儒雅潇洒的周恩来，变得如此面容憔悴、身心疲惫，便采取了与以往不同的表达方式——写下许多书信和字条，从心灵上给周恩来以支持和慰藉。周恩来理解妻子的情意，阅后也以书信给予答谢和安慰。一封封凝聚着两人心血、充溢着感情、与政治相互渗透的书信和字条，反映了他们的坦荡胸襟和崇高圣洁的精神境界。

正如邓颖超所说："我和恩来将满三十年的夫妻关系能够相处得比较好，能够巩固至今，最主要的一个条件亦是一条经验，那就是感情与政治相互渗透，相互结合起来，而又以政治为主导去加以处理，加以发展，在不断地改进着而得以巩固的。"这也正是周恩来、邓颖超之间的爱情之花之所以经久不衰、明艳动人的奥秘。

第十三章
思想深邃，纸满经纶
——周恩来的思想理论贡献

曾经有一种观点认为，在中国革命和建设的历史上，周恩来在实践方面的作用是突出的、巨大的，他是一个实干家、执行者，而不是思想家和决策者。例如，一家外国报纸评论说：毛泽东是最高领袖和思想指导者，周恩来是实际的政治家和贯彻者。也有人说：周总理是一面行动的红旗，毛主席是光辉的太阳，在阳光的照耀下，红旗才显得辉煌灿烂。

如果说，在1976年之前，由于受当时政治环境以及个人崇拜的限制，加上那时周恩来的著作出版不多，上述观点还情有可原的话，那么在党的十一届三中全会恢复实事求是思想路线之后，在《周恩来选集》及各个方面的文选相继大量出版的情况下，仍然认为周恩来只是实干家而缺少思想和理论，就未免失之偏颇了。实际上，周恩来在半个多世纪的革命生涯中，不但创造了光辉的业绩，表现了崇高的人格，而且他是伟大的马克思主义者，具有深厚的马克思主义理论功底和创造精神，而且他的革命斗争经历和生活阅历极其丰富，善于把马克思列宁主义普遍真理与中国革命和建设的具体实际紧密结合，把党和人民集体奋斗的丰富实践经验升华为科学的理论，从而在我们党的思想理论方面作出了杰出的贡献。

概括地说，周恩来的思想理论贡献主要在于两个大的方面：一是，他在中国革命和建设的政治、军事、经济、外交、统战、科技、教育、文艺等领域，在参与第一代中央领导集体的领导、决策实践中，提出了许多重要思想理论观点和真知灼见，为毛泽东思想的形成和发展做出了重要贡献；二是，他在积极探索中国社会主义建设道路的过程中提出的许多重要思想和理论观点，为我们党在改革开放的新时期创立中国特色社会主义理论体系，提供了重要思想材料，作出了重要理论贡献。

正如1998年纪念周恩来诞辰100周年时，中共中央明确地充分肯定、高度评价了周恩来在思想理论上的重要贡献，指出："周恩来同志善于把马克思主义的基本原理同中国革命和建设的具体实际相结合，善于发现和总结人民群众历史创造活动中的新鲜经验，善于从中华民族优秀文化遗产和世界文明中吸取智慧。

他在政治、经济、军事、外交、统一战线、文化教育和党的建设等领域都有理论建树,为毛泽东思想的形成和发展作出了重要贡献。他对在中国如何建设社会主义进行了艰辛的探索,提出了许多今天仍有重要启示作用的思想理论观点。"

一、周恩来的思想理论建树是毛泽东思想的重要组成部分

中国的新民主主义革命,是在一个半殖民地半封建、农民占人口绝大多数、经济文化落后的东方大国进行的。在这样的国度里进行革命,必然遇到许多特殊的复杂问题。解决这些问题,没有马克思主义的现成结论可供遵循,也没有成功的先例提供借鉴,全靠中国共产党人通过自己的实践去探索。以毛泽东为代表的中国共产党人,同我们党内盛行的"左"倾教条主义进行坚决斗争,把马克思列宁主义普遍真理与中国革命具体实践紧密结合起来,经过成功与失败的反复探索,终于找到了中国革命的正确道路,把中国长期革命中的一系列独创性经验进行理论概括,正确地解决了中国的社会性质和革命的性质、革命的任务和动力、革命的道路和形式,以及统一战线、武装斗争、党的建设和战略策略等关系革命成败的重大问题,形成了适合中国国情的科学的指导思想——毛泽东思想。正是在毛泽东思想的指导下,经过长期奋斗,付出巨大牺牲,夺取了民主革命的彻底胜利。新中国成立后,建设社会主义现代化强国的任务摆在中国共产党人面前,毛泽东在艰苦探索中,创造性地提出了对生产资料私有制进行社会主义改造和中国工业化的正确道路,提出了正确处理社会主义建设中的各种关系和人民内部矛盾等正确思想,毛泽东思想在新的实践中继续丰富和发展。这一切都说明,毛泽东对中国革命和建设、对毛泽东思想的形成和发展的作用,是开创性的,是决定性的,正如邓小平指出的:毛泽东思想"主要是毛泽东同志的思想。"

同时,毛泽东思想是中国共产党集体智慧的结晶,我们党的许多卓越领导人,对毛泽东思想的形成、发展,都作出了重要理论贡献。周恩来在长达半个世纪的革命生涯中,对于中国革命的性质和任务、革命的动力和阶级关系、革命的道路和步骤,以及在军队工作、白区工作和根据地工作,统一战线和外交工作,经济建设和科学文化建设等许多方面,都提出、阐述了富有创见的丰富思想和理论观点,成为毛泽东思想的重要组成部分。邓小平指出:毛泽东思想"不是毛泽东同志一个人的创造,包括老一辈革命家都参与了毛泽东思想的建立和发展"。"比如说,周恩来总理、刘少奇同志、朱德同志等等,还有其他许多人都作了贡献。"

二、在中国共产党思想史上，周恩来首先或较早地提出了关于中国革命的许多重要思想

周恩来提出的一些重要思想和理论观点，有一个形成的过程，也有一个发展的过程。特别是他在参与领导中国革命的斗争中，这些思想的内涵越来越丰富、越来越深刻、越来越成熟。在这里，我们重点对周恩来的早期思想作一简述，从"首先或较早"这样一个角度，只指出提出的年份、不与别人比较，来看周恩来的思想和理论贡献。当时的这些观点尽管还不够成熟，用语也还不甚规范，但由于这是他"首先或较早"提出的，所以是弥足珍贵的。关于这些理论观点的进一步发展延伸和成熟，以及对中国革命的指导作用，这里未作展开论述。

1922年提出了武装斗争的重要性的思想

开展武装斗争，进行暴力革命夺取政权，这是马克思列宁主义所揭示的无产阶级革命的一般规律，也是中国民主革命的根本规律。但是我们党在幼年时期，甚至直到1927年初，对这个至关重要的问题的认识还是不足的。在中国共产党内，周恩来是最早认识到武装斗争重要性的革命家。他在旅欧时期，1922年就在一些文章中提出了武装斗争思想。一是在国际资本主义超出国界、联合起来一致对付劳动阶级的情况下，劳动阶级必须"整齐军旅"进行武装斗争。劳动阶级"若不能整齐军旅，来同这样一致而又坚固的资本阶级奋斗，结果只有败退"。二是他汲取欧美资产阶级革命的经验，指出了武装斗争的长期性。他说："革命事业本是要经长期努力、长期奋斗才能保住成效的。一国一种的民主革命，如法国革命、美国独立都是经过极长期的血战争斗才得使共和奠定，更何况无产阶级的共产革命。"三是开展武装斗争必须建立革命军队。周恩来认为，现今的中国处在国际资本主义的包围之中，已经沦为半殖民地，一举一动都受到列强干涉；而中国的军阀已经成为帝国主义的爪牙和帮凶，所以，"真正革命非要有极坚强极有组织的革命军不可，没有革命军，军阀是打不倒的。若徒以手枪炸弹罢工罢市来恐吓，则手枪炸弹，他有躲避之法，罢工罢市他更可以军队来压迫"。1923年4月，他表示极为赞同无产阶级革命家卢森堡说的"我们要无军队便不能革命"，认为这是"见到之语"，因为这和他关于依靠革命军队进行武装斗争和暴力革命的思想是一致的。

1924 年前后阐述了民主革命的基本思想

一是进行革命，首要的问题是看清我们的敌人、革命的势力和我们真正的朋友。1924 年 2 月，周恩来在《革命救国论》中明确指出："革命是无疑而且确定了！但我们需看清我们的敌人和我们国民革命的势力究竟在何处，且谁又是我们真实的友人。"他对敌、我、友作了具体分析，认为帝国主义列强特别是英、美、日、法是我们最大的仇敌，中国的买办阶级甘为帝国主义的走狗，洋货商人是卖国的，他们是革命的对头；而海外华侨、工人阶级、知识界尤其是青年学生、新兴的工商业家和庞大的农民阶级，"上述的五派是中国国民运动中最值得注意的革命势力"；"殖民地半殖民地的弱小民族和无产阶级之国的苏联俄罗斯"，是"我们可引为友之国"。

二是中国革命必须要有革命政党的领导。早在 1922 年，周恩来在《十月革命》一文中回答了"俄国革命为什么到十月革命才成功"的问题，认为"这是因为有了多数派——共产党——在其中做了忠实的指导，惟一的指导"。他特别强调共产党领导对革命胜利的普遍意义，指出"这不独俄国为然，各国劳动阶级中也无不皆然"。中国革命也必须要有共产党的领导。他 1924 年分析了五派革命势力后指出："若能合此五派的革命分子于一个革命的政党统帅之下，则国民革命的成功，必不致太为辽远。"

三是中国革命必须分作"两步走"。周恩来自 1921 年加入中国共产党、认定共产主义之后，就"很坚决的为他宣传奔走"。1922 年 8 月，他鲜明地批驳"共产主义与中国无缘"的错误观点，提出共产主义"在今日全世界上已成为无产阶级全体的救世良方"，"凡有人心的人都应能感觉出共产革命的切要"，"全世界无产阶级为创造新社会所共负的艰难责任，我们也应当分担起来"。但是，他并没有只喊空洞的口号，而是把远大的革命理想和切实的行动手段结合起来，指出："我们当信共产主义的原理和阶级革命与无产阶级专政两大原则，而实行的手段则当因时制宜！"在革命的步骤上，他提出中国革命不能一蹴而就，而必须分两步走：第一步进行三民主义革命，第二步进行共产主义革命；并且不走到第一步，就不能走到第二步。1924 年 6 月，旅欧学生中有人攻击中国共产党员加入国民党，指责共产党"为什么不直接进行共产主义革命"。对此，周恩来明确地回答："不错，我们共产主义者是主张'阶级革命'的，是认定国民革命后还有无产阶级向有产阶级的'阶级革命'的事实存在。但我们现在做的国民革命却是三民主义革命，是无产阶级和有产阶级合作，以推翻当权的封建阶级的'阶级革命'，这何从而说到'国民革命'是'阶级妥协'？且非如此，共产主义革命不能发生，'打破私有制''无产阶级专政'自也不能发生。不走到第一步，何能走到第二步。"同时他又指出，第一步推翻当权的封建阶级的三民主义革命固然是非常重要的，但是"虽说走到第一步，无产阶级尚未得到真正生路"，还须进行第二步的无产阶级向有产阶级的共产主义革命。周恩来早在 1924 年就对敌、我、友等革命的一系列重大问题提出如此深刻的思想，作出符合实际的分析，是非常宝贵的，这是他"因时制宜"、实事求是，从"马克思主义辩证法中辩证出来的"。

1925 年、1926 年首创革命军队政治工作制度，提出革命军队政治工作的一系列思想

周恩来 1924 年 9 月旅欧回国到达广州，10 月担任中共广东区委委员长兼区委宣传部部长，11 月任国共合作的黄埔军官学校政治部主任兼政治教官，组建了中国共产党领导的最早的一支革命武装——"陆海军大元帅府铁甲车队"；1925 年 11 月指导组建了第一支由中国共产党人掌握的部队——国民革命军第四军独立团，共产党员叶挺、周士第分别担任团长和参谋长，并团设党支部，连有党小组；在东征和北伐中，他担任国民革命军部队的党代表和政治领导职务。

在此期间，周恩来在黄埔军校和国民革命军部队中创建了政治工作制度，开展了生动活泼的政治工作，在一些文章和讲话中论述了军队政治工作思想。毛泽东高度评价大革命时期的军队政治工作："那时军队有一种新气象，官兵之间和军民之间，大体上是团结的，奋勇向前的革命精神，充满了军队。那时军队设立了党代表和政治部，这种制度是中国历史上没有的，靠了这种制度，使军队一新其面目。1927 年以后的红军，以至今日的八路军，是继承了这种制度而加以发展的。"这是对周恩来创立革命军队政治工作的肯定。

周恩来在这个时期提出的军队政治工作思想，非常丰富：

一是关于军队的阶级性质。提出军队不是阶级，而是阶级的一种工具。他说："军队是压迫阶级的工具，而也可以作为被压迫阶级的工具的"，革命军队是"实现我们理论的先锋"。

二是关于军队的宗旨。他指出：革命军队是为人民所用之军队，完全为人民谋幸福是革命军队的宗旨。军队和人民紧密结合在一起，"军士之打仗是为人民

而打的，若非为人民而打之仗，彼等必不去打，而革命军队如果没有人民援助，仍不足负重大责任"。

三是关于革命政党对军队的领导。他在1926年明确提出："革命军是党的军队"，在"革命进行中，一定要尊党的政策"，"要使官佐士兵及一切群众晓得党的理论主义政策"，"晓得时代政治"，"晓得革命军使命"，"确实其革命观念"。特别是周恩来借鉴和推广列宁领导苏联红军的党代表制度，主持制定了《国民革命军党代表条例》，规定："党代表在军队中，为中国国民党代表，关于军队中之政治情形及行为，党代表对党员负完全责任。""党代表与指挥官共同听阅，如下级军官之报告呈文，并决议问题，与指挥官共同署名。一切命令及发出之公文，凡未经党代表之共同署名者，概不发生效力。"当时，共产党员以个人身份加入国民党，许多人成为国民革命军和黄埔军校中军、师、团、营的党代表。党代表制度不但打破了军阀军队的"一长制"，提高了国民革命军的政治素质和战斗力，而且对以后红军、八路军、新四军、解放军实行共产党对军队绝对领导和党指挥枪的原则，产生了深远而重大的影响。

四是关于军队政治工作的目的和方法。周恩来明确指出："我们做政治工作的使命，对于官长官佐要巩固其革命观念，对于士兵要使之有革命常识。""最近国民革命军唯一的使命就是反帝国主义。……我们在革命军里做政治工作，最要紧的是使广大的群众明了帝国主义的罪恶，这是政治工作最近的目的。"对于军队政治工作的方法，他提出"要以身作则，严守纪律，常常表示勇敢的态度，比士兵更要勤苦。……能如是，才能鼓起士兵作战的勇气"。

五是关于军队和人民的关系。周恩来要求"革命军向人民宣传解释，使之了解人民与革命军之关系"。他提出，一方面，军队要爱护人民。"我们做军人的，吃的饭，穿的衣，……都是人民给我们的，我们这次出发（东征）的时候，就应该千万爱护人民"，"军士与民如一家，千万不要欺负他"。另一方面，人民要支援军队，军民通力合作，革命才能成功。他说：革命军"若无人民的援助，仍不足负重大责任"，"人民应与革命军联合起来，如同兄弟一样，互相亲爱，互相提携"。

六是关于军队的纪律。革命纪律是军队执行党的政策的保证，是军队战斗力的保证。周恩来要求革命军官兵"在党的指挥下，守严格的纪律"，做到"革命化、纪律化、统一化"，"甘心愿意遵守"。他兼任黄埔军校的军法处处长，严格执行纪律。对群众纪律，规定不拉伕、不筹饷、不强占民房、不强买卖、不干涉民众合理要求，等等。

可见，周恩来对军队政治工作的这些论述都是开创性的，涉及军队政治工作的方方面面，他是革命军队政治工作的奠基人、开拓者。

1929年明确提出"先有农村红军，后有城市政权"思想

中国共产党对于中国革命道路的探索，经历了艰难而痛苦的过程。由于苏联的经验是举行中心城市武装起义夺取政权，幼年时期的中国共产党不能不受其影响，把工作的重心放在城市，进行一系列城市暴动。可是，由于中国的特殊国情，反动势力在城市的力量非常强大，所以，我们党领导的著名的三大起义——南昌起义、秋收起义和广州起义，都失败了。我们的党从失败中取得了惨痛的教训，终于开辟出一条建立农村革命根据地、农村包围城市、武装夺取政权的正确道路。这条道路，是中国共产党人集体智慧的结晶，毛泽东作出了最为突出的贡献。而周恩来在1929年9月即提出"先有农村红军、后有城市政权"的光辉思想，为到1938年最终形成农村包围城市理论的成熟体系，作出了突出贡献，这是确定无疑的。

周恩来在《中共中央给红军第四军前委的指示信》中明确提出："先有农村红军，后有城市政权，这是中国革命的特征，这是中国经济基础的产物。如有人怀疑红军的存在，他就是不懂得中国革命的实际，就是一种取消观念。""红军此时主要地采取粤、湘、赣、闽四省边界游击的策略是对的，……红军尤要加紧帮助发动群众斗争以取得广大群众拥护。"他提出这个思想是有基础的，是从分析中国国情的特殊性、农村与城市发展的不平衡性和工农武装割据的重要性得出的。他实际上否定了"城市中心论"观点，认为中国革命"与俄国的不同"。他在1928年4月指出："中国革命因为农民占了一个重要的因素，所以与俄国的不同，由此发生一个不平衡的发展问题。"在当时的条件下，他含蓄地批评"城市中心论"："过去城市工作的确不好，但在中国很适宜地配合是很困难的，要这样必致引到乡村的等待，这是不好的。"这年6月，中共六大在莫斯科召开，斯大林与瞿秋白、周恩来等人谈话，仍然要求"集中部队打下几个城市"。6月27日，他在六大的大会发言中，不顾一些代表指责他"只看上农民""带有农民意识"，而是从中国的国情出发，论述了农村武装割据问题。他说："中国革命发展趋势和反动势力的加强，以及革命不平衡性，证明中国革命有割据的可能。""以地方言，南部与中部、北部的不同；以阶级言，农民发展与城市沉闷不相配合。"所

以他提出："对于南中国的几省中，目前就应该开始割据局面的准备。"1929年3月，周恩来在他起草的中共中央给贺龙和湘鄂西前委的指示信中，进一步提出："目前所应注意者，还不是什么占领大城市，而是在乡村中发动群众，深入土地革命。……绝不应超越了主观的力量（主要的还是群众的力量，不应只看见武装的力量），而企图立刻占领中心工商业城市。"

这些事实说明，周恩来在1929年9月创造性提出的"先有农村红军，后有城市政权"的思想，经过了深思熟虑。实事求是地说，毛泽东和周恩来是中国共产党关于农村包围城市道路理论的主要创建人。

1929年提出"群众路线"概念，阐述了实行群众路线的重要性

群众路线是中国共产党人对人民群众创造历史的唯物史观，在实际工作中的创造性应用和发展，是贯穿于毛泽东思想的活的灵魂之一，也是我们党的根本的政治路线、组织路线和工作路线。周恩来不但是终生坚持群众路线的典范，而且在群众路线理论上也作出了特殊贡献。早在1929年9月，他就明确地提出和使用了"群众路线"这一科学的概念，初步阐述了群众路线思想。

一是在一切工作中都要实行群众路线。他在《中共中央给红军第四军前委的指示信》中，多次使用"群众路线"概念，强调"没收地主豪绅财产是红军给养的主要来源，但一定要经过群众路线，在最短促时间中也要注意这一工作方式的运用"。又说："关于筹款工作，亦要经过群众路线，不要由红军单独去干"；"对于需用品可渐次做到由群众路线去找出路"。

二是党和红军要细心地关心群众的日常生活，"建立红军与群众的更密切关系。"这样才能把群众团结在党的周围，才能发动群众进行政治斗争和武装斗争。他指出："党的指示绝不要忽略群众日常生活上许多未解决的问题"，"应该细心去了解群众日常生活的需要，从群众日常生活斗争引导到政治斗争以至武装斗争。这种斗争才是群众本身所需要的，才不是单纯军事力量的发动，才不是少数个人英勇的硬干，才会团结广大群众在党的周围"。

三是党要紧紧依靠群众，发挥各级行政机关和群众组织的作用。周恩来要求"党对军队的指挥尽可能实现党团路线，不要直接指挥军队，经过军部指挥军事工作，经过政治部指挥政治工作"。党的"前委对日常行政事务不要去管，应交由行政机关办，……前委应着眼在红军的政治军事经济及群众斗争的领导上"。军人的群众组织"兵委"有"监督军队经济，参加军队管理，厉行士兵政治教育，

做群众工作"等职权。

三、在中国革命和建设的众多领域，周恩来提出和阐述了许多深刻的思想

周恩来从 1927 年 5 月担任中共中央政治局常委一直到 1976 年逝世，长期处于中央的核心领导层和决策层，担负党和政府全面工作的领导责任。这使他接触了大量关系全局的重要实际问题。他运用马克思主义理论，对这些问题进行理性思考，从理论上作出回答，在各个领域、各个方面都有重要的理论建树，都提出和阐述了许多深刻思想理论观点。周恩来的军事思想、经济思想、文艺思想等已在前面几章作了概括，我们在这里仅从以下三个方面，来看他在这些领域的理论贡献。

深刻阐述了统一战线思想

周恩来是中国共产党开展统一战线工作的先驱者和主要领导人之一。说他是"先驱者"，是因为早在标志第一次国共合作统一战线形成的国民党第一次全国代表大会（1924 年 1 月 20 日）之前，担任旅欧中国共产党和共青团组织负责人的周恩来，就根据中共中央的指示和孙中山、国民党总部的委托，即任国民党巴黎分部的筹备员，组织领导了旅欧的 80 多名共青团员，于 1923 年 6 月以个人身份加入了国民党；并于 11 月 25 日在法国里昂召开了国民党旅欧支部正式成立大会，他担任该支部的执行部总务主任和代理执行部部长；1924 年 1 月 17 日，他又主持召开了国民党巴黎区分部（巴黎通讯处）第一次大会。他向国民党中央写信报告说："至此，恩来受我总理中山先生及总部之组织巴黎通讯处的使命已告结束。"说他是主要领导人之一，是因为他长期代表中国共产党独当一面地担负同国民党当局的谈判和领导统战工作，新中国成立后担任第一届全国政协副主席和第二、三、四届全国政协主席，直接领导新中国的人民民主统一战线工作。

统一战线是中国革命的三大法宝之一，统一战线思想是毛泽东思想的重要内容。在民主革命时期，周恩来撰写了大量统一战线论著，提出和阐述了丰富的统一战线思想。

一是在整个新民主主义革命时期，革命的敌人是帝国主义和封建主义，要团结各派民主势力，结成反帝反封建的统一战线；进行抗日战争，要联合一切可以

联合的力量，建立反对日本帝国主义侵略的最广泛的民族的、民主的、社会的抗日民族统一战线。认清敌人不是一件容易的事，敌人营垒是变化的，我们要很好地分析，改正公式化、定型化的缺点，才能避免把敌人当作朋友的右倾错误或把朋友当作敌人的"左"倾错误。

二是在统一战线中坚持独立自主原则。周恩来1926年即强调：共产党人加入国民党，"但这不是说中国共产党便失去其独立性质而不应再有任何独立主张"，还应为工农阶级"提出政治上经济上的要求，并督促国民党政府次等实施"，"为工农阶级的利益，为共产党在政治斗争中的主张，为对于国民党的希望均不能不有公开的意见发表"。1936年提出，共产党的组织要"独立自主地动员群众与领导群众"，"扩大民族革命统一战线运动，要使自己成为统一战线的领导者组织者"。1945年他进一步明确提出："独立自主，就是指无产阶级的独立性，他有自己独立的政策，独立的思想。"无产阶级是在坚持独立自主的条件下同其他阶级联合和团结，而不能受其他阶级的同化和影响。

三是在统一战线中实行又团结又斗争的方针。周恩来指出，我们要依靠左派、团结中派、孤立右派，发展进步力量、争取中坚力量、打击顽固力量，既团结又斗争。1947年12月，周恩来精辟地概括了党的统一战线斗争方针，这就是"三坚持，三反对；三争取，三勿忘"："坚持抗战，反对投降；坚持团结，反对分裂；坚持进步，反对倒退。争取好转，勿忘防卫；争取合作，勿忘斗争；争取发展，勿忘巩固。"

四是要用力量争统一战线的领导权。他指出，领导权问题是统一战线中最集中的一个问题。无产阶级是统一战线的"司令官"，但"司令官"不是天然的，而要用力量去争，蒋介石只怕一个东西——力量。要时刻提防人家反对我们，不能"一切经过统一战线"。右倾放弃领导权，是把整个队伍"送"出去；"左"倾把自己孤立成"无兵司令""空军司令"，是把整个队伍"推"出去。

五是系统地提出和阐述了统一战线的策略、方法和守则。1939年8月4日，周恩来在中共中央政治局会议上的报告中，总结了长期从事和领导统一战线工作的丰富经验，阐述了统一战线的十条策略、四个方法和六项守则，对党的统一战线工作发挥了有力的指导作用。

新中国成立后，周恩来仍然高度重视统一战线的重要作用，他结合社会主义改造和建设的新的实际，进一步丰富和发展了统一战线思想。

第一，人民民主统一战线的任务，是团结一切可以团结的力量参加社会主义改造和社会主义建设。他指出：中国人民政治协商会议是长期性的"统一战线组织"，是人民民主统一战线的"最好的组织形式"，它的任务是团结一切可以团结的力量，"共同反对帝国主义、封建主义和官僚资本主义，建设新民主主义的新中国"。进行国家工业化和社会主义改造，他提出统一战线工作要配合国家的这个中心任务，正确解决同民族资产阶级的关系，采取赎买政策和利用、限制、改造政策，和平转变，反复斗争，最后废除资本主义所有制。生产资料所有制的社会主义改造完成后，国家开始大规模经济建设，他在1962年4月提出：人民民主统一战线要有新的发展，要担负起新的任务，这就是"团结一切可以团结的力量，动员更多可以动员的因素，来参加社会主义建设，扩大我们的民主生活"。

第二，与民主党派长期共存、互相监督。长期共存就是"我们党的寿命有多长，民主党派的寿命就有多长，一直要共存到将来社会的发展不再需要政党的时候为止"。"互相监督，首先应该由共产党请人家监督，因为共产党是领导的党。……反过来，民主党派也应该愿意接受共产党的监督"，"长期共存、互相监督，实际上是扩大民主"。如果不扩大民主，社会主义建设和人民生活就搞不好。

第三，坚持党对人民民主统一战线的领导，在统一战线内部处理好阶级关系、党派关系、民族关系、上下关系。统一战线是在同各种偏向的斗争中发展起来的，处理好这些关系，用批评和自我批评武器纠正各种偏向，才能不断巩固和发展人民民主统一战线。尤其共产党处于领导地位，应该主动和各方面搞好关系。而共产党的领导是指党的集体领导，起领导作用的主要是党的方针政策，而不是个人。

第四，对民族问题、宗教问题、华侨问题、工青妇等群众组织和人民团体问题，周恩来都有深刻的阐述。

第五，总结和形成了我们党统一战线工作的优良风格与传统。主要有：胸怀开阔，广交朋友；自我改造，不断进步；充分酝酿，民主协商；以诚相待，尊重别人；团结斗争，求同存异，等等。

深刻阐述了关于知识分子的思想

众所周知，周恩来是广大知识分子的贴心人，他关心、爱护、支持和依靠知识分子，充分发挥知识分子在中国革命和建设中的重要作用。他对知识分子问题的高度重视来源于他在这个问题上的深刻思想，他提出了一系列创造性的理论见解。

周恩来关于知识分子思想的要点是：

第一，他首先提出知识分子不是个阶级，而是阶级的工具。建党初期，我们党的第一个党纲把知识分子划入"资产阶级黄色知识分子"范畴，党的二大使用了"中国的知识阶级"概念。周恩来1925年6月即改正了"知识阶级"的提法，指出："中国有句话：'知识阶级'，这也是不对的。知识分子也是工具，他不生产，同时也不掠夺别人生产而成为自己的生产的。完全不是个阶级，只可以说他是知识分子或知识界。在资本主义社会里，有大资产阶级、小资产阶级、无产阶级，而没有知识阶级。压迫者利用知识分子来压迫人，被压迫者也可利用知识分子起来反抗压迫者。"这就明确地确定了知识分子的属性，说明知识分子不是一个独立阶级，而是分属于不同的阶级。

第二，他首次提出社会主义时期知识分子的绝大部分已经成为工人阶级的一部分。1949年7月，周恩来针对文艺界的情况说："文艺工作者是精神劳动者，广义地说来也是工人阶级的一员。"新中国成立后到1956年，生产资料私有制社会主义改造基本完成，我国的经济、政治情况发生巨大变化，80%的高级知识分子拥护共产党和社会主义，广大知识分子在政治上、业务上有了巨大进步。因此，周恩来指出："他们中间的绝大部分已经成为国家工作人员，已经为社会主义服务，已经是工人阶级的一部分。"在1962年3月广州会战上，他重申"知识分子不是独立的阶级，而是劳动者构成的社会阶层"，"不论是在解放前还是在解放后，我们历来都把知识分子放在革命联盟内，算在人民的队伍当中"。《关于建国以来党的若干历史问题的决议》充分肯定"周恩来同志提出了我国知识分子绝大多数已经是劳动人民的知识分子"的观点。

第三，知识分子是革命的基本势力之一，是社会主义建设事业的重要力量。1924年2月，周恩来肯定知识分子是国民革命的一派基本势力，称"中国知识界，……其中尤以青年学生为最能无所忌惮的反对列强、反对军阀"。针对第一次大革命失败后党内把批判右倾机会主义变成批判知识分子的状况，他在1928年11月辩证地指出："这是很错误的"，"知识分子虽然有很多动摇的，但能站在无产阶级的立场来奋斗的人亦不少。在无产阶级中，也有不少丧失了无产阶级的意识而染有小资产阶级意识的"，所以，不能"放着小资产阶级意识不谈，专门反对小资产阶级出身的个人。"这个分析是很深刻的。后来他进一步指出："左"的观点"认为知识分子没有作用。这也是不对的"。在社会主义时期，他把知识分子看成"国家的宝贝",提出革命需要吸收知识分子,建设尤其需要吸收知识分子,知识分子是社会主义建设事业取得胜利的不可缺少的重要力量,是国家各方面生活的重要因素,各项建设越来越多地需要知识分子参加。可是我们的科学文化水平不高,知识分子数量不是太多而是太少,科学家不是太多而是太少,一定要充分发挥现有知识分子的作用,还要新培养无产阶级知识分子。

第四,采取切实有效措施,充分发挥知识分子的力量。在知识分子问题上,我们党的"左"的错误伤害了很多人的感情,影响他们发挥聪明才智。周恩来以无产阶级革命家的坦荡胸怀,承认过去在知识分子政策上"有错误",明确表示"凡是党和政府方面犯的错误都要改正"。为了最充分地动员和发挥知识分子的积极性,他提出:改善对知识分子的使用和安排,发挥他们的专长;充分了解、信任和支持知识分子,使他们能够积极地工作;给知识分子创造必要的工作条件,给予适当的生活待遇和政治待遇以及确定必需的制度。

第五,帮助知识分子自我改造。周恩来指出:任何人都要改造,帮助知识分子自我改造是"党的政治任务之一",进行自我改造的"目的是要使他们成为社会主义的新人";自我改造的内容,是解决立场问题、态度问题和改造资产阶级的思想体系以及习惯势力,改变胸怀狭窄、妄自尊大、看一切问题从个人利益出发等毛病;自我改造的途径,"一条是经过社会生活的观察和实践,一条是经过他们自己的业务的实践,一条是经过一般的理论的学习";自我改造的方法,是长期改造、自觉改造,要和风细雨,要互相帮助互相学习,没有人是专门改造别人的。

深刻阐述了外交思想

无论在当代中国还是在国际上,周恩来都是最有影响的无产阶级外交家。在民主革命中,他领导并直接从事我们党的外事工作,1937—1945年期间,他会见、致函外国朋友及驻华使馆官员70多次(据《周恩来年谱》不完全统计)。新中国建立后,他兼任外交部长职务长达9年,而且长期领导外交工作,从1949年10月到1975年9月,他接待了2890多次外国客人。可以无愧地说,周恩来是新中国外交的创始人和奠基者,他的外交实践和外交思想极其丰富,目前仅由外交部保存的他会见外宾的谈话记录,有关外交工作的报告、文电、批示等,就有5000多件。他深刻地阐述了新中国外交的丰富思想。

周恩来的外交思想主要有:

第一，明确提出外交工作的主要任务是处理国家之间的关系，主要对象是各国政府及其当权者，真正解决问题还是靠官方。他说：外交工作"是以国家和国家的关系为对象的。外交是通过国家和国家的关系这个形式来进行的，但落脚点还是在影响和争取人民，这是辩证的"。这就在新中国成立之初，正确解决了面临的"外交工作是以国家为对象还是以人民为对象"这个大问题。

第二，提出了外交工作的坚定立场，这就是中华民族的独立自主的立场。1949年4月他指出："我们对外交问题有一个基本立场，即中华民族独立的立场，独立自主、自力更生的立场。"在政治上自主而不允许任何外来干涉，在经济上自立而不依靠外援，独立自主地决定外交政策和处理外交问题。"如果不坚决贯彻独立自主的立场，就会成为卫星国，仰帝国主义鼻息，就会成为从属国家。因此在坚持独立自主上不能放松。"

第三，指出战争与和平的矛盾是世界的主要矛盾。新中国成立之初，国际上的各种矛盾交错，形势复杂。在这种形势下，正确地确定当时世界的主要矛盾，才能正确地确定我国的外交战略目标和基本外交政策。周恩来根据对第二次世界大战后国际形势变化的分析，明确指出："当前的矛盾主要表现在战争与和平、民主与反民主、帝国主义与殖民地以及帝国主义之间四个方面"。尽管社会主义与资本主义的矛盾是根本的，但"当前主要表现出来的是和平与战争的矛盾"，"最突出的问题是战争与和平问题"。我们反对侵略战争，需要和平，和平的时间越长对人民越有利，"这就决定了我们在国际事务中的一切活动只能是为和平的目的，而不能是其他的目的。"据此，他提出了支持和平运动、推广和平中立地区、组成反战和平统一战线等方针政策。

第四，提出了建立新型国家关系的和平共处五项原则，即互相尊重主权和领土完整、互不侵犯、互不干涉内政、平等互利、和平共处的原则，并且指出：不仅是社会制度不同的国家，而且"社会主义国家的相互关系更应建立在五项原则的基础上"。这五项原则集中概括了周恩来的外交思想，得到世界各国的广泛认同。

第五，重视在自力更生基础上的国际经济技术互助合作，提出了中国对外经济援助的八项原则。八项原则充分体现了周恩来的国际主义精神和不以经济援助谋求任何特权、一切为受援国着想的思想。

第六，阐述了外交工作的思想领导问题，鲜明地提出"七个坚持、七个反对"。他说："我们外交工作要绝对地接受无产阶级思想的领导，不能允许资产阶级和小资产阶级思想的侵蚀,当然也不能允许这些思想占据领导地位。"这"七个坚持、七个反对",对于加强我国外交队伍的思想政治建设具有重要意义。

第七,提出"求同存异"这个解决国际关系中各种矛盾的指导方针和基本方法,并以此为核心,形成了一整套具有中华民族特色的外交策略和外交艺术。例如,见机而作、后发制人、礼尚往来、"七个坚持、七个反对"、退避三舍、细水长流,等等。

第八,总结和形成了具有鲜明特色的外交风格,例如调查研究、实事求是、坚持原则、不卑不亢、说话算数、平等协商、待人以诚等。

周恩来杰出的外交思想和外交才干,得到了全国人民和国际社会的一致肯定和高度评价,他是解决重大外交难题的能手。毛泽东曾经称赞:"周恩来同志在大的国际活动方面比我强,善于处理各种复杂矛盾,""非常精明强干。"这个评价,恰如其分。

四、周恩来与邓小平理论

邓小平是中国社会主义改革开放和现代化建设的总设计师,是中国特色社会主义道路的开创者和邓小平理论的主要创立者。邓小平理论,是当代中国的马克思主义,它不是对毛泽东思想枝节和个别观点的补充,而且在科学地回答什么是社会主义和怎样建设社会主义这个主题中,创立了一个完整的理论体系、崭新的理论形态。同时,和一切科学理论体系一样,邓小平理论也不是在"空地"上发展起来的,而是在继承马列主义、毛泽东思想的基本原理和前人一切积极的思想理论成果的基础上,对马列主义和毛泽东思想的进一步丰富和发展。在当代中国,马克思列宁主义、毛泽东思想和邓小平理论是一脉相承的统一的科学体系,不能把它们割裂开来孤立地看待。邓小平说:"我们现在的路线、方针、政策是在总结了成功时期的经验、失败时期的经验、遭受挫折时期的经验后制定的。"其中,由于周恩来和邓小平从旅欧时期就开始的并肩战斗的亲密关系;由于周恩来在"文化大革命"中坚持正义,是健康力量的代表;特别是由于周恩来是正确地坚持毛泽东思想的典范,对中国革命和建设的许多重大问题,都提出了符合实际的理论创建,所以邓小平创立的建设有中国特色社会主义理论,充分地吸收和体现了周恩来的许多理论见解。正是在这个意义上,我们完全可以说:周恩来的许多科学思想和理论观点是邓小平理论的先声,周恩来是毛泽东和邓小平之间的"桥梁"和"中间环节"。这是周恩来的又一个重要的理论贡献。

周恩来和邓小平有大致相同的文化背景

周恩来和邓小平都是中西优秀文化哺育的革命者。他们饱受中华文明的滋养，1920年都走出国门赴法勤工俭学，周恩来旅法、英、德4年，邓小平在法国5年，到苏联莫斯科学习1年。正是在旅欧期间，他们确立了自己的马克思主义信仰，加入了中国共产党，成为职业革命家；西方文明使他们开阔了眼界，锻炼了情操，树立了虚心学习、取长补短的开放意识；尤其是他们两人在共同的斗争中建立了相互信任的深厚感情和友谊。正如邓小平所说："我们认识很早，在法国勤工俭学时就住在一起。对我来说他始终是一个兄长。"在留法人员中，关系最密切的"还是周总理，我一直把他看成兄长，我们在一起工作的时间也最长"。旅欧的经历，西方优秀文化的熏陶，不仅造就了他们青年成长时期的优秀素质，而且对他们一生都有影响。他们始终能够正确对待西方文明，能够吸收和融合中西优秀文化传统；丰富的经历使他们积累了经验，锻炼了敏锐眼光，在政治斗争风浪里应付裕如。

周恩来和邓小平在重大的理论和实际问题上有广泛的共识

1956年以后，我们党内政治生活开始不正常，民主集中制受到破坏，逐渐脱离了实事求是和集体领导原则。在这种情况下，周恩来和邓小平仍然坚持实事求是和群众路线，对许多重大问题的思想认识是一致的。例如，在食堂问题上，当时的政治气候把吃食堂说成是"社会主义"，不吃食堂是"资本主义自发倾向"。周恩来并不这样看，他尊重群众的意愿，在1961年1月经过调查后直接向毛泽东报告"散"食堂："绝大多数甚至于全体社员，包括妇女和单身汉在内，都愿意回家做饭。我还在一个食堂搞试点，解决如何把食堂散好和如何安排好社员回家吃饭的问题。"这一年4月，邓小平到北京郊区顺义县调查研究，在了解到农民对吃食堂的意见很大时，也勇敢地提出："吃食堂光荣，不吃食堂也光荣。吃不吃食堂要由群众决定。""吃食堂是社会主义，不吃食堂也是社会主义。以前不管是中央哪个文件上说的，也不管是哪个领导说的，都以我现在说的为准。根据群众的意见，决定食堂的去留。"

又如，在知识分子问题上，周恩来1956年1月即提出他们"已经是工人阶级的一部分";1962年2月作《论知识分子问题》报告,又把知识分子"算在人民队伍当中";在同年3月召开的二届全国人大三次会议上又说:我国的知识分子"毫无疑问,他们是属于劳动人民的知识分子"。可是,这年8月召开的中央工作会议,却强调"以阶级斗争为纲",说资产阶级知识分子"阴魂未散,有的连阳魂也没有过来",推翻了中央批准的《政府工作报告》关于知识分子问题的正确观点。在11月26日的中央书记处会议上,邓小平无私无畏,旗帜鲜明地支持周恩来的意见,他说:对知识分子"总的提法,一切按总理人大报告所说,把那段话再印一下,统一语言,那是中央批准的。"

再如,在高中生不必上山下乡,可以直接考大学的问题上,周恩来在1972年明确提出:"对学习社会科学理论或自然科学理论有发展前途的青年,中学毕业后,不需要专门劳动两年,可以直接上大学,边学习、边劳动。"这是总结"文化大革命"导致教育质量严重下降的深刻教训而提出的正确意见,但是却被作为"右倾回潮"而批判,未能得到实行。粉碎"四人帮"后,在全党尚未拨乱反正的情况下,邓小平在1977年9月与教育部主要负责人谈话时提出:"1971年全教会时,周恩来同志处境很困难。1972年,他和一位美籍中国物理学家谈话时,讲要从高中毕业生中直接招收大学生。在当时的情况下,提出这个问题是很勇敢的。这是要教育部门转弯子,但是教育部门没有转过来。"在这里,邓小平高度评价、高度重视和非常尊重周恩来的主张,当时就决定立即在全国恢复高考,要求教育部立即执行。这样,破例地在1977年冬季进行了高考招生,加上1978年夏季的考生,两季共有1160万人走进考场,录取了几十万高素质的人才进入大学,许多考生和他们的亲属激动得热泪盈眶。实际上,这是邓小平在与周恩来共识的基础上,领导全党拨乱反正而采取的第一个重大步骤,无论在思想路线上还是在发现和培养人才上,都具有极其伟大的意义。

周恩来的一些重要思想和理论观点,在邓小平理论中得到继承和发展,在建设中国特色社会主义实践中得以充分实现

党的十一届三中全会之后,邓小平成为我们党第二代领导集体的核心和我国改革开放的总设计师、掌舵人,他完整准确地坚持和发展毛泽东思想,由此使周恩来的许多重要思想和理论观点真正得到实现,成为邓小平理论的先声和重要的理论渊源之一。

（1）经济建设居于首要地位、生产是中心的思想

三年经济恢复任务完成后，我国从1953年开始实行经济建设第一个五年计划，周恩来逐步形成了以经济建设为中心的思想。他在1953年初召开的全国政协一届四次会议上讲话，提出：完成和超额完成1953年度的建设计划是我们贯穿全年的压倒一切的中心任务。后来又不断提出：由于第一个五年计划开始执行，"经济建设工作在整个国家生活中已经居于首要的地位"；"生产是中心，三大改造也要以生产来推动。一切都要靠生产，生产是主要环节"；"最主要的事情，就是我们人人都要关心提高我们国家的生产力，……是具有决定意义的。"

周恩来提出以经济建设为中心思想，有着重大的根据：

一是根据国家的独立、民族的发展提出来的。他认为，一个国家单有政治上的独立还不行，如果经济不发展，最后还是站不住，所以必须把经济建设作为主要任务。

二是根据经济是基础提出来的。特别是我国的经济、文化落后，改变落后面貌更需要以经济为中心。他说："我们的工作方面很多，为什么把经济作为总路线、总任务呢？因为它是基础。……政治、军事、文化工作，它的基础都是经济。没有这个，就谈不到实现社会主义的基础。"

三是从经济建设与政治运动关系的角度提出来的。他指出："建国三年来，政治运动很多，工作很紧张，大家忙于运动，而把业务放松了。"现在要进行经济建设，"这就要求每个人都要钻研业务。""业务里面也有政治。使业务有利于人民，这就是政治。"当有人担心解决偷税漏税问题又要搞运动、搞"小五反"时，他明确地说不需要搞"小五反"，不会七反八反的，不会像"三反"、"五反"那样搞法。

四是从提高人民生活角度提出来的。他说："社会主义经济的惟一目的，就在于满足人民的物质和文化的需要，而为了充分满足人民的物质和文化的需要，又必需不断发展社会主义经济。"

从全党全国来说，1956年以后的20多年，一直没有做到以经济建设为中心。但是，周恩来以经济建设为中心的思想却一直没有改变，在"文化大革命"中也顶着巨大压力，狠抓生产，尖锐批评林彪、"四人帮"鼓吹的"停产闹革命"谬论。他反复强调：不搞生产，全国人民吃什么？喝什么？还能闹什么革命？！在实际工作中，他一直把安排生产和人民生活问题放在首位。

党的十一届三中全会之后，在邓小平领导下，全党才第一次真正实现了工作重点转移，实现了以经济建设为中心。邓小平用明确的语言坚定地说：现代化建

设是多方面的，"但是说到最后，还是要把经济建设当作中心。离开了经济建设这个中心，就有丧失物质基础的危险。"并且把"以经济建设为中心"作为党的基本路线的核心内容。这就真正实现了周恩来的夙愿，继承了而且大大发展了周恩来以经济建设为中心的思想。

（2）敢于学习资本主义生产上的好技术和对外开放、引进技术和人才的思想

周恩来说："敢于向一切国家的长处学习，就是最有自信心和自尊心的表现，这样的民族一定是能够自强的民族。"在"文化大革命"中他仍然要求："千万不要保守，保守了就没有希望。"他在坚持经济建设上自立更生、政治上独立自主这个"基本落脚点"的同时，突出地强调向外国学习和引进先进技术、设备，提出了许多重要思想，正是这些光辉思想，成为我们党在新的历史时期制定改革开放政策的思想先导。

第一，我国社会主义建设需要发达国家的技术和设备，拒绝向外国学习是不对的，孤立的思想是错误的。他认为，对外开放和引进，首先因为20世纪世界各国联系密切、各有长短、互通有无，"任何一个国家在建设中，任何一个国家在这个世界上，不可能完全闭关自给，总是互相需求，首先就是贸易往来，技术的合作。""我国同世界各国在经济上、技术上、文化上的联系，必然会一天比一天发展，因此在建设社会主义事业中的孤立思想，也是错误的。"其次，对外开放、引进是世界上两种社会制度和平共处、和平竞赛和发挥社会主义制度优越性的需要。"我们必须把世界上一切好的东西都学习，这样，我们的制度就会更优越，我们就能在和平竞赛中取得更大的胜利。"再次，是改变我国落后面貌，跟上时代科学技术前进步伐的需要。他明确地承认我国经济文化落后，指出现在处在60年代，技术进步更是日新月异，"世界科学在最近二三十年中，有了特别巨大和迅速的进步，这些进步把我们抛在科学发展的后面很远。"我国必须"尽可能迅速地用世界最新的技术把我们国家的各方面装备起来"。

第二，世界上的国家和民族各有长处和短处，我们要全面学习、全面交往。他提出，我们不仅要向苏联学习，向中立国家如印度、缅甸、埃及学习，也要向资本主义发达国家学习，"就是日本、英国和美国，他们也有长处，我们也可以学。"

第三，要学习和引进资本主义生产上的好技术、好设备，首先是争取从资本主义国家进口制造化学纤维、化学肥料、石油裂解的成套设备和先进技术，以有利于解决全国人民的吃、穿、用问题；还要聘请资本主义国家的技术人员，虚心

向他们学习，利用他们的技术。

第四，学习外国必须同独创精神结合起来，引进新技术必须同自己钻研结合起来，要"一学、二用、三改、四创"，加以消化、改进和提高，增强我们自力更生能力；还要选派人员出国学习，"出国参观、考察，就是学习人家的长处"，回来要做报告，"不敢谈人家的长处，也不敢谈我们的短处，这是不符合毛泽东思想的。"

可见，周恩来开放、引进先进技术和人才的思想是丰富的，在两大阵营对立的时候他提出向英、美等国学习是很勇敢的。虽然他没有直接使用"对外开放"概念，当时的开放程度和技术、设备引进的规模，以及对我国经济发展所起的作用等等，都远远不如现在，但是他提出和阐述的这些思想，不但在当时的历史条件下是难能可贵的，而且确实为邓小平在新时期开创改革开放伟大事业，提供了重要的理论借鉴和实际经验。

（3）科学技术现代化是实现四个现代化的关键的思想

我们都熟悉邓小平指出的"四个现代化，关键是科学技术的现代化"，"我们要实现现代化，关键是科学技术要能上去"的重要论述。这些论述，充分地吸收了周恩来提出的"科学技术是实现四化的关键"的思想。周恩来在1956年1月指出"科学是关系我们国防、经济和文化各方面的有决定性的因素"；1963年1月他明确提出了"关键"思想："我们要实现农业现代化、工业现代化、国防现代化和科学技术现代化，把我们祖国建设成为一个社会主义强国，关键在于实现科学技术的现代化。"

科学技术的现代化为什么是实现四化的关键？周恩来主要是从三个方面考虑的：

一是我国过去的科学基础很差，虽然有悠久的古代文明，但是到近代落伍了，与现代科学技术水平相比有很大的距离。现在只有抓住科学技术现代化这个关键，"才能使我们科学发展适应20世纪60年代的要求，比较快地赶上世界先进水平。"

二是20世纪50年代以后，"现代科学技术正在一日千里地突飞猛进。生产过程正在逐步地实现全盘机械化、全盘自动化和远距离操纵，……各个生产部门的生产技术和工艺规程，正在日新月异地变革。"面对迅速发展的科学技术，"我们必须急起直追，力求尽可能迅速地扩大和提高我国的科学文化力量。"

三是农业、工业、国防的现代化要靠先进科学技术的武装才能实现。他说：

"只有掌握了最先进的科学,我们才能有巩固的国防,才能有强大的先进的经济力量。"在深刻认识科学技术关键作用的基础上,周恩来狠抓教育的发展,狠抓我国科技发展十年规划的制定和落实,狠抓"两弹一星"上天和原子能的和平利用问题,并且具体提出了"多快好省地实现科学技术现代化的要求",例如,加强科技界人士的主人翁责任感,集中和加强科学技术力量,实行领导、专家、群众三结合和协作攻关,改善科学技术研究的工作条件和工作环境等。

周恩来提出这个思想极为重要,它深刻阐明了四个现代化之间的关系,指明了四个现代化的重点所在。因此,《关于建国以来党的若干历史问题的决议》评价:周恩来提出"科学技术在我国现代化建设中具有关键性作用"的观点,"在当时和以后都有重大的意义。"

(4)知识分子思想

周恩来的知识分子思想的内容,本章在前面已作了初步归纳。他的这些思想观点,为我们党的知识分子政策在新的历史时期重新回到正确轨道,奠定了思想理论基础。很显然,邓小平的"尊重知识,尊重人才"思想;知识分子"已经是工人阶级自己的一部分","是劳动人民的一部分",无论从事体力劳动还是脑力劳动"都是社会主义社会的劳动者"的思想等,都是对周恩来关于知识分子问题的思想在新的历史条件下的继承、丰富和发展。

(5)外交思想

党的十一届三中全会之后,邓小平根据国际形势的新变化,创造性地提出了和平与发展是当代世界带全球性的两大战略问题,作出了世界大战可以推迟和避免的战略性判断,把我国对外关系的"一条线"战略调整为奉行独立自主、反对霸权主义的和平外交政策,提出了建立国际政治经济新秩序的理论。邓小平对确立我国新时期的外交政策和外交思想的贡献是创造性的。

同时,邓小平充分肯定和高度评价毛泽东、周恩来外交思想和他们奠定的外交基础。例如,邓小平指出:对于反对霸权主义、维护世界和平和稳定这个问题,"不仅我,还有中国其他领导人,包括已故的毛泽东主席、周恩来总理都多次声明,中国最希望和平。中国在毛泽东主席和周恩来总理领导的时候,就强调反对超级大国的霸权主义,并认为霸权主义是战争的根源。"再如,邓小平充分肯定和高度评价:从国际关系的发展实践来看,最具有强大生命力的就是和平共处五项原则。他说:"和平共处五项原则是经得住考验的。这些原则的创造者是周恩来总理和尼赫鲁总理。这五项原则非常明确,干净利落,清清楚楚",是指导国际关系的准则。因此可以说，邓小平的外交思想，是在毛泽东、周恩来外交思想基础上的创造性发展；毛泽东、周恩来的外交思想，则是邓小平外交思想的理论基础和思想先声。现在，世界向多极化方向发展，应该建立国际政治经济新秩序。而建立国际政治新秩序，要以和平共处五项原则为基础；建立国际经济新秩序，要以周恩来提出的对外经济援助的八项原则以及和平共处五项原则为基础。这些原则具有巨大的生命力和久远的价值，是处理国与国关系必须坚持的基本原则。

作者简介

李海文

　　本书主编,第一章作者,参与第十一章撰写。中央党史研究室研究员。1968年底毕业于北京大学国际政治系,1979年到中央文献研究室工作。历任周恩来年谱生平小组副组长、组长,周恩来研究组副组长,研究员。1998年初到中央党史研究室,任《中共党史研究》副主编、《中共党史资料》主编,担任《周恩来年谱(1898—1949)》副主编,出版专著《历史巨人身边——师哲回忆录》《中共党史拐点中的人物与事件》《"四人帮"上海余党覆灭记》《周恩来传略》等。

白石亮

　　本书副主编,第十三章作者。1968年2月入伍,解放军国防大学学员队原政委,正师职务,大校军衔,现已退休。出版专著《伟人的业绩与人格》,合著《一代巨人毛泽东》《一代伟人周恩来》等30多部。参加撰写理论文献纪录片《中国最高军事学府——国防大学》脚本,获中央宣传部2001年"五个一工程"奖。

张作文

　　第二章作者。曾任军事科学院研究员,周恩来总理值班室军事秘书、中国人民解放军国防科学技术委员会常任委员,《周恩来军事文选》编辑顾问。主要著作有《创建人民军队的先驱》《周恩来的军事实践和军事思想研究》等。

章百家

　　第三章作者。1978年至1986年先后就读于北京大学历史系和中国社会科学院研究生院近代史系。现任中国中共党史人物研究会常务副会长,兼任中国社会科学院近代史所学术委员会委员、华东师范大学冷战史研究中心教授等职。主要从事中共党史和中国外交史研究，先后在《历史研究》《中国近代史研究》《中国社会科学》《中共党史研究》等杂志和国内外学术研讨会上发表论文 40 余篇，并参与撰写和主编多部学术著作。

陈答才

第四章、第十章作者。中国人民大学法学博士，陕西师范大学教授，博士生导师，马克思主义理论一级博士学位授权点学科带头人。兼任陕西省中共党史学会副会长、毛泽东思想研究会副会长。主要研究马克思主义中国化和周恩来、邓小平思想生平。主持多项国家社科基金项目及省部级课题，在《马克思主义研究》《中共党史研究》等刊物发表学术论文 130 余篇，出版学术专著 6 部。

郝在今

第五章作者。中国作家协会、中国电影家协会、中国电视家协会会员，原八一电影制片厂主任编辑。专注研究中共隐蔽战线历史文化，主要作品有长篇纪实《中国秘密战》《协商建国》，影视剧本《肝胆相照》《开国前夜》，电视纪录片《暗战》《协商共和》，长篇小说《敦煌之归义英雄》，专题论文《毛泽东的秘密战法》《1941：中共安全体系大调整》。获得建党 80 周年献礼作品、人民文学奖、解放军文艺奖、金盾文学奖等众多奖项。

曹冶

第六章作者。毕业于北京第二外国语学院，美国斯坦福大学政治科学系硕士。1970 年入伍，在总参谋部工作。1988 年退役，先后在外交部、中国石油天然气集团公司等单位工作。曾任北京国际战略问题学会研究员、欧美同学会留美分会副会长。

伍星

第六章作者。毕业于长春地质学院、中南工业大学，瑞典皇家工程学院访问学者，分析化学硕士。1982 年起在北京有色金属研究总院分析测试技术研究所工作，教授级高级工程师。2005 年退休后，专注于曹祥仁生平及二局史研究。

曹应旺

第七章作者。中共中央文献研究室研究员，曾担任《周恩来经济文选》《周恩来大辞典》《陈云传》副主编。个人主要著作有《周恩来与治水》《周恩来自述评传》《中国的总管家周恩来》《中国外交第一人周恩来》《高端协力中的周恩来》。

李捷

第八章作者。长期从事中共党史研究和国史研究。曾任求是杂志社社长。主要研究领域为中共党史、中华人民共和国史、毛泽东生平和思想、中国特色社会主义理论。著有《毛泽东对新中国的历史贡献》《毛泽东与新中国的内政和外交》等，编著《建党以来重要文献选编》等多部中共文献资料，《毛泽东传》的主要撰写者之一。

甄小英

第九章作者。中央社会主义学院原副院长，教授，博士生导师，全国党建研究会特邀研究员。著有《周恩来，坚持党性的楷模》《新时期邓小平建党思想研究》《周恩来精神风范》等，有10部著作和22篇文章获国家和省部级奖励38项。在中央党校工作期间，被评为校级优秀教师，三次获中央党校校级优秀教学奖。在中央社会主义学院工作期间，被评为全国统战系统优秀工作者。

柳建辉

第十一章作者。中央党校副教育长，教授，博士生导师，国家社科基金"党史党建"学科评审组专家，国家高层次人才特殊支持计划领军人才。长期从事中共党史、中国共产党执政史和中华人民共和国史的教学研究工作。撰写和主编《中共党建史》《中华人民共和国史》《中国共产党执政历程》《中国共产党史稿》《中国共产党历史与经验》等学术著作，并在《人民日报》《中共党史研究》《当代中国史研究》《中国季刊》（英文版）等国内外报刊发表专业论文近百篇。

刘春秀

第十二章作者。原中共中央文献研究室第二编研部编审，副局级巡视员。多年从事周恩来研究工作，曾参加编辑《周恩来书信选集》《周恩来军事文选》等。参加撰写和编著《周恩来之路》《周恩来军事活动纪事》等。著有《周恩来和邓颖超》一书，发表研究、评介文章多篇。